现代篮球运动教程

理论 方法 实践

主 编 唐建倦
副主编 周 琥 邹卫国

华南理工大学出版社
SOUTH CHINA UNIVERSITY OF TECHNOLOGY PRESS
·广州·

图书在版编目（CIP）数据

现代篮球运动教程：理论·方法·实践/唐建倦主编. —广州：华南理工大学出版社，2014.8

ISBN 978－7－5623－4330－1

Ⅰ. ①现… Ⅱ. ①唐… Ⅲ. ①篮球运动－教材 Ⅳ. ①G841

中国版本图书馆 CIP 数据核字（2014）第 172003 号

现代篮球运动教程：理论·方法·实践
唐建倦　主编

出 版 人：韩中伟
出版发行：华南理工大学出版社
（广州五山华南理工大学 17 号楼，邮编 510640）
http：//www. scutpress. com. cn　　E-mail：scutc13@ scut. edu. cn
营销部电话：020－87113487　87111048（传真）
责任编辑：朱彩翩
印 刷 者：广州市穗彩印务有限公司
开　本：787mm×1092mm　1/16　印张：16. 75　字数：393 千
版　次：2014 年 8 月第 1 版　2014 年 8 月第 1 次印刷
定　价：38. 00 元

本 书 编 委 会

主　编：唐建倦

副主编：周　琥　邹卫国

编　委：黄先锋　万发达　全　龙　庄　巍

彭杨洋　胡顺茗　黄梓雄

代 序

篮球是世界上开展得最广泛的运动项目之一，也是爱好者乐于观赏和参与的体育活动。在体育院校，篮球是体育教育专业、运动训练专业的重要课程。为适应篮球运动飞速发展的时代需要，丰富篮球运动教材体系，我们编写了这本适应面广的实用性教材。本教材着眼于新时期篮球教学与训练发展的实际需要，基于近年来各类丰富的篮球教材出版成果，以及不断涌现的先进理论与实践内容，试图从理论、方法与实践上寻求突破，以满足高校体育专业不同类型、不同层次篮球教学与训练活动的需要。

为使教材全面、新颖、实用，在内容选编中突出了教育性、实用性、科学性与先进性。全书包括篮球教学与训练的理论、方法和实践示例三个方面的内容。理论篇分为六章，主要对篮球运动基本理论和教学中的实用理论进行阐述。方法篇分为七章，主要对篮球教学与训练的基本方法及其效果评价方法进行了梳理和研究。实践篇分为九章，主要介绍了个人技术练习方法、基础配合练习方法以及全队攻防战术训练方法，引述了较先进的篮球核心力量训练方法。

在编写过程中，为力求教材在形式与内容上的完美统一，凸显教材的新颖与实用特色，我们始终把握三个大方向：其一，体现时代特色，引入篮球运动发展最新的理论与方法；其二，突出教材内容对培养学生素质和能力、适应社会需要等方面的作用；其三，突破学科、专业等实践因素的局限，在理论、方法和实践三个层面构建较为全面、系统的篮球教学、训练的内容体系。在理论维度上，按照教育部体育专业教学指导委员会的教学规范要求，减少了与教学、训练联系不甚紧密的内容，增加了对篮球教学与训练的分析和诊断的理论描述；在方法维度上，为顺应现代篮球运动的飞速发展，增加了篮球战术综合训练方法以及教学与训练的科学评价方法；在实践维度上，参考欧美篮球运动最新的教学训练的方法和手段，增加了篮球核心力量及专项力量的训练方法示例。

遵循篮球教学与训练规律，篮球理论、技术、战术内容的编写按照由易到难的顺序逐步递进，既方便教师教学，又使学生可以按照自己的学习目的有选择地进行练习。教材内容力求简练，难易适度，可作为普通高校体育专业篮球本科和研究生专修课或选修课教材，也可作为教师教学、训练和科研的参考书。

在编写过程中，我们学习、参考、引用了国内外不少学者的著作和论文，在此，向他们表示深深的敬意。

由于编写人员水平所限，会存在不足，我们期盼您的批评指正。

目　录

第一篇　理论篇

第二篇　方法篇

第三篇　实践篇

第一篇

理 论 篇

LILUN PIAN

第一章　现代篮球运动概述

第一节　现代篮球运动的源起与发展

一、篮球运动的源起

据文字记载，篮球运动是由美国人詹姆士·奈史密斯发明的。1891 年冬，在美国的马萨诸塞州斯普林菲尔德市（Spring Field City）基督青年会训练学校（今春田体育学院），教师詹姆士·奈史密斯博士依据学校的要求，设计了一项学生可以在室内进行的体育活动，即篮球游戏。由于起初创编该篮球游戏时，运用桃篮和足球作为游戏的道具，所以将本游戏取名为“篮球”。经过数次体育课堂教学后，1891 年 12 月 25 日圣诞夜，詹姆士·奈史密斯博士将体育课中的 18 名学生分为两个组，进行篮球游戏表演比赛，并将此篮球游戏介绍给观众。

初期的篮球游戏比较简单，近似美式足球，无明确的比赛规则，场地大小不等，活动人数不限，仅在室内一块狭长的空地两端，各放一个桃篮。比赛时把参加者分成人数相等的两队，分别横列在场地两端界线外，在裁判员向球场中央抛球后，双方队员立即冲进场内抢球，并力争将球投进对方的篮筐。因为桃篮是有底的，球投中以后就留在篮子里，人必须登上专设的梯子才能将球从篮筐里取出。为提高比赛的连续性和观赏性，场地设施不断改进，篮筐取消了筐底，并改用铁圈代替桃篮，用木板制成篮板代替铁丝挡网，场地增设了中线、中圈和罚球线，比赛改由中场跳球开始。与此同时，场上比赛队员通常也改为每队 5 人，开始有后卫、守卫、中锋、前锋、留守等位置之分。到 1892—1893 年，奈史密斯有针对性地制定了原始的 13 条和 21 条规则。其中规定不允许带球跑、抱人、推人、绊人、打人等。规则的改变大大提高了篮球游戏的趣味性，并且吸引了更多的人来参加。篮球游戏从场地设施到比赛规则都逐渐去掉了美式足球的影子，篮球游戏已现现代篮球运动雏形。

二、篮球运动的发展

篮球运动产生后，先是在美国学校逐步开展起来。1892 年，篮球运动首先从美国传入墨西哥，并很快在墨西哥各地得到发展。这样，墨西哥成为除美国外，第一个开展篮球运动的国家。此后，1892—1897 年 5 年间，篮球运动先后传入法国、英国、中国、巴西、捷克斯洛伐克、澳大利亚、黎巴嫩等国家，从此，篮球运动逐步在中美洲、亚洲、欧洲和大洋洲发展起来。

1932 年在瑞士的日内瓦由葡萄牙、罗马尼亚、瑞士、意大利、希腊、拉脱维亚、捷克斯洛伐克、阿根廷八个国家组织成立了“国际业余篮球联合会”，初步制定了国际间较统一的比赛规则，明确了上场人数、场地面积和比赛时间等。明确的赛制和统一的比赛规则促进了世界篮球运动的发展与提高。同年，男子篮球被国际奥委会承认为奥运会正式比赛项目。1936 年在德国柏林举行的第 11 届奥运会，男子篮球被列为正式比赛项目，从此正式登上国际体坛。1946 年，美国出现职业篮球联赛，并发展为目前的 NBA。1950 年和 1953 年分别举行了第 1 届世界男、女篮球锦标赛。

在随后的 20 世纪六七十年代，以美国巨型运动员张伯伦、苏联运动员克鲁明及谢苗诺娃为代表的身高两米以上的高大队员大量涌入篮坛，显示出难以抗争的威力，身高开始成为现代篮球比赛中决定胜负的重要因素之一。但为了提高比赛的对抗性和观赏性，体现时间与速度对篮球比赛结果的约束，迫使篮球规则多次在场地和时间上对进攻队进行新的限制。随着攻守区域扩大，时间的限制，高度与速度、空间与地面的交叉结合成为比赛争夺和决定胜负的重要因素，有力地推动了攻、守技术、战术的全面发展。高空优势、高技巧、高速度、高强度、多变化、高比分、高空技术有了新的发展，充分展示了当时篮球运动发展的趋势与特点。而这一趋势和特点，到 20 世纪 80 年代则更为突出。至此，世界篮球运动开始形成以美国、巴西队为代表的高度与技巧结合的美洲型打法，以俄罗斯、克罗地亚、意大利为代表的高度与力量结合的欧洲型打法，以中国、韩国队为代表的矮、快、准、灵结合的亚洲型打法。

20 世纪 90 年代以后，现代篮球运动进入黄金发展时期。1990 年国际业余篮球联合会更名为国际篮球联合会，并取消了对职业篮球运动员参加国际比赛的限制。以超级巨星乔丹、约翰逊等职业球员领衔的美国男篮“梦之队”参加了 1992 年第 25 届奥运会并夺得冠军。众多职业篮球运动员给国际篮坛带来了新观念、新技术和新战术。高超的现代篮球技艺表演，寓竞技、智谋、技艺于一体，将篮球运动技艺表现得更加充实完美，战术更为简练实用，这标志着篮球运动整体内容结构，优秀运动队伍综合智能结构以及运动员掌握和运用篮球技战术的能力结构，教练员科学化训练、管理、指挥的综合能力结构发生了质的变化。自此，意大利、西班牙、英国、法国、波多黎各、阿根廷、希腊、菲律宾、中国、韩国、日本、中国香港、中国台湾等国家和地区纷纷开展了职业篮球联赛。篮球运动迈入了职业化、商业化和社会化时期，篮球运动的技、战术水平和训练水平也得到更高、更快的发展。

第二节　中国篮球运动发展历史与现状

一、中国篮球运动发展历史

（一）1895—1948 年阶段

篮球运动于 1895 年经美国国际基督教青年会派往中国天津基督教青年会就职的第一任总干事来会理（David Willard Lyon）介绍传入我国天津。在近一百二十多年的时间里，篮球运动在我国由于受不同时期的政治、经济、文化和教育等各方面因素的影响，经历了迂回曲折的发展过程。新中国成立前，篮球运动主要在天津、上海及北京等有限的城市青年会和某些中等以上学校的少数学生中开展，总体水平低，普及面窄，竞赛活动少。

1910 年“中华民国”第 1 届全国运动会将篮球列为表演项目；1913 年“中华民国”参加了由“中华民国”、菲律宾和日本三国发起组织的第 1 届远东运动会；1914 年“中华民国”第 2 届全国运动会将篮球列为正式比赛项目；1921 年在上海举行的第 5 届远东运动会上，“中华民国”篮球队获得冠军。1930 年在“中华民国”第 4 届全国运动会上，女子篮球被列为正式比赛项目。1936 年，“中华民国”首次组队参加了第 11 届奥运会男子篮球比赛；1948 年，“中华民国”参加了在伦敦举行的第 14 届奥运会男子篮球比赛，获得第 18 名。同一时期，在陕、甘、宁解放区，篮球运动则成为在部队和人民群众中开展最为活跃的体育项目，当时享有盛名的有“战斗”和“东干”等篮球队，其中一批篮球骨干成为新中国体育事业的开拓者。

（二）1949—1994 年阶段

新中国成立后，篮球运动在中国的传播、普及、发展进入了一个新阶段。1951 年，我国选拔出了首批男、女篮球国手（称中央体训班）；1952 年全军运动会后成立了“八一”男、女篮球队；1953 年前后各省和自治区纷纷建立了体委和体育干部训练班（即后改称为体训大队），其中篮球运动员较多，当即建队。

1954 年开始组织全国比赛，1957 年又开始根据运动员运动技术水平划分甲、乙、丙和青少年等级赛。1958—1965 年是我国篮球运动健康、迅速发展的时期，为备战第 1、2 届全运会，各省体委都成立了专业队，通过这一时期的比赛、探索和研究，总结出了这一阶段我国篮球运动发展的特点，提出“积极主动，快速、灵活、准确”的技术风格，以及表现出跳投、快攻、紧逼防守等技术、战术特点。

1966 年“文化大革命”的十年动荡开始后，体工队下放基层劳动锻炼，严重影响了正常的训练和对外比赛交流。1971 年国家体委召开了全国体育工作会议，制定了体育事业第四个五年计划（1971—1975 年），基层篮球运动得到了普及和提高。

1975 年我国恢复等级赛。同年，我国男篮参加了第 8 届亚洲男子篮球锦标赛取得了冠军。在 1977 年第 9 届亚洲男子篮球锦标赛上，我国男子篮球队再次获得了冠军。1978 年我国男篮参加了第 8 届世界男子篮球锦标赛，使我国篮球走出了国门，进一步拓展了视野，了解到了现代篮球运动的发展趋势，并在实战中了解到世界男篮强队各种风格和流派的打法。

1981 年底中国篮协在杭州召开了全国篮球训练工作会议，提出“冲出亚洲，走向世界，勇攀高峰，为国争光”的口号。1983 年，我国女篮在第 9 届世界女篮锦标赛中，获得了第二名，紧接着在翌年的第 23 届奥运会上获第三名。1986 年，我国男篮在第 10 届男篮锦标赛中取得了第九名的好成绩。1992 年第 25 届奥运会和 1994 年第 12 届世界篮球锦标赛上我国女篮均获得亚军。

（三）1995 年至今阶段

1995 年 6 月中国篮球协会（China Basketball Association）在北京成立。它是中华全国体育总会领导下的协会之一，是中国篮球运动的全国性群众组织。1995 年 10 月推出了《中国篮球协会运动员转会暂行条例》和《俱乐部暂行管理条例》，拉开了中国篮球职业化改革的序幕，同年 12 月正式推出跨年度的全国男篮 12 支甲级队主客场联赛。1996 年，我国男篮在世界锦标赛上获得第 8 名。1997 年我国女篮队员郑海霞在 WNBA 的选秀大会第二轮第 16 顺位入选火花队。

进入20世纪90年代后期，中国篮球事业随着改革开放的深化，摆脱了过去计划经济体制下形成的传统观念和原有管理体制与运行机制模式的束缚。坚持以市场经济为导向的改革，以社会文化需求作依托，深化篮球运动的管理体制改革，于1997年11月成立了篮球运动管理中心，对全国男篮甲A联赛进行改革，实行主客场赛制的职业篮球联赛。随后，各种形式的职业、半职业性质的篮球俱乐部相继成立，相继实行男篮甲B、乙级队和女篮甲级队的主客场制的“职业联赛”，使中国竞技篮球的竞赛制度开始与国际接轨。

2001年，我国篮球运动员王治郅首次进入美国NBA职业俱乐部小牛队，成为进入NBA的亚洲男篮第一人。2002年，姚明成为NBA选秀状元入选火箭队，巴特尔加盟NBA马刺队。2005年，女篮球员隋菲菲和苗立杰两位加盟WNBA“君主”队。2005年，易建联加盟NBA雄鹿队。

在这一时期，青少年篮球运动和学校篮球活动得到进一步的发展。1996年中国大学生篮球联赛（China University Basketball Association）诞生，简称CUBA。2004年推出中国大学生篮球超级联赛（China University Basketball Super League），简称CUBSL。

二、中国篮球运动发展现状

新形势下，中国体育事业改革不断深化，体育事业发展战略重心由“体育大国”向“体育强国”转移，篮球运动亦迎来新一轮的发展契机。

目前，篮球职业联赛市场化、产业化不断完善，联赛的竞技水平越来越高，吸引了包括NBA在内的世界各国的高水平篮球运动员前来中国打球，引起社会各界的广泛关注，有力地推动了中国竞技篮球运动的发展，也进一步提升了篮球运动的影响。另一方面，随着人民物质生活水平的日渐富足，精神文化的需求也在不断加强。2005年，根据《全民健身纲要》的精神和中国篮协宁波会议宗旨“中国篮球运动将作为一种全民的健身文化”在全国范围内予以全面的运营和推广，中国业余篮球公开赛（Chinese Basketball Open）应运而生，此项赛事是经国家体育总局篮球运动管理中心批准，中国篮球协会主办，全国各省市体育局、篮球协会承办的全民性大型体育健身项目，赛事的推广与运营也有效地促进了篮球运动在全国各地、各社区的开展。

在中国篮球运动不断发展的同时，现阶段也同样存在许多亟待解决的问题：

（1）随着市场化的不断完善，现有的篮球运动管理体制和运行机制还不能适应该项目的快速发展，管理部门在思想上和认识上还存在一些问题。

（2）代表国家最高水平的男、女国家队并没有因职业联赛的良好发展及群众篮球运动的火热开展而发生飞跃，在国际和亚洲赛场上竞赛成绩起伏不定，不尽如人意。

（3）CUBA、CUBSL的举办，使校园篮球火遍大江南北，但却难以向更高一级运动队输送更多、更优秀的篮球后备人才，暴露出篮球后备人才培养工作薄弱的问题。

（4）各级教练员队伍良莠不齐，整体素质不能适应现代篮球运动的快速发展，对竞技篮球运动发展规律认知不够，训练、竞赛理念落后。

（5）中国现在有3亿篮球爱好者，但由于地方政府重视程度不一，加之受场地少和设备落后等条件限制，中国民间篮球热一直难以升温。

（6）篮球理论研究和科研工作滞后于篮球发展实践。针对篮球运动存在的深层次问题缺乏自主性研究成果，科学研究未能重视与实践结合，科研成果应用率不高；实践工作者不重视理论的指导作用，忽视训练工作中的科研指导。

第三节　世界篮球运动发展现状与趋势

一、世界篮球运动发展现状

进入21世纪，篮球运动发展步伐加快，现代篮球运动已成为一种世界性文化，遍及五大洲。然而篮球运动的普及与发展，由于受各国政治、经济和社会发展背景等不同的影响，篮球运动在世界各地的发展极不平衡。从近几十年的奥林匹克运动会篮球赛和世界篮球锦标赛的成绩分布来看，欧美几个篮球强国始终名列前茅，就国家整体水平而言，美国则占榜首。以洲际区域剖析，以美国为代表的美洲区为现代篮球发源地，整体水平最高，将技巧与特殊身体体能条件结合，形成个体作战和几个人组合作战为主体的打法，体现出高、快、准的特点，基础技术好，整体实力强。以俄罗斯、塞黑和立陶宛等队为代表的欧洲受美国篮球影响较大，普及面广，整体水平接近，是美洲队最大的威胁者，基本打法趋向粗犷、凶悍，以整体作战为主体，体现出高、狠、准的特点，强调对抗，力量足，讲究整体实力。随着澳大利亚篮球并入亚洲，使亚洲篮球水平得以提升，因澳大利亚的篮球风格近似欧洲，篮球普及率高，男女篮球的竞技水平也一直处于世界前列。另外，亚洲区东亚的中国、日本、韩国篮球竞技水平较高，西亚的伊朗、约旦、黎巴嫩已显崛起之势，但普及面受局限，实际水平与欧美国家相比仍有较大差距，基本打法是以作风、体质为基础的技巧和快、灵、准的整体型作战为主体。非洲区篮球运动发展滞后，普及面不广，运动水平较低，与其他洲有明显差距，其打法尚未显出明显特征。

但从最近两届奥运会篮球赛和世界锦标赛优胜名次的分布情况来看，当今世界篮坛比赛名次已形成升降交替、多足鼎立的格局，说明随着世界篮球运动的广泛传播与交流，世界竞技篮球的格局也在不断演化，推动世界篮球运动向着动态、多元、多变的方向发展。

二、世界篮球运动发展趋势

新世纪的篮球运动全球化趋势将进一步加快，篮球运动将得到更广泛的普及，成为名副其实的全球化社会文化和全民性健身强体、修德养心的工具和手段。学校篮球运动将在增智、健身、教育、宣传、社交等方面赋予更多的教育意义，为丰富校园文化生活，提高校园篮球竞技水平，培养更多更优秀的篮球后备人才，各种形式的篮球俱乐部和训练体系将得到大力发展。随着高水平职业运动员在世界范围内的流转，职业篮球运动的影响将不断扩大，篮球竞技的风格和流派将趋于丰富和多元化。

竞技篮球的发展从欧美等强队比赛中可以看出，当今世界竞技篮球正朝着“高速度、高强度、高技巧、强对抗、女子动作男子化”的方向发展，篮球比赛正向着“全面综合实力的抗衡和立体式攻防的较量”方向发展，它要求运动员的技术更为全面，特点更为突出，体能更为出众（身体更为强壮）。追求攻守速度的不断提高；攻守兼备，更注重防守能力；强调身体的强对抗。当代篮球运动防守战术强调攻击性、预见性、对抗性和时空感。这一观念和攻守平衡理论极大地促进了当代篮球防守技战术的发展。当代篮球比赛中身体接触和干扰十分频繁，对抗力度增强。防守技术的变化促进了防守战术的相应变化。当代篮球运动防守战术最大的特点就是“多变”。随着攻击性贴身紧逼防守技术的出现，当代篮球进攻技术正朝着全面多样、实用、强对抗、随机应变的方向发展。进攻战术向灵活机动、快速多变、大范围穿插移动进攻方向发展。

第二章 篮球运动技术原理

第一节 篮球技术概述

一、篮球技术定义

篮球技术是运动员为完成进攻与防守所采用的动作方法的总称，是篮球运动员竞技能力水平的重要决定因素。它包括移动、接球、传球、运球、投篮、抢球、打球、断球 、抢篮板球等动作方法，以及由多个动作组合所形成的动作体系。篮球运动的各种技术动作，都有着符合人体运动力学基本原理的标准技术及规范的技术要求，合理的、正确的篮球技术还要符合篮球竞赛规则的要求。但对每个运动个体来说，又必须依据运动员个人的生理学特点，选择和掌握具有个人特征的运动技术。

篮球技术又是篮球战术的基础，任何战术意图和战术方法的实现，都需要掌握相应熟练准确的技术动作和应变能力来保证，实质上，战术就是运动员和运动员之间技术运用的组织形式与方法。所有这些说明了篮球技术在篮球运动中的重要地位和作用。

二、篮球技术的基本特征

（一）身体动作与运动技术的整体性

篮球技术最显著的特点就是运动者利用身体特别是用手来直接支配球，并与全身协调配合组成各种专门动作，最后通过手部的动作控制、支配球的运行和争夺获球，使身体动作与控制支配球融合为一体。

（二）动态和对抗的结合

篮球竞赛本身就是一个攻守对抗的动态过程，一切篮球技术都是在动态和对抗中操作，快速、准确、实用、多变，充分表明了在争取时空主动权上的合理性和创造性，两者的结合则是篮球技术的又一特征。

（三）运动技术动态稳定与即时应变的统一性

篮球运动技术在运用过程中具有相对稳定的动作环节，但它又必须随着环境及对手的变化而变化，要在攻守对抗中的各种不同条件下去随机组合动作来完成攻守任务。

（四）规范性与个体差异的结合

任何运动技术都必须符合科学的原理而具有一定的规范性和公认的动作规格。然而，由于运动员在身体形态、运动素质等方面客观存在的差异性，必然导致运动员在技术运用过程中表现出不同的动作特点和风格。因此，在训练与比赛中不能强求动作外形的模式一致，而要讲求实效。

三、篮球技术原理

（一）篮球技术结构的依据

篮球技术是以人体的骨骼肌肉活动为基础所构成的有目的的运动动作的合理结构，人体解剖学、运动学、动力学的知识体系是动作结构的理论基础。篮球技术形成的生理机制是运动条件反射暂时性神经联系，是以大脑皮质运动为基础的，学习和掌握技术的生理学本质就是建立运动条件反射。同时，人体运动中的动作又要服从力学某些定律和原理，要结合篮球技术动作的特点加以利用。篮球技术就是身体姿势、关节角度、身体位移、运动时间、运动速度、用力大小与方向、动作速率、动作节奏等基本要素合理匹配的结果。

（二）篮球技术形成的基本原理

（1）生理学原理

篮球技术形成涉及体育学、教育学及医学等很多基础学科，而从其形成的生理机制分析，则是以人的大脑皮层运动为基础的运动条件反射暂时性神经联系，这一带有普遍意义的生理学原理，指导着人们学习和掌握技术和技能。技能形成的大致基本过程是：在大脑皮层形成动作的粗略草稿，然后把信息传到小脑和基底神经节，经过小脑的协调和基底神经节的思考，把草稿转变成具体的在时间和空间上比较精确的计划，再通过视丘中枢到达皮层运动区，皮层运动区发出命令下传到脊髓神经元，最后由骨骼肌执行。如果动作发生错误，则通过本体感受器将信息反馈到中枢神经系统进行调节。

（2）认知心理学原理

要形成和提高篮球运动技能，必须获得关于篮球运动的感知觉。首先要通过人的感觉器官直接感受学习的技术动作，从而获得与篮球运动有关的感觉。这种运动感觉是通过人体感觉器官与被感知的技术动作直接接触而产生的认识。然后，在大脑中把有关的篮球运动感觉组合在一起形成运动知觉。准确迅速的时间知觉和空间知觉对运动技能学习具有重要意义。

在篮球技术形成的过程中，还有一个专门化感知觉问题必须给予重视，即观察能力与“球感”的训练。视觉是对刺激物的方向、距离等得到的感知，这种空间感是迅速做出判断与行动的前提，对技术动作的运用更为重要。因此，必须在训练中加强观察能力的培养。关于“球感”则对技术的掌握与提高具有重要的作用，是通过长期刻苦磨练所获得的一种专门化的复合知觉，这种复合知觉是在训练中各种感受器对刺激物进行精细分析并在大脑皮层中形成复杂稳固的神经联系的结果。对球的性能和球的运动规律的认识，不断地实践是提高“球感”的惟一途径。必须加强基本功训练，长期不练，“球感”则会消退，甚至因情绪、疲劳等也会减弱，“球感”也是篮球运动的一种重要的心理标志。

（3）社会学原理

篮球运动是一项充满哲学原理的运动，辩证唯物主义的哲学世界观、方法论是篮球领域中居领导地位的理论基础，可以帮助人们以全面、辩证的观点从整体上去认识篮球技术的概念、特征、地位、作用以及相互间的关系等。篮球技术还服从美学原理。体育美学认为，人们从事任何运动项目，根本目的是通过完成各种技术动作而得以健身强体，其中包含着多种美学的因素。在竞技中，每一次技术动作的姿态、灵巧程度、协调性、敏捷度和准确性等，都给予人们一种美的感受，球场上每一次争夺所表现出的顽强拼搏、克服困难和积极进取等精神也给人们一种鼓舞和力量，是一种心灵美的表现。

第二节　篮球技术分类

篮球技术分类的目的主要在于：①有利于学习者进行学习；②有利于教学和训练；③有利于研究者进行科学讨论。篮球技术动作的多方面属性为人们提供了多个可供选择的分类标准：①按技术动作的攻、守属性分类；②按技术动作在比赛中的作用分类；③按队员与球的关系特点分类；④按技术动作的组合特点分类；⑤按动作目的名称分类。

按不同分类标准建立的分类体系各有其自己的适用范围并各有其理论与实践价值。

根据不同的分类依据和标准会产生不同的分类体系，目前，我国篮球技术主要有以下几种分类体系。

第一种分类体系，其分类标准有两个：一是根据篮球技术运用的任务分类；二是根据篮球技术动作结构分类。把篮球技术分为进攻技术和防守技术两大类，进攻分为突破、运球、传球、投篮等；防守分为抢球、断球、盖帽、打球、防守对方等。

第二种分类体系，其分类标准有三个：一是篮球运动目的任务；二是篮球技术动作的内容；三是篮球技术动作结构。该分类将篮球技术分为有球进攻技术、无球进攻技术、防有球技术及防无球技术，并认为接球技术属单列类，而移动是其他技术的基础，所以把篮球技术分为六类。

第三种分类体系，其分类标准有两个：一是篮球技术运用的目的；二是篮球技术动作的结构。该分类体系把篮球技术分为两大部分五种类别，每种类别有其技术表现形式和专门动作方法（见图 2－1）。

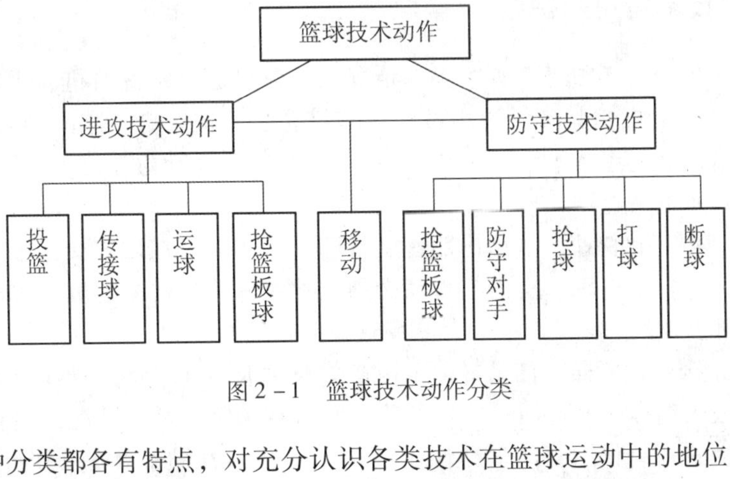

图 2－1　篮球技术动作分类

上述几种分类都各有特点，对充分认识各类技术在篮球运动中的地位和作用以及正确分析评价技术，丰富和完善我国篮球运动的基础理论，都起到了重要的作用。但随着现代篮球运动的快速发展，各种分类也还存在着一定局限性和不足。科学合理的篮球技术分类应该充分考虑现代篮球运动的基本规律，将篮球运动技术的开放性、攻防制约性、动作的组合性以及技术运用的不确定性融入新的分类体系中，以适应篮球运动的发展。

第三节　篮球技术运用

篮球技术运用是指运动员个人在各种运动场景中合理使用技术动作的表现与发挥。

一、影响篮球技术运用的因素

篮球运动是同场竞技类项目，是一人或多人在相互制约中进行攻守对抗，技术运用是在动态的时空情况下去完成动作。影响技术运用的主体因素主要包括：第一，身体形态与身体机能。运动技术以身体动作为表现形式，而身体动作表现则以人体解剖结构为基础。篮球比赛速度日益加快，对抗争夺日益激烈，很多情况都是在快速中、高空中、身体接触中完成动作的，这不仅要有全面的良好的身体素质，还要有持续的良好的机体机能。第二，神经系统的控制与协调能力。运动技术的合理性依赖于参加动作的肌肉群的协调程度，而这种协调程度又依赖于神经系统对肌肉的合理而精细的支配。良好的协调能力是运动员在复杂多变的篮球场上合理运用动作的基础。第三，个性心理特征。良好的心理素质对技术运用有着极为重要的作用，这在很大程度上决定着篮球技术的发挥。这主要包括篮球意识、意志品质和情绪。意识支配行动，对技术运用起着指向、抉择支配作用，意志品质坚定、有信心和能克服困难对技术运用有着积极、激励的作用。稳定的情绪说明有很好的自控能力，能排除内部与外部的干扰和影响，保证技术动作的正常操作，激发斗志是发挥技术水平的先决条件。第四，技能的储存与熟练程度。动作技能储存数量越多，越能顺利建立条件反射，只有先掌握规范、熟练的单个技术，再去掌握大量的组合动作，才能在篮球竞赛活动中应付复杂多变的情况。影响技术运用的客体因素主要包括篮球竞赛规则、竞赛环境、器材设备、场地条件等。

二、篮球技术运用的特点

篮球技术运用时，必须善于观察场上情况，准确判断、掌握时机、运用时机、创造时机，并在行动中能根据具体情况，做到快慢结合、真假结合、刚柔结合、稳准结合，才能合理地、有效地运用技术，发挥水平，去争取比赛的主动与胜利。

篮球技术运用的特点：

（1）动作速率变化快速。篮球比赛速度日趋加快，双方在攻守交错中对抗，必须果断迅速地做出决断付诸行动，决断与行动必须迅速统一，这样才能取得主动与优势。由于攻守双方的相互制约，因此，参与者的智慧和谋略至关重要。

（2）技术组合变化多样。在比赛中运用篮球技术时，几乎都是动作组合的运用，而不是单个动作或固定程序的运用。参与者的所有行动随临场具体情况的变化而不同，无固定的程序或模式。动作组合的多样性还包含多变性，表现在动作操作上以及在方向、速度、路线、节奏、幅度等方面的变化，最后达到准确性要求。

（3）技术对抗注重实效。篮球技术大多数行动是在对手的干扰、破坏下进行的，经常发生身体接触，必须适应对抗的需要。篮球是集体参与的对抗类项目，更加强调同伴之间的相互配合与协作。篮球运动中技术的规格和完成过程等必须为效果服务。

（4）技术运用表现位置差异。因战术需要而进行的位置分工，对运动员在各自位置上的技术提出了新的要求。运动员根据自己在比赛中所处特定位置的条件，用新的组合技术并以新的形式来适应比赛。位置分工不同，技术运用的方式就会不同，就表现为不同的特点和内容，从而形成运动员在某个位置上被赋予了一定战术意义的专门技术。

第三章　篮球运动战术原理

第一节　篮球战术概述

一、篮球战术的概念

篮球战术是篮球竞赛中队员和队员之间协同运用技术进行攻守对抗的组织形式与方法，是为战胜对手或取得期望的比赛结果而采取的计谋和行动。篮球战术是为取得比赛的胜利，在设定的战术思想指导下，以篮球技术为基础，按照一定的阵势，全队有组织、有策略地进行协同配合的方法和行动。篮球战术的作用就是把运动员已获得的身体、技术、心理等方面的能力，根据竞赛双方的具体情况综合运用，使全队形成一个整体，保证每名运动员的技术特长都得到充分的发挥。

篮球战术是篮球运动的重要组成部分，是比赛中发挥集体力量和个人作用的手段。篮球战术的目的是把队员组织起来，保证整体实力和特长的发挥，制约对方，掌握比赛的主动权，争取比赛的胜利。

二、篮球战术的特征

篮球战术主要由进攻战术和防守战术组成，攻防战术相互依存，互为存在的条件。篮球战术有特定的功能，篮球战术有全队战术、基础配合和个人战术行动等层次性。现代篮球战术具有进攻与防守统一、集体配合行动与个人行动统一、技术与战术统一等方面的特征。

（一）战术设计的目的性

篮球战术是为完成比赛任务设计的，战术运用具有明确的目的性。篮球战术的阵势、战术配合的方法都要从本队的实际出发，根据队员的身体素质、运动能力、技术能力等条件，选择适合本队水平的攻守战术形式和方法。同时篮球战术是用于与对手竞赛的，所以，战术的设计还要针对不同竞赛对手的情况，采取相应的方法去制约和限制对方，而且还要根据比赛情况的变化及时加以调整，因时而变才能抢得先机，掌握比赛的主动权。

（二）战术运用的灵活性

篮球战术是队员在比赛中配合和合作的方法和原则，从这个意义上讲，篮球战术是固定点，但是，任何战术行动都是在同对手的制约和反制约、限制和反限制中进行的，而且，由于比赛形势错综复杂、瞬息万变，篮球战术的事前演练不可能穷尽比赛中的一切情况，因此，在战术的运用上，既要在行动上有统一的原则和要求，又要允许队员个人有机动灵活的变化，才能把握战机，克敌制胜。

（三）战术方法的多样性

现代篮球竞赛攻守对抗日趋激烈，赛制不断创新，比赛的对手在不断变化，为了应付不同形式的攻守战术和适应各种临场情况，促使战术方法不断发展和更新。为了完成比赛中的战术任务，必须掌握多样化的战术形式与方法，并且在比赛中能够随时随势变化，综合运用多种战术，才能争取主动。因此，战术行动的多样性和综合性的统一，是现代篮球战术的基本特征。

（四）战术行动的整体性

篮球战术是场上五名队员合作的结果，是以一种集体行动展现的，每名队员的战术行动都不是孤立进行的，而是在其他一个或多个同伴共同行动的背景下实施的。比赛战术的实现，必须依靠队员之间的协同配合才能实现。因此，篮球战术行动体现出整体性的特征。

三、战术结构原理

篮球技术是运动员进行比赛的手段，是战术的基础，只有技术掌握全面、有实效并有质量，才能在比赛中实施战术，取得良好的比赛效果。阵势是战术的外部表现，方法是战术的具体内容，两者紧密联系，互为依存，相互促进，融为一体。

篮球战术是由直接参与比赛的运动员去实现的，战术行动是以运动员为主体的对抗活动，队员的战术意识越强，实现战术的可能性就越大，运动员在竞赛场上技术的运用、与队友的协同行动等，都与队员的战术意识有关，篮球战术意识自觉地、能动地指导队员根据攻守的情况和按战术意图进行独立或协同行动。战术指导思想对全队队员具有宏观上的协调作用，使全队在技术的运用和战术配合上向着一个目标努力。战术指导思想是战术的灵魂，战术意识是队员实现比赛意图的行动指挥，都是篮球战术的重要组成部分。所以，篮球战术由战术指导思想、战术意识、技术、阵势和方法五个要素组成。

（一）战术指导思想

战术指导思想是教练员制订战术计划、确定战术方案、形成战术特点的理想模式和行动准则。战术指导思想是篮球战术的核心，比赛中战术能否奏效，关键在于指导思想是否正确。篮球战术指导思想是随着篮球运动在技术、观念等方面的不断发展而演进的，正确的战术指导思想来自对篮球运动规律和客观实际的正确认识和把握。战术指导思想有两种不同层次的含义：一种是比较持久的、贯穿于训练和比赛活动全过程的指导原则，称之为长期性战术指导思想；另一种则是近期的、比较有针对性的，主要是在一个赛季或者一次重大比赛前所提出的战术方法的原则。战术指导思想确立的主要依据：一是对专项运动发展规律和发展趋势的正确认识；二是对本队队员情况的正确分析；三是对比赛任务目标的正确确立。确立战术指导思想，是球队建设的重要任务，它可以使教练员有计划、有步骤地进行战术训练，从而形成自己的战术风格和体系。战术指导思想对于球队战术风格的形成具有重要的作用。

（二）战术意识

战术意识是运动员在比赛中为达到特定战术目的而决定自己战术行为的思维活动过程，是运动员在篮球比赛中对战术运用规律性的认识，是运动员在参加篮球运动实践活动中逐步积累而丰富起来的。它包含两个方面的内容：一是运动员在比赛中对自己所采取的战术方法有充分的认识和理解；二是在复杂多变的比赛环境中，及时观察各种情况，适应环境，随机应变，迅速准确决定自己的战术行为。战术意识具有三个主要特征：观察特征、思维特征和行动特征。观察特征是运动员在比赛进程中，通过有意识、有目的地观察、了解，掌握比赛中的有关情况，对人、时间、空间、距离、速度等进行分析和判断，对双方运动员的位置及其变动情况、球的方向及其变化、对方的技战术特点及队员的特长技术等及时掌握，从而迅速、准确地采取行动。思维特征是一个运动员智能结构的核心，它是通过分析、比较、综合、抽象、概括等过程来实现的。这样，在比赛中才能迅速而准确地观察、判断不断变化着的情况，及时地提出或改变自己的战术意图，从而采取有效手段驾驭比赛进程，掌握比赛的主动。战术意识能否实施必须通过队员在比赛过程中的技术运用、身体动作等行动才能得以表现。战术意识具有定向、抉择、反馈、支配等作用，队员的战术意识越强，实现战术的可能性也就越大，从而越能反映运动员的战术能力和行动效果。

（三）技术

运动活动理论认为：动作和行动是构成比赛活动的基本要素，动作是构成行动的最基本的元素。也就是说，技术是构成战术行动的基本元素，没有技术也就没有战术。篮球技术是为达到篮球运动目的所完成的专门的动作方法，是进行篮球比赛的基本手段，是篮球运动员比赛行为的核心。任何战术企图和战术方法的实现，都需要掌握相应熟练准确的技术动作和应变能力。技术内容和战术形式的相互统一，才能保证战术的实施。

技术的不断发展和完善，尤其是队员单个技术和组合技术运用能力的提高，为战术的变化和创新提供了保证，同样，战术的创新和变化也为技术的运用提供了广阔的空间。

（四）阵势

在篮球比赛中，“阵势”就是“阵”，是指球队为实现预定的比赛目的，而将各种不同类型的运动员有机而协调地排列在竞赛场上的位置结构和布局形式。阵势具有相对稳定的形态和结构。战术阵势是战术行动的外部表现，一种战术阵势反映一定的战术内容。所以阵势是战术的基本要素之一。每一种战术形式都具有比较明确的概念及适用范围，相对完整的活动过程和稳定的时空特征。例如：“∞”字进攻法，区域联防的“2－1－2”、“2－3”、“3－2”等阵势，在运动员的攻防位置、运动轨迹、攻守节奏等方面都有相对明确与稳定的行为特征。

（五）方法

方法一般是指为达到某种目的或竞赛结果而采取的手段与行为方式。篮球战术方法是通过运动实践总结出来的，是完成战术行动的原则、要求和程序，是战术行动构成的内在的基本要素，即队员位置的部署、球和人移动的路线、攻击区域、配合时机、层次及变化等。它规定了人、球移动的基本方向和路线，技术动作的选择与组合，行动的时机与时间及技术运用要求等。战术方法是从实践中规范出来的活动程序，既依赖于队员的技术运用能力，又需要有一定的阵势来保证队员技术的发挥。

综上所述，战术指导思想协调全队战术行动，是战术的灵魂。战术意识服从战术指导思想，战术指导思想引领战术意识。技术是战术的物质载体和实际内容，是战术实施的基础；阵势是战术的外在表现，一定的形式反映一定的内容；方法是完成战术行动的具体手段、要求和程序，是战术的核心；战术意识支配着队员的每次战术行动，是完成战术的保证。明确战术要素的内涵及其相互的影响与制约，对认识、掌握和实施战术行动具有十分重要的意义。

第二节 篮球战术分类体系

篮球战术体系是指由相互联系、相互制约的攻守战术构成的一个整体。随着科技、文化和社会的发展，现代篮球运动战术也在不断地由简单到复杂、由低级到高级创新发展。通过对篮球竞赛攻守对抗实践中所展开的一系列有目的、有成效的个人和集体的行动加以归类和总结，构成了一个内容丰富、阵势多样、结构完整的篮球战术体系。探讨各种战术行动方法之间相互制约的关系、运用中的变化、战术与形式的关系等，能够帮助人们系统、科学地组织篮球战术教学和训练。

一、篮球战术体系的结构

篮球战术可根据不同的标准进行分类。按战术的表现特点，可分为阵地战术、移动战术、目的战术、心理战术；按参与战术行动的区域与人数，可分为个人战术、小组战术和整体战术；按战术的攻防性质特征，可将篮球战术分为进攻战术、防守战术、攻防转换战术和相持战术；按战术的普适性特征，可将篮球战术分为常用战术和特殊战术。目前，我国较多把篮球战术按攻防特征进行分类（图 3－1），把战术、方法和阵势构成一个完整系统网络，将复杂的、多种多样的战术加以归类，明确各自的隶属关系。

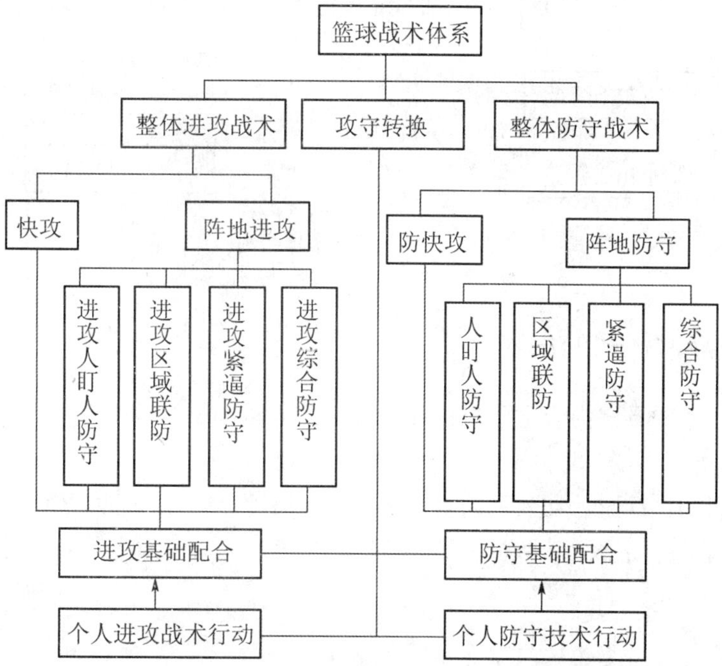

图 3－1 篮球战术体系结构示意图

近年，又有研究者根据篮球比赛的时间与球队对球权的控制，将篮球战术分为进攻战术、争抢球战术和防守战术。进攻战术体系包括：快攻战术、推进战术、衔接段进攻战术、阵地进攻战术。防守战术包括：防守快攻战术、防守推进战术、衔接段防守战术、阵地防守战术。争抢球战术分为抢篮板球战术和跳球战术。阵地进攻战术有：主体进攻战术和限制性进攻战术。阵地防守战术有主体防守战术和限制性防守战术。篮球战术体系如图 3－2 所示。

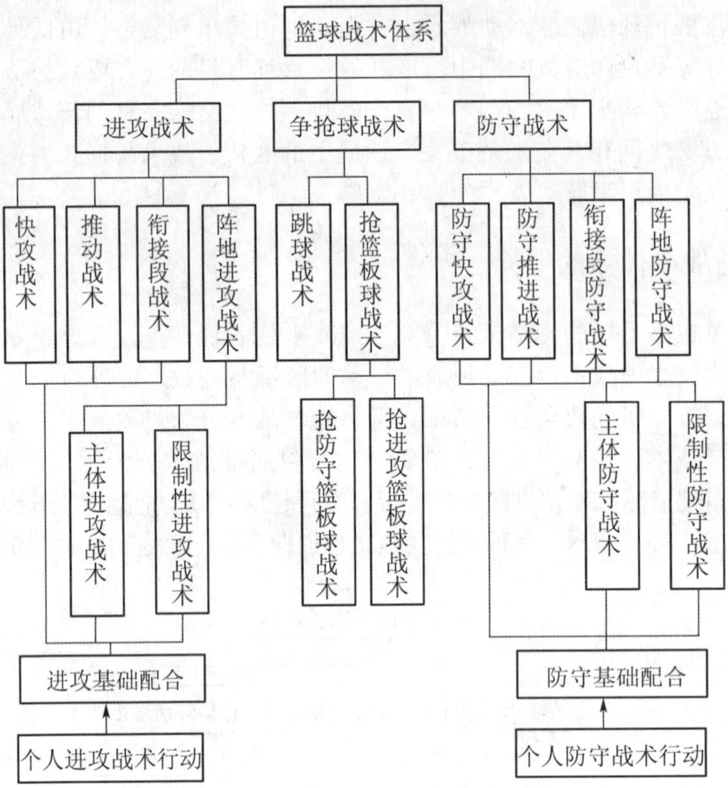

图 3－2　篮球战术体系图

二、篮球战术体系的内容

篮球战术体系的具体内容主要包括：

（一）个人行动

个人进攻行动：摆脱、切入、助攻、突破、投篮等。

个人防守行动：防守无球队员、防守有球队员等。

（二）配合行动

进攻基础配合：传切、掩护、策应、突分等。

防守基础配合：抢过、穿过、绕过、交换、关门、夹击、补防等。

（三）整体行动

全队进攻战术：快攻、推进、阵地进攻（进攻人盯人防守、进攻区域联防、进攻紧逼防守、三角进攻等）。

全队防守战术：防快攻、防推进、阵地防守（人盯人防守、进攻区域联防、进攻紧逼防守等）。

每一种攻防战术中由于运用目的、区域、范围、阵势的不同，每种类型还包含许许多多具体的、不同形式的战术配合，各有其原则、方法、要求及变化。

第三节　篮球战术的设计与运用

在篮球战术教学训练过程中，教练员首先遇到的问题是训练什么形式的攻守战术，怎样才能形成本队自己的战术风格与打法。这就提出了如何设计与组织攻守战术的问题。由于各队在选择与运用某种战术时，都会有其不同的原则、内容与形式，战术设计也就是部署与实施的具体方案并反映出本队的技术水平与风格。

一、篮球战术设计的依据与原则

篮球战术设计的依据主要是：第一，符合现代篮球战术发展的方向；第二，符合本队的战术指导思想；第三，符合本队实际情况。依据以上三点设计本队篮球战术的打法时，还必须遵循以下几个原则：

（一）平衡性原则

篮球比赛始终是在攻守不断交替中进行的。进攻者运用各种战术力争投篮得分，防守者亦是运用各种战术竭力破坏对方的投篮机会，并力争获得反攻的机会。在实际比赛中，进攻者由于对方的防守而失去进攻机会，而且在投篮不中时又没有争得前场篮板球等情况下，被迫转入防守，因此，这就要求在设计进攻战术时，应当注意保持攻守平衡，以便在运用进攻战术过程中，一旦防守者获得球，始终有一定的人力能做到及时退守，以阻止对方的反攻。篮球战术打法的设计，要从整个比赛攻守动态的过程来考虑，例如从攻守过程的整体出发，在战术开始发动到结束的转换过程中，对队员位置的分布和移动的原则、各个环节之间的关系、强侧与弱侧、主攻与辅攻、内线与外线、快与慢等，都要注意攻守相对平衡，以便于转化；要注意衔接与变化和具体实施中的连续性，要能有序而不乱，有变而不慌。

（二）连续性原则

要使所设计的战术具有更大的威力，战术攻击必须要有连续性。战术攻击的连续性，是指在一套进攻战术中一个攻击不能奏效（被对方破坏）时，还能转移到第二个、第三个甚至第四个攻击点，直至攻击结束为止。这样设计的战术，能够连续不断地创造攻击机会，不给对方以喘息的时间，易于达到攻击成功的效果。

（三）灵活性原则

灵活性指的是在坚持以自己的战术指导思想所设计的打法和贯彻所选择的战术方法

为主的情况下，要考虑竞赛环境、比赛对手、竞赛规则等的改变而辅以其他一些应变的措施，根据具体情况，灵活多变地运用。如在设计进攻战术时就要考虑“一点多变”，就是在一点攻击上要有多种变化：一是在一点攻击上的局部配合，能根据不同的防守情况完成攻击的“多变”，二是在一点攻击上形成配合方向上的“多变”（如中锋定位掩护，切入者可从中锋的左或右侧形成），三是在一点攻击上形成配合方式上的“多变”，如战术中的右侧为策应配合，在完成时可以变为运球掩护或后掩护的方式。这几种变化形式，构成了战术中攻击点上的灵活性。因为这些变化增加了完成攻击的机会，给对方的防守造成更大的威胁。所以，灵活多变是设计战术不可忽视的一个重要原则。

（四）目的性原则

战术设计应有明确的目标，既要攻守相对，又要针对对手在战术结构与环节上以己之长攻彼之短。按队的实际情况设计战术，还要富有创造性。既要根据本队的情况设计新的战术形式，又要在实践检验过程中不断改革完善所设计的攻守战术，还要合理地使用和组织队员。按队员的特点（长处）有目的地、合理地把他们组织在不同位置上，设计不同的配合形式，使队员的特长得到发挥，以利于提高完成战术的质量。但是，对队员在完成战术过程中的位置变化不应限制过死，而应该积极提倡和鼓励队员在位置不断变化中仍能施展自己的特长。因为，当前篮球攻守战术发展的一个重要方面，是在“动”中完成攻击。如果对队员位置变化限制过严，不但会影响队员能力的全面发展与提高，也会使战术显得单调、死板。

二、篮球战术运用

（一）知己知彼，科学合理地选择确定战略战术

《孙子·谋攻》说：“知己知彼者，百战不殆；不知彼而知己，一胜一负；不知彼，不知己，每战必殆。”篮球竞赛中，彻底而全面地了解本方与对手的各种信息，是克敌制胜的必要条件。在此基础上，确定战术指导思想，科学选择合理有效的攻守战术。教练员和运动员必须清楚地了解战术的全部过程，建立完整的战术概念，熟练掌握战术运用方法。

（二）注重战术实施过程中各个环节的衔接和转换

篮球战术实施，不论是在进攻或防守过程中，都是由开始组织、配合攻击、结束转换三个阶段构成。但不论是进攻还是防守的各个阶段的行动程序，在比赛中并不是一成不变的。由于比赛情况的复杂多变，时机的出现有其必然性和偶然性，个人与集体对抗的积极性、本方与对方的失误等都有可能出现直接攻篮或获球而导致攻守的变化。因此，为了更好地实现战术意图，控制比赛进程与节奏，达到实效的目的，明确所运用的战术方法在攻守过程中如何衔接、如何转换、如何应变，是十分必要的。

（三）攻守兼顾，全面考虑

赛前战术准备中教练员需要认真分析思考，根据本队与对方的具体情况，有针对性地制订比赛中实施多种攻守战术的方案，既要注重进攻战术的运用实效，又要注重防守

战术对取得胜利的重要性。掌握攻守转化和战术综合运用能力。在领会战术方法的基础上，完善攻防间相互转换的水平和质量，掌握和提高战术的综合运用能力。

（四）审时度势，随机应变，善于捕捉战机

现代篮球比赛对抗激烈，情况复杂，具有较大的随机性和不确定性，因此，队员在比赛中要善于根据不同的态势，因势利导，随机应变。比赛中的战术应变是战术运用的核心和灵魂，切忌按固定的模式以不变的战术打法束缚自己的行动和对付多变的局面。所以，在临场战术运用中，教练员和运动员都应该根据情况的变化，做到随机应变，捕捉稍纵即逝的战机。

第四章　篮球运动教学与训练理论

第一节　篮球运动教学理论

一、篮球运动教学理论概述

篮球教学是一个教育实践过程，篮球教学理论就是从篮球教学实践中总结、概括并上升为理论的科学体系。篮球运动教学理论是将一般的教学原则和相关科学的理论与方法融为一体，促使学生有效掌握篮球运动基本知识和技能的一种专项理论。其依据在于：

（一）认知心理理论

在学习篮球技术的过程中，首先要通过人的感觉器官直接感受学习的篮球技术动作，形成运动感知觉。通过反复练习，再形成运动表象。运动感知觉、运动表象都还属于感性认识，还必须经过分析、综合、比较、抽象和概括等理性思维活动过程才能把握所学动作的本质及内部联系，才能更好地完成动作，形成运动技能。篮球技能形成的心理学分析可概括为动机、探索、练习、发现原理和熟练过程。

（二）动作技能学习理论

关于篮球运动技能的形成理论，我们一直沿用传统的泛化、分化、自动化学说，认为从开始学习到熟练掌握动作包括发动认知动作阶段、粗略掌握动作阶段、改进提高阶段和巩固稳定自动化阶段。学习和掌握篮球运动技能的过程，其生理机制是以大脑皮层为运动基础的运动条件反射暂时性神经联系，本质就是建立运动条件发射的过程。

（三）生理机能变化理论

在身体练习过程中，人体生理机能活动变化的规律是由相对安静状态逐步进入工作状态，人体工作能力由逐步提高进入到最大限度水平，之后又逐步降低。经过长期的身体活动练习，既能提高篮球运动技能和身体素质，又能使身体的运动机能能力得到适应性改善。

（四）篮球运动技能开放性与对抗性理论

篮球是同场竞技类对抗性项目，其技术的运用取决于实战中攻守关系的变换，没有固定的操作程序，因此，篮球技能属于开放性运动技能（又称非周期性技能）。在教学过程中，必须遵循篮球运动技能学习与认知规律，采用适应的学习方法，把培养快速应变能力、对抗能力、配合能力以及意志品质放在核心地位。

二、篮球运动教学过程与特征

篮球教学是学校体育的重要组成部分，是实现学校体育目标的基本组成形式，是教师的教和学生的学的统一活动。篮球教学过程是一个多目标、多层次、多形式的过程。

从认识论角度看，篮球教学过程是一个特殊的认识过程；从结构论角度看，篮球教学过程是在传授篮球知识技术和发展体力的基础上最大限度地培养学生篮球运动的能力、发展学生智能和体能的多层次的动态变化过程；从教育心理学角度看，篮球教学过程是以学生认知为基础的全面心理活动过程和以能力为核心的统一培养、塑造个体发展过程；从运动生理生化角度看，篮球教学过程是遵循人体机能活动变化规律和人体运动适应规律，发展学生体能的过程；从社会学角度看，篮球教学过程还是对学生进行思想品德教育和审美教育，完善学生个性的社会性教育过程。

由于篮球运动的规律性而形成的篮球教学具有以下特征：

一是篮球教学活动的双边性。篮球教学是实现体育教学目的和任务的基本途径，是以篮球教学内容为中介，以学生身体参与为特征，师生在教与学两个方面的双边活动。

二是篮球教学的教育性。篮球教学是在教师的指导和学生的参与下，学生按照教育方针和篮球教学大纲的要求，锻炼身体，增强体质，学习和掌握篮球基本知识和技能，培养思想道德品质的有目的有组织的教育过程。

三是篮球教学的技能传习。篮球教学是在体育教师和普通学生之间开展的篮球技能传习活动，是在学生和教师的共同参与下，有目的、有计划的认知、身体练习与情感交流活动。

篮球教学过程强调：①身体的直接参与。学生直接从事各种结合篮球的身体练习，通过运动性认知活动，掌握知识技能，培养能力。②体力与智力活动相结合。在篮球教学过程中，学生在从事各种身体练习时，从外显形式看需要具有一定的体能水平，但同时还需要智力情感意志的参与。③身体承受一定的生理负荷。学生在进行各种篮球技能学习过程中，需要机体各器官系统的参与，伴随着机体代谢活动的加快会出现能量消耗增加、身体疲劳的正常生理现象。

第二节　篮球运动训练理论

篮球运动训练是指在教练员的指导和运动员的参与下，为不断地提高和保持运动员的技术水平而专门组织的教育过程。其目的就是通过不断地提高运动员的全面综合素质和运动技术水平，促进身体形态、机能协调发展，并在比赛中创造出优异的运动成绩。篮球运动训练理论，是以发展运动员的竞技能力，提高专项运动成绩为目的，研究运动训练过程的规律、原则和方法的一种专项理论。

篮球运动属于同场竞技类项目，本队的竞技水平和教练员的临场指挥水平是决定比赛成绩的主观因素，而对手水平、竞赛办法、比赛环境、比赛时间、裁判行为等是影响比赛成绩的客观因素。在日常训练中，要注重运动员和全队的技术、战术、体能以及心理方面的全面训练，加强动机激励，训练要有系统性，在不同的训练周期安排适宜的运动负荷，并注意训练后的适时恢复。

一、周期训练理论

周期训练理论，是训练安排和制订训练计划的基础。周期训练理论的提出源于人们对运动训练规律的深刻认识，其依据是训练适应性的形成规律、竞技状态发展规律、疲劳与恢复规律。周期性运动训练过程以循环往返、周而复始的方式进行，每一个循环往返不是简单的重复，而是在前一个循环的基础上不断提高训练的要求，从而使运动员不断提高竞技能力与水平。

（一）训练适应原理

训练适应具有普遍性、特殊性、异时性和连续性等特性。

普遍性：指机体在形态、机能、运动素质、技术、战术和心理过程等方面都能发生训练适应现象。

特殊性：机体对训练适应的特殊性表现在不同性质的运动负荷，可引起特殊的适应性变化。

异时性：机体由于运动训练而产生适应性变化需要一定的时间，而机体各个方面的训练适应现象出现的时间也有所不同。机体在运动训练时，机能上适应性变化往往先于结构的变化。

连续性：机体各方面训练适应的形成具有连续性，由于机体在形态机能、运动素质、技术、战术、心理等方面的适应具有异时性的特点，便导致机体全面适应以渐进积累的方式而形成。机体对某一运动负荷形成了训练适应之后，机体的反应会越来越小，最终这种负荷便不再能引起竞技能力的提高。为了使机体各方面的训练适应进一步发展，就要不断增加运动负荷。负荷提高后，机体能够产生一个新的适应过程，使竞技能力进一步提高。

（二）竞技状态的形成原理

竞技状态的形成与发展是一个连续的发展演化过程，主要包括以下几个阶段。第一阶段，初步形成竞技状态阶段。此阶段又分为两个小的阶段，前一个阶段为“形成竞技状态前提条件阶段”，前提条件包括有机体机能水平不断提高，运动素质得到全面发展，专项运动技术、战术的形成和心理素质的初步养成。后一个阶段为“初步形成竞技状态阶段”，这一阶段形成竞技状态的前提条件是具有了专项化的特点，彼此有机、和谐地结合起来，形成了一个完整的统一体，基本上形成了竞技状态。第二阶段，发展和保持竞技状态阶段。这一阶段的主要任务是进一步发展和保持竞技状态，并使运动员在参加重大比赛前，通过赛前调控和热身赛等手段，达到最佳竞技状态。第三阶段，竞技状态暂时消失阶段。此阶段中竞技状态暂时消失，运动员进入调整、恢复阶段，并为进入下一次竞技状态周期做好准备。

二、训练调控理论

（一）超量恢复原理

超量恢复是对未来重复进行较大运动负荷时能源物质再一次耗尽的一种预防性、保持性机制，是机体对运动负荷产生训练适应的第一阶段。它对训练调控具有重要的理论意义和实践意义。在运动训练中，这一理论已经得到了广泛的运用，如间歇训练的休息时间的掌握，就是根据恢复原理和规律，选择反应的时间，使间歇休息中，物质能得到一定程度的补充，既能保证刺激强度，又能为进一步运动提供物质保证。

（二）应激性原理

应激学说应用于篮球运动训练中，不单是为了防御机体的衰竭过程发生，避免过度训练，更重要的是在于对运动负荷后恢复期中如何改变酶的活性和细胞的通透性，从而对恢复过程进行调整，以加强合成代谢，加速适应的过程。因此，在运动训练中，不但要掌握应激过程中肾上腺皮质系统的活动，也要充分提高垂体性腺系统在合成代谢中的机能，这是当前应激系统在运动训练中应用的发展。

（三）恢复性原理

身体机能在运动活动之后的恢复过程具有时值不等现象，即机体各种机能的恢复和超量恢复不是同时发生的。根据恢复过程的规律，在运动训练实践中会出现两种不同的恢复类型。一种是完全恢复，指负荷后人体机能恢复到或超过原有水平时进行下一次训练。完全恢复用于下列训练过程：①协调和注意力集中训练；②最大力量训练；③反应和速度训练；④技术训练；⑤比赛练习。另一种是不完全恢复，指负荷后人体机能已大部分恢复，但尚未达到原有水平时进行下一次训练。不完全恢复用于下列训练过程：①速度耐力训练；②力量耐力训练；③专项耐力训练；④意志力训练。

（四）运动负荷训练原理

运动负荷具有以下几个共同的特征：①运动负荷内容的目的性与选择性，任何负荷结构都有它一定的目的性和功能特点，根据训练任务和目的来选择；②运动负荷调控的综合性，同一个总负荷可以由不同的量和强度组合而成；③运动负荷的个体性，由于运动员的生理机能、素质、技术和战术要求的不同，他们所承受负荷的能力也不同，因而安排的运动负荷应具有明显的个体特点；④负荷量度的定量性与等级性，负荷的表示有两种方法，一种是以大、中、小等定性方式表示，另一种是以具体的定量方式表示。在训练中，为了提高负荷调控的精确性和科学性，越来越趋向各负荷量度的定量化；⑤负荷的动态性。运动负荷是一个持续的过程，这与训练过程的持续性直接有关。运动负荷表现出的动态性有以下几个特征：负荷的连续性与系统性、负荷的节奏性、负荷的周期性；⑥负荷的可监控性，运动负荷的定量化特点表明了运动负荷的可监控性，训练计划中要求有反馈调控，所以必须确定各训练过程的监控指标与训练水平的评定指标，建立相应的负荷监测。

第五章　篮球教学与训练的运动负荷

第一节　篮球运动负荷的基本要素与特征

一、运动负荷的基本要素

运动负荷的基本要素包括运动负荷强度、负荷时间及负荷积分，三者既紧密联系，又相互区别。

（一）负荷强度

负荷强度指在运动负荷刺激作用下所引起的整体生理机能反应程度或幅度。一般而言，负荷强度与运动强度呈平行关系，运动强度越大，产生的生理负荷强度就越大；反之亦然。

（二）负荷时间

负荷时间指机体在整个运动过程中，持续负载运动负荷的时间。由于运动前状态等因素，增加了负荷时间，加之运动停止后的生理机能恢复时间，实际上的负荷时间往往比运动时间长，但通常特指运动阶段的负荷时间。

（三）负荷积分

负荷积分是指运动过程中生理负荷强度随负荷时间变化的函数关系，其本质是负荷强度与负荷时间的积分。它是既反映运动负荷量，也反映人体运动生理负荷机能潜力的一项综合指标。

二、运动负荷量的决定因素

运动负荷量主要取决于运动强度、运动时间及负荷反应三方面。运动时间与运动强度、负荷反应呈反比关系。运动强度越大所引起的生理负荷反应就越大，持续时间必然缩短，负荷积分值也相对较小；适宜运动强度刺激，能引起较大负荷强度反应，可持续运动时间也最长，所产生的负荷积分值则最大。但就运动负荷反应而言，对同一运动强度的刺激，存在个体差异性。

三、篮球运动负荷的特征

（一）负荷水平的极限化

在篮球运动训练中，训练负荷的水平达不到自身承受负荷的最大能力，就不能很好地促进身体机能、技术、战术水平的提高。只有通过各种身体、技术、战术练习给运动员有机体以强烈的刺激，才能引起有机体强烈的反应并产生深刻的变化，才能充分挖掘有机体的机能潜力，以适应运动员参加紧张激烈的比赛和创造优异运动成绩的需要。

（二）负荷量度的个体化

由于人体的复杂性和个体的千差万别，教练员应该根据运动员的个体情况确定个人和整体的适宜的负荷。

（三）负荷内容的专门化

随着篮球运动技术、战术水平的提高，根据专项的特点和供能的特征来进行训练的要求也越高。这种专门化并不意味着只进行篮球运动本身的训练内容，而是要求所采取的负荷内容能有利于身体素质、技术和战术水平的提高。

（四）负荷水平的动态化

运动员机体对训练负荷具有很强的适应性，当机体对原负荷适应后，原负荷就失去了刺激的意义。只有在不断加大负荷水平的情况下，才会使机体能力进一步提高。不管是从个体还是从负荷发展的总趋势来看，整个负荷都是在动态变化中不断提高的。

第二节　合理安排运动负荷

传统的训练观点认为，要提高运动成绩就必须进行大运动量、大强度的训练。中国女排能五次蝉联世界冠军，也正是得益于大运动量、大强度的训练。无数实践证明：竞技水平的提高，是在不断加大训练负荷的条件下，坚持多年系统训练的结果。国外通过对优秀运动员成长过程的研究也认为：随着训练负荷强度和量的增加，运动成绩也相应提高，其相关系数非常高。

但人们也从运动实践中得到教训，如果在训练中一味地追求大运动量、大强度也可能会造成运动损伤，使运动员的运动潜力过早夭折，从而给竞技水平的提高带来不利，因此还必须对训练过程中的训练负荷进行监测和控制。

一、合理安排负荷的基本要求

根据适宜负荷下的机体生物适应现象和过度负荷下机体的劣变现象，教学与训练课的负荷安排应该坚持适宜负荷原则。

（1）有利于达到高水平的专项竞技能力；

（2）运动员有机体训练负荷的可接受性；

（3）能够促使运动员各种能力产生定向性变化；

（4）训练负荷的量与强度要有适宜的比例；

（5）负荷安排的节奏要保证课与课之间衔接，能产生后续效应。

二、科学探求负荷量度的临界值

运动个体负荷量度临界值的大小既随其发育程度、训练水平、竞技水平等较为稳定的状态的变化而变化，又受运动个体健康状况、日常休息、心理状态因素的影响。因此，对运动负荷的测定和评价必须有充分的科学依据，用科学的诊断方法力求准确地掌握负荷量度的临界值。当前，人们对负荷极限的认识还不具备完全把握的情况下，通常应注意留有余地，以避免运动损伤与过度疲劳的出现。

三、科学安排教学与训练课的运动负荷

（一）训练课的负荷

合理安排训练课的运动负荷，对训练课的效果具有重要作用。在制订某一次训练课计划时，要力争做到以下两点：第一，训练内容要有足够的难度与要求，使之能成为促进运动员运动机体能力提高的有效的刺激因素；第二，要使训练计划与运动员的训练水平和机能状态相适应。同时还必须注意两点：一是必须保障在疲劳逐渐发展条件下的训练达到一定的训练量，只有这样才能在达到极限负荷量的同时达到需要的应激性和较高的训练效应；二是在出现明显疲劳状态下，训练活动的持续时间不应太长，以免对运动员的技术训练水平和心理状态产生不良影响。

（二）体育课的负荷

国内外有关研究成果揭示：一般人的健身效果最佳强度保持在 120 ～ 140 次/分的心率之间，而保持这一强度的时间，应占每次锻炼总时间的 2/3 左右；心率在 110 次/分以下时，机体的血压、血液成分、尿蛋白和心电图等都没有明显的变化，健身的价值不大；心率在 130 次/分的运动负荷时，心脏的每搏输出量接近和达到一般人的最佳状态，健身效果明显；心率在 150 次/分的运动负荷时，心脏的每搏输出量开始出现缓慢下降；心率增加到 160 ～ 170 次/分，虽无不良的异常反映，但亦未能表现更好的健身迹象。因此，通常把心率在 110 ～ 150 次/分的区间，确定为运动负荷有效价值域；把心率在 120 ～ 140 次/分的区间，确定为运动负荷最佳价值域。

各类学校篮球课的运动密度和强度趋势应该是中等强度加高密度，如果要使学生在愉快的氛围中得到充分的锻炼，促进身心的全面健康发展，密度能够达到 50% ～ 70%，这就要求教师精心备好课，讲解要精练、生动、简明扼要；示范要恰当、准确，切勿把篮球课变成一堂教师讲解课或示范课，应该让学生有更多的时间去锻炼。

第六章 职业篮球

第一节 职业篮球理论概述

职业篮球的上一位概念是职业体育。以职业体育的社会属性和商品属性为基点，认为职业体育是向社会提供的一种体育和文化服务的活动。职业体育是在商品经济充分发展和体育市场不断扩大的条件下，自觉运用价值规律，利用高水平竞技运动的商品价值和文化价值，参与社会商品活动和社会文化活动，使竞技运动员获得优厚报酬，并为社会提供体育和文化服务的一种活动。

根据《现代汉语词典》对“职业，是指个人在社会所从事的作为主要生活来源的工作”的解释，以参加者的工作性质为基准，认为职业体育是参加者把体育作为一种谋生的主要手段。职业篮球是相对业余而言的。顾名思义，业余篮球是业余性质的，参与者另有职业，参与者只是把篮球作为一种娱乐、强身的手段或业余爱好；而职业化篮球则是职业性的，参加者把它作为一种事业追求和谋生的主要手段。职业篮球的建制是以职业球员为主组成的“职业俱乐部”式建制。因此，我们称受市场机制调节的“职业俱乐部”建制下的篮球运动组织形式为职业篮球。具备这种职业篮球特色的体制模式为篮球职业化。

归纳起来看，职业体育（篮球）基本包含以下 7 个方面的内容：①职业体育俱乐部的经营活动是以市场经济的规律进行运作的；②职业体育俱乐部经营的目的是为获取最大的经济利益；③职业体育以竞赛为主产品；④职业体育具有商品价值和文化价值；⑤职业体育俱乐部和职业运动员本身可作为商品进行转换；⑥从事者以某一体育运动项目为主要谋生手段；⑦职业体育是以职业俱乐部为实体的经营组织。

职业篮球作为职业体育的一个分支，也应该具有职业体育的所有特征。从职业篮球的起源和发展的条件来看，它是市场经济条件下的产物，它从诞生起就是以获取利润最大化为目的的，它的运营是依靠职业篮球运动员的竞技能力构成的竞赛为主产品的，因此，它应该是使这些都能得到保证的经营体系。根据这种理解，职业篮球是以职业篮球俱乐部为实体，以职业篮球运动员的竞技能力和竞赛为基本商品，为获取最大利润为目的的经营体系。

由于国情和经济基础的差异，世界各国职业篮球的发展模式各不相同。欧美国家职业体育是直接从业余体育的基础上发展起来的，其中最具代表性的是欧美职业足球和美国职业篮球的产业化经营。中国职业篮球运动的发展模式与以苏联为代表的原东欧国家的职业篮球比较相似，是在业余体育的基础上建立起来的专业体育中逐步发展起来的。这种专业体育体制与西方的职业体育体制从竞技角度看是基本一致的，但是不同的是前者是具有独立法人资格的俱乐部或经济实体，以盈利为目的而经营的体育产业；而后者主要靠国家政府的直接支持，依靠国家的人力、物力和财力而兴办的体育，很多时候是起到为国家争光、为政治目标服务的。随着20世纪90年代苏联的解体，专业体育赖以生存的国有保障制度发生了变化。旧的体制已经不再适应新的变化，最终导致职业体育在运行机制方面的转轨，以适应市场经济。从世界职业篮球发展的不同模式看，职业篮球的发展受社会经济体制变革与发展的制约，是随着社会经济的发展而逐步发展和完善起来的，并且职业篮球运动的发展还需依靠的是篮球运动的广阔市场，而篮球市场的开拓与繁荣，又紧紧依赖于职业篮球高度的商业性与文化性两者的协调发展，通过市场完成价值交换。

第二节　NBA的发展与演变

一、美国职业篮球的源起

职业篮球是在竞技水平和商品经济快速发展背景下诞生的一种极具特色的社会活动。从社会文化角度看，职业篮球是一种技艺性与观赏性相结合的独特文化。从经济角度看，职业篮球具有极大的商业价值。据相关材料记载，早在1898年，美国新泽西州的一支球队开辟了“有偿篮球比赛”的先河。这场比赛最先有形地体现了篮球的商业价值，同时也表明19世纪后期职业篮球运动已经处于萌芽状态。同年晚些时候，世界第一个职业篮球组织——国家篮球联盟（National Basketball League，NBL）诞生了！由于各球队经济实力和技术水平相差甚远，加上没有成熟的市场运作经验和规则，NBL仅仅经过三四个赛季便名存实亡，竞技水平和经营水平都很低下。NBL成立之后，美国又出现了许多类似的职业篮球组织，但都如过眼云烟，自生自灭。20世纪30年代，NBL在一些中小城市中复苏，进行一些规模不大的联赛。但是，由于缺乏足够的资金来推广促销，篮球的影响力始终没有形成。

20世纪40年代，二战终于结束，法西斯集团战败，美国成为战胜国之一。在这次战争期间，美国依靠自身各方面的优势，加速了工业化发展，最终迎来了经济上的“春天”。物质需求上的满足必定会引起群众对精神娱乐文化需求方面的进一步渴望。虽然当时的美国在职业冰球、职业橄榄球、职业拳击方面已经初具规模，但是仍不能完全满足人们的需求。在这种情况下，一些极具商业嗅觉的老板们立即对当时各种竞技运动项目和市场进行了深刻分析，特别着重分析了NBL在经营方面的优点和不足。最终他们决定首先在经济发展程度相对更高的大城市创办新的职业篮球队。

终于在1946年，新的职业篮球队诞生了。由11家冰球馆老板在纽约召开会议，决定成立职业篮球联盟BAA（全美篮球协会，Basketball Association of America）。1946年11月1日，BAA第一场比赛在加拿大的多伦多市拉开帷幕！与以往的篮球联盟相比，BAA具有一些更加独特的方面，包括比赛规模、赛程安排、人员来源、比赛规则、比赛理念等。

在世界职业篮球史上，最不能忘却的职业联赛当属NBA（National Basketball Association，即美国篮球职业联盟）。NBA的前身是BAA与NBL。早在BAA开始的第一个赛季，BAA就遇到了困难，当时11支球队就有4支宣布解散，比赛规模也缩小不少。危难时刻，BAA的第一位总裁普多洛夫以超人的智慧与勇气将NBL的众多篮球明星挖到了

BAA，并且陆续吞并了NBL众多球队。1949年，由BAA与NBL结合起来的职业篮球联赛也是当今世界最伟大的篮球职业联盟“NBA”终于诞生了。

二、NBA的发展演进

NBA诞生后，它的发展并不是很顺利。在1949—1966年期间，NBA比赛的整体观赏性不高，市场情况远不如职业棒球和橄榄球。到1966年，NBA球队由原来的17支缩减到10支。并且在1967年，随着ABA（美国篮球协会，American Basketball Association）成立，NBA陷入了与ABA在各方面的竞争。特别是为了争夺篮球人才，两队不断哄抬合同价格，经过近9年的对抗，NBA笑到了最后。ABA宣布解散，并且ABA若干支球队被NBA接收，大量优秀篮球运动员涌入NBA，创造了NBA史上的群星荟萃时期，1976年，NBA的球队达到了22支。

在经历了竞争、磨合、完善与整顿后，NBA进入了20世纪80年代的稳步发展期。从20世纪80年代初期开始的湖人队、凯尔特人队和费城76人队的“三国”鼎立，到中期湖人队和凯尔特人队的两强对峙，欧文、贾巴尔、约翰逊、伯德等NBA群星荟萃，比赛精彩纷呈。特别是以约翰逊为代表的湖人队和以伯德为代表的凯尔特人队长达近十年的竞争，他们全面的技术、高超的技巧、出神入化的配合，不仅改变了NBA传统的位置概念，丰富了技、战术打法，也提高了比赛的观赏性。加上媒体对“魔术师”和“大鸟”的宣传，使NBA的知名度迅速上扬，为日后NBA走向全世界奠定了基础。

到了20世纪80年代中、后期，随着乔丹、奥拉朱旺、巴克利、卡尔·马龙等新生代球星的加盟，NBA更加生机盎然。他们不仅以极富创造性的个人机动进攻打法和刻苦敬业精神，把篮球运动的技、战术推向了一个新的高峰，而且使篮球比赛变得简洁、流畅、充满激情、富有韵味，使观众完全陶醉在他们的表演中。特别是天才球星迈克尔·乔丹更是脱颖而出，他在球场上表现出舍我其谁的领袖气质、全面近乎完美的技术、超人的身体素质、匪夷所思的创造性即兴发挥，向人们展示了NBA的全部内涵，其魅力倾倒了全世界无数球迷。20世纪90年代初，乔丹率领公牛队三次蝉联NBA总冠军，成为NBA史上第三支获此殊荣的球队。从1995年开始，他再一次率领公牛队三次蝉联了NBA总冠军，更是演绎了当今NBA的神话。这一代代球星在球场上的兢兢业业和不懈努力，不断创造出一个又一个NBA的新纪录，他们不仅使NBA成为今天世界上最受欢迎的体育运动项目，而且也把NBA变成了一项巨大的产业。

进入20世纪90年代以来，特别是在现任总裁、被誉为NBA改革总设计大师大卫·斯特恩的推动下，NBA加快了全球化发展步伐，在美国以外的国度推广NBA篮球文化，在中国、欧洲等地举办NBA季前赛和常规赛，进一步拓展了NBA产业市场。NBA从一个仅存于北美的职业联赛，一步步发展成为拥有30支职业球队、众多国际球员加盟、进行着跨年度长达八个月的联赛、在全世界拥有着广大球迷、年产值接近50亿美元的巨大产业。和职业棒球、职业橄榄球、职业冰球相比，NBA已成为历史最短、最为成功的职业体育组织，它已取代棒球，在美国成为职业体育新的霸主和青少年心目中的第一运动。

NBA从无到有，从小到大，如果说，是普多洛夫和乔治·迈肯等人将NBA挽救于襁褓中并巩固了它的话，那么今天的斯特恩和乔丹等人不仅使篮球运动获得了飞跃发展，推进了 NBA 的国际化，而且使 NBA 变成了一个巨大的产业，并成功地将其打造成一个如同“好莱坞”式的体育文化品牌。

第三节　中国职业篮球的发展与演变

一、中国职业篮球的形成与发展

新中国成立以后，在党和各级政府的重视与支持下，我国篮球运动得到了迅速的发展，逐步形成了与计划经济体制相适应的三级训练网。按照“思想一盘棋，组织一条龙，训练一贯制”和“国内练兵，一直对外”的原则，中国的篮球运动在普及和提高方面均取得了不俗的成绩。但自 20 世纪 70 年代后，在原国家体委集中优势、突出重点、优化结构、分类管理的“奥运争光战略”思想指导下，各省市体育部门也相应实行了“全运战略”。篮球作为一个集体项目，由于投资大、金牌少，随着政府投入经费的减少，为了把有限的资源用于重点项目，天津、广西、云南、贵州、新疆、宁夏、青海、江西、安徽等十几个省市的篮球队相继被取消、解散；作为中国篮球“半壁江山”的部队球队，大部分也因经费的困扰被迫解散。篮球人才三级培养体系受到严重破坏，篮球竞赛队伍减少，影响力下降。

进入 20 世纪 80 年代，在改革开放的大背景下，篮球运动发展的外部环境发生了很大变化。中国篮球为了求生存，寻求企业赞助以缓解经费不足，迈出了中国篮球改革尝试的第一步。从企业赞助比赛、企业赞助专业队到企业自己出资或与体委合作办队，以及高校办高水平篮球队等，改变了体委“一家办”的旧格局，促进了篮球的社会化，在一定程度上暂时缓解了经费的困难。但这些均属小修、小补和细小的局部改革，层次不高，只是延缓而未能止住篮球运动影响力下滑的趋势。

中国篮球改革起步于 20 世纪 80 年代中期，当时主要因为一些专业队因资金缺乏等原因而与一些需要扩大影响的企业联办球队。这种结合为篮球向社会化和职业化方向发展打下了基础。进入 20 世纪 90 年代后，随着改革开放的不断深入，计划经济逐步向社会主义市场经济转轨，以政府为主的投资机制和运行机制受到很大冲击。此外，随着人们物质生活水平的提高、NBA 对国人的影响以及奥委会允许职业篮球运动员参赛等原因，中国职业篮球事业发展出现了契机。中国篮协抓住外商投资的契机，以竞赛改革为突破口，对男篮甲级联赛制度进行改革，采用主客场赛制，实行运动员转会制度和引进外籍球员制度，从而迈出了中国篮球走向市场的重要一步，初步实现了中国篮球联赛由原来政府办为主向社会办为主的转变，由公益性为主向经营性为主的转变，由专业球队向职业球队转变的三大转变，中国篮球市场初步形成。

篮球运动在中国具有良好而广泛的群众基础，中国男篮是亚洲盟主，多次打入奥运会和世锦赛，并且两次夺得世界前八。中国女篮也多次夺得亚洲冠军，更是取得过世锦赛和奥运会银牌。众多外商如国际管理集团（IMG）等以其商业眼光看到了中国巨大的、潜在的篮球市场，准备投入。1994 年，在足球改革初步成功的基础上，为改革原有的篮球运作体制，适应市场经济的要求，使中国篮球走出低谷，跟上世界篮球运动发展潮流，由政府主导自上而下推进，开始了中国篮球职业化进程。1995 年中国篮球协会与外资合作组建了各俱乐部，可以引进外籍球员，由吉林、天津、北京体育师范学院和上海交大等7 支队伍参加的 CNBA 职业联赛。不久由国际管理集团投资，也从 1995 年开始，全国男篮甲级联赛采用主客场和跨年度的新赛季制，至此，开始了中国篮球这一自上而下的职业化进程。最有影响力的职业篮球联赛 CBA（China Basketball Association，中国篮球协会）由此诞生。

二、CBA 的运行机制

CBA（Chinese Basketball Association），它既代表中国篮球协会，又是中国男子职业篮球联赛的简称，类似于 NBA。中国篮球协会是具有独立法人资格的全国性群众体育组织，它接受国家体育总局、民政部的业务指导与监督管理。

（一）CBA 组织结构

1993 年以后，结合国务院机构改革，为实现体育改革的总目标，国家体委对原有的体育体制和运行机制进行了改革。1997 年 11 月 24 日，国家体育总局正式批准成立篮球运动管理中心，篮球运动管理中心是国家体育总局承担篮球运动全面管理职能的直属事业单位，同时也是中国篮球协会常设的办事机构。它在国家体育总局宏观管理下，以篮球运动管理中心为核心，实行以篮球协会为组织网络的新的管理体制。篮球运动管理中心与中国篮协实行两块牌子一套人马，下设7 个部，拥有各自的责、权。

中国职业篮球没有独立的管理组织机构，有关中国职业篮球的竞赛、俱乐部管理、经营开发和后备队伍培养等分属篮球运动管理中心 7 个部门的对口管理。

（二）CBA 职业俱乐部的建制

我国的篮球俱乐部建立于由计划经济向市场经济转轨的过程中，因此必然会带有计划经济的痕迹，同时又具有市场经济的特征。在职业化初期，俱乐部建制主要有以下几种形式：

（1）国有企、事业投资合作形式。由国有企业和省市球队合作，国有企业投入大部分资金，省市体育局宏观领导，冠名国有企业的称号，如北京首钢、江苏南钢队等。由国有事业单位和省市体育局篮球队合作，由国有事业单位投入大部分资金，省市篮球队保留编制经费中已有的资金，冠名国有事业单位的称号，如上海东方队等。

（2）外资企业或合资企业投资合作形式。由外资企业或合资企业与省市篮球队合作，外资或合资企业投入资金，冠名以合作双方认可的称号，如原浙江中欣、山东宝元等。

（3）私有企业投资合作形式。由私有企业投资组建的篮球俱乐部，如原北京奥神队、广东宏远队。

（4）部队篮球队。过去部队篮球队一直是我国篮球运动的一支主要力量，但随着改革的深入，目前仅存“八一”一支队伍。

随着改革开放的深入与市场经济体制的逐步完善，目前，CBA 职业化与市场化程度也越来越高，办队形式也悄然发生着变化，俱乐部产权逐渐清晰，私有化程度逐渐提高。从俱乐部冠名的变化也可略见一斑。

（三）CBA 的经济来源

CBA 主要经费来源于四个方面：国家体育行政管理部门的拨款；国内外团体和个人

的捐赠；会费和竞赛有关收入；有偿服务收入和其他合法收入（如管理费、转会费等）。

在上述各种费用中，每年有关 CBA 联赛的推广商和联赛冠名权的收入居首位。CBA 将这笔收入返回一部分给参赛的各俱乐部，其余用于 WCBA 和青年队伍的训练与培养。中国篮球运动管理中心拥有 CBA 和各俱乐部标志的知识产权。

CBA 所属的各俱乐部主要收入渠道有企业投入、门票、CBA 分成，其中企业投入占各项投入之首。

从总体看，随着球员收入的攀升和支出的增加，除少数俱乐部外，大部分俱乐部收支难以平衡。其原因是多方面的，除了竞赛水平外，相关政策扶持和对 CBA 经营开发力度不够可能是一重要原因。如，电视转播权是全球职业体育俱乐部是否赢利的重要因素，在我国却是通过中国篮球运动管理中心统一出售电视转播权后平均分给各家俱乐部，2003—2006 年三个赛季中的电视版权费虽然分别达到了创纪录的 300 万元、350 万元、400 万元，但是，每个赛季每家俱乐部平均才分到了 25 ～ 33. 3 万元，对俱乐部全年的支出仍是杯水车薪。

（四）CBA 的规章制度

近年来，随着篮球运动管理中心的成立，中国篮球协会逐步制定了一系列管理办法和条例，如《中国篮球协会章程》、《中国篮球协会运动员、教练员、裁判员管理办法》、《CBA 篮球联赛技术手册》、《篮球竞赛管理及处罚规定》、《篮球俱乐部管理、篮球协会运动员转会管理》、《中国篮球协会注册运动员及注册俱乐部篮球队标志的市场推广管理条例》等，它们为中国篮球职业化的正常运行和发展起到了一定的保驾护航的作用。但是，我国篮球主管部门这些年来出台的这些法规性文件，其实质都是一些行业规定，并非真正意义上的法律法规。而且，我国目前有关市场化体育活动的法律法规尚不健全，对竞技体育、竞技篮球运动中出现的一些违规现象缺乏相应的适用法律条文。

第二篇

方法篇

FANGFA PIAN

第七章 青少年篮球运动员的选材与训练方法

第一节 青少年篮球运动员的选材方法

一、选材的原则

（一）选育结合：选中有育、育中有选

其实任何体育项目都需要结合该项目的技术特点来选材，根据项目的发展需要制定选材标准。篮球运动员的选材是一项既严格又细致，阶段性和连续性都很强的工作，是一项“选”与“育”配合一致的优胜劣汰的人才培养的系统工程。虽然儿童、少年阶段的选材非常重要，但也不可能一蹴而就，接踵而至的将是育才与跟踪监测直至进入高一级的选材，如此循环，最后培养出优秀篮球运动员。也就是说，要把选材点和选材过程结合起来，才能准确地掌握选材对象的真实情况。因为被选的少年儿童是否符合篮球运动项目的选材标准和要求，是否具有培养前途，只有当他训练时才能比较清楚地看出来，在训练过程中，儿童、少年的运动才能，各方面的品质和内在潜力才能得到较为充分的表现。在训练中进一步筛选是非常重要的。因为只有通过训练，才能比较深刻地了解和掌握少年儿童各方面才能和条件的真实情况；而在比赛条件下，儿童少年才能充分显示出自己的才能。只有通过训练和比赛，才能鉴别出“练习型运动员”和“比赛型运动员”。在训练实践中，要特别注意三个与决定未来运动成绩有关的基本条件：现有的成绩水平、成绩提高的速度、成绩稳定性和长期持续提高的能力。

（二）大小兼顾：大中有小、小中有大，指标全面

选材要注意“三要素”：先天因素、内在因素和潜在因素。这三个要素是从不同角度分析运动员未来发展的状况，是预测方面不可缺少的内容。运动员选材中，先天因素最为重要。在同一条件下，先天条件好的运动员总是高人一筹。所以，对篮球运动员影响较大和先天因素起主导作用的指标具有重要意义；目前，篮球运动员的选材还处在观察运动员的外表或初步对形态、素质和身体情况进行检查的阶段。强调内在因素是要开发新的测试方法和指标，进一步深入揭示优秀运动员内在特点。研究的重点主要在遗传学、心理和生理生化等方面。潜在因素与先天和内在因素有关，但也有其自身的特点，更多地属于预测因素。通俗地讲，看潜在因素就是由“小”看到“大”，从“当时”估计“未来”，在青少年选材中，不能单纯地以成绩为标准，更重要的是捕捉和发现运动员的发展潜力。因而，测试指标、测试方法要全面、多样。

二、选材的步骤

篮球运动员的选材一般分为四个步骤：家系遗传学调查、生长发育状况调查、专项

选材指标调查、综合评价与分析。

（一）家系遗传学调查

科学选材的基础是人体运动能力遗传。实践证明，在一些优秀的运动员后代中，有50%以上的人在运动能力方面会有突出的表现。所以在选材工作中，通过对家系的调查，并运用遗传学的观点、方法来分析、评价被选运动员运动能力的发展潜力，提高预测的准确性，是选材工作中重要的一环。家系遗传学调查的主要内容包括：

（1）调查家系上下几代主要成员的形态特征，如身高、臂长、体重、体型特征等。

（2）调查上述亲属的身体健康水平，特别是有无遗传病史。

（3）调查上述亲属的运动能力（包括劳动能力）与兴趣爱好，特别是对体育运动的兴趣，尤其要注意体育世家和运动员的后代。

（4）被选者在家庭中特别像谁，对其相像者的情况要着重了解，注意到他们之间可能有更多相似的遗传联系。

（5）被选者的生育史调查，包括出生时是否早产、难产，出生时父母年龄及社会经济背景，母亲在孕期的健康水平等。

（二）运动员生长发育状况调查

进行体格检查。对被选运动员的肌肉系统、骨骼系统、心血管系统、呼吸系统、肝脏功能、血常规以及个人病史等多个方面进行调查，并进行发育程度与青春期发育高潮持续时间长短的鉴别与发育分型鉴别。

（1）肌肉系统

测量体重是否在正常的范围之内，检查肌肉系统的发达程度与生长发育规律是否一致，注意两侧肌群发育对称性，测定握力、背力，并用正常的标准予以评价，测定仰卧起坐，评定腰腹肌群的发育水平。

（2）骨骼系统

评价骨骼的发育水平，看其身高是否达到项目要求的高度，在立正站立姿势下，观察肩、髋及四肢的发育是否对称，观察胸廓是否正常，检查脊柱生理弯曲线是否正常，有无前曲、后曲或左右侧弯，检查上肢外展内收、外旋内旋，手腕活动功能是否正常，检查下肢是否是X形腿、O形腿或对线不正，检查是否是扁平足等。

（3）心血管系统

可借助听诊器和心电图检查心律是否正常，检查心音是否正常，有无收缩期或舒张期杂音，如有可借助超声心动图鉴别其类型，检查血压是否在正常值范围内，一般收缩压不超过140毫米汞柱，舒张压不高于90毫米汞柱。

（4）呼吸系统

测量肺活量、肺通气量，做胸透以排除胸部疾病。

（5）肝功能检查

排除肝脏疾病。

（6）进行血常规和尿常规检查

看其是否在正常范围内。

（7）发育程度的鉴别与分型

可通过骨龄鉴别法和第二性征鉴别法鉴别运动员的正常生理发育程度及生理发育类

型。在选材中，只有在区别了运动员的发育程度后，再根据发育程度进行分组，才能对运动员的形态、机能、素质运动成绩做出正确的评价，才能将那些生活年龄与发育程度相一致（或略偏小），而形态机能、素质、运动成绩又确是这一发育程度中的高档者，作为我们要选择、也应该选择的目标。

（三）篮球专项选材指标调查

篮球项目是一项近身对抗激烈、拼抢凶狠、攻防转换快速的集体项目，要求运动员应具备持续快速的奔跑跳跃能力、凶狠勇猛的冲撞能力、准确的投射能力和机敏的动作应变能力。其生理学特征是能量消耗大，运动强度大。因此，在选材过程中，需要利用一些符合篮球运动专项特征的生理生化指标，对运动员的身体形态、身体素质和身体机能进行评定选择。

身材大型化是现代篮球运动的重要发展特征，这一特征包含两层意思，一是身材高；二是身体壮大，即去脂体重大。尽管因场上位置不同，对身高有不同的要求，但在肌力和运动能力基本相同的情况下，应选择身材高大的运动员。此外，在身体形态方面，还应考虑那些臂长手大，腿长踝细，胸廓大臀小，足弓高及四肢围度大的运动员。

运动员除应具备较高的身材外，还应具备良好的弹跳力、握力和腰腹肌力量。灵活性也是篮球运动员应具备的重要的身体素质，以便在各种复杂多变的情况下，准确、及时、巧妙而有效地完成各种动作。

三、青少年主要选材指标的界定

1. 形态类指标

（1）身高

身高是反映人体生长发育水平的重要形态指标。目前，世界篮球强队的男子平均身高多在 2. 00 米以上，中锋多在 2. 10 米左右；女子平均身高多在 1. 88 米以上，中锋多在 2. 00 米左右。目前我国国家队男女篮球运动员的平均身高也分别达到 2. 05 米左右和 1. 85 米左右。因此，选材时必须重视现实身高及其潜在的发展能力。

（2）去脂体重

又称瘦体重，它不仅反映儿童、少年的生长发育状况，也能反映他们的营养状况。体脂成分越高，说明人体中肌肉含量越少，预示着今后肌肉系统潜在的发展能力越低；如果体脂百分比过低，则说明营养不良，发育会受到影响或延迟。所以，儿童、少年在生长发育阶段，应有一个合理的体脂百分比范围，这样才能有利于正常的生长发育。一般来讲，体脂在 8～12 岁期间，男子为 10%～20%，女子为 13%～15%。体脂在 13～18 岁期间，男子为 12%～15%，女子为 13%～18% 的范围内均为正常。儿童、少年运动员的体脂百分比控制在正常水平，既有利于生长发育，又有利于训练。即便在优秀运动员中，去脂体重与运动成绩也是呈正相关，所以选材时要特别重视。

（3）指距

指距是篮球运动员的重要形态之一。它是指两臂按水平方向充分伸展时两手手指指尖之间的距离。此数值越大，说明手臂越长，对用手来控制支配球与争抢球的篮球运动来说优势也越大。

2. 机能类指标

（1）视野

视野是指两眼固定不动时余光所看到的范围。篮球运动员只有在及时观察和准确判断球场上情况的变化后，才能做出符合本队要求的技、战术行动。视力不好或不会利用视野都将影响篮球运动员水平的提高。因此，篮球运动员选材要注意对视力和视野的考查。

（2）心功能指数

“心功能指数”是用定量负荷后测出心律向安静状态恢复的快慢来评价心脏功能的简易方法。其指数越小，表明恢复越快，心脏功能也就越好。心脏功能指数与耐力素质密切相关。心率是指每分钟心脏搏动的次数，是心血管系统最容易测定的评定指标。它既能反映心血管的机能，又可反映该机能的节省程度和恢复情况。血液是维持生命与输送运动能源之舟，输送能力的大小影响着机体承担运动负荷的高低和多少。决定输送能力大小的是心输出量，心输出量又与心率及每搏输出量有关。一般来说，心率越快，心输出的血量越多。但到了超过 170 ～ 180 次/分时，由于心室充盈时间缩短，充盈量便减少，每搏输出量也减少，此时尽管心率很高，但心输出量却降低了。所以，通过心率的变化能了解运动员心血管的机能并推断整体机体能力的高低。

（3）身体工作能力（PWC_{170}）

身体工作能力是指人体在某种负荷下能连续工作多长时间，或在某段时间里接受多大负荷的能力。PWC_{170}是指把心率定为 170 次/分的稳定负荷状态下，单位时间内所做的功，是运动员机能评定中一种常用的次极限负荷测验方法。因为心率在 170 次/分或接近此值时，肌肉的工作强度与身体机能状态呈直线关系。在这种状态下，心脏容积愈大，人体所能做的功也愈大，所以 PWC_{170} 可以间接反映心脏的容积和射血能力。PWC_{170} 指标越大，其身体工作能力越好。对于儿童、少年篮球运动员，PWC_{170} 可用来鉴别心脏容积发展的程度；对于青年篮球运动员来说，则主要评价射血能力的高低。

3. 心理类指标

（1）手动稳定性

手的灵活性和稳定性对篮球运动员极为重要，尤其是篮球以投篮得分多少来决定胜负，因此，必须在训练中加大生理与心理的负荷，提高运动员身、心两方面的承受力。九孔仪能通过测验手的稳定程度来推测其心理素质中某些特性的程度。

（2）综合反应

反应是指人接受刺激后所做出的判断和应答。比赛的对抗性、技术和战术的多样性特点决定了篮球运动员必须具备良好的观察力；比赛时无论是在投篮、突破和传球的选择与变换方面，还是在配合中主攻与助攻的变化方面，甚至在攻守的突然转换方面，都需要从感知到注意、从注意到选择应答的迅速变换和交替，综合反应能力测试仪具备检测和提高观察、判断和手（脚）选择应答的功能，也是提高运动员复杂反应能力较好的练习手段。

4. 素质类指标

（1）速度素质

速度对篮球比赛有着重要的意义。速度素质好，能加快攻守速度和节奏，可获得在攻守时间上、位置上和人数上的优势，帮助提高攻守的成功率，提高比赛强度和运动负荷，从攻守数量上和质量上超过对手，掌握比赛的主动权。30 米、60 米和 100 米跑的测试方法简便，易于操作，成绩也便于横向比较和纵向追踪，是较理想的速度素质选材指标。

（2）耐力素质

耐力是机体长时间活动并抵抗疲劳的能力。耐力素质的好坏与人体的循环系统、呼吸系统、肌肉系统和神经系统等机能水平直接相关。所以，对耐力素质的评定也代表着对其他相关素质的间接评定。随着训练负荷总量的大小和负荷后恢复的快慢，1500 米（800 米）计时跑可作为测验篮球运动员耐力素质的选材指标，考虑到不同年龄阶段心血管系统发育水平的差异，在 12、13 岁年龄组采用 800 米跑较宜。

（3）弹跳素质

篮球运动员的弹跳能力是影响比赛中争夺空权的重要因素。弹跳素质与爆发力、无氧代谢能力及全身协调能力有关。篮球运动员在比赛中要完成大量的跳跃动作（抢篮板球、盖帽、抢断球、跳投、行进间投篮以及空中接力扣篮等），需要雄厚的弹跳素质为资本。所以，弹跳素质作篮球运动员选材指标是很重要的。根据篮球比赛中采用最多的是行进间单脚起跳的特点，选用助跑单脚跳摸高来反映运动员的弹跳素质的指标是适宜的。

（4）力量素质

力量是一切竞技体育取胜的重要素质，也是篮球运动员的一项重要素质。一名篮球运动员必须具备强大的下肢爆发力，还需要上肢的快速力量和腰背肌的爆发性力量。要完成比赛中大量的跑、跳、投、抢动作以及腾空的高难动作，没有良好的腹肌力量配合就很难达到完美的程度。收腹举腿能很好地反映出腹肌的向心收缩力量，也是便于掌握和操作的指标。腹肌肌力的减少和腰围的增加往往反映运动员训练要求的降低和追求目标的丧失。

（5）灵敏素质

灵敏是人在各种复杂、突变的条件下快速、协调、准确、灵活地完成动作的能力，是各种素质和运动技能在运动中的综合表现，是一项综合素质。灵敏素质的发展有利于篮球运动员掌握各种复杂的技术、战术和提高比赛中的应变能力。十字跳需要运动员在不断变换跳跃方向的同时灵活控制身体平衡的能力，符合篮球运动灵敏素质的特点。

5. 技术类指标

（1）两分钟投篮

篮球比赛是以得分多少决定胜负的，投篮又是得分的惟一形式，是篮球运动最重要的进攻技术。两分钟投篮是计算运动员在两分钟内投中的次数，这种方法有生理压力，有心理压力，是接近比赛状况的有实际意义的评定指标。

（2）综合运球

运球是运动员在比赛中变换控制球的一种形式，可将多种运球方法组合在一起，按规定路线和距离完成运球，用这种方法来检测运动员的球感和运球技巧。

（3）传球

传球是篮球比赛中进攻队员之间有目的地转移球，保持联系和组织进攻的纽带，是实现战术配合的具体手段，传球技术的好坏直接影响战术质量和比赛的胜负。单手、双手各种方式的限时定距对墙传球或行进间传球可检测运动员的球手感和传球技能。

（4）防守滑步

防守和进攻是组成篮球比赛的密不可分的技术，所以教练员总是要求攻守兼备。滑步是防守的重要技术动作之一，在滑步时如何控制好身体平衡，如何逼近对手，如何封堵干扰破坏对手的攻击企图，是提高防守能力和质量的重要环节。

6. 教练员经验评定

科学选材必须遵循科学原则，运用科学方法，但有一些关系着运动才能和发展潜力的因素不能直接测定，可是又必须在选材和育才中反映出来。教练员在多年的训练生涯中积累了丰富的经验，他们尤其对篮球运动员心理、智力、作风、毅力等重要的因素有直接的感受和经验，如能有效地对其进行经验评定，将对篮球运动员的选材更具有全面性和实用性。教练员经验评定的基本内容包括运动员的协调和应变能力、接受能力和创造能力，以及形态发育潜能和体质状况、掌握和运用技术能力、意志品质等。

四、青少年篮球运动员选材应注意的问题

（一）注意选择“遗传度大”“可塑性小”的指标

人体的一切外在表现都是遗传基因和环境因素相互作用的结果。在选材中，年龄越小、层次越低，就越要注意遗传度大、可塑性小的性状因素，因为这些优势性状在其发展的“敏感期”内会得到训练环境的诱发和促进，为其运动成绩的提高和达到预定目标打下坚实的基础，是育才工作的高起点，但随着年龄和训练时间的增长，可塑性大的因素对其成绩的提高变得越来越重要，并关系到能否达到高目标。所以，对层次较高、训练年限较长的候选者，应逐步向遗传度小、后天影响大的选材指标转移。这样，才符合人体发育的规律，符合运动训练的规律。

（二）选材指标要反映篮球运动的特点

从篮球运动的发展趋势看，世界强队的高度仍在不断增加，因此，身高与指距为形态选材的重要指标。但如果身体肌肉不发达，充实度差，就会在身体的接触对抗中处于劣势，因此，把去脂体重也作为形态指标，就是想把运动员的身体形态训练得既高大又强壮，既有力而又不笨拙。

（三）注意选材的阶段性和连续性

在运动员的早期选育过程中，不要“拔苗助长”，也不要“压苗成长”，应坚持全面身体训练和基本技术并举的原则；要注重训练内容、手段和方法的多样化程度，特别要注意新老运动员在选育过程中的区别对待，要培养运动员训练的兴趣，调动运动员训练的积极性。

（四）重视“选育”结合，全面培养

在早期选材过程中，不但要注意鉴别运动员的发育分型（发育类型和青春期高潮持续时间长短），还要仔细考察育才的科学性，即要结合教练员札记、教练员为运动员建立的技术档案、运动员日记等了解运动员的情况，如训练年限的长短、运动负荷的大小、素质和技术指标的起点水平和提高速度、比赛发挥情况、训练动机、意志品质等，从而尽早地鉴别出谁是“貌似的天才”，谁是真正的“大器晚成者”。

第二节 青少年篮球运动训练

一、训练目标、任务和内容

1. 训练目标

经过一定年限的系统训练，促进青少年正常生长发育，增进健康，身体素质逐步增强并达到一定水平，逐步掌握篮球基本技术和运动技能，奠定扎实而全面的篮球基本功，培养良好的篮球意识，较为全面地掌握各类战术配合的目的、原则及实战中的运用技巧，而且在技、战术运用中显露出优异的个人特长。

2. 训练任务

（1）理论知识

介绍篮球运动发展简史和世界篮球运动发展趋势，了解篮球运动的意义和价值；养成尊师重教、团结守纪的习惯；培养顽强的意志品质；学习并掌握一般身体训练和专项身体训练的方法；全面而有特点地讲解基本技术动作规格、要求及运用方法，讲解攻防基础配合及全队整体战术的运用方法和优、缺点；介绍篮球规则和裁判法；讲解篮球训练中的卫生常识、医务监督及自我监督方法。

（2）身体训练

全面发展身体素质，加强专项身体训练，重点提高柔韧、灵敏、反应、移动速度以及跑、跳的衔接能力，逐步加强力量练习，提高全身各部位肌肉力量，采用合理的无氧和有氧训练负荷，提高有氧和无氧耐力水平。

（3）技术训练

学习并扎实掌握各种篮球基本功和主要攻守基本技术动作，提高动作规格。提高攻、守单个动作和组合技术动作质量，根据运动员身体发育及技战术特点适当发展位置技术。提高观察、判断和运用假动作的能力。在全面、熟练地掌握基本动作的基础上，适当掌握一定的难度技术。加强对抗技术训练，具备在一定强度、难度和身体接触下控制身体平衡的能力。

（4）战术训练

逐步掌握各种攻、守基础配合方法，提高基础配合的变化和应用能力。学习和掌握快攻、防快攻，攻、守半场人盯人，攻、守半场区域联防，攻、守全场人盯人紧逼，攻、守全场区域紧逼等全队战术方法。根据本队特点，比较熟练地掌握一两套全队攻、守战术，并能在实战中运用和完善战术。强化战术意识和心理素质的培养。

3. 训练内容

（1）理论知识

介绍篮球运动发展历史和趋势以及国内外职业篮球发展现状，介绍国内外篮球优秀运动员成长与成才规律；讲解基本技术动作方法和基础配合方法，讲解身体训练意义、方法和要求；讲解基本技术动作方法，以及易犯错误和纠正方法；讲解攻、守基础配合的变化和应用；讲解各种全队战术的概念、方法及优点和缺点；介绍完整的篮球规则；

传授医务监督的理论知识和操作技能。

（2）身体训练

逐步强化一般要进行专项身体素质训练，全面发展身体素质，重点加强反应、动作和移动速度训练。进行全身各部分力量练习，特别是快速力量和小肌肉群力量练习，随着年龄的增大逐步增加绝对力量训练。在进行有氧耐力训练的基础上，逐步增加无氧耐力训练。加强单、双脚起跳摸高和各种不规则跳的训练，提高弹跳力及跳跃的协调平衡能力。重视身体全面训练，专项素质训练结合专项技、战术进行综合练习。实践证明良好的身体素质是篮球运动的基础，有好的身体素质就能更好地掌握篮球技、战术，提高运动专项水平，更能承担大运动量训练，对避免参加激烈比赛伤害事故的发生，延长运动寿命都能起到很好的作用。同时，身体素质训练对培养青少年坚忍不拔的意志品质和勇猛顽强的战斗作风都能起到良好的作用。

①力量训练。力量是各项身体素质的基础，也是篮球运动非常重要的身体素质之一。发展力量素质的训练主要是负重练习和克服自身体重的练习。但由于少年儿童年龄尚小，身体发育尚未成熟，肌肉细嫩，收缩机能较弱，耐力差，易疲劳，不宜进行负重过重的练习，所以应采用一些以克服自身体重为主的徒手力量练习，随着年龄的增加，可以逐渐增加负重量；同时注意练习的次数、负重量、组数以及间隔时间，训练时还要特别注意肌肉的放松，从而提高肌肉的弹性，以利于更好地发展肌肉的力量。

②速度训练。从篮球运动的特点和发展趋势来看，速度是重要素质之一，也是我国篮球运动需要解决的关键环节，从生理角度讲，年龄越小，发展越快，因青少年儿童时期是发展速度的重要阶段，应该在全面发展素质的基础上突出训练。而青少年篮球运动员的速度主要是起动速度，短距离冲刺和动作速度。所以在速度训练时，应注重突然起动的速度和短距离冲刺的训练。

③耐力训练。篮球运动员要想在比赛中始终保持高速度的奔跑能力，就必须加强耐力训练，提高对抗疲劳的能力，以便有充沛的体力完成比赛。由于青少年的心肺功能发育不完全，无氧代谢和有氧代谢的能力差，负氧债的能力有待提高，耐力训练又比较艰苦，所以要掌握好运动量，以免造成过度疲劳，影响训练效果。但应启发他们的自觉性和积极性，培养他们吃苦耐劳、勇于拼搏的精神。

④弹跳力训练。篮球场上很多动作技术都离不开弹跳力。如投篮、拼抢篮板、封盖等，所以弹跳素质也是篮球运动员非常重要的身体素质之一。要发展弹跳力，首先要在发展力量的基础上注重腿部力量发展，这是发展弹跳力的基础。其次要发展弹速和改善弹跳的协调性，注意结合篮球技、战术特点全身协调配合，加强掌握起跳时机，提高判断能力和起跳速度的训练。

⑤灵敏素质训练。在篮球比赛中，要想使动作快速、熟练、准确，同时能在瞬息万变的情况下，及时巧妙地做出相应的动作及相应的技术变化，就必须具有良好的灵敏素质，灵敏素质是一种综合性的身体素质，同力量、速度、反应有密切关系，因此，必须在发展其他素质的基础上发展灵敏素质。在发展灵敏素质时，动作要快速、准确，尽量有比赛的性质，这样才能提高青少年运动员的积极性。

（3）技术训练

重视进行各类技术动作及分类攻、守技术中的基本功训练，提高脚步移动、运球、突破、持球、传球、接球、投篮、抢篮板球等技术动作的规范性和组合技术衔接性训练；学习个人摆脱和各种空切技术，逐步增加位置技术和难度技术训练；进行各种假动作及变换训练；增加个人防守训练；进行防守对手、各种假动作和一对一攻防技术训练。在技术训练中重视技术运用的意识培养。

篮球技术是篮球运动的基础，是实现篮球战术的保证。青少年时期本是打基础的时期，所以篮球技术的训练在青少年时期是一个很重要的环节。篮球技术可分为两大类，一类是进攻技术，一类是防守技术，它们是篮球比赛中进攻和防守的主要手段，但无论是进攻还是防守技术都应从基本功开始，即球感和脚步移动，它们是掌握篮球技术的基础，有了好的球感才能很好地运球和传接球。有了好的脚步动作，才能加强移动稳固防守，这几方面缺一不可。

（4）战术训练

将战术意识培养渗透到各类战术训练之中，抓好攻、守个人战术行动和基础配合训练；学习各种情况下快攻战术的传球、跑位的配合方法和防快攻的退守落位；进行基础配合战术训练及其变换训练；攻防半场、全场人盯人训练，攻防区域联防训练，攻防半场、全场区域紧逼训练，混合防守战术训练；加强适合本队特点的一两套攻、守战术训练。

由于青少年儿童正处于发育阶段，神经系统虽是发育最早的，但他们往往兴奋高于抑制，并且兴奋和抑制容易扩散，都不稳定，人脑的分析接受能力不强，所以，在这个时期只能以一些简单的战术进行训练，以免他们接受不了，影响他们的积极性。比如说进攻战术只教传切、突分、掩护，防守战术只教人盯人防守等几个简单容易接受的基础配合。

（5）心理素质的训练

现代篮球运动训练中，心理训练是不可缺少的，因为良好的心理素质是运动员稳定发挥技、战术的根本保证，更何况青少年正处于一个不稳定时期，所以更应加强心理训练。心理训练包括相对独立又相互联系的两个方面，即意志训练和篮球专项心理训练。意志训练包括对青少年勇猛、果断、顽强、沉着等意志的训练。篮球意识品质突出表现在与对手竞争抗衡之中，它可以突出一个运动员的意志品质、甚至可以打出整个队伍的精神风貌。专项心理训练主要是训练青少年适应紧张比赛的稳定性，对技术动作的自控能力，以及运动员在场上稳定发挥技、战术。对于青少年篮球运动员不论是意志训练，还是专项心理训练，都主要是通过言传身教，通过不断的实战来进行训练和提高，得到最佳的心理素质。

（6）篮球意识的培养

所谓篮球意识就是指运动员通过观察判断，主动而合理地运用技术的能力。由于篮球比赛时，攻守瞬息万变，因此，对队员提出了很高的要求，在篮球比赛时，该投篮时要投篮，该分球时要分球，如同伴已抢占有利位置或已拉空位置时，就应及时地传球，这就要求队员技术全面，善于观察，及时采取恰如其分的行动，这种应变能力就是篮球意识，队员除了这种意识之外，还要有突破意识、抢篮板球意识、快攻意识、防守意识等。篮球运动员意识的培养要从少儿开始，并贯彻整个训练过程。在篮球训练中，首先要给队员讲清每个技术动作运用的时机和可能发生的变化，有目的、有步骤、有计划地设置情况，反复训练，以提高篮球运动意识，并通过比赛不断地总结和提高。

二、青少年篮球教学训练法指导

遵循人体生长发育规律，科学安排运动量与运动强度。教学训练方法灵活多变，注意提高学生的练习兴趣和注意力。但一定要严格要求，千锤百炼，扎实规范，注重效果。在教学训练中精讲多练，突出重点；技术教学中多做示范，以提高学生的观察力和注意力。随着年龄增长，讲解逐渐增多。对16—17岁少年语言逐渐代替示范，应启发队员的思维能力，使学生深入理解和认识技术动作与战术方法的本质，提高学生运用技、战术的能力。上课形式多以综合练习为主，多采用竞赛和游戏的形式，包括身体、技术和战术多项内容，这样既可以使队员得到全面协调的发展，又不会使上课过于枯燥，影响队员的积极性。重视应用、对抗，使练习与实战相结合。

青少年时期的训练对篮球运动水平发展有重要的影响，应根据青少年身心发展的不同阶段和特点采用相应的训练方法。在青少年篮球训练中，重点注重青少年的篮球意识培养，主要从他们的观察能力、反应能力、投篮意识、场上位置感方面着手。在身心素质方面，不论是篮球还是其他运动都得科学合理训练，符合青少年的生长发育规律。体能是一切运动基础，在训练中注意度的把握；速度与力量相结合不仅在于位移速度，主要是弹跳力方面更要注重训练反应速度和动作速度；发展弹跳力不能只是简单地增加下肢力量，还需协调全身发力；心理素质不容忽视；在篮球技、战术方面应学会重点加强篮球技术练习，技术训练要尽量接近真实比赛，对于青少年不能过多强调战术要求，但也不能忽视战术意识的培养。

第八章　篮球教学与训练方法

第一节　篮球教学方法的内容与特点

一、篮球教学方法的内容

篮球教学方法指的是在篮球教学过程中，篮球教师指导学生为达到一定的篮球教学目标所采用的一系列的活动方式、途径和手段的总称。教学方法的选择恰当与否，对篮球教学质量和教学效果有很大影响。选择正确的篮球教学方法能够激发学生的兴趣，活跃学生的思维，使学生积极主动地进行锻炼；能够用较短的时间和精力加速教学的进程，取得较大的教学效果，还能够反映出体育教学的特殊性和体育教学规律。

篮球教学方法主要包括常规教学方法和现代教学方法。常规教学方法主要有讲解教学法、演示教学法、练习教学法、纠正错误教学法等方法；现代教学方法包括指导发现教学法、掌握学习教学法、程序教学法、案例教学法、合作学习教学法等方法。但无论哪种方法，一般情况下在内容上都含有：练习的负荷强度、负荷量度、间歇时间、技术的组合方式等方面。有效的教学方法既存在但又不是现成的，需要教师不断地探索、实践和研究。相同的教学方法，作用于不同的对象，运用的时机不同和由不同的教师来执行都会产生不同的效果，"以不变应万变"的教学方法在现实中是很难找到的。

教学技巧是教师合理有效地运用不同教学方法的技巧。教学技巧更多地体现了教师的教学智慧，具有人文性、灵活性和个体性。适时、灵活、有针对性地运用适当的教学方法，深刻地理解技术动作的内涵，了解动作的规律，并对学生的练习状态做出正确的判断，采用合时、合理、有效的教学方法发挥最大的教育功效，不仅需要科学的治学态度，还需要教师艺术般的个性操作。

目前，在我国篮球教学的过程中还存在很多问题，只有根据篮球课堂的实际情况，通过分析学生的层次和结构灵活地运用各种教学方法，使学校的篮球课程成为践行素质教育的前沿阵地。

二、篮球教学方法的特点

迄今为止，随着科技的发展以及理论的创新，篮球教学方法的种类也是大大地增加。但总的来说，我们一般还是把它们分为常规教学法和现代教学法。这两种方法在理念上、方式上、结构上也存在着很多不同，因此在总结篮球教学方法的特点的时候我们务必要对这两类方法进行有区分性的深入探析。

（一）常规教学法

常规教学方法注重以“教”为中心，强调以学生为主体。该方法的理论基础是传统教学中关于教学过程的理论。目前教师使用最多的几种常规教学方法是：演示法、讲解法、练习法和纠正错误法。演示法主要是教师通过各种电化媒体手段，使学生直观地感知内容。因此，我们可以想象该方法几乎不存在学生的“主导”作用。只要老师准备好各种教学设备材料就行，学生只是被动地去学习。这种方法对于教师来说易于教学的管理，但是在当今教学的理念里逐渐暴露出了很多不足，它不能体现“以人为本”、“以学生为主体”的理念，该方法不能充分调动学生学习的积极主动性和学习兴趣。

常规教学中多种方法相互配合使用。篮球教学是个十分复杂、变化着的过程。在这种过程中只有同时运用多种教学方法才能使得教学取得更好的效果。在常规教学方法中，教师们就经常把演示法、讲解法和练习法相结合，这可以使得学生不仅可以从听觉、视觉上来感知篮球技能，同时也可以通过亲自上场练习来获得篮球的深入认识。同时必须指出的是，多种方法之间的配合并不是简单的组合，而需要经过不断实验检测，可以配合才能取得更好的教学效果，更快地完成教学任务。

（二）现代教学法

现代教学方法注重以“学”为中心，强调以学生为主体。篮球现代教学方法的理论基础来自现代科学理论中关于学习理论的研究成果。与传统的教学方法相比，现代教学方法更注重发挥学生的自主学习能力，提倡应给学生更多思考与探索知识与技能的机会，教师只是起辅助、指导作用。也就相当于教师大致给予学生学习篮球知识技能的思路或是一种思维，接下来则需要学生全面发挥自身的主观能动性去学习知识技能。假如学生确实在某一技能学习的过程点上出现长时间不能克服的困难，那教师才再一次进行间接性的指导。我们可以在指导发现教学法、合作学习教学法等方法中深刻体会到这一点。

现代教学方法善于运用各种现代理论。这其中包括系统论、信息论、控制论等理论。系统方法是指用系统的观点研究和改造客观对象的理论。该理论重视把事物视为具有高度联系性的整体，综合分析和探索事物的本质规律，追求效果的最优化。在指导发现教学法中的第一步是“教师对教材的改造和设问，同时学生也在进行预习和试解”，就深深地体现出了该方法对当代系统论的合理运用。这一步骤使教学这一系统中的教师、教材、学生、教学工具都能联系得更为紧密，而不存在由于先后顺序导致的脱节。信息论是一门用数理统计方法来研究信息的度量、传递和变换规律的科学。这一理论在掌握学习教学法中的各种不同性的评价中就能有深刻的体现。而在程序教学法中，有一步骤为“建立评价反馈系统”以及“检查测验”都需要不断地运用信息论。控制论是研究各类系统的调节和控制规律的科学。其实从严格意义上讲信息论在很大程度上是属于控制论。在指导发现教学法中的“教师有目的地对所教授的教材进行改造”；掌握学习教学法中的“把教材内容分解成不同层次的目标体系”；以及在程序教学法中的“对能不能进行下一步学习的标准进行制定”都体现出控制论的思想。面对当今如此多的现代先进理论，我们只有结合切身实际需要才能更好地去利用。

第二节　篮球训练方法的内容与特点

一、篮球训练方法的内容

篮球训练是指在教练员的指导下和运动员的参与下，为了提高运动员的竞技能力而专门进行的教育过程。在这个过程当中，教练员要根据篮球训练的目标和原则，运用科学的训练方法和手段，结合运动员自身的发展特点，对运动员的体能、技能、战术、心理、智能等素质进行教育与训练。该教育过程与篮球教学过程相比较，对学员的竞技能力的要求与期望更加高，该教育过程是为创造优异运动成绩做准备的，它在很大程度上也是为了满足“夺标、夺金”或者社会对竞技篮球的需要。因此，要想在最快的时间、花最少的精力去提高运动员的篮球竞技能力，科学合理的篮球训练方法是必不可少的，甚至可以说方法的好坏直接决定竞技能力的水平。

篮球训练方法是教练员进行篮球训练工作、完成训练任务、提高篮球运动员竞技能力的应用工具。现代竞技篮球运动发展历史表明：篮球训练方法的不断创新和科学运用对篮球竞技运动整体发展水平的作用是十分可观的。一种科学训练方法的诞生既是科学训练原理的具体表现，也是科学训练时间的高度总结。因此正确地认识和掌握不同的篮球训练方法是毋庸置疑的。构成训练方法的主要因素是练习动作及其组合方式、运动负荷及其变化方式、过程安排及其变化方式、信息媒体及其传递方式、外部条件及其变化方式等要素。依据不同分类标准我们会对篮球训练方法有不同的认识。比如依据竞技能力的目的可分为：体能训练方法、技能训练方法和战术能力训练方法。但如今我们一般主要在篮球训练方法的分类上是考虑理论上的完整程度和实践应用的方便，依不同训练方法的基本作用和适用范围，将它们分为整体控制方法和具体操作方法两大类。前者包括程序训练法、模式训练法两种具有整体思维特征的训练方法；后者则包括完整训练法、重复训练法、分解训练法、间歇训练法、持续训练法、变换训练法、循环训练法以及比赛训练法八种具体的直接操作的训练方法。我们在思考运用哪一种训练方法的时候要充分地认识到我们的训练目标是什么、学生的当前竞技能力、每种方法的训练学要点和科学原理是什么、学校自身的硬软件状况、间歇时间的长短、负荷强度、负荷量等问题。此外我们也要学会对训练方法的结合、改造和创新。虽说以上给予的只有十种方法，但是只要我们通过自身的思考和探索，其方法的总类绝不止这个数目。

二、篮球训练方法的特点

（一）针对性

每一种方法都有它明确的训练目标，都是为了提高某一种特定的竞技能力而采用的。如：重复训练法主要针对的是对技术动作的巩固和强化方面；间歇训练法主要是为了提高篮球运动员机体抗乳酸能力，从而确保运动员在较高强度下能进行持续运动的能力；变换训练法是为了提高篮球运动员的各方面的应变能力。

（二）互补性

这里所说的互补性，主要是指篮球训练方法中的一种训练方法与另一种训练方法之间在技能的学习方面可以相互补充。比如我们在运用分解训练法，长时间后可能会使得我们的技术动作会脱节，假如我们之后采取完整训练法的话那就可以使我们对技术动作保持整体性。反之，假如我们先应用完整训练法，也许不能使我们更仔细地了解某项技术的每个重要细节，而分解训练法则可以起到补充作用。

（三）关联性

每种训练法都不是独立存在的，各方法之间都有很强的关联性。每一种方法的使用都是为另一种方法的使用起到承启作用。如：间歇训练法的运用可以使得运动员的抗乳酸能力增强，这样一来运动员持续运动的能力就提高了，从而可以进行比赛训练法的运用。反之假如先使用比赛训练法，再运用间歇训练法也可以为后者起到重要作用。只是此时的具体作用是有区别的。因此我们可以从它们之间的关联作用受到启发，我们要善于思考各方法的前后循序，或者可以更深一步去对方法与方法之间的组合和改造，只有这样我们才能选择出最适合我们的篮球训练方法，才能取得训练的最优化 。

第三节　篮球教学与训练常用方法

一、篮球教学常用方法

（一）篮球教学常规方法

篮球教学的常规教学方法是传统教学中关于教学过程的各种理论，该类方法对教学活动中教师的“教”的重视度远远超过了学生的“学”。该类方法的过程结构相对比较简单，因此在运用当中也经常采取多种方法相互配合进行。主要方法如下所述：

1. 讲解教学法

该方法指的是在篮球教学过程中，教师通过简洁、精确的话语来解释各种篮球技术动作的结构和要领、战术配合的方法与注意事项等，以此使学生通过各种感知觉来进行学习。在实践中教师要注意把动作的“要领”用简练的语言表达出来，使学生能尽快掌握完成动作的要点。在以往的篮球教学中，教师们常用教科书上的语言讲解动作要领，学生记不清、忘得快，且容易混淆动作的主次，既费时费力，又收效甚微。这时不妨使用一些“口诀提示”的方法，如原地单手肩上投篮掌握：蹬、提、伸、压、拨；变向跑掌握蹬、移、跟、转、跨；同时考虑到体育教学与其他学科的不同特点，在讲解的同时必须配合必要的示范，所教内容的难易程度也必须与不同年龄段的学生的身心发展相适应。

2. 演示教学法

该方法是指在适时运用技术动作或战术配合示范的基础上，合理地运用各种先进电化媒体手段，包括幻灯、录像、投影、挂图、电脑等使学生直观地感知所要教授的教学内容。运用该方法时需注意示范与讲解的合理配合，并且注意示范的正确性、示范的队形和示范的面，比如应该思考是正面示范、背面示范或是侧面示范等。

3. 练习教学法

该方法指的是在讲解和示范的基础上，合理地组织学生通过身体的练习来掌握篮球的技术方法或战术配合。根据练习的难易程度的先后顺序可以分为：先易后难法和先难后易法；根据练习和教授的先后顺序分为：先教后练法和先练后教法；根据练习的形式可分为：分解练习法、完整练习法、简单条件下的练习法和复杂条件下的练习法；根据篮球运动特点可分为个人技术练习、配合练习和对抗性练习等。运用该方法时，要特别注意练习的密度、强度、生理负荷、练习内容的先后顺序等。

4. 纠正错误教学法

该方法是指：在练习的过程中，学生会不可避免地出现错误的动作，教师必须及时地采取相应的措施予以纠正。在教学实践中，纠正错误首先要找到产生错误的原因，然后再采用相应的措施进行纠正。实践中经常采用的方法有诱导法和条件限制法。诱导法是以学生为主进行自主思考、探索、练习、修正、互助，是教师引导的一种使学生在学习过程中由被动学习向主动学习转变的教学方法。条件限制法是指在教学过程中通过对某一或某些条件进行有意识的限制，以此来有效强化某一技术动作或战术配合的方法。该方法的科学原理是认为掌握运动技能等的本质其实是建立运动条件反射的过程，条件反射的兴奋过程和抑制过程都是大脑皮层的两个重要的神经过程，对抑制过程的合理运用可以帮助学生对技术和战术等方面的学习起到特殊的效果。

以上四种方法是一个统一密切的体系，教学当中只有通过这几种方法的有效配合才能起到更好的效果。这些方法可以结合构成一个完整的方法体系，该体系的大概模式为：引视—讲解和示范—仿试—练习—纠正错误—复习巩固—对抗应用—总结。

（二）篮球教学现代方法

当今世界先进的教育教学理论在我国体育教学领域已经产生了广泛的影响，研究结果表明，依据先进教学理论设计的教学过程与方法具有科学性强和效率高的特点，这也代表着篮球教学方法现代化发展的趋势。篮球现代教学方法的理论基础来自现代科学理论中关于学习理论的研究成果，这些方法的共同特点是把当代系统论、信息论和控制论引用于教学实践，明确教师主导作用，强调教学过程中学生的主体作用，同时也强调调动学生的积极主动性，注重能力的培养。主要方法如下所述：

1. 指导发现教学法

该方法是指教师在学生学习概念和原理时，不是将学习的内容直接提供给学生，而是向学生提供一种问题情境，只是给学生一些事实（例）和问题，主要让学生积极思考，独立探究，此时老师只是给予必要的指导，通过这种方式来掌握相应的原理和结论。它的指导思想是以学生为主体，独立实现认识过程。即在教师的启发下，使学生自觉地、主动地探索科学知识和解决问题的方法及步骤；研究客观事物的属性；发现事物发展的起因和事物的内部联系，从中找出规律，形成自己的概念。教师扮演学习促进者的角色，引导学生对这种情境发问并自己收集证据，让学生从中有所发现。该方法在学习篮球战术和理解攻防关系、掌握技术要点时应用更有效。

2. 掌握学习教学法

该方法指的是在所有学生都能学好的思想指导下，依据教学目的任务和初始测量的结果，把所要教授的篮球教材内容分解成为具有不同层次的目标体系，以集体（班级授课制）为基础，辅之以经常、及时对教学状态进行各种评价与反馈，为学生提供所需的个别化帮助以及所需的额外学习时间，从而使大多数学生达到课程目标所规定的掌握标准。

3. 程序教学法

程序教学法又称学导式教学法或小步子教学法。将篮球技、战术教学内容依据认知规律和技能形成的规律，分解成若干个相互联系的小步子，使之成为便于学习的逻辑序列，同时建立相应的评价信息反馈系统。教学开始以后，学生依据小步子进行学习，学习后及时进行评价，依据评价结果对学习效果进行及时反馈。如达到了预定的标准，则进行下一步学习；假如没达到标准，则返回去重新学习，并配以相关的校正措施。此教学方法在篮球技术教学中采用效果较好。

4. 案例教学法

依据教学大纲的要求，选择篮球比赛中比较精彩的典型战例作为教材内容，教学中通过对案例的分析，可以形象生动地进行教学，有助于使学生明确概念，归纳出要掌握的有关知识和要求，然后组织集体练习，最后达到掌握的目的。此方法经常在篮球战术配合教学、篮球规则与裁判方法的教学与篮球竞赛组织编排等内容的教学中采用。运用案例教学法时，要注意案例的选择能反映教学内容，并具有典型意义，同时要求学生具有一定的篮球运动基础，因此，此法在篮球专修课的教学中采用较为合适。

5. 合作学习教学法

依据社会学理论，把篮球教学组织作为社会活动的过程。教学中依据自愿的原则把学生分成人数不等的若干小组，练习时要以小组为单位结成“伙伴对子”。小组内发挥技术骨干的作用，优生帮助差生。教学过程中多采用小组练习、小组竞赛和小组评价等方法进行活动，在小组和伙伴的合作活动中学习掌握篮球教学的内容，使学习成为学生之间合作的活动，在和谐的人际关系和快乐的合作学习环境中完成学习任务。

6. 游戏教学法

就是在篮球的教学过程中，以游戏的形式，使学生在激烈的竞赛中，在无比的兴奋中，甚至是在刺激和上瘾中，不知不觉地学到篮球教材中的内容，或者学到了青少年必须掌握的篮球知识。兴趣是学习的第一老师，而游戏恰恰能够调动学生的兴趣。不过在进行游戏教学过程中要注意以下几个内容：第一，要准确地讲授篮球技术的方法和进行基础训练，再将各种技术的训练方法按难易程度编排成具有竞争性的游戏，这可以培养学生对篮球学习的兴趣，并能使学生在轻松的游戏中掌握篮球技术动作。第二，学生要在对抗的游戏氛围中尽快适应和接受这种游戏性的比赛方式，更早地培养学生的各种迎战能力和技巧，同时提高学生的心理素质。第三，运用对抗性的游戏时，对学生要有激励作用，并能培养学生积极思考问题、发现问题和解决问题的能力，从而有效地调动学生学习篮球的积极性。

7. 领会法

领会法是把篮球运动的特性和篮球的战术意识作为重点教学内容，强调把篮球动作技术转向培养学生认知能力和兴趣上，而不再是把篮球的技术动作作为教学重点。另外，在运用领会法教学时，教师首先是对学生进行战术意识培养，而不是从篮球的基本技术动作开始教。由于领会法淡化了篮球技术动作的规范性和统一性，使学生打破了规则和技术要领的限制，因此，有利于培养学生对篮球战术意识的理解和体会，学生能够根据自身的学习水平，逐渐提高和改进自身的技术水平和能力。在篮球教学与训练中，运用领会法的教学主要有以下几个特点：一是从篮球运动的整体特征入手，再回到具体技能的学习，最后再回到整体运动与训练中；二是从战术意识入手，并将战术意识贯穿到篮球教学的各个环节中；三是突出主要的篮球运动技术；四是注重比赛的形式，并强调在比赛和实战中，加强学生对技术的理解。

二、篮球训练常用方法

（一）模式训练法

模式训练法是一种按具有高度代表性的规范式目标模型的要求组织和把握运动训练过程的控制性方法。操作程序：

①解析影响运动竞技水平的各种因素。

②获取各影响因素的指标参数。

③建立影响运动员竞技水平的因素结构模型。

④以因素结构模型的评价标准数值为评定标准对运动员竞技水平变化的结构状态进行阶段性检查评定。

⑤将检查评定的结果反馈于运动训练过程的各个环节，以找出产生偏离状态的原因。

⑥对训练过程相应环节的组织实施发出调节指令。

⑦使训练的阶段结果不断逼近模式目标。

模式训练法由训练的目标模型、检查手段、评定标准和训练方法四种构件组成。它具有信息化、定量化特点。模式训练法的运用过程为：教练员指导—训练模型（手段）—运动员训练—检测信息—评定结果—调控信息—教练员指导。

（二）程序训练法

程序训练法是按照训练过程的时序性和训练内容的系统性特点，将多种训练内容有序且逻辑性地编制成训练程序，按照预定程序组织训练活动，对训练过程实施科学控制的方法。其基本结构包括：训练程序、检查手段、评定标准、训练方法。基本特点表现为：系统化特点、定性化特点、程序化特点。运用过程为：训练程序、训练手段—运动员训练—评定标准—教练员指导—训练程序、训练手段。

（三）分解训练法

分解训练法把完整的技术动作或战术配合过程合理分成若干环节或部分，然后按环节或部分分别进行训练的方法。

单纯分解训练法：首先把训练内容分成若干部分，分别学习。掌握各个部分或环节内容，再综合各部分进行整体学习。其特点为：分解的技术动作和战术配合相对复杂；分解后的各个部分可以独立训练。

递进分解训练法：将需要训练内容分成若干部分。先训练第一部分；掌握后再训练第二部分；掌握后再将第一部分和第二部分合成起来训练；掌握前两部分后，再训练第三部分；掌握后将三部分合起来训练。

顺进分解训练法：将需要训练内容分成若干部分，先训练第一部分，掌握后再训练第一部分和第二部分；掌握后，再将三部分一起训练；如此步步前进，直至完整掌握技术或战术。其特点为：训练内容的进程与技术动作、战术配合过程的顺序大体一致；后一步骤的练习内容包括前一部分的内容。

逆进分解训练法：应用时把训练内容分成若干部分，先训练最后一部分；逐次增加训练内容到最前一部分，如此进行直至掌握完整的技术或战术。其特点为：训练内容的进程与技术动作、战术配合过程的顺序恰恰相反；多运用于最后一环节为关键环节的技术和战术的训练。

（四）完整训练法

完整训练法是指从技术动作或战术配合的开始到结束，不分部分和环节，完整地进行练习的训练方法。运用完整训练法，便于运动员完整地掌握技术动作或技术配合；保持技术动作或战术配合的完整结构和各部分之间的内在联系。完整练习法可用于单一动作训练、多元动作训练、个人成套动作训练、集体配合动作训练。

（五）重复训练法

重复训练法是指多次重复同一练习。两次（组）练习之间安排相对充分休息的练习方法。此方法有利于运动员掌握和巩固技术动作，有利于运动员发展和提高身体素质。

（六）间歇训练法

间歇训练法是指对多次练习时的间歇时间严格规定，使机体处于不完全恢复状态下反复进行练习的训练方法。通过严格的间歇训练，可使运动员的心脏功能得到明显增强；通过调节运动负荷强度，可使机体各机能产生与有关运动项目相配合的适应性变化，通过不同类型的间歇训练，可使糖酵解代谢供能能力、磷酸盐与糖酵解混合代谢的供能能力、有氧代谢混合供能能力、有氧代谢供能能力得到有效的发展和提高；通过严格控制间歇时间，有利于运动员在激烈对抗和复杂困难的比赛环境中稳定巩固技术动作；通过较高负荷心率的刺激，可使机体乳酸能力得到提高，以确保运动员在保持较高强度的情况下具有持续运动的能力。

（七）持续训练法

持续训练法是指负荷强度较低，负荷时间较长，无间断地连续进行练习的训练方法。主要用于发展一般耐力素质，有助于完善负荷强度不高但过程细腻的技术动作，可使机体运动机能在较长时间的负荷刺激下产生稳定的适应，使内脏器官产生适应性的变化；可提高有氧代谢系统供能能力以及该供能状态下有氧运动的强度；可为进一步提高无氧代谢能力及无氧工作强度奠定坚实基础。

（八）变换训练法

变换训练法是指变换运动负荷，练习内容、练习形式以及条件。以提高运动员的积极性、趣味性、适应性及应变能力的训练方法。是根据实际比赛过程的复杂性、对抗程度的激烈性、运动技术的变异性、运动技术的变化性、运动能力的多样性以及中枢神经系统的灵活性提出的。它的作用是通过变换运动负荷，可使机体产生与有关运动项目相匹配的适应性变化，从而提高承受专项比赛时不同运动负荷的能力。通过变换练习内容，可使运动员不同运动素质、运动技术和运动战术得到系统的训练和协调的发展，从而使之具有更接近实际比赛需要的多种运动能力和实际应用的应变能力。

（九）循环训练法

循环训练法是指根据训练的具体任务，将练习手段设置为若干练习站，运动员按照既定顺序和路线，依次完成每站的训练方法。可有效地提高不同层次水平的运动员的训练情绪和积极性；可以合理地增大运动训练过程的练习密度；可以随时根据具体情况因人制宜地加以调整，做到区别对待；可以防止局部负担过重，延缓疲劳产生，并有利于全面身体训练。结构因素包括：每站的练习内容、每站的练习负荷、练习站的安排顺序、练习站之间的间歇、每遍循环之间的间歇、练习的站数与循环练习的组数。

它的分类有：循环重复训练（循环过程——间歇且充分；负荷强度——最大；负荷性质——速度、爆发力；供能系统——以磷酸代谢系统供能为主）、循环间歇训练（间歇不充分；次大；速度耐力、力量大小；以糖酵解代谢系统供能为主）、循环持续训练（基本无间歇；较小；耐力；以有氧代谢系统供能为主）。

（十）比赛训练法

比赛训练法是指在近似、模拟或真实、严格的比赛条件下，按比赛的规定和方式进行训练的方法，包括教学比赛、检查性比赛、适应性比赛等，目的在于调动运动员的积极性，提高技术、战术、身体练习水平和实战能力，发展心理素质以及检查训练手段与方法。

第九章　篮球运动员智能与心理训练方法

第一节　篮球运动员智能训练方法

一、篮球智能训练的内涵

智能即智力和能力的结合，它是保证人们有效地认识客观事物和成功地进行实际操作活动的稳定心理特点的结合。智力是保证人们有效地进行认识活动的稳定心理特征的综合，包括观察力、记忆力、想象力、思维力、注意力五种基本因素；能力是保证人们成功地进行实际活动的稳定心理特点的综合，包括组织能力、计划能力、实际操作能力、适应能力、创造能力五种基本能力。运动智能是智能中的一种，是指运动员以一般智能为基础，运用包括体育运动理论在内的多学科知识，参加运动训练和运动比赛的能力，是运动员总体竞技能力的重要组成部分。所谓运动智能训练就是为了适应现代运动训练的需要，有目的、有计划地对运动智能的构成因素进行训练和培养，并使之有机地结合，提高运动员运动智能水平的过程。

篮球智能训练就是为了适应现代篮球运动训练的需要，有目的、有计划地对上述运动智能的构成因素进行训练和培养，并使之有机地结合，提高运动员智能水平的过程。篮球运动员的智能主要包括临场的分析判断、战术意识、篮球理论知识、接受能力以及文化水平等，它集中地表现在比赛过程中大脑思维活动能力上。

美国东北大学社会体育教研室中心曾做过一次调查，结果表明，美国奥林匹克选手中，75%受过高等教育，而同期美国大学生比例仅为全国人口的23%。接受调查的选手中，甚至有42%的人曾就读于研究生院。由此我们可以看出，美国世界级选手之所以能长期称雄体坛，主要原因就是他们善于将智能、技巧和力量高度结合。美国篮球专家来华讲学时，特别强调了篮球智能的重要性，提出“60%用脑子打球”，美国大学生篮球队为什么水平这样高？这与他们文化知识水平较高，对篮球运动规律的认识比较深刻，对技术、战术的理解比较透彻，能正确理解教练员的意图是分不开的。

二、篮球智能训练的意义

随着现代科学发展的高度分化和综合，相关学科先进知识和技术对运动训练领域的渗入，加快了运动训练科学化的进程，促进了运动成绩的增长，加速了运动人才的开发，迫使运动员和教练员必须加速自身智能的开发，以适应当前的科学革命。竞技体育从某种意义上可以认为是以体力出成果、以智能为灵魂的事业，科学是智慧的结晶，人是智能的载体。只有加强智能开发，加强知识更新，才能激流勇进。国际未来学研究所儒佛内尔博士说过：“明天的资本，就是智能。”21 世纪是信息与智能革命的时代；21 世纪是信息与智能革命的世纪。作为一个国家和民族的政治、经济、文化及科技等综合实力的“橱窗”的竞技体育也面临着进行发展和完善的契机，智能训练的提出和完善是运动训练理论进一步完善的里程碑。信息科学、人体生命科学、材料科学及人文科学等领域科学技术的飞跃进步，为进行智能训练提供了丰沃的土壤，有力地支持和引导着竞技体育的更快发展。

（一）智能训练的必要性

竞技能力即指运动员的参赛能力，由具有不同表现形式和不同作用的体能、技能、战术能力、运动智能以及心理能力所构成，并综合地表现于专项竞技的过程之中。传统训练中重视体能训练、技能训练、战术训练和心理训练，对于智能训练却有偏颇。系统论中著名的“木桶理论”指出：一个用若干木板组成的木桶的容积不取决于最长的而取决于最短的那块木板，运动员竞技能力构成因素中某种素质或能力的缺陷，都会影响竞技水平。因此，加强运动员智能的训练是必要的。

（二）智能训练的合理性

智能训练可以很好地解决“学训”矛盾，培养运动员全面发展和走向社会。运动员特别是青少年运动员的身体处于迅速生长发育的阶段，思想比较活跃，生理、心理变化比较大，是智能发展较快的重要时期。忽视运动员的智能训练，偏重技术和成绩，轻思想教育和文化学习，容易导致思想出问题，文化素质不高，反而误了运动技术的提高和发展。对运动员实施全面教育，加强智能训练是由运动员自我发展需要所决定的。运动员的运动生涯是有限的，不可能一辈子当运动员，迟早要退出竞技舞台。对绝大多数运动员来说，都要走向社会，都要工作，能否胜任未来的工作，很大程度上取决于他们在智能方面的发展和培养。

（三）智能训练的时代性

现代社会已经进入了信息化时代，运动训练也进入了“信息化训练”的新阶段。所谓“信息化训练”是指在科学化训练中充分运用信息和信息规律对运动训练过程实施“最佳”的信息控制，并通过信息通道把运动训练的全过程连成一个完整的过程。为了实现“信息化训练”，必须建立完备的现代训练信息系统。同时要提高教练员和运动员的“信息能力”。而信息能力的基础就是知识水平，也就是智能水平。因此，提高教练员、运动员的知识水平和文化素质，加强对教练员、运动员的智能训练，成为实施“信息化训练”的关键。

（四）智能训练的超越性

现行的运动训练是把运动员看成消极被动的“填鸭”，甚至按一定指令进行的“机器”，而运动智能的本质特点就在于它的高度的主观能动性。运动训练的对象是人，是人的竞技能力的开发，也包括智能的培养。只有研究运动员才能训练运动员，为此，理应将运动员和运动员智能的研究与开发作为训练的起点。对运动员的智能研究、开发与训练的忽视，必然在培养运动员的问题上出现误区和盲区。

（五）智能训练的局限性

目前，有关我国运动员智能的研究存在着缺乏深入的理论探讨和适合的研究手段。具体表现在对运动员的智能结构、构成要素、相互关系及本质特征认识不明；微观上缺乏对运动员智能进行测查的专门仪器和测试方法。理论上的匮乏，以及教练员和运动员对于智能训练的质疑成为智能训练实践的最大障碍。

三、篮球智能训练的目的任务

篮球智能训练的目的是提高篮球运动员的智能水平。结合篮球训练实践，实现这一目的需要完成以下任务。

（1）培养运动员独立训练和参加比赛的能力。应使运动员明确训练和比赛的目的任务，掌握科学训练方法，熟悉篮球比赛规则，并通过比赛积累经验，高度发展篮球运动员的战术思维能力、临场分析判断能力和适应能力，在教练员的指导下积极主动地完成训练任务，并将训练中取得的竞技能力在复杂多变的比赛中表现出来。

（2）培养运动员参与制订和修改完善训练计划的能力。应使运动员了解篮球运动训练的规律，学习掌握篮球理论知识及其他基础理论知识，如运动训练学、运动生理学、运动心理学等，学会对训练效果进行评价，并与教练员一起检查训练计划中哪些内容需要改进，或需要采用哪些新的训练方法。

（3）培养运动员进行自我监督的能力。应使运动员学习和掌握运动医学和运动心理学方面的知识和简单的测试方法，能对自己的健康、生理机能和心理状态有目的性地进行观察与检查，以配合教练员合理安排运动负荷与恢复，科学地控制训练过程。

四、篮球智能训练实施的途径

（一）知识积累的辐射

智能的发展依赖于知识的掌握，知识的掌握又促进智能的发展。在训练过程中，智能的发展依赖于知识的掌握，因为系统的知识是智能发展的必要条件，智能的发展离不开知识的积聚。知识贫乏的人，智能不可能发展得很好。知识积聚和整理的过程是运动员智能发展的过程，知识积聚的本身蕴藏着丰富的人类认识的方法。对运动员来说，掌握知识的过程也就是智能运用的过程。在掌握知识的过程中学会获取知识的认识方法，并把这些知识和认识方法自觉地、创造性地运用到以后的训练中去，就会逐步发展自己的智能，形成创造才能。

（二）经验凝聚的升华

训练的实践主体（教练员、运动员），智能训练客体（运动员）和信息共同构成智能训练实施的基本结构。智能训练中主客体相互作用，同时，在智能训练过程中又和环境发生联系，受环境的制约，而实践的结果必然又反作用于环境。其中运动员在智能训练系统中具有主体、客体的双重作用，而教练员具有主体作用（图 9－1）。

作为智能化训练的实施者——教练员（主体）在一定的环境条件下，进行智能化训练，将自己积累的丰富的实践经验传授给智能训练的对象运动员（信息 1）；智能训练的对象运动员（客体）在训练过程中把训练的效能反馈给教练员（信息 2）；队友、队医、管理者、科研工作者等周围的环境的作用（信息 3）和环境反馈（信息 4）形成闭环式的智能训练信息结构。运动员接受这些信息，在训练和比赛中，智力得到开发、能力得到提高，提高了训练的效率，这就形成一种良好的结构模型，构成智能训练的良性循环，逐步达到高层次“智能型”运动员的训练目标。

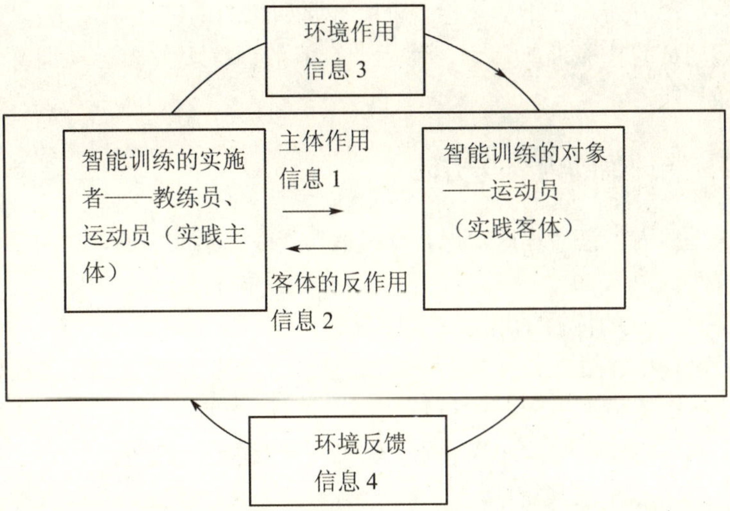

图 9－1　智能训练实施基本结构模型图

（三）局部控制的把握

运动智能系统的结构有输入系统、加工系统、存储系统、控制系统、动力系统、输出系统六部分。输入系统是由感觉与知觉两大子系统组成，是运动智能的门户。人的认识由个别到一般，由感性向理性转化是人的认识由量变到质变的飞跃，这个飞跃主要是由智能加工系统实现的，加工系统是运动智能的核心。智能系统不仅具有获得周围世界的信息，而且还有保存和积累这些信息的功能，这就是存储系统（运动智能的仓库）。运动训练和运动竞赛中的创造是由智能系统中的动力系统来完成的，可以说动力系统是运动智能的源泉。控制系统是运动智能的支柱，输出系统是运动智能的归宿。六个组成部分有机结合构成了完整的运动智能，只有很好地把六个组成部分进行合理的把握才能提高运动智能水平（图 9－2）。

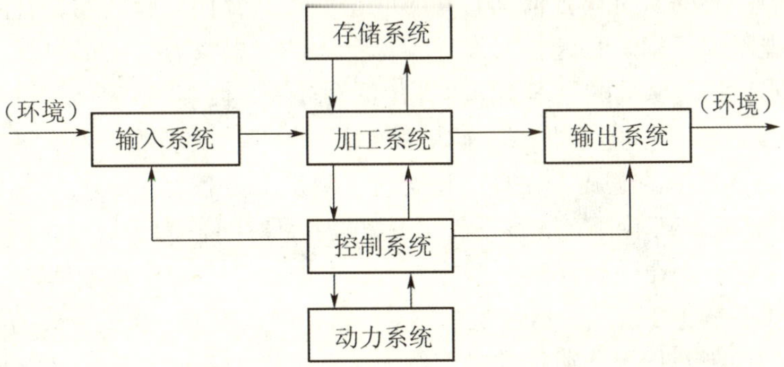

图 9－2　运动智能系统模型

（四）测定评价的介入

智能训练是一个学科群的组合训练，教练员和研究人员应建立科学合理的运动智能测定和评价制度，定期评定运动员的智能水平，让运动员的智能得到全面的发展。智能训练效果的测量评价应列入多年、全年、阶段、周和课的训练计划之中，以保证有目的、有计划地制订运动员的智能训练计划，使运动智能的训练服务于运动训练，更大程度地提高运动员的竞技能力。

五、篮球智能训练的内容与方法

篮球智能训练的内容包括理论知识教育和运动智能因素的培养两个方面。

具体方法有：

1. 在篮球理论知识的传授中培养和发展智能

在这种培养过程中，要抓住篮球运动的规律进行，并注意理论和实践相结合，可以通过观看教学比赛影片和水平较高的篮球比赛学习理论知识、比赛规则和裁判法等来培养和发展篮球运动员的战术意识，观察能力、思维判断能力和适应能力。

2. 在篮球训练过程中发展智能

首先，要加强身体素质，技、战术和心理素质的训练，使运动员的观察力、记忆力、思维力和实际操作能力、创造能力得到全面发展。其次，通过这种训练，能提高运动员的运动知觉的感受性、运动表象清晰性以及战术思维能力、实际运动能力、对篮球训练的适应能力，经常进行教学比赛，进行实战练习，可以培养运动员将已获得的运动素质，技、战术方面的知识和技能用于实践的实际操作能力和应付千变万化的比赛情况的适应能力，以及发展运动员的运动行为观察力和战术思维力。另外，要科学组织运动训练过程。教练员应按照篮球训练规律科学地组织训练过程，并在此基础上让运动员自己去分析和比较，探讨训练计划及训练方法的完善性和合理性，从而使运动员主动地参与训练计划的制订和积极地完成训练任务，并使其思维力得到发展。

3. 几种常用训练方法

（1）有关准备活动的训练。在进行训练课的准备活动时，教练员可让队员自己想办法把身体活动开，活动方式不限（在条件允许范围内），时间为 20 分钟。队员就可以凭自己的想象进行。有的队员单独活动，有的就二三人结合在一起活动，有的持球，有的不持球，这样既增加了训练兴趣，又发挥了每个队员的想象力、记忆力等。在达到规定时间时，教练员就通过队员的生理反应来评定活动效果，测 10 秒钟脉搏跳动次数，一般要求达到 25 ～ 30 次。通过这种形式，队员就可以了解自己活动的效果如何，以便改进。

（2）进行特殊规则的比赛。在分组比赛时，规定双方各有一名队员每投中一次得 5 分（罚球除外），双方互不清楚是哪一名，比赛两节，时间各为 5 分钟，两节之间休息 2 分钟，由教练员记分。在进行完第一节比赛后，公布比分。在休息期间内，双方队员根据比分来回忆第一节比赛情况，通过观察加以分析，确认投中一次得 5 分的队员，从而在第二节的比赛中抑制其作用。通过这种训练方法，可以培养队员的记忆、观察和分析问题、判断问题的能力。

（3）在训练比赛中，多设置比赛“残局”。比如离比赛结束还有 3 分钟，两组比分十分接近，我方领先怎样打？对方领先怎样打？让队员自己研究攻守策略。教练员也可以规定一方必须采取两种防守形式，如指定采用半场盯人和全场紧逼两种形式，可以交替运用。因为同属一队，进攻路线彼此非常熟悉，这就要求另一方研究进攻策略，给对方提出了更高的要求。通过这种训练可以培养队员的创造能力，让队员学会动脑子打球，还可以提高队员的应变能力以及对待比赛残局的适应能力和解决问题的能力。同时，教练员也可以从中发现一些好的进攻、防守方法，人多智广。充实、发展攻守战术，充分发挥集体作战能力。

(4) 重视运动员对理论知识、文化知识的学习，如写训练日记、训练小结、比赛分析报告、赛后小结等，这些都有助于运动员智能水平的提高。

六、篮球智能训练的基本要求

(一) 自身提高与整体发展的融通性

运动员应提高对学习理论知识和发展运动智能意义的认识，自觉参加运动智能的训练。科学运动训练要求它的从业者具有丰富的、多领域的科学知识，如：运动生理学、运动解剖学、运动心理学、体育社会学及体育美学等体育科学学科的知识，这对科学地组织运动训练活动和成功地参加运动竞赛有着重要的意义。运动员在努力学习专业理论知识的同时努力学习其他文化知识（包括相关学科的科学知识）。科学训练的理论应该是源于训练实践，高于训练实践，进而有效地指导训练实践。运动员学习掌握专业知识的特殊要求在于紧密结合运动训练的实践，取得实际效果和优异的竞赛成绩。

(二) 局部培养与全面整合的一致性

运动智能的提高是以一般智能为基础的。提高影响运动员智能的各个因素，如注意力、记忆力、观察力、想象力、思维力等是提高运动智能的基础。在训练过程中对运动员各因素进行有意识地培养，更重要的是将各因素组成有机的整体来提高，使其成为提高运动员能力的重要因素。

(三) 活体实施与计划执行的吻合性

构成运动员竞技能力的各个部分，无论是体能、技能、战术能力、运动智能及心理能力都需要经过长时间的训练才能得到明显的改善和提高。对训练过程的实施，需要认真地做出规划，在训练内容、手段和运动负荷安排等方面保持必要的连续性，才能保证训练目标的实现。运动智能各个方面训练的合理结构、不同阶段训练重点的安排，都需要科学的、多年训练计划的指导，更重要的是要把训练计划在实施中能够贯彻执行。

第二节　篮球运动员心理训练方法

一、篮球运动员心理训练的内涵

篮球心理训练是指通过各种手段有目的、有意识地对运动员的心理过程和个性特征施加影响的训练过程。心理训练是篮球整个训练中的主要组成部分之一，它包括两个相对独立又相互联系的方面，一是意志品质的培养，二是专项心理素质训练。运动员的意志品质通常包括主动性、果断、勇敢、自制、坚毅、坚定、独立等特性。篮球运动中意志品质突出表现在运动员的独立性和创造性上，这也是篮球竞赛特点所决定的。因此，更需要全面地培养他们的意志品质，才能形成信心百倍和克服困难的坚强意志。篮球运动员的心理素质训练应把重点放在稳定性、自控能力和注意力集中与分配的能力上，使之适应比赛激烈对抗中各种外来的复杂情况，保持良好的心理状态，不断提高心理活动的水平。

篮球心理训练是适应现代运动竞赛的需要而运用发展起来的。任何竞技运动项目都与竞赛有着不可分割的联系，现代篮球竞赛的最大特点，就是对抗性越来越激烈凶悍，在比赛双方身体、技术、战术水平势均力敌的情况下，胜负往往取决于心理素质训练水平的高低。影响篮球运动员比赛心理的因素是多方面的，像比赛的性质、对手、场地设备、观众、时间、比分、教练员的态度、队员间的情绪、社会因素等，其形式多表现为紧张、懈怠、骄傲、自信心不足等。心理训练的作用就在于提高运动员的心理素质，学会控制和调节比赛所需要的心理状态，使运动员能在训练或比赛的困难条件下，具备积极的、适宜的、稳定的心理状态，从而提高训练的质量，保证运动员在比赛中技、战术水平的正常发挥。

二、篮球心理训练的目的任务

依训练内容与专项需要的关系，篮球运动员的心理训练可分为一般心理训练和专项心理训练两大类。通过一般心理训练发展并提高运动员的个性心理品质，掌握心理训练的技能，形成运动员有效地参加比赛的心理准备状态。通过篮球专项心理训练，目的在于集中发展从事艰苦的篮球专项训练和成功地参加篮球比赛，特别是高水平篮球竞赛所需要的个性心理特征以及特定的心理过程。依训练目标与训练及比赛的关系，篮球运动员的心理训练又可分为比赛期心理训练和日常心理训练。比赛期心理训练又包括赛前心理训练和比赛时心理训练，目的是使运动员运用自我调节心理状态的方法，形成最适宜的竞技状态或最佳竞技状态，以便在比赛中争取优异成绩。一般心理训练和比赛心理训练的关系是相互依赖、互为条件的，它们需要在整个运动训练中安排任务来进行。运动员良好的心智能力和个性特征是长期训练的结果。如果说一般心理训练是基础，那么专项心理训练则重在应用。

一般心理训练的主要任务在于：

（1）培养运动员具有适应篮球运动需要的各种心理品质和心理能力。

（2）加速篮球运动技能的形成和提高技术、战术的熟练程度。

（3）形成运动员对篮球训练的良好态度，创造适宜的心理状态，提高适应比赛的能力。

（4）克服运动员的各种心理障碍，以保证训练和比赛的顺利进行。

（5）促进运动员疲劳的恢复。

篮球运动员专项心理训练应针对比赛的需要和运动员的个体差异性进行操作性“调整”（尤其面对国际大赛和职业俱乐部球队联赛时），除了以激励为基础经常保持稳定的动机之外，应与和比赛任务有关的动机相联系，而动机变化，取决于个人定向和任务的意义（包括情感态度），还应结合具体情况去增强动机。运动员的操作性心理调整，除了教练员相应的作用以外，还要求运动员积极和大胆地使用一系列自我集中和自我动员的方法。这些方法应是通过专门心理训练已经掌握了的。自我调整方法包括内部激励性的自言自语、面临行动的“自我交谈”、“自我命令”等。调节特点是要使运动员引起高度的心理紧张状态，即心理应激。必须克服抑郁状态，建立自信和最佳情绪。在过分兴奋状态下，应降低它的程度，但不能损害它的高涨，保证在训练和比赛过程中情感的稳定性。

三、篮球心理训练的内容与方法

心理训练是一个教育过程，应遵循自觉自愿、重视个体差异、持之以恒的原则，并根据不同对象（性别、年龄、智力水平等）和不同要求，有重点、有区别地进行心理训练，训练要有针对性，特别要注意全面与重点相结合原则，必须与身体、技术、战术等训练有机地结合起来。

运动员心理训练的方法很多，主要有模拟训练、集中注意力训练、意志训练、自信心训练以及自我谈话和放松训练等。

常用的心理训练方法有：

放松训练——通过自我暗示改变肌肉紧张度（使肌肉放松），从而促使心理安定（尤其是情绪安定）的一种心理技能训练，可以有效地应用于运动员的心理训练。放松训练有自我放松法（催眠放松法与调节放松法）和渐进放松法。

表象训练——又称念动训练、想象训练，是指有意识地、积极地利用自己头脑中已形成的运动表象进行回顾、重复、修正、发展和创造自己的动作，从而起到巩固技术动作，提高技术动作和技术的精确度，帮助增强比赛的适应性和调整情绪、提高斗志等作用。

模拟训练——是一种适应性训练，它是人为地设置某些对象、境况、环境等，让运动员在这种条件和环境下进行训练或比赛，使之逐步适应，产生与之对应的抗干扰能力，以利于在正式比赛时保持比较稳定的心理状态。模拟有语言形象的模拟和实景情况的模拟两种，具体做法是模拟对手的特点、模拟比赛时观众的噪声，人为地改变比赛局势、认知压力模拟等。

生物反馈训练——是借助现代电子仪器，显示运动员内脏活动信息，使之与主观感受相联系，从而在一定程度上能反射性地控制内脏活动，以降低紧张程度的一种训练方法。生物反馈训练的特点是使运动员逐渐体验到某种精神状态、姿势、方法与生理变化之间的关系，便于控制内脏活动，使生物变化朝着篮球运动特征需要的方向发展。

催眠术——通过一套语言暗示和动作暗示，作用于运动员的听觉、视觉和触觉，使之介于一种觉醒和睡眠之间的特殊心理状态。催眠在心理训练中的作用在于：它有助于激发精神力量，提高信心，克服紧张和恐惧情绪；有助于学习、校正和提高动作技能，加强人际间的友好关系。

系统脱敏训练——主要用以帮助运动员克服恐惧症和顾虑等。

四、篮球运动员比赛时的心理训练

（一）篮球运动员比赛时的心理特征

篮球运动员比赛时心理特征是指运动员伴随比赛进程与场上的变化，身心高度紧张，情绪处于不稳定的心理应激状态。篮球比赛的临场情况千变万化，运动员的心理状态随之而不断变化。一般来讲，一个球队或一个运动员的训练水平是比赛中取得优势的基础，如果没有好的情绪应激状态，临场技术水平往往得不到正常的发挥。强弱的转化往往从心理上出现突破，现实当中强队败给弱队是屡见不鲜的，往往是心理上准备不足，当临场比赛的局面不像预料的那样轻松，特别是处于被动落后的局面，就会产生急躁情绪，引起技术上的变形，导致最后失败。如运动员在参加比赛时往往产生想打好球而又怕打不好的心理，从而引起心理上的紧张拘谨，导致思维判断混乱，肌肉紧张动作走样，出现了一些参赛多年的运动员在无人防守的情况下，投篮“失误”和出现配合时机时传球失误的不正常现象，这是由于心理变化、情绪应激状态不正常而导致技术失常的情况。

科学研究表明，能取得优异成绩的运动员在赛前和赛时的心理状态表现为：放松的注意；集中注意即将到来的任务；完全控制，感觉轻松，毫不畏惧失败；自信心很强，较少产生自我怀疑。而失利的运动员心理状态多表现为：唤醒过高或过低；缺乏集中注意力；无关和消极想法；担心失败；不坚持正常的准备程序；消极的身体感受（疲劳，热身不充分）。

（二）篮球运动员的赛前心理调整训练

篮球运动员的心理训练是培养、发展和完善篮球运动员在从事专项运动时所必须具备的各种心理素质和心理品质的一种教育过程。大赛中最佳心理状态的获得和保持是运动员赢得胜利的重要条件。最佳心理状态是指运动员获得优异成绩的最适宜的心理状态，是最佳竞技状态在心理上的表现。在这种状态下，运动员的技术动作、心理和行为都处于非常完备协调的状态，要达到比赛中的最佳心理状态，就必须抓好赛前的心理训练工作。由于比赛时的环境气氛要比平时训练更加激烈，周围的群众、裁判、记者以及比赛时的气候变化，陌生的场地、器械，再加上对手的强弱、战术变化等情况都会影响运动员比赛成绩。因此运动员要想在比赛中全面发挥技、战术水平战胜对手，必须有高度的适应能力和过硬的心理素质。鉴于此，在比赛前应做好以下几项工作。

1. 搞好情报搜集

获取对手第一手资料是提高心理素质的基础。比赛是在对彼己双方战斗力进行客观分析的基础上进行的，因而对一场比赛做到心中有数，知己知彼，才能奠定比赛的信心，达到提高心理素质的目的。因此情报工作越广泛、越精确，判断与结论也越精确，心中也越有数。

2. 认知指导

科学合理地确定全队与个人的参赛目标是维持适宜的比赛动机，引导队员将自己的注意力集中于技、战术打法的谋略方面，防止运动员焦虑水平超过正常的应激水平。具体做法是，准确分析自己的不足，准确估计对手的优势，理顺思路，调整情绪，正确对待自己的长处，正确看待对手，统一认识，摆正位置；向运动员准确阐述早已确定的技、战术打法方案及其要求，以及多种预备方案，扬长避短。

3. 技术性心理定向训练

在比赛前，要注重技术性心理定向，杜绝结果目标的心理定向，也就是说，比赛中心理定向的只是技术过程，而不是比赛的结果。这是目标设置的一条重要原则。目标设置要切合实际，目标实现与否会影响运动员的自信心，而目标的心理定向则会影响运动员技术水平的发挥。如果运动员将目标在心理上定位为第1名，或者其他好的名次等结果目标，一旦对手发挥出色，就会造成心理紧张程度加剧，使其动作变形和失常，直接影响技术发挥。

4. 精神释放诱导

运动员的挫伤心理是由于主客观原因的阻碍和干扰造成的，是预定的目的、需要无法满足时产生的消沉、失意、悲观、紧张等心理反应。其产生原因，从客观上讲，一是为攻克技术难关，队员在训练中挥汗如雨，吃尽苦头，竞技水平已达到主力队员要求，但仍得不到教练员的认可，致使价值公平性需要得不到满足而导致缺乏性挫折；一是因为技、战术打法需要，或竞技状态不理想等，其主力位置突然被其他队员取而代之，使其一直得到满足的需要一下了中断，而导致损失性挫折。从主观上讲，一是由于自身条件、技术特点都很突出，但因与队友不合拍的个性特征，长期做“板凳”队员；一是由于参赛的动机与需要过于强烈，预定目标过高，过度自信，但结局却与原来的愿望、计划相反，而导致抑制性挫折。这种精神文饰反应和抵触反应显然是不良竞赛心理状态临界点的反映。这时运动员出现情绪失控的语言和行为时，不应立即对其进行过激的批评和教育，而应当在其心平气和时，采用个别谈心、小组会等形式，创造一种和谐的气氛，诱导其自由、彻底地宣泄受压抑的情感，倾诉抱怨和顾虑，让其在表述自己的意见和看法的情景中平衡复杂的思绪，以使其认为这是教练员对他的重视和尊重，从而达到心理情绪稳定。

5. 模拟训练

（1）比赛对手的模拟

主要模拟对手的技、战术特点，如通过观看对手的比赛录像，或教练员掌握对手的资料情报分析，挑选与对手特点相似的队员与我队即将参赛的队员进行比赛。在对抗过程中可以随时向队员提问，前锋队员要回答出对手擅长的战术打法；中锋队员要回答出对手的攻守特点；后卫队员则要回答出对方的攻守战术变化。通过模仿了解对手、适应对手，做到知己知彼，准备充分，心理稳定，增强战胜对手的信心。

（2）转败为胜的模拟

通过这种模拟增强运动员在比分落后时转败为胜的信心。如设置在45∶60的比分开始训练比赛，要求比分低的上场队员必须反败为胜，以培养运动员在比赛落后的情况下沉着应战并争取胜利的心理能力。

（3）观众影响和裁判不公的模拟

在平时训练中，创造让运动员在观众偏袒喧哗中进行比赛。在比分接近时裁判员进行错判、漏判，锻炼队员的心理承受能力和适应能力，使队员泰然处之，头脑清醒，注意力集中，不激怒，不埋怨，以适应比赛气氛的先期情境。另外，还有气氛、时差、器材、比赛强度、地理环境的适应模拟。

篮球比赛中如何调整好运动员的心理状态，使其体能、技术、战术水平得到正常发挥，也是一场关系到比赛胜负的心理战。做好比赛前的充分训练，比赛中队员才会在各种错综复杂的情况下，精力集中，顽强拼搏，善于自我控制，始终处于稳定的心理状态之中，发挥出最佳竞技水平。

（三）篮球运动员赛中心理训练

篮球竞赛不仅要比智慧、比谋略、比体力、比技术和比战术，而且还要进行心理上的较量。比赛不同于训练，除了要承受更强的身体负荷外，还要承受更强的心理负荷。赛中的心理状态一般有理想的、不良的和恐惧的三种。

比赛中心理训练的任务是发展和维持赛前的最佳心理状态，并根据赛场双方心理状态变化情况，采取心理调节手段。在比赛过程中的心理调节是大量的，如由于对方改变心理战术，往往会引起运动员心理上的不适应；又如在比赛中，当双方的比分交替上升，赛场形势变化较大时，运动员会因此造成某种心理障碍。这就要求教练员随时了解运动员内心的变化情况，并准备好各种心理调节手段以备随时运用。如果每名运动员都具有自我调节的能力，教练员只需做适当的提示。这需要进行长期的心理训练，特别需要教练员和运动员之间形成特殊的心理关系。

比赛是对运动员身心力量的考验，运动员的体力和脑力都消耗极大，特别是那些两队实力相当的比赛场次，其消耗量更大。因此，在比赛过程中，利用比赛间隙进行体力和脑力恢复是非常重要的。教练员必须适时采用调节措施，如精神放松和注意力转移等，来加强运动员心理能量的恢复训练，这是坚持比赛并取得胜利的可靠保证。

（四）篮球运动员赛后心理调节

竞赛结束后，运动员不仅会感到身体疲劳，而且也会体会到心理疲劳。因此，作为教练员在赛后要重视心理恢复。因为赛后心理训练的好与差，直接影响下次比赛的成绩，涉及运动员整个心理状态的恢复和发展，也关系到运动员整个个性的发展和完善。教练员要十分清楚赛后运动员的心理活动并没有结束，只是改变了方式，他们隐蔽内心的变化，没有演变到一定程度也会以有形的方式表露出来。一次比赛的结束，实际上是下次比赛的赛前准备的开始。教练员应仔细洞察赛后运动员心理状态的表现，发现好的或不好的倾向和言行，要及时加以调节与恢复。善于捕捉和消除对下次比赛可能产生的隐患十分重要。赛后心理调整的主要意义，在于及时解决和消除直接影响下次比赛以及运动员整个身心健康发展的因素。

赛后心理调节的方法有：

1. 身体、技术、心理的全面恢复

一场比赛，身心力量消耗巨大，随着身体能量供应的不足，技术动作和战术配合的质量都会因此而降低。所以，赛后的心理恢复训练是全面的。主要方法仍然是心理训练的基本方法，要结合具体对象特点及身心技术和战术变化情况进行，既要全面又要有所侧重。

2. 赛后紧张情绪的解除

伴随着比赛而产生的运动紧张情绪，并不随着比赛的结束而消失，这种紧张情绪的消极作用是十分明显的，由于其长时间不能恢复正常（或仍陷于自我陶醉之中），从而继续消耗运动员的身心力量。解决赛后遗留的紧张情绪，可用放松、注意力转移、改变认识等方法。总之，要采取有意识的心理训练措施和方法，不能放任自流。

3. 赛后自我形象的修整

在比赛过程中运动员的形象随着战局变化而变化，胜时容易夸大，过分美化自己，以理想代替现实的自我形象；败时又会缩小、歪曲自己的形象，缺乏客观的、真实的评价。赛后自我形象修整的任务在于：在头脑中重新恢复自己的本来面目，除去不真实的成分；对自我形象中的长处与不足，要使前者发扬，后者抑制；同时不断地在实战中树立新的理想的发展形象，使运动员的心理状态不断向上、全面发展，常用的训练方法有想象演习法、想象训练法等，前者为整个自我形象的内心表演过程，后者是对形象中的个别成分进行修复训练。

五、篮球运动员赛前和赛时的心理控制策略

心理控制是决定运动员赛前和赛时运动表现的关键因素之一。

（一）赛前和赛时运动员积极的心理控制策略

①集中思考将要采取的策略；
②集中想某一项技能或者组合技能的技巧；
③表象完美的技能表现；
④在心里用自己和自己队伍的强项与对手的弱点做对比；
⑤当使用自我交流和其他心理技巧时，将肌肉放松；
⑥回忆过去成功的经历；
⑦在心里准备每个比赛的细节；
⑧想象自己是所有运动员中最好的一个；
⑨想着教练员曾经给予的积极评价。

（二）赛前和赛时运动员消极心理的控制策略

①不要去想过去犯错误的经历；
②不用过高估计这场比赛的重要性；
③不要太在意比赛结果；
④不要想如果输掉比赛会怎么样；
⑤不要老想着自己的弱点；
⑥当在比赛中领先或不分胜负时，尽情享受你表现的时刻；
⑦集中注意比赛的过程、策略和技巧。

六、赛前和赛时教练员心理调整技巧

在赛前，教练员应该制订一个明确的竞赛计划，明确任务、运动员能力以及比赛可能的结果，预想可能出现的担忧。尽量帮助运动员将消极的想法转化成积极的想法，在训练中进行练习。对比赛的常规程序进行练习，提醒运动员将注意力集中在比赛的过程上。教练员应该给予积极的反馈并强调运动员的实力，强调运动员该干什么，而非不该干什么；强调如何去比赛，而不是这场比赛的重要性；在赛时强调将注意力集中在比赛过程、策略和技能方面；强调对手的弱点；在赛前和赛时都不要对运动员吼叫。

相反，赛前和赛时教练员都不应该过分强调比赛的重要性；不要给某个特定的运动员太多的压力；不要让运动员回忆过去所犯的错误，而应该告诉运动员应该做什么；避免在赛前批评运动员；不要强调运动员必须完成的目标；不要强调失败或犯错后的后果；教练员不要表现出紧张；如果运动员已经动机很强了，教练员就不要再讲一些提高动机的言语了；不要在其他人面前批评运动员。

第十章　篮球教学与训练的评价方法

第一节　篮球教学与训练的评价原则

篮球教学评价是一种以教学目标为标准，对学生和教师进行系统测量并评定其价值和优缺点，以求改进的过程。它直接作用于整个篮球教学活动的各个方面。整个教学与训练应坚持以下原则。

一、方向性原则

在整个篮球教学与训练的评价中应坚持正确的方向，对教学的各个环节的评价要体现相应的教学目标要求，既要评价体育教师对课堂教学的总体设计，在课堂教学中的表现，学生的创新精神和实践能力的培养等教学任务的完成情况，又要评价学生的参与性、积极性和创造性。评价中应结合体育学科和学生的体育素质等特点，充分体现学生的个体差异性，同时应严格按照国家的各项方针政策、课程计划、课程标准以及国家正式审定的教材为评价依据，通过评价促进学生的身心健康和教师自身素质的全面提高。

二、科学性原则

篮球教学与训练评价的方法，评价信息搜集和处理，教学评价指标体系的建立，都应具有科学性、可靠性、合理性、完整性。评价应以教育理论和正确的教育思想为指导，遵循体育课堂教学规律，从教学过程、教学设计等多方面入手，力求全面、公正、客观、准确。评价要以科学为基础，坚持科学性原则，真正发挥评价的多种功能，充分调动广大体育教师的积极性与创造性，达到提高教学质量的目的。

三、客观性原则

客观性原则在整个篮球教学与训练过程评价中是至关重要的。教学评价必须客观、实事求是、真实地反映被评价对象的价值。确定的评价指标体系应尽可能详细而又准确地反映体育教学实际情况，不能主观臆断，不能随意更改，应一视同仁，客观地对待每个学生，激发师生的教与学。

四、整体性原则

构成篮球教学与训练过程的因素不仅包括教师和学生，还涉及场地、器材以及教材的选择，这些因素在教学过程中各自发挥着不同的作用，形成整体的功能。因此，在教学评价时，既要全面系统地分析它们之间的内在联系和各自发挥的效应，有针对性地确定指标及其权重，又要注意这些因素之间的关系是否达到了整体优化。

五、目的性原则

目的性原则是指在进行评价时必须有明确的目的。篮球教学与训练评价实际上是对篮球教学与训练的一种管理和调控，因此每次评价应根据目的不同突出不同的评价标准，不能随心所欲。

六、可行性原则

篮球教学与训练评价的内容、方法、标准等应结合教学实际与具体条件，简单易行，容易操作；应发挥评价的激励效应，调动师生的主动性与参与性，同时应被广大师生、教学研究人员以及学校管理者所理解和采纳。

七、自评和他评相结合的原则

教学与训练评价的根本目的是提高教学与训练质量，因此，把评价的标准、原则、方法交给师生、教练员与队员，让他们在教学和训练中经常进行自我评价，不断改进师生的教与学的质量。在自评的同时重视他评，可有针对性地对某一教学问题进行专门评价，解决教学中的实际问题。

第二节　篮球教学与训练的评价内容

教学评价是教学管理的主要手段之一。它是依据一定教学目标和标准对学生的学和教师的教进行系统的调查，并评定其价值。篮球教学评价是依据一定的标准对在篮球教学中所采集到的系列信息进行判断的过程。

一、篮球教学评价的内容

篮球教学评价的内容，主要根据教学大纲所规定的考核范围和方式，对教学任务完成情况进行评价，通常包括教学目标的评定、重点篮球技术与战术的掌握程度、篮球基本理论知识的掌握程度以及教学训练的基本技能等。

（一）教学目标的评定

教学目标的评定主要是对学生教学目标达成情况的评定。评定学生在教学过程中对阶段目标完成情况和教学结束后对教学任务的完成情况。技术、战术掌握的评定，就是采用一定方法对学生掌握技术、战术情况进行测量，是学生学业考核的重要部分。

（二）技战术评价

通过对运动员的技术、战术评定，以了解运动员的技术、战术学习和掌握的情况，以及对教学情况的评估。技、战术的评价，可运用技术达标和技术评定来完成。

（三）整体教学质量的评价

教学质量评价是教学过程的一个基本环节，它是以既定的教学目标为依据，运用有效的评价技术和手段，对教学活动的过程和结果进行测量、分析、比较，并对教学活动及其效果进行判断，通过信息反馈调控教学过程，保证教学活动达到预定目标，并对评价对象做出某种结论。目的是改进教学质量，培养学生兴趣、爱好、实践能力、竞争意识和团结合作的精神，促进学生健康和谐地发展，加强对教学工作的宏观调控与科学管理，使教学过程顺利进行，并取得最大的效益。一般认为，体育教学评价即根据体育教学目标，运用一切可行的评价方法，对体育教学过程及效果进行测量，并给予价值判断的过程。

篮球课教学质量评价是体育教学评价中的一种形式，它以篮球学科知识为基础，根据篮球课程标准和教学大纲，从评价对象的实际出发，遵循教育发展规律和人的心理活动规律，科学地制定出评价标准，使评价对象总体在标准的引导和激励下，朝着目标的方向发展。它的意义在于调动教与学的积极性，促进教学改革；实现教学过程的科学化和最优化，促进教学目标更好地实现和最大限度地提高教学质量。

篮球课教学质量评价的主要内容与指标包括教学内容、方法、态度和效果（见表10-1）。

表10-1　篮球课教学质量评价指标体系

第一层次	第二层次	第三层次
教学质量	教学内容	完成教学大纲要求 处理教材深度的适合性 课程进度和学习负担的合理性 理论联系实际
	教学方法	思路清晰，概念准确，重点突出 注意启发，促进思维，培养能力 示范动作形象生动，语言精练 指导学习方法，注意改进教学
	教学态度	备课充分，讲解熟练 辅导耐心，批改作业认真 严格要求，教书育人 用于创新，不断改进教学
	教学效果	考试成绩 课堂纪律 平时作业与测试 学生分析问题、解决问题的能力

二、篮球训练评价的内容

由于运动训练是一个提高竞技能力和为取得优异成绩而准备的实践过程。所以，训练评价应从运动成绩、竞技能力、训练效应三个方面对训练质量进行评估与分析。

（一）运动成绩

运动成绩是指运动员参加比赛所获得的结果，是运动训练最重要的标志，也是运动训练的继续。它是以竞技能力在比赛中的发挥为评定依据。运动成绩既包含运动员（队）在比赛中所表现出来的竞技水平，也包含运动竞赛胜负或名次的结果。尽管决定篮球比赛胜负的因素不仅仅是本方竞技能力和发挥的水平，还涉及对手的竞技实力与发挥，以及教练员的决策与临场指挥、竞赛的评定行为（包括规则掌握尺度、场地环境条件、裁判水平）等方面的因素。但运动员（队）的自身竞技能力对创造运动成绩，争取比赛胜利来说，是最本质的、决定性的因素。虽然不能单纯以比赛胜负来评价训练质量，但可以从比赛对抗中运动员（队）的表现与发挥分析出他们训练中的优缺点和存在的问题，可作为总体评价分析的重要依据。篮球比赛的胜负是以命中球篮得分多少来决定的。围绕投篮得分有着多种多样的环节，可从技术运用效果、战术方法的选择与运用、攻守次数及成功率等统计其竞技水平发挥的情况进行分析，进一步从整个比赛（整个赛期、赛段或场次）对全队或个人的技术、战术使用，体能、心理意志状况，不同对手在比赛中的发挥等进行对比研究，全面地对前一训练过程进行正确的分析与判断。

（二）竞技能力

竞技能力是指运动员（队）通过训练所提高的综合表现。权衡竞技能力的因素很多，主要有身体形态、机体机能、运动素质、比赛技术、战术运用、智能水平和心理意志七个方面，决定着竞技能力的水平，不同项群的竞技能力的决定因素也各有不同。如篮球运动中起决定性作用的主要是运动素质、技术和战术三个方面。因此，在评价训练质量中，要抓住起决定性作用的主要因素作为总体评价的主要依据。对竞技能力的评价，主要应从以下两个方面进行：一是对运动员（队）竞技能力各因素发展水平的分析，通过一定的测定与检验获取客观的数据加以综合评定；二是从竞技能力获得的途径分析，通过检查训练中所采用的内容、方法、负荷等各个方面，为进一步提高运动员竞技能力和挖掘潜力做好准备。在评价中，必须考虑运动员的先天性竞技能力（如身高优势的遗传效应）和后天性竞技能力的各自状况，对原始测定成绩的评价中测定结果要加以相关、对比分析，做出正确的评价结论。

（三）训练效应

训练效应是指运动员（队）的竞技能力通过一定的训练负荷所产生的变化。这是衡量训练工作成效的直接指标，也就是训练效应。我们认为，所要评价的训练效应主要是对训练的组织工作和控制手段去分析训练效果的原因，为总体评价提供依据。主要从以下几方面去分析：一是运动训练工作的指导思想与发展方向这一带有全局性意义的决策。正确的决策来自对篮球运动发展趋势的洞察，丰富的信息资源的获得和科学的分析，明确的训练目标及其完成的良好情况。二是对训练过程组织结构的分析。长期与短期、平时与赛季是如何安排训练的，从而对具体实施中日程安排、手段、方法、负荷的选择与实施提供必要的前提。三是对训练手段与方法进行分析。对训练手段与方法的评价要有一个较长的观察时间，才能对其做出判断与结论，要有一分为二的观点，要有针对性、有效性。四是对训练负荷与恢复的安排进行分析。对负荷形式、强度、量及其动态变化，课中与课间的恢复间歇、手段和恢复程度等都要搜集一定的数据和材料进行分析。由于负荷是运动训练中最活跃、最基本的因素，从人的适应角度来看，负荷—疲劳—恢复是一个适应与提高的过程，必须考虑它们之间的关系和影响。以上四个方面的训练评价，对不同的训练过程、阶段和时间的要求要有所不同，但必须有明确的评价目标、内容和方法，周密组织整个评价过程，力求客观、正确、科学地进行评价。

第三节　篮球教学与训练的评价方法

在篮球教学评价过程中，对技、战术的测量和理论知识测量方法有所不同。

一、技、战术评价

（一）定性指标的测量

所谓定性指标是指那些无法用具体度量单位来衡量而又必须测量的指标。在篮球教学与训练实践中大量采用定性评价指标，各类篮球课程的考试、考核中采用的技术评定就属于定性指标。根据篮球技能教学的特点，定性指标是技术动作完成的规范程度指标，依据预先确定的技术规格进行分数赋值，测量时由多名主试教师根据受试学生完成技术的实际情况来评定分数。

（二）定量指标的测量

所谓定量指标是指那些可以用具体度量单位来衡量的指标，如命中次数、跑动速度和跳起高度等。各类指标的选用依据由评价的目的而定，如测量技术熟练性可采用速度指标；测量弹跳能力可采用高度指标；测量投篮和传球可采用准确性指标。采用定量指标进行教学与训练评价，必须事先依据一定的样本制定出测量的方法和评价标准，使方法与受试对象的总体水平相适应。评分表的制定可采用统计学的方法，使分数赋值具有较好的区分度，客观反映受试者的实际水平。

二、理论知识评价

通常采用的测量方法有笔试和口试，也可通过撰写专题作业的形式来进行。

（一）笔试

笔试分闭卷和开卷两种。闭卷主要考核学生对记忆性篮球知识的掌握程度，开卷主要考核学生运用知识分析问题和解决问题的能力。前者适用于低年级学生理论考核，后者适用于高年级学生的理论考核。

（二）口试

口试的方法适用于各年级学生。低年级可以通过课堂提问的形式进行，高年级可以采用专题答辩的形式进行。通过口试了解学生掌握篮球理论知识的深度和广度、分析和解决问题的能力及语言表达能力。

（三）课外作业

课外作业是一种对综合能力考核的方法。其特点是必须把学习掌握的知识与篮球运动实践结合起来并加上自己的见解，因此，主要是了解学生对理论知识的理解深度，以及在实践中运用的能力。

在训练评价中，最常用的评价方法是综合评价法和分析评价法。这两种方法的结合使用，能从整体出发，比较系统地对训练过程的各个方面逐一进行分析，最后得出比较全面的、总体的评价。

在训练评价的具体实施过程中，根据需要比较多地采用现场观察与指数评价法。通过观察、统计所获取的材料与数据，进行综合分析和运用指数指标进行评价。例如：对训练强度的测定，训练强度指标 = 强度训练时间 ÷ 训练总时间；对投篮命中率的测定，投篮命中率 = 命中次数 ÷ 投篮次数 × 100%。可用积累分数法来评定运动员的技术水平，如表 10 – 2 所示。将各项的最高分值累积相加，得出总分，排出名次顺序来评定运动员的技术水平。用个体间差异评价法来评价个体投篮命中率训练落后的技术参数，相互对照进行评价。

表 10 – 2　运动员技术水平统计分析表

评分项目（各项满分为 10 分）＼队员	李××	王××	张××	赵××	备注
技术全面性	8	9	5	5	
技术熟练性	8	9	6	4	
技术对抗性	8	8	4	3	
技术应变性	7	8	5	5	
总计	31	34	20	17	

这些评价方法及其他方法的运用，都是根据需要，搜集必要的评价信息，为综合评价提供量化的数据和具体的例证，以利做出训练质量的总体评价。有关在训练评价中所采用的心理、生理上的检验与测定方法，可参考有关书籍。

第十一章　优秀篮球教练员素质培养与竞赛指挥

第一节　优秀篮球教练员的基本素质及培养

篮球教练员是运动的组织者和管理者，他们承担的主要任务是训练运动员，促进运动员的全面发展，提高运动员的运动技术水平，达到训练和比赛的目标。教练的质量水平和素质结构的合理性，是影响科学训练水平的主要因素，从而直接影响运动员的表现。因此，提高教练的素养、优化素质结构已成为科学训练、提高竞技体育水平的主要途径。

“素质”一词被人们赋予多种含义：一是指事物本来的性质；二是指素养、品质、资质等人的素质的要素和结构。我们大致可以从三个层次来分析：一是身体素质（先天遗传的生理素质）；二是心理素质（个性心理品质）；三是社会文化素质。这三类素质结构是密切联系的统一整体，它们相互作用，相互影响。

篮球教练员的素质不仅仅指教练员先天的某些生理、心理特征，更重要的是指通过后天的修养形成的品德、知识、才能、情操、风度、胆略、作风等。与其他类型的人才相比，篮球教练员不仅需具有一般人才所具有的基本素质，更需具有篮球专项所要求的专项素质。

一、优秀篮球教练员应具备的基本素质

（一）身体素质

身体素质是人的生命活动和工作能力的物质基础，它的发育发展状况，对人的生命活动和工作能力等有重大影响。教练员的工作，既是呕心沥血的脑力劳动，更是一项艰辛备尝的体力劳动，其职业劳动的特殊性，决定着对其较为独特的身体素质要求。篮球教练员的身体素质是篮球教练员在身体方面的基本情况和应具备的素质之一，它是篮球教练员体质的反映，也是篮球教练员在训练活动中所表现出的各种机体能力，具体表现为具有较好的体格、体能、运动能力、适应能力和精神状态。

（二）心理素质

在教练员取得成功的诸多因素中，心理素质是相当重要的一环。教练员的心理素质直接影响运动员在训练和比赛中的情绪状况。只有教练具备良好的心理素质，在训练和比赛中不惊慌，不窘迫，才可以更好地引导和教育运动员的训练和比赛，使他们保持良好的精神状态，使球队产生强大的向心力，达到更好的效果。良好的心理素质主要表现在：有坚强的意志和拼搏的精神，照顾和关爱运动员。只有教练和运动员产生广泛的心理相融，善于了解运动员的心态，掌握并应用相应的激励手段，充分调动运动员的积极性，指导运动员很好地控制自己的情绪，才能取得比赛的佳绩。教练在训练过程中，应尽量使运动员冷静，训练中忌发怒和打骂运动员，作为教练要耐心地讲解和演示，才能赢得运动员的爱戴和尊重，和运动员建立积极的友谊，促进比赛。因此，教练员应始终

保持积极乐观的情绪，避免消极悲观等不良的情绪，特别要提高自我控制能力，保持情绪的稳定，并且善于调节情绪。在出现运动队遭受失败、主力队员伤病等干扰正常训练工作进行的困难局面时，教练员可以通过听音乐、阅读文学作品、进行休闲运动等方式，转移自己的注意力，从而摆脱不健康的情绪。

（三）社会文化素质

1. 文化素质

教练员所需要的文化素质可分为三个方面：

（1）要广泛掌握哲学、社会学、体育史、思维科学、行为科学、“三论”（控制论、系统论、信息论）等基础知识。知识是人类认识和改造世界实践活动的经验总结，是人们对事物的系统认识，是对某一学科的知识结构，即基本概念和基本原理的掌握。现代社会已经进入知识化、信息化、数字化的高科技时代，由于不少教练员的知识结构单一，浅而不专，即资料的占有、信息的搜集和处理都带有片面性，工作缺乏条理性、概括性、抽象性和规律性，如不改变这种现状，是难以跟上篮球运动发展步伐的。由于现代篮球对抗类似战场格斗，因此篮球教练员特别要掌握一定的哲学原理和方法论，以及政治经济学、社会学、军事学的基础理论。另外，应熟练掌握和运用思维科学、行为科学的知识，形成多元知识结构，这对胜任高水平的训练尤其重要。

（2）应了解运动生物力学、体育管理学、体育社会学、运动生物力学、运动医学、运动生理学、竞赛学等相关的体育学科知识。教练员是在与运动员打交道，围绕人的体育社会学科知识，如体育教育学、体育管理学、体育心理学、体育社会学等知识是教练员知识结构的重要部分。因为篮球运动是一项综合性人体运动，篮球教练员的主要的任务是运动训练，所以教练员必须对体育生物学科如运动解剖学、运动生理学、运动生化学、运动生物力学、运动营养、运动保健、运动医学等知识熟练地掌握。教练员除了掌握以上相关学科的基础知识以外，还要经常关注这些学科的最新发展和动态，及时地更新自己的知识结构，充实自身的知识体系，以适应迅猛发展的竞技体育对教练工作的要求。

（3）必须掌握扎实的专项训练理论、专项技战术理论、运动训练学、竞技体育管理、篮球竞赛规则、裁判法等知识。篮球专项训练知识是篮球教练员素质的构成内容，是其形成综合素质的前提。在了解一般训练理论和方法的基础上，教练员还要掌握篮球专项训练的理论知识，如篮球运动员的选材知识，根据不同的训练周期来制订运动训练计划的方法，组织和控制训练过程的方法，搜集、处理和使用篮球信息的方法，篮球的特殊教育训练方法等。因为篮球是技能对抗性的项目，其特点是高速度、高强度、高身材、高技巧和强烈对抗，其本身的规律使得篮球的运动训练有别于体能速度类、体能耐力类和技能表现类的项目，因此，篮球教练员必须了解篮球运动的特点、规律以及篮球训练方法和技巧，并能够在训练中熟练运用。

2. 思想道德素质

思想道德乃为人之本，是篮球教练员各项素质中的灵魂，它决定并制约着其他素质的存在和发展方向，是提高各种素质的动力和源泉。教练员的思想道德素质对运动员产生着直接的影响，分为政治思想素质和职业道德素质两个方面。前者主要是指树立正确的世界观、人生观，具有高尚的道德情操。一名优秀的教练员必须具有心怀祖国、放眼世界篮球运动竞技场，勇于超越主观，不断攀登世界篮球运动高峰的崇高理想，并为之而刻苦钻研、艰苦奋斗，为培养高水平的优秀运动员和争取优异的比赛成绩而贡献自己的一切。后者体现在四个方面：

（1）把忠诚体育事业放在首位。为国争光是教练员职业道德的核心内容，作为一名合格的教练员，要具有强烈的事业心、高度的责任感和为体育事业献身的精神。

（2）以人为本，关心运动员成长。教练员影响队员，不仅靠言教，更要依靠身教，要以崇高的人生理想、信念去启发运动员，用美好的心灵去熏陶运动员，用严格的训练去塑造运动员。教练员不仅要对运动员的技术和战术能力的提高倾注全部的热情和关心，还要对运动员的文化学习、个人生活给予积极的关注，越是在运动员面临困难和挫折时，越要对运动员进行鼓励和促进。

（3）热爱集体，团结协作，公平竞争。教练员必须处理好个人与集体的关系，特别是要处理好与其他教练员的竞争关系，做到公平竞争、共同进步、共同提高；处理好队员间的相互关系，特别是明星队员和替补队员的关系；要一视同仁，奖惩分明。在市场经济条件下，教练员要杜绝腐败，切忌弄虚作假，不打交易球和人情球，做到光明正大、公平竞争。

（4）学而不厌，勤于进取，严于律己，严谨治学。篮球教练员应具有积极的进取精神，锐意改革和创新，不断总结经验，不断学习新的知识，探索更为科学、合理的训练方法和手段，以形成自己球队的技术特点和战术风格，并不断提高竞技水平。

3. 审美素质

随着现代竞技体育成为体质教育的重要内容，使体质教育更加审美化。这种审美化在篮球训练中主要表现为：在篮球施教环节中增加趣味性，如采取教学比赛、游戏性练习手段等，以唤起运动员的审美情感，建立良好的心理情境；在篮球训练环境中增强审美因素，如使自然空间整洁，服装器械新颖别致，色调明快，建筑物造型符合形式美的规律，并且有韵律和动感，以便引起运动员对运动的渴望和愉悦，提高运动训练的审美效果，进而提高训练效果。

4. 能力素质

（1）训练能力。组织训练能力是指教练根据技术的原则，运动员体质的特点，制订出正确的培训计划。教练员运用语言艺术，对训练的运动员进行积极的情绪控制，把运动员训练积极性调动起来，完成培训计划能力，这是做好教练员科学训练的重要保证。这包括对训练对象（运动员）的调节、控制和改造的能力，对训练影响的调节、控制和改造的能力，教练员自我调控的能力，发现解决问题的能力，训练、比赛的总结能力和计划能力。

（2）选材能力。科学选材是培养高水平运动员的基础，通过选材可以发现和选拔有前途的篮球苗子，及早地将他们吸收到运动队里来。根据篮球项目自身规律发展的需要，按照科学的选拔程序和方法，选择条件优越的运动员，这是优秀的教练必须掌握的基本能力。

（3）临场指挥能力。篮球比赛不仅是队员之间的技术、战术、心理素质的比赛，还是教练员斗智的比赛，篮球教练员的临场指挥能力是衡量教练员水平的重要标志，主要表现在以下几个方面：篮球教练员临场指挥决策活动的预测性、篮球教练员临场指挥决策活动的敏捷性、篮球教练员临场指挥决策活动的灵活性。

（4）创新能力。现代科技的发展，促进了篮球运动水平的提高，在各国运动水平非常接近的情况下，要培养国家和世界拔尖运动员，教练员要有创新意识、创新能力，靠创新取胜，不断地创造出新的运动技术、新的训练方法和培养人才的新途径。

（5）管理能力。篮球队的管理要素包括计划、组织、指挥、协调和控制等方面，教练员要认识到在工作中哪些要素的作用是普遍的，哪些要素是特殊的；哪些因素起有益的作用，哪些因素起有害的作用；哪些因素起实际的作用，哪些因素暂时不起作用，而起贮存的作用。优秀团队 3 分训练，7 分管理，教练员承担着组织者和管理者的责任。因此，严格管理是一名优秀篮球教练员顺利进行训练和各方面工作的重要保证。首先，管理的方式很多，操作时要区别对待，因事因人而异；其次，对运动队的生活制度、奖金分配等方面，都应有相应的规定和管理办法，教练员应严格执行并进行监督；最后，教练员应使篮球队组织管理成为整个球队发展的推动力。

优秀篮球教练员以上四方面的素质是相互联系、相互渗透、相互依赖、相互影响的，任何一方面素质的欠缺，都会削弱整体结构的功能，四者应协调融合、合理和谐地组合和发展。

二、我国优秀篮球教练员的培养

（一）中国篮球教练员人才培养理念

教练员是发展竞技体育的关键，在竞技体育人力资本中，教练员是最为重要的人才资本之一，教练员的素质直接影响着竞技体育的发展。关于教练员的培养一直以来都是各国发展竞技体育过程中备受关注的一个问题。我国从 1987 年正式开始进行教练员岗位培训，迄今已走过 20 多个年头，虽然在很大程度上提高了教练员的执教能力，但是从根本上还是没有改变教练员水平普遍较低的现状。其根本原因还是篮球教练员人才培养理念的问题。

目前，普遍认为综合素质偏低是制约篮球教练员水平提升的瓶颈问题。篮球教练员的“素质”是受多方面因素影响的一个综合体，素质是基础，能力是表现。现行的教练员岗位培训，突出“职业训练”和“技能训练”，岗位培训的大部分内容都是基础理论和专项理论知识，它只能治标，不能治本，难以解决教练员“素质较低”的问题。

篮球教练员人才培养还是要“以人为本”从整体上提高教练员“素质”。教练员的整体素质提高了，再加上有针对性的“能力”培训，自然地整体实力、竞争力也就上去了。从整体上提高篮球教练员“素质”的前提就需要转变教练员受教育的思想观念。中国篮球教练员受教育情况相对来说比较复杂，由于受训练体制等多方面因素的影响，教练员很少接受过系统的文化教育，更多的是接受“专才教育”，比如岗位培训、专题学习等。“专才教育”的特点就是过于强调“学以致用”，这在教练员的培养过程中表现尤其突出。它的缺陷表现在基础理论知识面不宽、文化素质不高、创新能力不强等方面。在以“能力为本位”的思想指导下，中国篮球运动管理层提出教练员人才培养要突出“能力培养”。显然，“通才教育”的特点正好是通过“百科全书式”的教育来培养个体各方面的能力，但是知识总量的增加与教练员学习时间较少形成尖锐的矛盾冲突，显然，“通才教育”是很好的方式，但不是很好的选择。这就是为什么提出“素质教育”理念的原因。在素质教育思想的指导下，体育和教育相结合，篮球教练员人才的培养坚持素质、知识、能力并重的价值取向。增加人文学科、自然科学和社会科学方面的知识，“体教结合”全面发展；“通专结合”扬长避短，突出能力，从根本上改变中国篮球教练员“素质”低下的局面。

（二）中国篮球教练员人才培养体系

中国的教练员是一个特殊的群体，绝大部分都是运动员退役后走上教练员岗位。由于参与竞技训练，他们错过了最佳的学习时机，退役后做教练不用训练了但没有时间学习。欧美篮球运动发达国家教练员的准入标准为“学历＋岗培合格证书”，其中学历必须是大学本科以上，这对于中国整个篮球教练界来说是一个非常大的挑战。经过多年的努力，中国篮球教练员终于实现了以学历教育为基础，以岗位培训为重点，多种形式并存的多元化的人才培养体系（如图 11－1 所示）。从理论上讲，这个培养体系是完善的，为中国篮球教练员人才的继续教育和素质提高打下了坚实基础。但事实上，由于受训练体制的影响，中国篮球教练员人才培养过程中的“学历教育”还不完整、不系统。

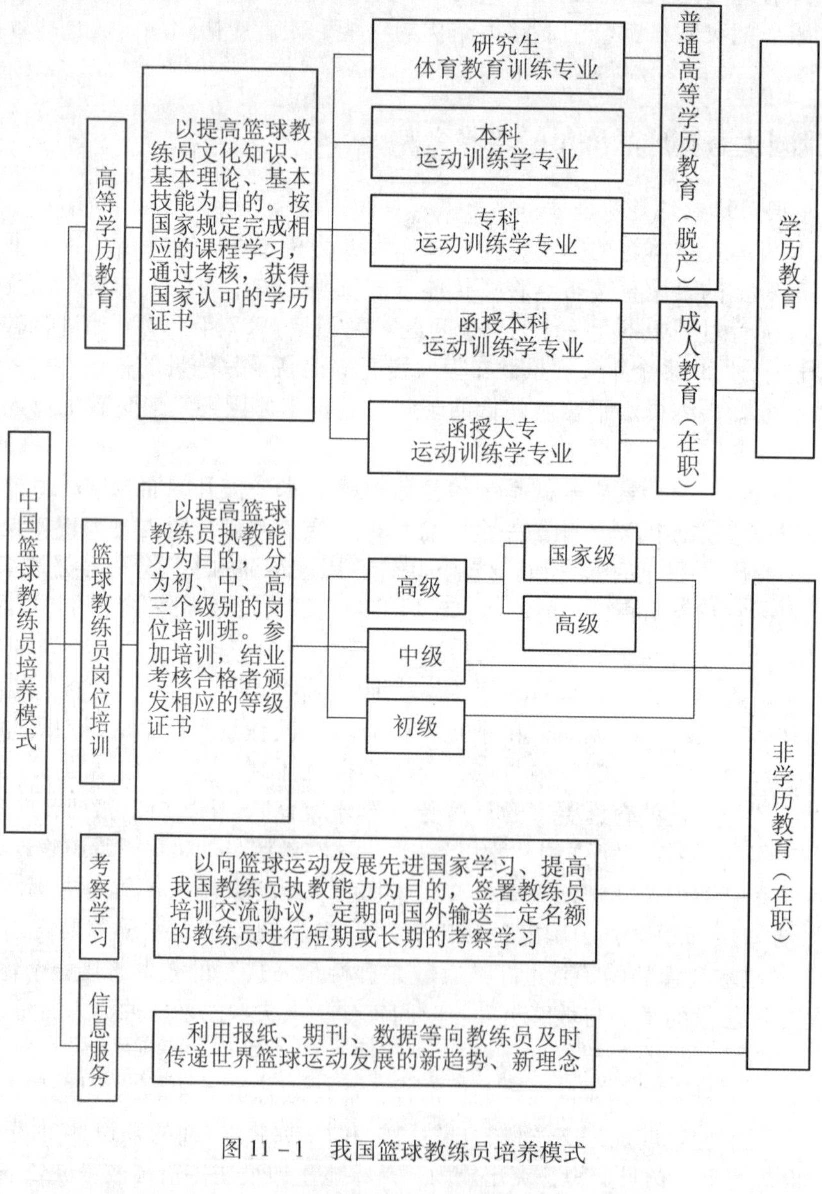

图 11－1　我国篮球教练员培养模式

（三）国外体育教练员岗位培训发展状况

美国的教练员培训主要是依靠各项目协会及相关组织承担，经费由各项目协会自行解决。但是美国的奥委会非常重视奥运会教练员的培训工作，美国奥委会主要开展以下工作，包括表彰教练员，建立教练员协会，出版《奥林匹克教练员》杂志，提供训练评估，举办研讨班，制定教练员行为制度，制定教练员标准、证书和课程大纲。美国教练员岗位培训开设的课程内容丰富实用，授课方式灵活多样，教练员的等级设置没有统一的规定，有的项目协会设一个等级，有的项目协会设五个等级，不同的项目协会教练员的培训水平也参差不齐。

德国的教练员岗位培训主要由体育协会和教练员协会负责。德国的教练员等级主要分为 C 级教练、B 级教练、A 级教练以及硕士教练，硕士教练是最高级别。体育协会负责 A 级、B 级和 C 级教练员培训，教练员学院主要负责硕士教练员的培训。德国教练员学院与各单项协会、州体育联合会以及奥委会的联系都非常密切。德国的体育总会章程规定，C 级教练员的岗位培训必须包括 120 课时；B 级教练员的岗位培训则减少到了 60 课时；A 级教练员的岗位培训为 90 学时，每个课时为 45 分钟。德国教练员岗位培训时间形成了“两头大，中间小”的结构。培训时间可以选择傍晚、周末、白天或者工作日。为了达到课时量，不同的课程也可以相互结合。德国教练员岗位培训的课程针对性强，重在解决问题。德国的教练员获得第一级证书必须通过考核，B 级和 A 级培训结束后必须通过口头或书面考试来证明教学能力。对于教练员的年龄也有明确限制，C 级教练员证书获得必须年满 18 岁，B 级证书获得必须年满 20 岁，A 级证书获得必须年满 22 岁。

第二节　篮球竞赛的指挥工作

一、教练员临场指挥的作用与意义

现代篮球比赛其本质是比综合实力水平的高低，既比教练员训练质量和指挥管理才干，也比运动员的觉悟、作风、体能、技术、战术和心理诸因素的实际水平与应用能力。然而就比赛而言，教练员组织比赛指挥工作的能力、水平及所起作用则是关键，它是衡量和显示队伍实力对比的重要内容。所以说，现代篮球队伍力量对比和实力抗衡，不仅是对比运动员在思想觉悟、战斗作风、技术、战术、身体条件、体能素质和心理素质等方面的抗衡能力，而且也对比着教练员的智慧、人格魅力、选材组织、日常管理、训练水平，以及组织比赛、运用队伍力量、合理调配和现场督战的谋略与应变能力。从这个意义上讲，篮球比赛的指挥工作，就是指比赛双方教练员以自己的智慧、谋略、才干运用于训练过程所形成的队伍实力为基础，在比赛中组织调配力量，应变地运用战略、战术，始终保持主动，以求夺取优势的斗智、赛技、比艺的过程。

（一）审时度势，以弱克强

篮球比赛是一项斗智斗勇的运动，对于双方教练员的临场指挥来说，那就是智慧的比拼。实力相对较弱的球队遇到实力相对较强的球队，并不是绝对不可能取得胜利的。运用辩证法的观点分析，强与弱不是绝对的，是相对的，强并非一切都强，弱也并非一切都弱，在一定条件下，强与弱是可以互相转化的，关键在于我们是否弄清彼此的强弱点。教练员在临场指挥的过程中，若能利用自己的经验，及时发现对手的弱点，审时度势地调整作战方案，有针对性地合理调配队员，可使本队的优势发挥到极致，并化对手的相对优势为劣势，以我之所长攻彼之所短，从而达到以弱胜强的目的。

（二）果敢决断，扭转战局

篮球比赛中运动员技、战术发挥的不稳定性，以及双方相互的影响程度导致比赛局势的变化莫测，错综复杂。一支球队在一场比赛会出现“高潮”就会出现“低潮”，问题在于做教练员的如何控制“高潮”或“低潮”现象的出现。当对方出现了竞技状态的高峰期，本队又正好处于低谷时，教练员正确的指挥策略可以帮助球队控制住不利局面的发展，从而扭转局势。关键时刻，一次正确的用人或是一套战术的安排，可以起到反败为胜的作用。

（三）因势利导，巩固战果

篮球比赛是制约与反制约的过程，既要尽可能制约住对手，又要防止对手的反制约。因此，球队出现比分领先，占据优势的时候同样需要教练员居安思危、因势利导的临场指挥。教练员事前的预测和判断可以使队员对对方的调整有心理准备，主动果断的战术改变可以有效应对对方因低潮而采用暂停或换人的战术调整。从而使本队始终保持主动，达到最终获得胜利的目的。

（四）稳定军心，赛出风格

篮球比赛的过程不仅是运动员技术、战术、体能、智慧的对抗，高水平的比赛更是心理素质的较量。运动员在一场比赛中，由于比赛局势、自身状态、现场观众等因素会出现各种各样的心理变化。当球队处于领先时，教练员利用语言可防止队员产生松懈情绪。当某个球员由于运气而得分时，及时的战术改变可提前防止其心理上出现盲目自信，防止其开始以单打独斗、投篮不择时机的乱打等情况的发生。教练员利用换人可以使情绪不稳定、急躁或易怒的球员暂时下场休息，以平复情绪，伺机再战。当然，在球队处于大比分落后的情况下，教练员利用暂停或中场的休息激励球员的情绪、统一全队的思想、鼓舞球队的气势、稳定军心的同时也起到了使球队在接下来的比赛中打出原有水平，赛出自我风格的作用。

二、教练员临场指挥的基本内容

（一）赛前的准备工作

1. 组织思想准备

组织工作方面，在赛前尽早确定参赛的各类主要人员，做好注册报名工作。其中主要涉及的人员是参赛的领队、教练员、运动员以及有关工作人员的具体情况。做好参赛准备、保障赛前的训练安排和整体磨合。

思想工作方面，在日常思想教育管理的基础上，根据队伍组建、训练目标方案、主力阵容配备、比赛任务和相互实力对比，以及队伍中产生的各种不同的思想状态等情况，进行针对性的思想工作以求得全体参赛人员的共同认识，形成一种全队上下任务明确、保障到位、思想统一、团结奋进、积极争优、士气高昂和精神饱满的迎战局面。

2. 信息搜集，制订备战方案

第一，调查了解本队及对方的情况。

（1）充分了解本队的赛前状况，特别是队员的思想和心理状态。

（2）摸清对方的情况。基本包括：对方的身体条件、体能状况、心理素质状况、战略战术状况、技术特长及弱点、后备力量的情况等。在宏观上要了解对方打法上的特点。

（3）调查方法。①带领队员观看对方的比赛或比赛录像。一般而言，有经验的球队在临赛前的训练中，善于掩盖自己的特长和弱点，以及在即将到来的比赛中会使用的技术、战术方法。但在真正的比赛中，球队和队员所有特长、缺陷会显露无遗。所以，观看对方比赛，既能较客观地了解对方，也能从心理上增强自己的自信心。NBA 的教练员最常用也最方便的方法就是观看对手的比赛录像，甚至把对手近期所有比赛都观看好多遍，力求做到对对方知根知底。②运用技、战术统计的方法。篮球的常规技、战术统计方法不仅可用于科研、教学训练的检查等，亦可用于赛前准备工作中对另一方情况的侦察。技术统计能客观地反映出对手的技、战术情况，为教练员安排战术计划提供参考。③搜集与对方相关的资料。在没有条件看到对方比赛的情况下，也可采用其他办法搜集对方情况，例如我国许多教练员非常重视从报刊、有关的资料报道中了解对手的情况。④通过第三方了解情况。在很多情况下，可以通过第三方对对手的了解来获取情报。

第二，制订比赛计划。

在了解自身、摸清对手的基础上，教练员要全面、客观地分析敌我双方的优势和弱点，权衡利弊，制订比赛计划。首先，从实际出发确定每场比赛的策略指导思想。要注意发挥战斗作风优势，力争主动。其次，制定比赛作战方案。要坚持扬长避短的原则，全队与每名运动员的战术行动都不能偏离这个原则，所以在训练与实战进攻中要猛烈攻击对方的弱点，主动引导对方暴露短处而进行攻击；或者在防守时有意放弃对手的短处，以此来协助同伴加强另取干扰和推断球机会。另外，准备多套应变阵容及应对困难的打法。比赛的技、战术运用主要表现在限制与反限制上，关键在于教练员能否审时度势，调配阵容的组织和采取应变的战术，从而取得出奇制胜的效果。赛前要做好应对各种困难的准备，在球队打法受到限制时，要立即利用暂停、换人、场外指导等手段，稳定队员情绪，变换战术打法，控制攻防速度，扭转场上颓势。

3. 组织模拟训练

实战比赛中，可能遇到我强彼弱、我弱彼强、势均力敌或遭遇战等情况，在赛前的训练和比赛中就需要针对不同对手的情况进行模拟对抗演练。

我强彼弱时，决不能盲目自傲，轻敌麻痹。模拟训练中要一丝不苟，认真进行。在熟悉对方战术打法、阵容配备的基础上，还要预见对于攻守的套路变化，有目的地进行演练，不能忽略其变化中每个配合的关键细节。

我弱彼强时，要具有遇强不馁的精神，从战略上藐视对方，在战术上重视对方，树立敢打敢拼、力争胜利的信心。模拟训练中要针对对手的强点进行有目的的对抗演练，寻找克制方法。

势均力敌时，教练员要坚定决战胜利的信心，要格外重视彼此情况的科学对比分析，切实把握对方整体和个人的特长优势，并最精确地采取对应的制约措施，做好各种最艰难的作战准备。模拟训练中要坚持己方的特长，灵活变换常规战术打法，力争在临场时料敌先机，占据主动，及时部署，打乱对手的战术安排。

遭遇战时，应确定以我为主的决策原则，力争打好开局。为此，赛前训练应设计几套打法进行模拟实战比赛训练。具体战略部署上，首发阵容通常宜以主力战为主（也可以组配试探阵容）。战术安排可选择某种最有把握的阵势，以求在比赛开局时的最短时间内占有攻守优势，并在掌握对方的基本打法后随机应变。

4. 开好准备会

开准备会的目的是统一思想，落实比赛计划，要使每个队员对整个战略、战术以及各自的任务心中有数。利用准备会将队员们的心理调整到最佳状态。因此，准备会一定要充分发扬民主，听取队员意见，以求决策正确。准备会可以多种方式进行，至于采取何种方式，应从实际出发，各种准备会的形式都有一定的优点和缺点，教练员应因人、因时和因事采用为宜。总的要求，会议时间不宜太长，教练员表述要简明扼要，决策态度要坚定，充满信心，重点部署要突出，形式与内容要有利于调动积极性。力避准备会开得压抑、紧张，使队员背上种种包袱上场打比赛。

（二）临场比赛的指挥工作

教练员的临场指挥工作主要是通过暂停与换人两种方式来进行的。暂停与换人是教练员使用最多、最直接的临场指挥手段。在整个比赛过程中，教练员利用规则的允许合理、充分地运用暂停与换人，指挥全队执行比赛计划，这是临场指挥的基本内容中的核心部分。整个指挥过程贯穿于比赛的始终，是教练员不断解决主、客观矛盾，使两者保持统一，从而力争比赛主动权的过程，也是检验教练员的智慧、谋略、经验、心理素质及应变能力的过程。篮球比赛对抗激烈、错综复杂、瞬息万变，比赛中会出现许多意想不到的情况。但这些情况又多带有阶段性特征，现代篮球比赛分为4节，每节10分钟或12分钟，这样一来比赛就有4个开始阶段和4个结尾阶段，教练员必须充分了解各个阶段的规律和特点，对于8个阶段的相同性与不同点充分掌握，并结合当时的场上情况，应变又不失原则地运用暂停和换人战术安排战略、布置战术、调节队员情绪，使本方在千变万化的比赛过程中始终把握主动权，进而把握比赛进程，获取比赛最终胜利。

1. 暂停

（1）暂停技巧

根据比赛规则和比赛情况的变化，教练员要善于运用本队的暂停机会，要重视每次暂停，使暂停起到应有的作用。在请求暂停前，教练员要充分观察场上、场下的情况，如果对方有暂停的意愿，己方最好进行等待，以免浪费暂停的机会，并要尽量先使用对方暂停的机会。此外，教练员给队员布置任务和战术时，要注意自己的态度，尤其是在己方队员出现急躁情绪时，要及时予以鼓励。

（2）暂停时机

a. 场上士气低落、队员缺乏信心时。

b. 技术上连续失误、战术配合失调时。

c. 对方士气高涨连续得分时。

d. 比分落后时。

e. 发现对方薄弱环节，要改变战术打法，提出新任务时。

f. 双方相持不下，或在关键时刻。

g. 场上队员体力透支不能换人时。

h. 在特殊情况下需要暂停时。

（3）注意事项

暂停是教练员在比赛中与场上队员直接对话的时机，是实现临场指挥的重要方法。暂停应注意以下三点：第一，抓住带有全局性、关键性的问题进行指导，既处理已发生的问题，又要预见可能发生的情况，提醒队员注意，防患于未然。第二，暂停时间有限。教练员部署战术时应使用简明、扼要的语言，要冷静沉着，任务要清楚，措施要具体，时间要紧凑。第三，时机要恰当。适时地、有效地利用暂停可扭转比赛局势，反之则会给对方带来可乘之机。如，当己方缺乏比赛经验时应尽早申请暂停，以免阵脚被打乱而出现不可挽回的局面。尤其需要注意的是，切忌在己方队员发挥良好且得分势头较好时申请暂停。

2. 换人

（1）换人技巧

换人是根据比赛中的临场情况，合理地使用队员、正确地组织力量的一种方法，有时也可通过换人传递教练员的指挥信息。换人应把握好下述原则：

a. 要全面了解队员的思想、意志品质、技术特点和体力状况，做到心中有数，并做到大胆使用。

b. 换人前应使替补队员了解当时场上的打法，领会教练员授意的战术思想，做好思想和身体准备。

c. 应当充分信任场上队员，不能因技术上的偶然失误或比赛中的暂时失利而轻易换人，要允许队员失误，给队员在实践中锻炼的机会。反之，一旦队员状态出现严重失常时，要及时换人。

（2）换人时机

a. 为了改变战略、战术时。

b. 队员犯规较多、疲劳，以及为了保存实力进行最后决战时。

c. 根据对方的换人，己方要换上相应的队员时。

d. 为了加强重点进攻或重点防守时。

e. 为了保留暂停以便在决战阶段使用，利用换人传达教练员的意图时。

f. 队员情绪不稳定时。

g. 其他情况，如，为了锻炼新队员或场上队员受伤时。

（3）换人方法

a. 根据对手实力可采用不同的换人方法。如果对手弱于己方时，教练员可以在适当情况下换上新队员及替补队员，以锻炼新队员、演练替补阵容，并为今后比赛可能出现的突变做“应变”准备。当对手强于己方时，教练员应适当换上一些年轻队员或有冲劲的替补队员，用他们“初生牛犊不怕虎”的气势带动本队。当双方实力相当时，一般是在防守和进攻没有明确目的、进攻火力点不明确、为保存“核心”队员实力及有些队员发挥严重失常时采取有针对性的换人策略。

b. 根据临场的比赛局面不同所采用的换人方法。当比分领先时，应坚持之前使用的行之有效的打法，以扩大战果，但要注意场上战局、对手打法的变化。当比分落后时，应尽快找到问题，且换人要有目的性、针对性，切忌盲目或抱着“试试看”的态度换人。当双方比分相持时，可将主要得分手换下，加强防守。在比赛关键时刻，即在全场比赛剩余时间为2—3分钟时，换人要根据当时的比分情况而定。如果比分落后，可以换上外围投篮能力强、内线篮板能力强的队员，以加强外围火力。如果比分领先，则要派上防守好、速度快的队员，以加强防守、控制节奏，做到稳扎稳打。

c. 根据一场比赛结果对其队的影响所采用的换人方法。当要求队员必须赢下比赛时，队员往往会产生两种心理：一种是死拼到底，另一种则是心理压力过大导致的“怕输球”的心理。对此，教练员在开赛前就应了解情况，及时采取换人策略。在通常情况下，应将心理素质良好、作风硬朗的队员替换上场。而当比赛的成绩不重要时，教练员也应认真对待，可将该场比赛作为下场比赛的练兵。

（4）注意事项

对即将被替换上场的队员，应尽早通知并向其交代替补对象、新的部署等。要给予替换上场的队员以充分信任，切忌因其一时不适应场上情况而立即将其换下，导致其失去信心和积极性。对于因表现不佳而被换下场的队员，教练员要简明地指出其缺点，帮助其积累比赛的经验和提高比赛的能力。此外，在临场指挥过程中，教练员还应做到镇定自若、准确预测、及时决策、随机应变、讲究技巧，以鼓舞全队精神，捕捉战机，争取比赛的主动权，为赢得比赛奠定基础。

3. 场外提示

当我们观看国内、国外或是国际大赛的转播时都会发现位于场边的教练员时常对着场内的队员发出手势或声音的提示，甚至大喊大叫、手舞足蹈。规则规定，比赛期间，球队中一名教练员可以站立，发出声音，但是不能离开替补席或是走进场地，不能辱骂运动员、裁判及观众。在规则的允许下，教练员应利用各种方法对场上队员进行指挥，利用手势安排或改变战术，利用语言调动队员积极性，激发队员活力，提高队员专注度等。

（三）赛后总结

比赛结束后不管输赢教练员都必须进行总结，总结的目的一方面是检查比赛任务完成的情况；另一方面就是总结经验教训，以指导今后的比赛和训练。要全队做到赢得清楚，输得明白，起到避免胜利而骄傲，或是失败而气馁的作用。

赛后总结一般应在有充分准备的情况下进行，在有条件时可以结合放比赛录像，查核技术统计资料，使队员温故知新。赛后总结是在教练员的领导下进行，不仅进行分析，还可以提出问题，但不要埋怨和指责，也不要怪罪裁判员。教练员应把讨论的中心引导到研究技、战术训练应用上，阵容配备，以及临场应变能力上。教练员还应表现出高姿态、高风格，总结经验教训。教练员的总结要有详尽的技术资料，要高度概括运动员的分析建议，向队员提出几条提高训练质量的意见，写出书面材料。

为了加强队伍的建设，要重视训练的档案管理工作和训练、比赛总结文件的规范，特别赛后总结文件是球队的知识库，是一个篮球队的宝贵财富。总结文件应积累成册，使其得到妥善保管与应用。

第十二章　篮球竞赛组织与管理方法

第一节　篮球竞赛概论

一、篮球竞赛的概念

篮球竞赛是指以篮球运动项目为主要内容，不同球队的球员通过最大限度发挥自身的竞技能力以及团体间的配合能力，在遵守若干比赛规则、服从裁判判罚的前提下，以求打败对手，谋求更好的运动成绩和比赛名次的社会活动。运动成绩具体是由竞技水平和比赛名次组成，两者的影响因素包括三部分。第一，对手在比赛中的表现，这具体又包括对手的先天和后天的竞技能力以及比赛中的发挥程度。前者包括形态、技能、素质、协调、技术、战术、心理、智力等。后者包括竞技状态和比赛条件，具体又涉及训练安排、生物节律、气候、地理环境、场地器材设备以及观众等。第二，运动员在比赛中的表现，具体影响因素与前面第一点相同。第三，比赛结果的评定行为，包括竞赛规则与组织、评定手段、裁判员的职业道德与业务水平。从其概念内涵我们可以得知：篮球竞赛是一场竞技较量；篮球竞赛必须有若干参加者；篮球竞赛必须按事先规定的统一规则进行；篮球竞赛有裁判员主持进行。篮球竞赛是一种特殊的社会现象，它不仅仅是对篮球运动员的运动成绩的评定，而且对整个社会的精神文明建设起到不可低估的作用。篮球竞赛是篮球运动的基本形式之一，也是篮球运动内容体系的一个重要组成部分，是当今运动项目中最受欢迎的一种活动。篮球竞赛能够使篮球运动的价值得到深刻的体现。比如在篮球竞赛中可以体现出运动员的竞争、合作、拼搏等精神。

二、篮球竞赛的构成

（一）篮球竞赛的参与者

篮球竞赛的参与者包括参赛的运动员、教练员、裁判员、组织领导者、服务管理者和观众。其中参赛运动员是篮球竞赛的核心部分，篮球竞赛能不能吸引更多的人，能不能对社会产生更强的影响，说到底还是取决于参赛运动员表现的好与坏。

（二）篮球竞赛的物质条件

篮球竞赛的物质条件包括基本的场地、器材、设备、参赛者的吃喝住行等。篮球竞赛的物质条件对运动员的运动成绩的好坏也起到十分重要的作用。比如某队要到他国去进行一场篮球比赛，假如该队的物质条件优越，有专业的厨师为他们准备他们喜爱的食物，有豪华的专机为他们减少路途的疲劳等，这将使得该队的运动员更有精力去进行接下来的比赛。

（三）篮球竞赛的组织

篮球竞赛的组织委员会是篮球竞赛管理的核心，它管理着竞赛规则、竞赛规程和组织编排、组织运行等各方面，同时对竞赛参与者的资格认定、成绩纠纷、新闻发布等负有责任。

（四）篮球竞赛的保障

篮球竞赛的保障主要包括资金的支持、安全保卫以及违禁药品的检测等。竞赛保障是篮球竞赛能正常举行的关键因素之一。随着我国社会主义市场经济的深入与社会条件的改善，如今要想举办一次大型的篮球竞赛活动需要投入相当的费用，因此相关篮球竞赛组织部门必须走市场化、社会化的办赛之路。

（五）篮球竞赛的媒体宣传

随着当今世界科学与技术的进步，篮球竞赛的媒体宣传已经变得越来越重要。各种宣传手段和器材的更新换代为篮球竞赛的进一步媒体宣传提供了可能。通过媒体的宣传，全世界的篮球迷可以随时随地了解各地区的篮球赛事进行的情况，比如当今的 NBA（美国篮球职业联赛）之所以在全世界如此受欢迎，很重要的一个方面就是各国的媒体对它的大力宣传。

三、篮球竞赛的特征

（一）参赛目标的竞争性

竞争性是篮球竞赛的显著特征。两队之间的比赛最终只有一个队取得胜利。竞争性能让人体会到危机感，有了危机感才会进一步促使篮球运动员通过各种手段和方法去追求更全面的篮球竞赛技术。

（二）参赛目的的综合性

目的是驱使人们进行任何活动的重要动力。运动员在参加篮球竞赛时的目的不是单一的，而是综合的。有些运动员是为了在比赛中锻炼自己的拼搏精神、提高篮球技术，有些运动员则是为了追求丰厚的比赛奖金和个人荣耀，在一些国与国之间的篮球比赛中，很多运动员参加比赛的目的不仅仅是为了个人在物质和精神方面的获得，而且更多的是希望能为国家增光添彩。

（三）竞赛过程的激烈性与随机性

篮球竞赛是同场对抗性运动项目，在比赛过程中一直都存在着身体之间的接触与碰撞，因为比赛而导致的身体受伤也是司空见惯。因此，要想在如此激烈的竞赛之中占得上风和取得胜利则必须要加强在体能、技能、战术、心理、智力等方面的水平。此外，竞赛过程还存在着极大的随机性，比如在比赛过程中战术的运用、打法的选择等方面都是不确定的，竞赛双方都会对场上的不同情形而随时做出相应合适的调整以求击败对手。

（四）竞赛条件的制约性

“无规矩不成方圆”，在篮球竞赛中也是如此。竞赛结构体系和运行机制的建立可以使竞赛正常地进行，并且可以提高比赛的观赏性和竞技性。假如对竞赛的条件没有制约的话，那则会出现各种问题，比如受伤概率的增加、参赛资格的不公平、违禁药物的不断出现等。

（五）竞赛结果的不确定性

虽说比赛的结果很大一部分是与运动员平时的竞技能力是分不开的，但是竞技能力还是不能完全决定比赛的结果。比如在篮球比赛中，假如某个强队的主力球员因为当时的情绪控制不好，出现了严重的犯规动作则会因此被罚下场，其结果就会导致该队整体的竞技能力大大下滑。又如某个弱队过去一直比赛成绩很差，而某次比赛突然某个球员手感滚烫，怎么投怎么有，则也同样会击败强队。这些情况我们可以在 CBA 与 NBA 等比赛中经常看到。

四、篮球竞赛的功能和价值

(1) 强身健体。这是篮球竞赛最基本的功能和价值。通过竞赛可以使得运动员能够承受更多的负荷，从而对运动员的机体进行不断的刺激，使得机体更加强壮与健美。

(2) 促进篮球运动的发展。竞赛不仅可以吸引更多人参与，促进篮球竞技能力，而且可以培养参与者的团队精神，激发进取愿望。

(3) 丰富文化生活的内容。篮球竞赛本身就是一种文化现象，它的进行可以使人们的余暇时间和生活空间得到进一步扩展和充实。它的公平、公正特点也会让人们对拥有一个真实、和谐的社会更有信心。

(4) 适应社会政治的需要。篮球竞赛能够提高国家威望、振奋民族精神、创造安定的社会环境等。比如在冷战时期，在奥运会上的摘金夺银被视为是判断社会制度优越的一个重要标准。

(5) 促进社会经济的快速发展。①推动篮球运动的产业化进程。比如当今的美职篮就是最好的写照。该组织可以通过球票收入、转播权、广告费等实现其竞赛的巨大经济效益。②带动其他社会行业的发展。比如奥运会篮球赛事的主办地会因为篮球竞赛而会建设更好的球馆、修更多的道路，同时当人们去观赛时必会带动宾馆业、餐饮业、旅游业等发展。

(6) 带动科学技术的发展。有需求就有发展，当今篮球竞赛对科学技术的依赖程度也是越来越高，比如各种篮球鞋、计算机应用、比赛计时器、LED 大屏播放器等。随着人们对于篮球比赛、判罚的准确性与公平性、比赛观赏性等方面的不断要求，新的科学技术产品会不断涌现。

五、篮球竞赛的基本原则

(1) 健康性原则。篮球竞赛必须符合体育运动的宗旨：增进人们的身心健康。在竞赛过程中，任何与运动员、观众身心健康相违背的行为都要摒弃。比如，为了增加体力而服用兴奋剂、对对方球员做出侮辱性手势、话语等不良行为都应该竭力去避免。

(2) 恢复性原则。篮球比赛是一项十分激烈和耗体力的体育活动，因此比赛前运动员必须做到劳逸结合，在进行一定强度的篮球训练后要适当放松，使得机能得以全面恢复，以便为接下来的篮球比赛做好更全面的准备。

(3) 创新性原则。我们在生活中常说“创新是一个民族的不竭动力”，篮球竞赛也是如此，篮球竞赛是一项十分复杂的项目，我们要善于对各种技术动作和战术配合进行合理的组合与改造，以便能在球场上对对手造成强大的冲击。假如技、战术总是一成不变，则会很容易被对手识破，从而被对手攻其不备，攻其软肋。

（4）协作性原则。篮球竞赛是项集体活动，你不是一个人在战斗，在比赛场上队员之间要学会配合，把五个人的比赛融为一个整体的比赛，这样比赛才会打得更流畅，更有生机。

（5）育人性原则。在竞赛过程中，不管是运动员还是裁判都须具备基本的体育道德，裁判在判罚过程中要做到公平公正，运动员在比赛过程中也要做到尊重对手，而不要为了胜利不择手段。

（6）公平性原则。公平是指按照一定的社会标准、正当的秩序合理地待人处事，是制度、系统、大型活动的重要道德品质。在篮球竞赛里包括对参赛资格、比赛结果评定、比赛规则制定等方面的公平性。

六、篮球竞赛的种类

依据竞赛的性质和目的，大体上可以分为非职业性比赛和职业性比赛两大类。

（1）非职业性比赛。①综合性运动会中的篮球比赛：如奥林匹克运动会中的篮球比赛。②单一篮球项目的比赛：如世界篮球锦标赛。③交际性的比赛：主要是为了加强交流，增进友谊，发展关系，如：国与国之间的友谊赛、省与省之间的友谊赛等。

（2）职业性比赛。①国外的职业比赛：主要以商业化为主，目的是促进球队收入。②国内的职业比赛：主要是以促进竞技能力，从而为国家进行国际上的比赛做准备。当然，最近国内的职业比赛也慢慢注重球队的商业价值这一块，比如 CBA、大超篮球赛等职业比赛。

第二节 篮球竞赛方法

竞赛最基本、最直接的目的是在公平、公开、公正的情况下通过比赛去取得胜利。为了使参加比赛的队能够在比较公平、合理的条件下竞争，采用适当的竞赛方法是创造这种良好条件的前提，也是客观反映参赛队的竞技水平的重要保证，也有利于组织管理。篮球竞赛中通常采用的有淘汰法和循环法两种。

一、淘汰法

淘汰法就是球队在比赛中失败一次或两次以后，即失去继续参加比赛的资格，连续获胜的球队继续参加比赛，直到最后确定优胜队为止。失败一次即失去比赛资格的方法为单淘汰，失败两次即失去比赛资格的方法为双淘汰，和同一对手以三战两胜、五战三胜或七战四胜的形式进行淘汰的为多次淘汰。

淘汰制的编制方法：首先根据报名参赛的队数确定比赛轮次表，由各队进行抽签，确定在比赛表中的位置，然后把队名填入比赛轮次表中，如果表中的队数恰好是2的乘方数（4、8、16、32、64等），那么在第一轮中所有的队都要参加比赛。假如12个队参加比赛，经过第一轮比赛，要剩下8个队参加第二轮比赛。在第一轮中淘汰4个队（12－8＝4），就有8个队参加第一轮比赛，有4个队轮空。编排时要把轮空队分别排到上、下两半区，两半区参加的队数也要尽量相等或接近相等。如果轮空队为奇数，可使下半区的轮空队为偶数，上半区的轮空队为奇数。

计算第一轮比赛的轮空队数，可以用队数的2的乘方数减去参加比赛队数的办法。例如，13个队参加比赛，第一轮轮空队数为16－13＝3，第一轮比赛中有3个队轮空，10个队参加比赛。

为了避免强队在第一轮比赛中相遇，经常采用“种子队”编排法。种子队的设定应是有根据的，为各队所公认的。一般按照比赛成绩来确定。若无成绩，可用抽签方式来确定。种子队的排列，一种是按种子队的原来名次依次排定在种子位置号码上（种子位置号码是有规律地分布在比赛秩序表中各个不同“区”的顶部和底部）；另一种是让种子队抽签，确定在哪个种子位置号码上，在种子队排好后，再让其他非种子队抽签。

单淘汰只能合理地确定第一名，在必须确定其余各队名次时，应当进行补赛（附加赛）。补赛的办法应在竞赛规程中明文规定。常采用的补赛办法是：决赛中失败的队为第二名，复赛中失败的两个队补赛一次，胜者为第三名，败者为第四名，复赛前败的四个队进行补赛，争夺第五至第八名。

双淘汰制就是在比赛中失败两次才被淘汰。双淘汰制的编排方法基本上和单淘汰制相同，只是进入第二轮后，要把失败的队编排起来再进行比赛，再失败的则被淘汰，胜队继续与上一轮失败者进行比赛，最后一次失败的队还能参加决赛，并有可能夺取冠军。

多次淘汰的编排同单淘汰相同，所区别的是多次淘汰克服了单淘汰中两队之间交锋一场论胜负的偶然性缺陷，它采用两队之间三战两胜、五战三胜甚至七战四胜的结果来论胜负，更加客观地反映参赛队的实际水平。多次淘汰通常是在比赛水平比较高、双方实力相当，或者在一次篮球竞赛最后阶段的比赛中采用的方法。

二、循环法

循环法包括单循环、双循环、分组循环三种。

单循环是所有参加比赛的队在整个比赛中都能相遇一次，最后按各队在全部比赛中胜负场数、得失分率排列名次。一般在参赛的队数不算太多而竞赛时间较长时采用。

双循环是所有参加比赛的队伍在比赛中都能相遇两次，最后按各队在全部比赛中胜负场数、得失分率排列名次。一般在参加比赛的队数少而竞赛时间较长时采用。

分组循环是把参加比赛的队分为若干组，分别进行单循环比赛，在小组排定名次后，再进行第二阶段的比赛。一般在参加比赛的队数多而竞赛时间有限时采用。

（一）循环法的编排

1. 单循环比赛场数和比赛轮次的计算

比赛场数计算的公式为：

$$N(N-1)/2=X$$

即：队数(队数－1)/2＝比赛总场数。例如：10个队参加比赛，比赛总场数是10(10－1)/2＝45（场）。

如果参加的队数是偶数，则比赛轮数为队数－1。例如：10个队参加比赛，比赛轮数是10－1＝9轮。如果参加比赛的队数是奇数，则比赛轮数等于队数。例如：5个队参加比赛，比赛就要进行5轮。计算轮数和场数可以做到心中有数，便于更好地安排比赛工作。

2. 比赛轮次表的编排

把参加比赛的队平均分为两半，前一半号数由1号起自上而下地写在左边，后一半号数自下而上地写在右边，然后用横线把相对号数连接起来，就是第一轮的比赛队。如果是奇数，可以加一个“0”号使之成为偶数，碰到0的队轮空一次。

第二至第五轮的排法：把1号的位置固定不变，其余的号码按逆时针方向移动一个位置，再用横线连起来，这就是第二轮的比赛队。依此类推，排出第三、四、五轮的比赛。

轮次表排完后，各队进行抽签，并把各队队名按抽到的号码填到轮次表里。

3. 双循环比赛轮次表的编排

双循环比赛轮次表的排法与上述循环的编排相同，只是要排出第一循环和第二循环轮次。

4. 分组循环的编排

分组循环就是把参加的队分成若干小组，各小组先进行单循环比赛。如十六个队参加比赛，分成四个小组，每个小组进行六场比赛，四个小组共进行二十四场比赛，所需要的轮数4－1＝3轮。

经过小组循环比赛，排出各小组的名次后，再进行第二阶段的比赛。第二阶段的比赛可采用下列方法：

（1）仍用单循环比赛方法，各小组第一名编在一组再进行比赛，决出第一至第四名；各小组第二名编在一组再进行比赛，决出第五至第八名；各小组的第三名编在一组再进行比赛，决出第九至第十二名；各小组的第四名再编在一组进行比赛，决出第十三至第十六名。

（2）可将第一阶段比赛中各组的前两名编在一组再进行比赛，决出第一至第八名。将各小组的第三、第四名编在一组再进行比赛，决出第九至第十六名。

（3）如果时间短，可只将第一阶段各小组的第一、第二名编在一组进行比赛，决出前八名的名次，其他队不再参加第二阶段的比赛。

（二）循环法的抽签排列办法

在比赛前几天，由主办单位召集各领队公开抽签，排好比赛轮次表。使各队明确比赛的次序、日期、时间和地点，以便做好工作。

1. 单循环比赛的抽签

按参加比赛的队数排好比赛轮次表，备好签号进行抽签。然后将队名填入比赛轮次表中。

2. 分组循环比赛的抽签

（1）首先在领队会上协商确定种子队。种子队的队数一般等于分组的组数。如果分四个组进行比赛，应有四个种子队。为了做到更合理，也可以多选出几个种子队，但必须是组数的倍数。如分四个组进行比赛，可确定八个种子队，第一号种子队与第八号种子队编为一组，第二号种子队与第七号种子队编为一组，依次类推。

（2）抽签方法。种子队先抽签，确定各种子队的组别，然后其他各队再抽签确定组别。例如：二十个队分为四个小组，除八个种子队外，其他十二个队再抽签。签号为四组，每组有相同的三个签，由十二个队抽签确定组别，然后再把各队按组别填入各组的比赛轮次表中。还有一种方法是按上一届进行蛇行排列分组。例如：有十六个队分成四个组时，其排法如表 12－1 所示。

表 12－1　十六队蛇形排列分组

第一组	第二组	第三组	第四组
1	2	3	4
8	7	6	5
9	10	11	12
16	15	14	13

（3）循环制的计分方法和名次排列

确定比赛的名次时，以积分多少来计算，即胜一场得两分，负一场得一分，弃权为零分。积分多者名次列前。

如两队的积分相等，则仅以两个有关队之间比赛的胜负排列名次，胜队名次列前。如三队或三队以上的队积分相等，则以这几个积分相等队之间的比赛胜负场次排列名次；如还相等，则按他们之间比赛的得失分率（得分之和或失分之和）排列名次；如仍相等，则按他们的全组内所有比赛的得失分率排列名次。

三、混合法

同时采用淘汰制和循环制而进行的比赛为混合制。它把比赛分为两个阶段，前一阶段采用分组淘汰制，后一阶段采用循环制。或者相反，前一阶段采用循环制，后一阶段采用分组淘汰制。即第一阶段采用分组循环制，第二阶段的比赛按两组相应的名次（即两小组第一名和第二名）首先交叉进行比赛，两个胜队再进行比赛决定第一名和第二名，两个负队再进行比赛决定第三名和第四名；原分组循环产生的第三名和第四名，也用同样的方法决定第五名至第八名。还有一种混合制是把两次分组循环赛后的各队，按成绩排出复赛的全部名次，然后，从前面按顺序，把临近的两个队编组进行决赛，取出受奖名次。如十二个队，先把十二个队分成 A、B、C 三组，分组循环后，把预赛各组的前两名编为一组，采用循环制，进行复赛，按成绩排出 1～6 名；各组的后两名编为一组，进行比赛，排出 7～12 名。最后，第一名和第二名再进行比赛，决出冠亚军；第三名和第四名进行比赛，决出第三名和第四名，其他队不再进行比赛。

第三节　篮球竞赛组织与管理

篮球竞赛组织工作是一项复杂而细致的工作，是整个竞赛能否顺利进行的关键。一般的竞赛组织工作，都可分为赛前、赛中和赛后三个部分。

一、赛前准备工作

篮球比赛能否顺利进行，赛前准备工作十分重要。比赛前，应根据篮球比赛的规模和特点，成立相应的办事机构，明确各类人员的分工和职责。

（一）成立筹备委员会

筹备委员会负责竞赛的筹备工作。根据篮球竞赛任务和计划，讨论决定组织方案。组织方案一般有以下内容：

（1）拟定竞赛的目的、任务、名称、主办单位和承办单位（还有协办单位）。

（2）编制经费预算。应根据财力和实际工作需求制订预算方案。一般的经费预算应包括场地器材费、交通费、食宿费、裁判员酬金、工作人员津贴、运动员奖金、招待费、广告制作费及文印、通讯等费用。

（3）制定工作步骤。具体列出每项工作的实施步骤和完成的时限。

（4）确定竞赛的组织机构。根据工作需要确定组织机构，包括组织形式、人员安排、各职能部门负责人名单等。

（二）制定竞赛规程

竞赛规程是竞赛活动得以顺利进行的法规性文件，是竞赛过程中一切活动的依据。竞赛规程应提前下发有关单位，以便各参赛单位做好赛前准备工作。一份完整的竞赛规程应包括下列内容：

（1）篮球竞赛的全称。

（2）竞赛的目的与任务。

（3）主办单位和承办单位。

（4）竞赛日期和地点。

（5）参加竞赛的单位。

（6）各参赛队参加人数。

（7）参赛运动员的资格。

（8）明确报名及报到日期。

（9）采用何种竞赛办法和竞赛规则。

（10）录取名次和奖励办法。

（11）抽签日期和地点。

（12）交通、住宿和经费开支等有关规定。

（三）成立组织机构

成立组织机构，制订工作计划，明确任务与分工。一般的竞赛组织形式采用组委会领导下的各职能部门具体负责制。

组委会由主办和承办单位的领导或代表、各职能部门的负责人、各代表队的领队组成，组委会一般下设以下职能部门并分工。

1. 竞赛组

（1）接受各队报名单。

（2）编印比赛秩序册。秩序册的基本内容应包括竞赛规程、组委会名单、工作人员名单、裁判员名单、代表队名单、比赛日程、成绩记录表等。

（3）审查运动员资格。

（4）检查场地、设备、器材的准备情况。

（5）制定大会日程表，包括比赛、休息、会议、参观学习、文娱活动、报到和离开日期、作息时间等内容。

(6) 绘制成绩记录表、裁判员安排表，参赛队赛前及休息日训练场地安排表等各种表格。

(7) 确定参加技术统计工作的人员并组织学习，准备好各种设备。

(8) 召开领队、教练员联席会议，讨论、研究和布置比赛的有关事项。

2. 裁判组

(1) 组织裁判员学习竞赛规程的有关条款。

(2) 进行公正准确、无私无畏的职业道德教育。

(3) 督促裁判员进行体能训练并进行必要的测试。

3. 场地组

(1) 按比赛要求布置场地。如记录台和球队席、换人席的设置。

(2) 落实有关设备，如计时钟和备用钟、计分器和记分牌、30 秒或 24 秒计时器、犯规牌、全队犯规装置、锣或蜂鸣装置等。

(3) 备好比赛用球及与比赛有关的拖把、干毛巾等物品。

4. 会务组

(1) 做好比赛的宣传报道工作。

(2) 落实交通、食宿、票务工作；及时订制奖杯、奖牌、锦旗和奖品。

(3) 安排好医务人员和医疗用品；制订安全保卫工作方案、落实值班人员。

5. 仲裁委员会

仲裁委员会委员一般应由篮球方面的专家和权威人士担任，人数为 3～5 人。

二、赛中日常工作

(1) 仲裁委员会：妥善处理赛场上出现的各类纠纷和申诉，并及时将仲裁结果报各有关部门和参赛队。

(2) 竞赛组：经常与各队联系，定期召开领队或其他会议，处理和解决有关问题；遇到特殊情况需更改竞赛场地、日期和时间，须及时通知各队；及时登记公布比赛成绩，有淘汰赛和交叉赛时应及时将对阵表下发各队。

(3) 场地组：对场地、设备、器材进行例行检查，并及时做必要的维护和修理。

(4) 裁判组：组织裁判员每天开好准备会和小结会，及时总结，努力提高执裁水平；安排好第二天的工作。

(5) 会务组：听取各队对生活、交通等方面的意见，及时改进；加强医务监督，及时处理伤病事故；做好赛场、住地的安全保卫工作，保证比赛顺利进行。

三、赛后结束工作

(1) 组织召开闭幕式，宣布比赛成绩并颁奖。

(2) 办理各队离会的经费结算及交通安排等事宜。

(3) 印发成绩册。

第十三章　篮球运动常见损伤的处理与治疗方法

第一节　篮球运动常见损伤的应急处理

运动损伤发生以后的应急处理是治疗篮球运动员常见软组织伤病的重要环节。虽然软组织损伤后要进行抢救的重危病例不多，但对损伤的软组织进行适时而合理的应急处理，在减少运动员痛苦，避免伤情加重，防止继发病变，缩短病期，减少后遗症以及增加以后的治疗效果方面，都有直接关系。

一、开放性损伤的应急处理

开放性软组织损伤是指伴有皮肤、黏膜的完整性受到破坏，伤口直接与外界相通的软组织损伤。篮球运动中最常见的有擦伤、挫裂伤等。此类损伤的应急处理原则是及时处理伤口并有效止血。

（一）伤口的处理

开放性伤口在损伤现场，首先应该加以严密消毒并清除侵入的异物，常用生理盐水或20%的酒精清洗伤口，再用75%的酒精消毒杀菌，继后敷药（常用消炎粉、止血粉、云南白药等）。然后，对创面表浅的损伤显露于外，不进行包扎，让其短期内结痂；而伤口较深，难于短期愈合者，要用消毒敷料包扎待处治。

如果伤口较大且深，或并发血管损伤者，就应立即加压包扎。之后，送到医疗单位予以手术缝合，使伤口尽可能发生一期愈合。

伤口处理应注意以下几个问题：

（1）颜面部的开放性损伤（最好也包括手和前臂），不用红汞或紫药水涂抹，特别是比较深的开放性损伤更不能用这类药，以免药物残留在组织内形成刺花。

（2）在清洗和消毒伤口时，用粘压法，不可擦、抹、滚、旋地用棉球在创面上刺激，以免增加受伤运动员的痛苦，加重损伤，造成出血等。

（3）开放性骨折有骨断端外露者，不应立即将外露之骨复回伤口内。因为外露污染之骨未经严密消毒在复回后可能引起骨的继发感染，造成严重后果。

（二）外止血

暂时性外止血常用方法有：

（1）伤口上敷盖或伤口内填塞无菌敷料，予以加压包扎。

（2）抬高患肢，减少动脉血管的供血，加速静脉血液回流，以减少出血。

（3）实施加垫屈肢法，即四肢远端出血，可在腋窝、肘窝和腘窝处加棉垫（毛巾、衣物、纱布均可），让肘和膝关节屈曲，压迫血管而止血。

（4）实施指压动脉法，即用手指压迫处于人体表浅部位的动脉血管，以减少其远端出血，如颜面部出血可压迫颌外动脉、颞浅动脉，下肢出血可压迫股动脉或压腹动脉，上肢出血可压迫锁骨下动脉、肱动脉。

（5）实施止血带法，即用止血带止血。

上述止血法是在损伤现场发生大出血时常用的止血方法，而为了达到彻底止血，就需要在暂时止血后再进行处理。常用方法有：机械性彻底止血法，物理性止血法，化学性止血法。

二、闭合性损伤的应急处理

肢体急性闭合性软组织损伤在篮球运动中经常发生，损伤后受伤部位的皮肤完整（如挫伤、拉伤、扭伤等），受伤软组织的病理改变都在皮肤之内，这种损伤几乎都有内出血和组织肿胀等病理变化，正确的现场处理不仅可以防止受伤部位的进一步出血，减缓疼痛，而且有利于伤病的后期恢复。在应急处理时要注意下列几点：

（1）首先要用氯乙烷配制的雾化降温剂作局部喷涂，或用乙醚擦受伤部位，或者就地取材（如用冰雪敷压、冷水浸淋等），使受伤部位的血管发生暂时性收缩；或者立即用普麻液作局部浸润注射，以起到止疼并使局部血管收缩的作用。这对防止和减少损伤软组织的内出血、渗出、水肿等是有良好作用的（这类损伤在24—48小时以内热敷是绝对禁止的）。经过这样处理后，再予以加压包扎，包扎时绷带缠绕的方向要与受伤动作的方向相反。

（2）对于新鲜的闭合性损伤可采用按摩法进行治疗，但要特别慎重。对脱位以后并发关节周围损伤的软组织施行按摩处理，在不加重损伤和不引起出血的前提下使损伤的软组织解剖复位，这对于脱位并发损伤软组织的修复、关节功能的重建以及减少后遗症等是有好处的。

但是对于新鲜的软组织损伤，采用揉、摸、擦、弹拨的手法不但对病情无益，而且还会加重损伤，能促使出血，使肿胀加重。

（3）对于闭合性软组织损伤的应急处理，除以上几种方法以外，还可以用普鲁卡因和醋酸泼尼松龙或透明质酸梅做局部封闭。

（4）对于比较严重的断裂伤，要用木板或石膏托固定，送医处理。

当发现受伤局部出现明显畸形、剧烈锐痛时，原则上应立即按骨折脱位的病案作现场处理，切忌在未弄清楚伤病的情况下擅自实施手法复位等治疗。处置具体措施有：

（1）避免受损部位的活动，减少不必要和过于繁琐的检查，以减少痛苦，防止受伤组织再损伤，特别是要防止相邻大血管、神经和脊髓的刺伤。

（2）及时处理引起休克的原因（如止血和镇痛），对已发生休克者要进行积极处理。

（3）保持呼吸道的畅通，采用各种办法（如吸氧、人工呼吸、气管插管等）维持呼吸功能。

（4）就地取材予以固定，最好能固定损伤部位相邻近的两个关节。如有伤口，要进行无菌处理并包扎。若为开放性骨折，不要送回骨折断端以图试复。

（5）搬运时要平稳，无论是由现场往运送器械上的搬运，还是由出事地点往医院的搬运，都应该平稳。无固定的伤者不要搬运。如伤者处于昏迷状态，必须采用俯卧位或俯卧偏头位，以免分泌物吸入呼吸道，引起窒息或发生吸入式肺炎。

（6）闭合性骨折、脱位发生两小时以内，因为周围的肌肉还处于麻痹状态，张力小，所以要尽可能抓紧时机在这一难得而宝贵的时间内予以复位。

当骨折和脱位整复以后，就应该对并发的软组织病理采取有效的治疗措施。临床上对这一问题的忽视或处理不当，是造成运动员留下后遗病症的主要原因。

第二节　篮球运动常见损伤的预防及治疗

一、腰腹部常见损伤的预防与康复治疗

（一）急性腰扭伤

1. 病理机制

腰部损伤是运动损伤的好发部位，其中腰肌损伤是腰部损伤的首位。脊柱是人体的中轴，脊柱对维持人体在各种运动中的平衡起重要作用，在全身负重量最大，其中又以腰骶部的负荷最大，而在整个脊柱中又以腰部的灵活性最大，稳定性较差。在篮球运动中，由于对抗运动非常激烈，运动员常因互相冲撞或对方动作粗野，使人体受到外力冲击，腰部由于保护性反射，肌肉突然发生强力收缩，可导致肌肉痉挛或部分肌纤维撕裂。运动员在进攻或严防紧逼时，突然受到外力冲撞，可致使腰部突然扭转，超过腰部肌肉的生理范围和运动幅度而发生损伤。此外，防守和进攻时，腰部大都是处于屈曲位，此时腰部肌肉呈放松状态，没有紧张准备，而腰在屈曲位负重能力小，即便是小的力量也可能使腰部腰肌损伤。运动员在大运动量训练和比赛后，没能及时擦干汗液和换下湿衣服，而在腰部受伤和疲劳的情况下，机体对寒冷的抵抗力下降，这时，风、寒、湿等乘虚而入，致使经络不和，气血失调，局部代谢障碍，腰部在原有损伤上又加上了风、寒、湿，致使腰肌损伤。

急性腰扭伤是因运动时，腰部肌肉、筋膜和韧带承受超负荷活动引起不同程度的纤维断裂，导致一系列临床症状。它可分为部分撕裂和完全断裂。急性腰扭伤的病因包括：①肌肉、筋膜损伤常为肌肉猛烈收缩所致，如运动员做动作时动作不协调或姿势不正确，使肌肉负荷太重或收缩不协调等。②常在肌肉起点或肌肉止点处产生撕裂伤，偶尔可产生筋膜破裂和肌肉痉挛。③关节囊的损伤常因肌肉未能保护，使腰部活动范围超过这些组织的弹性限度所致，如没有思想准备的忽然活动，或在肌肉软弱无力情况下的活动等，韧带可被撕裂，小关节的关节囊可被嵌夹于关节间隙中或被撕伤。

2. 预防

（1）加强保健意识和保健常识。平时要加强安全教育，在体育教学、运动训练和比赛中，克服麻痹思想，认真贯彻以预防为主的方针，发扬良好的体育道德风貌。掌握正确的运动姿势，在运用动作技术时保持正确姿态并协调用力。尽可能加强运动保护，应使用护腰带，以协助稳定腰部脊柱，增强腹压，增强肌肉工作效能。如在寒冷潮湿环境中，应祛除寒湿，消除疲劳。

（2）做好充分准备活动。准备活动的内容和运动量，应根据锻炼的内容、个人的机

体状况、气象条件而定。机体兴奋不高、气温较低、肌肉韧带较僵硬时，准备活动要充分些。准备活动时间一般以15—20分钟为宜；掌握在身体觉得发热、微微出汗时为好。

（3）合理地安排锻炼时间和强度。体育锻炼中应根据自身的身体条件，应用各种形式的身体练习的方法，全面提高身体素质。在锻炼时间和强度的安排上，要循序渐进，个别对待，防止局部负担量过大及疲劳。

（4）加强腰背肌力量及腹肌力量的练习。为了预防腰部损伤，要循序渐进地加强腰背肌训练，并且还应加强腹肌力量训练，有助于防止脊柱过伸而造成的腰部损伤。

（5）加强保健指导。对学生或经常参加体育锻炼的人，都要定期进行体格检查，参加重大比赛的前后，要定期补充检查或复查，以了解体育锻炼或比赛前后的身体变化。要做好自我保健工作，身体若有不良反应时，应认真分析原因，必要时请医生做医学检查。要认真做好运动场地、器械设备和个人防护用具的管理和安全检查，对已损坏的场地设备要及时维修。禁止穿着不合适的服装和鞋子参加运动。

3. 康复治疗

（1）卧床休息：急性腰扭伤后，卧床休息是最基本的治疗。卧床休息不仅有利于解除腰肌痉挛，减少活动和减轻疼痛，而且有利于促进损伤组织的修复和愈合。床铺以加有10cm厚棉垫的硬板床，自由体位，以不痛或轻痛为宜。急性腰肌和筋膜扭伤，卧床休息至少应在1周以上，急性腰部关节扭伤应坚持卧床3—4周，以保证损伤组织充分修复；以免遗留慢性腰痛，在卧床的同时应配合其他治疗。

（2）解疼止痛剂：选用口服或外用消炎止痛活血化瘀的药物。消痛贴膏是目前市场上首选的治疗扭转挫伤的外用药，该类药对闭合性轻度损伤及急性损伤有较明显的治疗效果。

（3）中草药内服或外敷：受伤开始即可服三七片、舒筋活血片、跌打丸等。局部贴敷活血散淤痛膏，如伤湿止痛膏、香桂活血膏等。

（4）骨盆牵引可进一步解除肌肉痉挛和制动。

（5）推拿：急性期间轻柔手法，避免过重的手法。数日后，可加用推、扳、滚、拨、伸等重手法，有活血散瘀、理筋疏络、消除疼痛的作用。

（6）痛点封闭：可用2%利多卡因5mL加醋酸强的松龙1mL局封，每3—4天一次，一般1～2次即可好转。

（7）配合各种理疗或针灸以增加局部血液循环，有消肿止痛，促进损伤修复之功能。

（8）急性疼痛减缓后应逐步锻炼腰部肌力。

4. 康复锻炼方法

（1）俯卧位锻炼

抬头挺胸练习：伸臂俯卧，两上肢紧贴于躯干两侧伸直，抬头挺胸，反复操练。

伸直抬双腿：基本姿势同前，将抬头挺胸改为伸直抬双腿，反复操练。

抬头挺胸抬腿（又称飞燕式）：结合前两者，以腹部着床，头、手、胸及两下肢一起上抬，反复多次。

（2）仰卧位背伸肌锻炼

五点支撑法：取仰卧位，双侧屈肘、屈膝，以头、双足、双肘五点作支撑，用力将腰拱起（亦可用双手掌托腰拱起），反复练习。

三点支撑法：经五点支撑锻炼后，腰部肌肉较好者可把双臂置于胸前，以头及双足三点作支撑，用力作拱腰锻炼，反复多次。

四点支撑法：即在前者的基础上，以双手、双足四点支撑作拱桥式锻炼，反复多次。

（3）腰部回旋运动

双足分开与肩同宽站立，双手叉腰，腰部作顺时针及逆时针方向交替旋转，旋转由慢到快，由小到大，反复进行。

（二）腰肌劳损

1. 病理机制

现代医学认为，腰肌劳损的主要病理变化是肌纤维组织的非特异性炎性改变。由于腰部的肌肉和韧带撕裂后形成血肿，日久失治形成粘连瘢痕组织，或纤维化及痉挛，使腰部软组织的肌力、柔软度减弱，不能满足日常生活工作的需要。或局部的慢性炎症，释放出缓激肤等化学物质，刺激附近神经根，而出现临床症状。从腰肌劳损的发病机理来看，如今一般认为是由于急性腰肌损伤迁延不愈，或积累性损伤所致，导致局部无菌性炎症持续性存在，产生的肌酸不能及时排出或产生纤维变性及疤痕组织，刺激或压迫脊神经后支而引起腰痛。肌肉筋膜发生无菌性炎症，水肿，渗出，久则继发纤维变性或形成瘢痕和粘连，若再遭受风寒湿邪侵袭则会使局部炎症加重。从微观解剖学角度看，往往存在肌筋膜的粘连，肌肉纹理的紊乱。从微循环角度上，存在微循环障碍，炎性致痛因子堆积的病理改变。

篮球运动员的腰肌劳损与其他腰肌劳损患者的病情有不同之处：发病特点以动力性劳损居多。一是急性损伤未得到及时有效的治疗，日久累积成慢性腰肌劳损；二是平时运动、训练较多，运动量大，非常容易发生微小的软组织损伤，由于得不到足够的重视而积累成慢性腰肌劳损。

2. 预防

（1）注意运动姿势

如弯腰、蹲下、起立或突然发力时，要先使肌肉用力，避免无思想准备的突然动作。在蹲起发力时，要先屈髋、屈膝，腰部保持挺直，这样不易伤及腰部。

（2）注意腰部活动

加强腰背肌力量及腹肌力量的练习。训练时不宜长时间做单一姿势的腰部练习，要间歇地做些伸腰活动，免除一部分肌肉过分疲劳。

（3）及时治疗急性损伤

有些腰肌劳损是由急性腰部损伤后处理不当而造成的。腰部的肌肉、筋膜和韧带等因损伤而撕裂后，需要一定时间的休息，才能较好地修复和愈合，否则可能延缓其恢复时间，甚至迁延不愈。

（4）养成良好的姿势

如站立时应双目平视，挺胸、收腹，坐时不要弯腰曲背。

3. 康复治疗

腰肌劳损病程长，无特效疗法，持之以恒的体疗康复训练是关键。

（1）适度运动

腰肌劳损的治疗一般采用综合康复治疗手段。改善脊柱运动的范围、纠正不良用腰姿势是非常重要的。应根据运动员的发病原因进行不正确姿势的调整和运动体位调整，从根本上解除致病因素。要劳逸结合，注意休息和适度活动。重要的是，要坚持医疗体操，以增强体质、增强肌力、改善腰肌的新陈代谢、增强脊柱的稳定。在疼痛剧烈时应休息，以卧硬板床为宜。

（2）理疗

热疗可解除痉挛、促进血液循环。热疗的方法有多种，常用的有热水袋，湿、热敷，电热和红外线等。亦可用蜡疗、超短波等方法，超短波可到达深部组织，若行之得当，可减轻症状，但身体内如有金属物存留者不能应用，次数也不宜超过 10 次。个别有使症状加重者，则应停止使用。也可考虑采用电兴奋疗法。

（3）体操疗法

体操疗法能增强体质，改善全身新陈代谢，增强肌力，改善关节活动范围，纠正不良姿势。一般在剧痛时不宜应用，应在不引起疼痛的情况下进行。可先在四肢的远端开始，逐渐加重、加大和加多，且要避免过分疲劳，坚持下去才能取得效果。

（4）西药治疗

可口服非甾体抗炎止痛药，如布洛芬、芬必得、氯唑沙宗等；也可用扶他林、舒活精等局部喷涂；有固定压痛点者，可用 1% 普鲁卡因 5 ～ 10mL 加确炎舒松 1mL 作痛点封闭，每周 1 次，3 次为一疗程，效果良好。

（5）中医药治疗

腰肌劳损属中医学腰痛范畴，主要是由于过度劳累和腰部急性扭伤后治疗不及时而导致筋脉失养、气血不畅，故而产生腰痛、肌肉痉挛及活动受限等。采用中药蒸疗并辅以针灸、推拿和自身锻炼等综合治疗，能够起到补肝肾，强筋骨，通经络，活血行滞，舒筋活络，松解粘连，解除痉挛，促进局部组织血液循环，改善组织的新陈代谢，增强腰腹肌力和其稳定性，使腰痛症状得以消失，活动得以自如，以达治愈腰肌劳损之目的。

（6）按摩

按摩可促进局部血液循环，解除肌肉痉挛，除脊柱结核、骨髓炎、新鲜骨折、肿瘤和孕期以外，可选择应用于各种原因引起的腰腿痛。按摩可用揉按、叩击、平推等手法。推拿手法可选用斜搬、侧搬、坐位旋转、牵抖和颤腰等，但力量要适当，避免粗暴，以免造成损伤。推拿按摩和针刺能够健腰强肾，疏通经络，促进局部血液循环，改善腰痛。

（7）运用针灸、走罐及封闭疗法治疗

将针刺与艾灸结合，借助艾绒燃烧的热力，通过针身传入体内，使其发挥针与灸的作用，以达到温通经络、活血逐痹的作用。走罐具有与按摩疗法、保健刮痧疗法相似的效应，可以改善皮肤的呼吸和营养，有利于汗腺和皮脂腺的分泌，可增强腰部肌肉弹性和活动性，促进周围血液循环。循脊两侧走罐还能分别改善各经功能，有利于经络整体功能的调整。对阿是穴采用封闭疗法是为了结合药物的药理作用，使针刺与药物对穴位的刺激作用结合起来，发挥综合效能，以提高疗效。

4. 锻炼方法

（1）俯卧位背伸肌锻炼法：双上肢水平抬伸，头颈部尽量后伸，同时双下肢伸直并尽力向后上方抬起，使腹部着床呈反弓状，每日 2 次，每次 15 ～ 20 次。

（2）仰卧起坐锻炼法：取仰卧位，双腿水平置于床面，用他人或重物压住双脚，双手紧抱头枕部，尽量使头身部向前上方弯曲，以头部能触及双膝为佳，每日 2 次，每次 10～20 次（循序渐进地锻炼）。

二、膝部常见损伤预防与康复治疗

膝关节是人身上形态较大而且结构比较复杂的关节，它既有坚强而稳定的支撑功能，也有活动性较大的屈伸功能。膝关节的活动功能不单是由于它的骨结构特殊，而主要是靠关节周围的软组织（如韧带、肌腱、半月板、脂肪垫和其他辅助结构）的作用来实现的。所以，篮球运动员膝部损伤主要表现为膝关节韧带损伤、髌骨劳损、髌尖末端病、半月板损伤，以及股四头肌挫伤等。膝部伤病的发病机制与现代篮球运动技、战术特点对球员身体素质的特殊要求、膝关节的自身解剖结构和生理功能，以及在身体运动中所发挥的重要作用等因素密切相关。

（一）膝关节韧带损伤

1. 病理机制

膝关节内、外侧副韧带损伤是膝关节韧带中最常发生的损伤。内侧副韧带的损伤机理与膝外翻有关，即运球后转身时，因中枢脚及小腿固定，大腿随躯干突然内收内旋，在膝关节处形成了一个扭转力，或来自膝外侧的一个向内侧的冲撞力所致。外侧副韧带损伤发病率远比内侧副韧带损伤低，其受伤机理与膝内翻有关。正常人的膝关节有 10°左右的外翻角，当直接暴力膝关节外侧或由于膝关节的过度扭转时，就容易发生小腿过度外展使膝外翻。这样就加大了内侧副韧带起止点之间的距离，对内侧副韧带产生了暴力牵拉，使其纤维的一部分或全部断裂而发病，有时还可以发生其起止点处的撕裂骨折。膝外侧韧带损伤大多数都是由于急剧的小腿内收、内旋或大腿外展、外旋动作（如落地或跌倒时足外侧着地），使踝和膝都发生内翻，引起膝外侧两骨间的距离突然加大，牵拉外侧副韧带，从而引起断裂，发病。

2. 预防

内侧副韧带损伤的发病率远比外侧副韧带高，且内侧副韧带的严重损伤常合并内侧半月板的撕裂伤，故为预防的重点。除采用一般常规预防措施外，还需注意以下几点：

（1）掌握正确的落地技巧。正确的落地技巧对预防膝关节损伤很重要。运动员落地时，应以前脚掌先着地，膝关节弯曲，躯干微微向前倾。尽可能避免膝关节做侧向或前后的动作。切记在落地时膝关节不可向内扭曲，并且将冲击力尽量减轻。

（2）改进各种转身技术动作。正确掌握各种转身的技术动作，要求队员在完成转身动作时，作为中枢脚的跟部应微离地面，脚的受力点一定要落在前脚掌上，切忌出现“拖脚”动作，这样可有效地化解膝关节处的扭转力，避免膝外翻伤机制的形成。

（3）加强膝关节内、外侧副韧带的柔韧练习。预防内侧副韧带的损伤可采用一般的韧带静力拉伸和外翻的静力拉伸练习，如：侧压腿，横叉练习，纵叉练习，坐姿分腿牵拉练习，分腿、脚尖向外、膝内扣的静力拉伸练习等。预防外侧副韧带损伤可采用站姿或坐姿的膝关节向内上的静力拉伸练习或盘腿练习等。

3. 康复治疗

（1）在受伤现场，局部冷敷和加压包扎是必须施行的应急措施。它可以减少内出血，避免并发病，缩短病程，有利于治疗。

（2）在受伤后可立即用手掌大面积地在受伤部位按压 5－10 分钟，然后用较轻的推拿按摩手法准确而稳妥地推和按，将断裂之韧带理顺，按平，然后外敷新伤药，再行加压包扎。

（3）立即用普鲁卡因和麻黄素注射液做局部封闭，不但可以止疼，还有止血的作用。

（4）在 24—48 小时以内绝对禁止使用热疗类的治疗方法，48 小时后可以适当选用。对慢性损伤者，热疗不但适用，还要以大剂量进行。

（5）一星期后，可以进行股四头肌的功能康复练习。特别是在损伤后，就要在不加重病变的情况下，尽可能早地加强股四头肌内、外侧头的练习。加强膝关节伸屈抗阻练习，防止因局部损伤的瘢痕粘连影响关节的活动度。

（6）在损伤后的治疗过程中和在开始进行功能康复练习时，最好能用粘膏粘贴成支持带，或用弹力绷带予以包扎制动，这样可以避免重复损伤，而且有利于损伤组织的修复。

（7）副韧带完全断裂者，应在早期手术缝合。

（二）半月板损伤

1. 病理机制

半月板是位于膝关节上下两个关节面之间的软骨组织，从中间一分为二，形状像月牙，所以被称为半月板。半月板具有吸收震荡、缓冲压力、增强膝关节稳定、防止损伤的作用。半月板损伤可发生在半月板的前角、后角、中部或边缘部。损伤的形状可为横裂、纵裂、水平裂或不规则形，甚至破碎成关节内游离体。多数有明显外伤史。急性期膝关节有明显疼痛，肿胀和积液，关节屈伸活动障碍，急性期过后，肿胀和积液可自行消退，但活动时关节仍有疼痛，尤以上下楼、上下坡、下蹲起立、跑跳等动作时疼痛更明显，严重者可跛行或屈伸功能障碍，部分病人有“交锁”现象，或在膝关节屈伸时有弹响。

造成半月板损伤的原因可大致分成两类，一类是外伤造成的，另一类是由退行性改变造成的。前者常因急性损伤、膝关节受到暴力而造成。膝关节在屈曲时做强力外翻，或内翻、内旋，或外旋，半月板上面随股骨髁活动幅度较大，而其下面与胫骨平台之间形成旋转摩擦剪力。例如运动员做转身跳起投篮动作时，从屈膝、扭转身，到伸膝跳起，若脚步动作稍有不协调或防守队员冲撞，其作轴腿的膝关节半月板极易发生撕裂。

突发的动作力量很大，旋转碾锉力超过了半月板所能承受的活动范围时，即可引起半月板的损伤。退行性改变造成的半月板损伤可无明显急性损伤史，通常是由于经常需要半蹲位或蹲位工作，长期重复膝关节屈曲、旋转和伸直动作，半月板多次被挤压和磨损导致裂伤而成。

2. 预防

半月板是膝关节主要的组成部分，一旦损伤，康复较慢，因而应以预防为主。具体的预防措施主要有以下几点：

（1）运动前要充分做好准备活动。内容包括多种伸展和跑步练习，强度由低到高，通过每项伸展增加关节活动的范围，减少肌肉韧带的黏滞性，增加肌肉的弹性，从而有效防治运动损伤的产生。

（2）加强下肢肌力和膝关节韧带辅助训练，尤其是加强股四头肌的耐力性训练和髌韧带的牵拉张力的训练以提高膝关节的稳定性和灵敏性。

（3）确保赛后恢复。为使运动员在训练和比赛中始终保持良好的身心状态，应依据科学原理，采取积极性恢复手段提高运动员机体消除疲劳的速度，避免过度疲劳。

（4）制订科学的训练计划合理安排训练强度和负荷量，力量安排要符合力学结构和人体生理解剖结构的特点。防止过度疲劳和运动器官的局部损伤。

（5）加强医务监督和自我保护意识。充分了解每位运动员的身体机能状况和运动损伤情况，及时调整下肢的负重量，出现伤病应及早确诊，注意不要带伤过早投入训练。

3. 康复治疗

半月板损伤的治疗，以往以切除为主要治疗手段。但从长期随诊的结果发现，术后晚期骨性关节炎的发生率极高，且半月板的切除严重破坏了载荷正常传递的规律。为达到尽可能保留半月板的目的，应早期诊断、早期处理。关节镜可用于半月板损伤的治疗，半月板边缘撕裂可施行缝合修复，通常施行半月板部分切除，保留未损伤的部分。对早期怀疑半月板损伤者可施行急诊关节镜检查，早期处理半月板损伤，可有效防止损伤性关节炎的发生。

（三）髌骨劳损

1. 病理机制

髌骨劳损也称髌骨软化症、髌骨软骨症等，是篮球运动中慢性损伤常见的伤病之一。由于运动员在活动中长期对髌骨软骨产生异常的摩擦、挤压等，特别是因篮球运动特点使运动员经常处于半蹲位，此时，对膝关节起固定作用的韧带、肌肉发生了松弛，使膝关节稳定性变小，这时股四头肌通过髌骨就成了维持膝稳定的主要因素，从而对髌骨软骨增强了摩擦和挤压，更加容易使髌骨软骨发生损伤。篮球运动员常为双侧发病，早期主要表现为膝内酸困不舒，在活动或半蹲位时出现。随着病情的发展，可出现疼痛，并逐渐呈持续性和进行性加重。膝关节有不同程度的肿胀，主要是关节腔内产生了积液。髌骨软骨面、股骨软骨面和膑周缘有压疼。半蹲疼试验出现阳性，在股四头肌收缩时也可出现膑下疼痛。

2. 预防

髌骨劳损的发生对运动员来说有其内在因素和外在因素。内在因素就是关节软骨本身的退变，这与年龄等因素有关。外在因素就是机械性因素对关节软骨的慢性损伤。预防髌骨劳损发生的主要措施是减少对髌骨关节的持续压力，改善软骨的营养。

3. 康复治疗

（1）主动充分活动关节。活动关节要在不负重条件下进行，如平卧在床上主动伸、屈膝关节。坚持每天早、晚各一次，每次 10 分钟。充分活动关节可使髌骨关节面各个部分都受到刺激，滑液营养成分能均匀渗透到软骨组织中去，并能增强关节的润滑作用。

（2）防止髌骨关节面持续受压。屈膝位髌骨所受压力较大，容易损伤关节面。要避免持续性蹲位对髌骨关节面的压力。训练中应避免使用可造成髌骨过度负荷的“单打一”训练模式，如在一次、一周或一段时期训练课内，安排的下肢半蹲练习过多或过分集中，均可使膝关节局部负担过重而导致劳损。

（3）石膏固定或下肢牵引治疗时，要主动行股四头肌锻炼，股四头肌舒缩时能带动髌骨上下移动，有利于软骨的营养渗透及减轻髌骨关节面的持续受压。

(4) 膝关节出现不适或不定位疼痛时，要考虑到早期髌骨劳损的可能，要及时休息、及时治疗，防止关节软骨退变加重。

(四) 股四头肌挫伤

1. 病理机制

股四头肌局部直接受到外力冲撞后，出现局部肿胀、疼痛、功能活动受限，使股四头肌抗阻痛，重者血肿形成，膝关节不能屈曲。股四头肌挫伤是较常见的运动损伤，由于股四头肌挫伤较其他肌肉后果严重，处理不当常造成功能障碍，出现纤维性硬块和骨化性肌炎。

根据受伤程度可分为轻、中、重3型：

轻型：受损范围小，局部压痛轻且局限，能正常行走，膝关节活动可超过90°以上，下蹲一般不受限。

中型：肌群肿胀，压痛明显，走路跛行，膝关节活动小于90°，上下楼梯困难，下蹲动作受限。

重型：大腿肿胀厉害，局部剧痛，肌肉外形已不能摸清，严重跛行，夜间痛不能眠，膝关节活动小于45°，后期患侧膝关节积液。

股四头肌挫伤是篮球运动中特有的直接暴力所引起的运动损伤。多因激烈比赛中，进攻队员持球做交叉步突破时，被防守队员用膝盖顶撞大腿前外侧所致。受伤处剧痛、肿胀、皮下瘀血，不能行走，严重时可形成股四头肌下血肿。

2. 预防

由于股四头肌挫伤主要来自对方队员的直接外力。故在投入训练、比赛时，应该采取一定的保护措施，如局部包扎或使用护腿等保护工具。运动中还应强化自我保护意识，提高自我保护技能。

3. 康复治疗

根据软组织损伤病理学特点，结合股四头肌挫伤的特点，按伤后的不同阶段可分别采取以下治疗。

早期：损伤48小时内，及时采取措施尽量减少出血，局部制动，轻中型可给予冷敷，也可做磁疗或外贴樟脑膏。重型则要冷敷加压包扎，减少不必要的走动。

中期：损伤48小时后，主要是促进血肿的吸收和组织的修复，同时防止再损伤。可采用各种理疗，如磁疗、红外线、超短波以及热水浴，也可进行无痛性按摩。视情况而定，一般每人选用1至2种治疗即可。如果痛点集中也可局部注射强的松龙。重型患者可局部外敷新伤一号，并酌情加减。

后期：主要是松解粘连，恢复膝关节功能。一般在7天后，主要指重型患者，因为轻中型患者一般在1—2周内恢复。可采用音频电疗、红外线加电针治疗。同侧膝关节积液可进行超短波加疏导手法。

功能康复训练时注意：须视损伤程度在受伤静止休息两天后逐步进行。轻中型患者只要少走路，少活动即可。重型患者从受伤24小时后应开始股四头肌抽动，每天100～1000次不等，分几次进行。2—3天后可做大腿的直腿上抬，膝关节的无痛性伸屈运动，也是100～1000次不等。康复训练应从股四头肌功能恢复开始，逐渐增加膝关节屈曲的活动，恢复正常步态。伤后一周可进行慢跑，快步活动，逐渐增加下蹲动作。运动量以自我感觉来定，以不加重患肢疼痛为宜。运动员应在膝关节功能完全恢复后，才能投入正规训练，否则容易再损伤。

三、足踝部常见损伤的预防与康复治疗

（一）足踝部韧带损伤

1. 病理机制

此伤也叫足内翻扭伤、足外翻扭伤、崴脚等，比较常见，其中尤以踝关节外侧韧带（新鲜）损伤较为突出。运动员在跑动、跳跃、扭转和跳起落地时，由于足常在内翻位着地支撑，当脚底受硬物垫撑，或踩在别人脚上，或身体失去平衡，或被踩等原因，使足失去了中立位而发生内、外翻，或者内翻和外翻的程度超越了踝关节的正常活动范围等情况，都可以使踝部某一侧韧带的紧张性增高或发生纤维断裂等病理变化，引起此病。急性受伤当时即出现剧烈的撕裂样疼痛，有时还可以听到韧带断裂的响声，致使足不能着地支撑。伤后几分钟到几个小时以内，出现程度不同的肿胀，大多数受伤者会出现皮下瘀血和局部皮肤的青紫现象，受伤部位有明显的压疼。

2. 预防

在平时的训练和运动时尽量选择平坦的场地，戴上有保护作用的护腕和护膝，运动前做好充分的热身活动，运动后不要立即坐下，应在场内来回走动走动，放松一下，对于有踝关节损伤前科的人要在比赛前后用冷水或者冰块在踝关节处敷30分钟左右。

经常进行负重提踵、蛙跳等运动项目训练踝关节周围的肌肉，使关节周围的肌肉富有弹力和扩张力，增强关节周围肌肉的力量承受力度。在训练和比赛前，认真进行各3—5分钟的足内翻（踝内旋、足内收内翻）和足外翻（踝外旋、足外展外翻）的静力性牵拉练习。在运动过程中注意自我保护，在对抗性很大的比赛中要注意动作，以免受到伤害，平时运动要适量，切勿急功近利，操之过急。训练强度要与自身条件相匹配，身体虚弱时要减少甚至停止运动，训练任务可逐步增加。对踝关节进行踝外旋、足外展外翻、跖伸的抗阻专门练习不能间断，要坚持对踝关节的韧性训练，注意正确运用运动的技术，加强技术练习。

3. 康复治疗

应急处理：一旦发生踝关节损伤，紧急处置非常重要，为避免进一步损伤，首先要制动、制肿、止痛。①冷敷：用毛巾浸冷水、将冰块装入塑料袋内敷于患部，应有20分钟左右使伤部保持低温状态；也可以将伤肢浸泡在冷水中或以自来水冲淋10—20分钟，起退热、镇痛和防肿作用；②加压包扎：用宽绷带从足内侧到踝外，经小腿后和内踝到足背外侧，绕足底呈“8”字形反复缠绕，将足固定在外翻位置；③以中药或西药敷于患部，消肿、止痛、活血、散淤；④使用保护支持带：踝关节损伤如果没有骨折和脱位，48小时以后即可轻微活动，为了限制关节和肌肉的超常范围活动，保持足踝部的稳定性，用贴膏、弹力绷带或纱布绷带对其适当固定，有利于较快恢复。

一般受伤一周后在配合临床治疗的同时，可开始康复训练。早期练习内容包括：在热水浸泡中和仰卧抬高患肢的条件下，进行踝伸屈练习（切忌做环转、内翻动作），以促

进局部血液循环，消除皮下瘀血和肿胀，防止局部粘连；在不产生疼痛的前提下，进行跖肌、腓肠肌等的被动牵拉练习。中期应加强以锻炼和恢复足、踝部肌肉运动精细调节功能为主的训练，如蹬功率自行车、足滚圆木练习等。后期应以增强踝周肌肉、韧带力量和足伸屈肌群的力量为主，尤其要注重与踝外旋、外翻、跖伸功能有关的肌群和韧带的力量训练，如起踵练习、足跖伸（踝屈）抗阻练习等。康复训练后伤踝部常有不同程度的肿胀，故训练后应平卧抬高患肢。

（二）跟腱断裂

1. 病理机制

跟腱是人体肌腱仅次于髌腱的最强腱之一，是维持人体站立和运动的主要结构。由于篮球运动的激烈性、对抗性和多变性，许多力量性、躲闪性和争抢性行动，不可能使每一动作都符合跟腱的生理要求，导致跟腱断裂也时有发生。引起跟腱断裂的主要原因：①局部过劳并有跟腿周围炎史。大多数的患者受伤前有跟腱下部酸胀和钝痛感，有的正患有跟腱周围炎。跟腱炎的存在是诱发跟腱断裂潜在的重要病理因素。②思想和体力准备不足。有些运动员精神准备不够，准备活动草率，急于参赛；偶尔会过度兴奋和准备活动后休息时间过长，突然上场后受伤。③连续大强度训练未合理调整，赛前（或训练前）身体过度疲劳。连续大运动量训练和比赛，力不从心，勉强坚持拼搏，特别是每天打两场球时，损伤的可能性大增。④间断训练时间过长，缺乏经常性和系统性。运动器官本体感受器与各分析器建立的技巧性条件反射消退，应激状态不良，易动作失调。另外，停止训练后，多数人体重增加较多，而肌肉弹性和跟腱的柔韧性降低，当用力去完成以前的动作和技术质量时，极易致伤。⑤跑跳动作要领和基本功较差。缺乏正确起动和跳跃的合理姿势习惯，只管冲、跳，尤其不注意落地动作要领。

2. 预防

（1）消除引起跟腱断裂的主要原因，尤其在思想上要重视跟腱长期过量负荷这种劳损累积造成的跟腱慢性病变，它导致跟腱血液循环障碍而继发其营养不良，使腱组织坏死、退行性变。如有跟腱炎性症状应早期诊断并尽早治疗好炎症，对预防跟腱断裂有较好效果。

（2）在坚持适宜运动量不间断系统训练中，经常要有足背屈提踵等跟腱的柔韧性练习。经常拉伸练习，可以使劳损性轻度炎变产生的肉芽组织、纤维瘢痕病变以及脂肪组织增生等病变好转，增强其牵张应力。

（3）经常进行自我跟腱按摩。闭合性跟腱断裂多发生在距跟结节上 3 ～ 6 厘米的跟腱中下段处。各种研究均证明，该区域小血管数量明显减少，似形成一个无血管区。按摩有助于改善局部血氧供应，减少炎性病变，增强跟腱的抗拉能力。对已发生跟腱周围炎症者，按摩有助于消炎，比单纯以固醇类药物局部封闭效果更好（多次封闭会因局部吸收不良使腱纤维坏死）。

（4）运动保护性装置。国内外运动创伤理论和经验证明，在大强度训练和比赛前，用热水泡脚，并以宽弹力绷带支持固定小腿与踝部对跟腱损伤有保护作用。

（5）大年龄和久未参加训练的人，小腿三头肌纤维和跟腱均有功能及组织衰变，在没有系统训练恢复体力前，不要勉强做冒险性、不服输、不服老的长时间剧烈比赛。老年篮球比赛的增多，使跟腱损伤相对增多。

3. 康复治疗

（1）一旦确诊为跟腱断裂，特别是跟腱完全断裂，最好不失时机地采用手术治疗。手术方法是将跟腱断端缝合，并用腓肠肌的筋膜做修补予以加固。

（2）对于跟腱部分断裂的患者，如患者无特殊的功能要求，应在损伤后立即冷敷，并用推拿按摩的顺推手法将断裂的腱组织纤维给以理顺复平（手法要正确、稳妥、有力），然后用新伤药外敷，或用消肿散、消淤止痛膏局部外敷，并加压包扎，还可以局部封闭以止疼、止血。

（3）坚持适时、适量和循序渐进的功能锻炼。一般来说，1—5 周做全身保健操和足跖屈活动，4 周后垫高跟（2.5 厘米）扶拐走路；6 周至 3 个月逐渐做提踵和蹲起活动，3 个月后慢跑，恢复正常人活动功能。最早 6 个月以后开始正常训练，过早进行活动和恢复训练易产生不良后果。

第三篇

实 践 篇

SHIJIAN PIAN

第十四章　位置技术的教学、训练法

第一节　位置技术训练内容

一、位置技术教学、训练的主要内容与安排

(一) 位置技术教学、训练的主要内容

1. 前锋

(1) 进攻技术

甲：各种摆脱接球，包括原地摆脱、纵切、横切和反跑等。

乙：传接球、运球和运球突破及各种投篮。

丙：抢进攻篮板球。

(2) 防守技术

甲：防守对手和各种摆脱接球。

乙：防守对手传、接球，运球突破和投篮。

丙：抢防守篮板球。

2. 后卫

(1) 进攻技术

甲：运球和运球突破。

乙：传、接球。

丙：投篮。

(2) 防守技术

甲：防守运球和运球突破。

乙：防守传、接球。

丙：防守投篮。

3. 中锋

(1) 进攻技术

甲：抢位与接球。

乙：策应与传球。

丙：投篮。

(2) 防守技术

甲：防守运球和运球突破。

乙：防守传球、接球。

丙：防守投篮。

（二）位置技术教学、训练的安排

位置技术训练应该在全面技术训练的基础上，根据每个人的特点、技术特长、适合担任的位置，分别进行训练。在教学中应先安排面向篮的外线技术，后安排背向篮的内线技术。课中可抽出独立作业的时间，分成前锋、后卫和中锋三个小组，同时进行练习。在技术训练中可先进行进攻技术训练，后进行防守技术训练，最后进行攻、防对抗训练，提高实战能力。

二、位置技术的易犯错误及其纠正方法

（1）抢位与接球动作不熟练，步法不正确，动作力度不够，接不到球。

纠正方法如下：

①讲解示范法。讲解正确的抢位与接球方法，使学生建立正确概念。

②意念训练法。将自己感知过的技术，通过表象重现、想象以及自我暗示的方式，使第一、二信号系统的信息结合，进而达到纠正错误的目的。

③诱导法。练习时，教师用语言诱导、提示动作要点，降低对抗强度的模仿练习。防守者在身后、身侧、身前（绕前）时的固定抢位接球练习。“感知对方位置和动向，扩大视野”。

④限制法。在场地上标识出插步的落点，使学生按照教师的意图完成技术动作。

（2）中锋在内策应位置背向篮板球做插步挤投时，插步无力或插步方向不明确、抢不到有利投篮位置。

纠正方法如下：

①讲解示范。讲解和示范正确插步挤投的动作方法，使学生建立正确的概念。

②限制法。

甲：在消极防守下，模仿插步挤投的方法，建立正确的动作定型。

乙：插步时，通过外力助推，帮助队员抢占有利位置。

丙：标明插步位置，使学生按路线练习插步的动作。

③对抗法。增加对抗难度，体会插步动作和挤、靠、压下的用力动作。

（3）中锋持球做挤投时，当一侧堵死，不会向另一侧转身进攻，丧失进攻时机。

纠正方法如下：

①讲解示范。讲解和示范正确动作方法，建立正确的动作概念。

②诱导法。变向攻击时，防守者“助力推”帮助转身。

③限制法。限定防守者只许堵一侧，放一侧时，帮助进攻队员从另一侧进攻。

④对抗法。增加对抗强度，体会防守者堵位和用力的虚实，灵活进攻。

（4）当中锋遭受夹击围守时，不能及时传球给无人防守的进攻同伴，而是盲目强攻，造成带球撞人、失误或降低成功率。

纠正方法如下：

①讲解示范。讲解和示范正确的动作方法，使学生建立正确的动作概念。

②诱导法。一对一进攻时，教师给出夹击信号，进攻队员立即传球。

③限制法。二对二进攻时，限制夹击队员只准使用脚步动作，不得抢断球，进攻队

员体会及时准确地传球。

④对抗法。三人夹击时的中锋传球练习。

三、位置技术的运用与教学提示

（一）位置技术（以中锋技术为例）运用

1. 中锋进攻

（1）及时观察，准确判断

观察、判断是中锋正确运用技术的前提，它贯穿于整个比赛的每个技术之中。观察是把场上的其他的9个人的活动看清楚，用眼睛的余光，视野要开阔。特别是中锋要对自己的对手所处的位置、距离、重心、形态、身体素质等了如指掌。判断是根据观察所得的信息，进行综合分析对手的动向，判断他们的意图，预见他们的行动，然后做出正确动作。良好的时机即是在时间和位置上对手干扰不到或干扰较小的机会下完成动作，能取得最佳效果。

（2）合理运用假动作，迷惑对手

中锋运用技术时，应善于合理运用假动作，隐蔽自己的真实意图，迷惑对手，往往起到事半功倍的效果。中锋利用自己的身体、动作、球甚至面部表情和眼神，做出各种动作，使对手产生错觉，致使其在位置、距离、重心和动作跟着发生变化，然后自己改变动作和方向完成真实动作。

（3）对抗中主动用力，保持出手稳定

中锋的活动范围在限制区内和周围，是攻防最激烈的地区，中锋各项技术的运用多是在贴身攻、防中完成的。因此必须学会主动用力，合理地保护自己，在做动作时，身体接触的部位应紧张有力、用身体的合理部位如腿、臀、臂、腰、背去挤、顶、靠、压对手，保持自己动作的稳定，又可造成对方犯规，没有接触的部位应协调放松，保持动作的准确性。

（4）一点两面，灵活变化

中锋各项技术的运用，必须灵活多变，在方向上能左能右，在距离上能远能近，当一个方向被堵死，很自然地转移到另一个方向进攻。一点两面增加了进攻的方向，扩大了攻击点。如中锋插步挤投，如果没有遇到防守可顺利完成投篮，如遇到防守，可向反方向做横跨步勾手投篮或转身投篮。也可用动作节奏的变化，突破性地加速或减速进行攻击，也可取得好效果。

（5）在战术组织下，主动攻击

中锋处于阵地进攻的腹心，许多队的战术配合是通过中锋进行的，例如通过中锋的策应配合，中锋的掩护配合或通过中锋的强攻配合，在这种战术组织下出现的投篮、传球或突破时机，中锋都应果断行动，往往会取得良好效果。

（6）内、外结合，发挥全队优势

中锋在篮下持球时，往往会受夹击，此时中锋不要勉强进攻，而应及时传球给被漏防的同伴，给同伴创造一个无人防守的投篮机会，做到内外结合，有时中锋也可以突然跑到外线，把篮下拉空，给同伴创造空切、背切和突破的机会，使战术配合得更加灵活机动。

2. 中锋防守

（1）提高脚步移动的灵活性、速度和各种脚步动作的变换与衔接能力。

（2）提高观察判断能力，根据球和进攻中锋的站位和意图，选择有利的防守位置。在强侧防固定无球中锋时，要保持若紧若松状态，既能主动用力，又可行动自由便于抢占有利位置。

（3）当进攻中锋空切时，应提前堵截防守，进攻中锋进入限制区应贴身防守，胸、臂、胯和腿主动用力，防止进攻中锋在限制区接球。当进攻中锋接球后，要面对防守，防进攻中锋投、突、传、运。

（4）防守无球中锋时应树立“防一个半人”的观念，除了防止进攻中锋以外，还应协防或补防其他同伴的漏洞。

（5）投篮后应积极拼抢篮板球，先顶入抢位再抢球，得球后快速一传，然后跟进冲抢，或落位进攻。

（二）教学提示

（1）位置技术必须在全面基本技术训练的基础上，再根据各个位置需要的技术进行强化训练。教学训练的顺序应熟练掌握单个动作，再进行组合技术训练，不断提高技术的应用能力。

（2）教学训练中，先在无防守的情况下练习，再进行有防守的练习。在对抗练习时，先做消极对抗练习，再进行积极对抗练习。在对抗训练中，特别注意观察、判断和掌握良好的运用时机。

（3）技术训练应多在战术背景下训练，使技术训练和战术配合训练紧密地结合起来，提高教学训练效果。

（4）教学训练中应留出一定时间进行独立作业，让队员进行个人位置训练。可增设多种情况，制造不同情景，增加对抗难度。如中锋在限制区腰上背向篮进攻，防守者可以换成不同高度和体重的人去防守，进攻中锋可根据不同的防守对象运用不同的进攻动作，提高技术的应用能力。

第二节　队员各位置技术训练

一、中锋位置技术训练

（一）中锋队员移动要位接球

由于现代中锋队员能跑能跳，能跳投，能突破，能灵活地移动要位接球或移动掩护、转身等，所以中锋背对篮站在篮下的情况减少，经常是根据外线队员持球的位置而采用背对端线或面向球篮的站位方式，以便更好地移动要位进攻。快速灵活地移动要位接球是当代中锋的一项重要技术。中锋队员移动要位接球有如下几种方法：

方法1：背对篮上、下移动要位，见图14－1。⊗1与⊗2互相传球，①上、下移动要位。移动时可采用滑步或碎步，接球时应采用抢步（突然上步）并扬手要球，另一手臂屈臂抬肘。

方法2：见图14－2。①面向篮，摆脱横滑步要位或侧身跑要位接球。

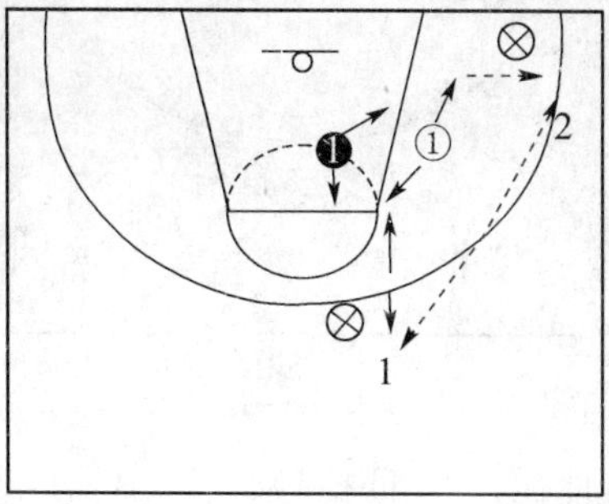

图14－1

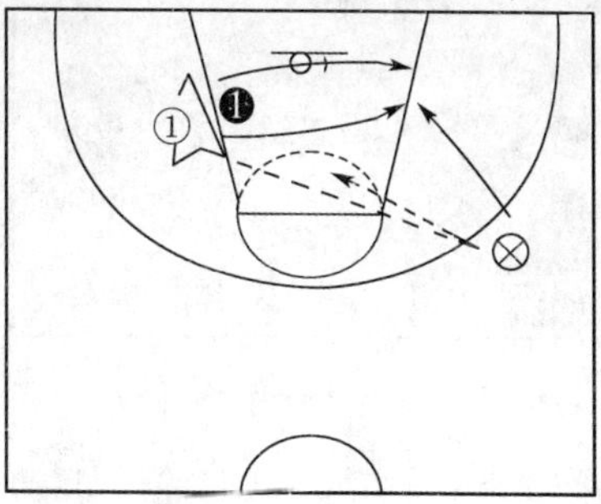

图14－2

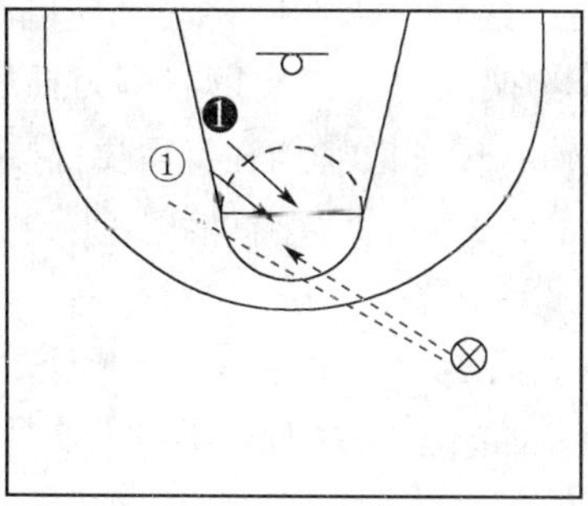

图14－3

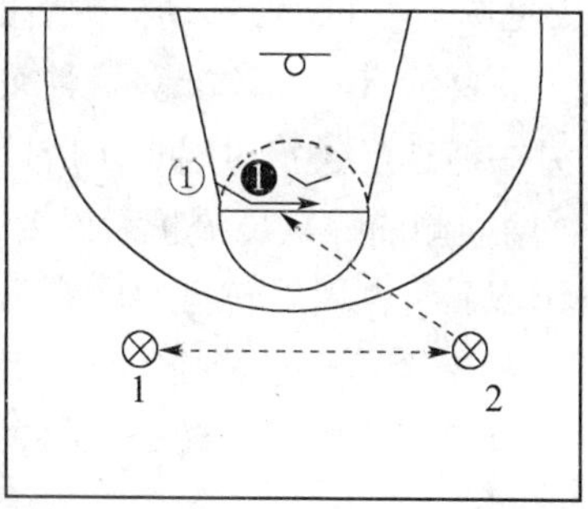

图14－4

方法3：见图14－3。①面向篮，下压摆脱，突然攻击步上滑到外中锋位置要位接球。

方法4：见图14－4。①做摆脱动作后，从外中锋位置的一侧向另一侧移动要位接球。移动可采用横滑步或碎步。

方法5：见图14－5，①面对篮摆脱下顺要位。

方法6：见图14－6。①背对边线向上摆脱做要球动作。要球时，伸臂探上体，但重心留在后腿上，当防守队员❶抢步防接球时，突然向篮下反跑接球。反跑时，如果内侧脚在后时，可采用后脚先起动的方法；如果内侧脚在上时，外侧脚先做后撤步，挡住防守人，然后快速以外侧脚为轴做前转身要位接球。

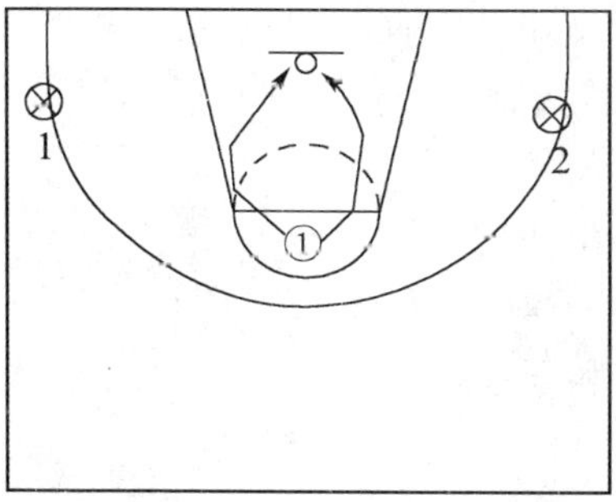

图14－5

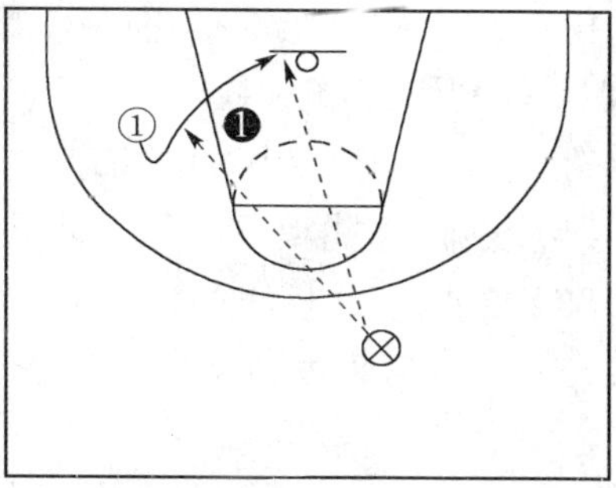

图14－6

方法7：见图14－7。移动中后转身要位接球。①面向篮并且向篮下移动，❶紧贴①

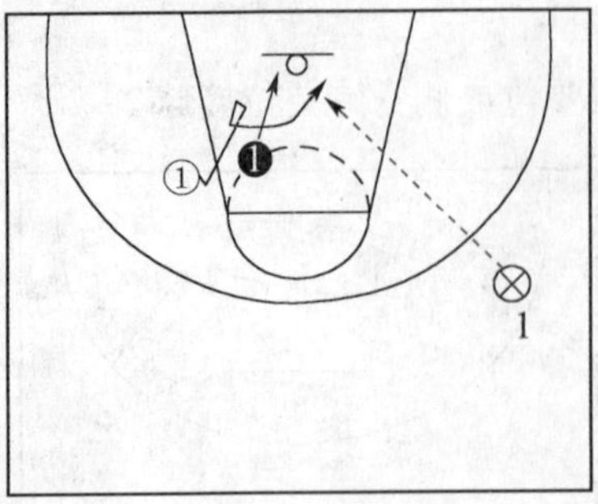

图 14－7

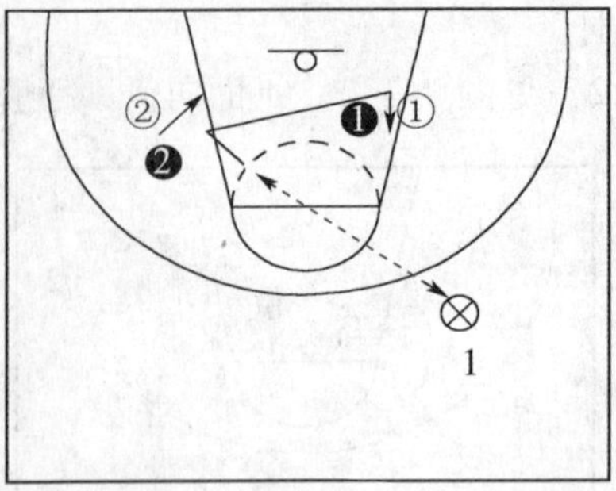

图 14－8

防守，①在移动中上右脚贴紧❶，并以右脚为轴做后转身抢位，面向⊗1 或侧向⊗1 接球。

方法 8：见图 14－8。横移动掩护后的转身要位接球。①摆脱移动到左侧给内中锋②做掩护，掩护后要位有两种情况。一种是当❶与❷换人时，①应以右脚为轴后转身把❷挡在身后。另一种是当❷挤过时，①应以右脚为轴后转身把❶挡在身后要位接球。

方法 9：给同侧前锋队员掩护后的要位，见图 14－9。①背对端线跑上给前锋队员②掩护。②空切篮下后，①后转身换出或向侧跨步后上插移动要位。

方法 10：外中锋给内中锋掩护后，转身要位，见图 14－10。①给②掩护，如果❷与❶换防时，①以右脚为轴做后转身把❷挡在身后。如果❷挤过时，①可突然外拉要位。

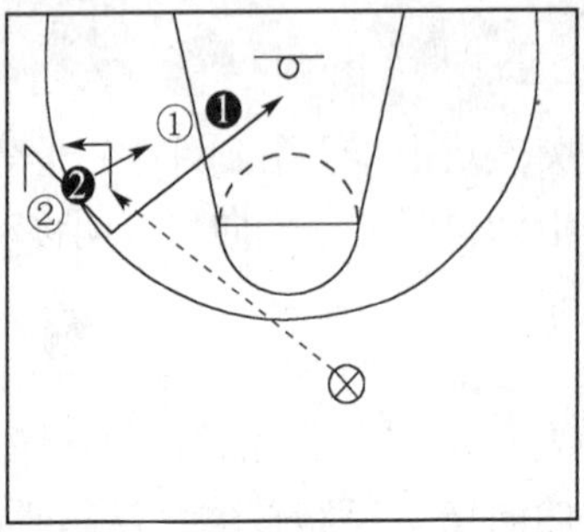

图 14－9

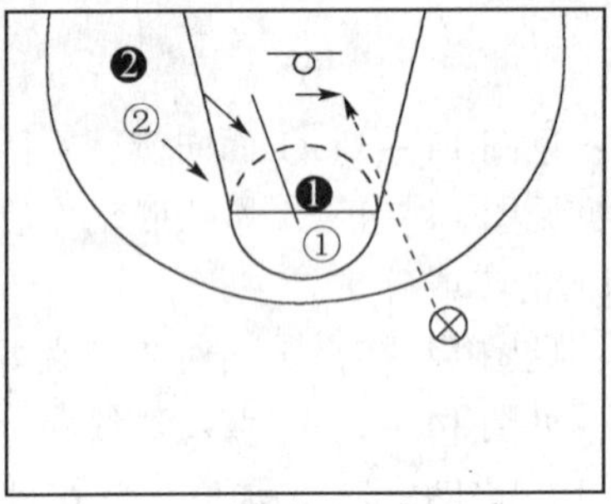

图 14－10

方法 11：原地挡人要位，见图 14－11。①根据❶的防守位置，两脚开立，占据有利的位置，扬起左手或右手要球。另一手屈臂抬肘侧举，占据空间位置，肩、背用上“内劲”把❶挡在身后或体侧，同时结合碎步不断地与❶争夺有利的位置。练习时，教练员根据①移动要位的情况，可将球传给①。

教学训练安排：根据练习方法，队员两人一组或四人一组，攻守轮换。

目的：掌握内线队员移动要位的各种方法和要位技巧。

要求：

（1）内线队员距篮近，攻守对抗激烈，所以移动要位时，不要怕碰撞。

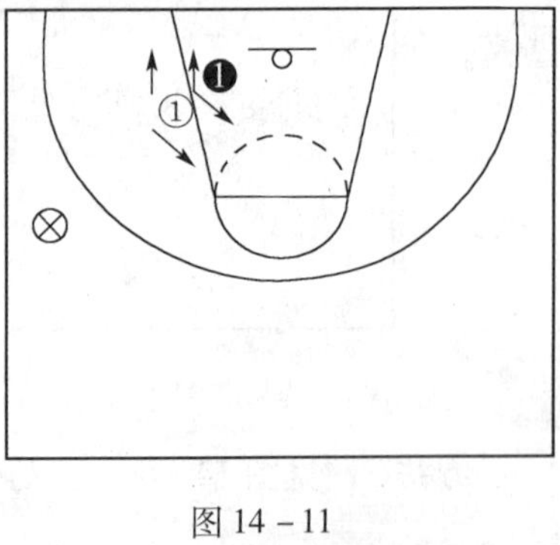

图 14－11

（2）抢位接球时，上步要突然，如未完全抢在防守人身前，可用横跨步把防守人挡住。注意身体（包括上肢）特别是肩、背用上“内劲”挡住或顶住防守队员，并注意扬手屈臂抬肘占据空间面积。

（3）及时合理地运用滑步、碎步、侧身跑、转身等步法把防守队员挡在身后。

（二）移动策应传、接球的练习

练习方法：见图 14－12。①是中锋队员，②③④为外线队员。四人进攻四人防守，用一个球。①策应接外线队员的传球后，再回传给摆脱空切的外线队员。外线队员将球转移给其他外线队员，①根据球的位置移动策应要位接球，之后再回传给摆脱的外线队员。连续做 1 分钟时间或连续不失误传球 10～20 次为一组。轮换。

目的：掌握并熟练各种移动策应传、接球的方法和技巧。

要求：

（1）开始练习时，防守队员由消极防守，逐渐过渡到积极防守。

（2）中锋队员根据防守队员的情况，及时合理地运用单、双手各种传球方式传给同伴球，传出去的球应便于同伴衔接下一个动作。

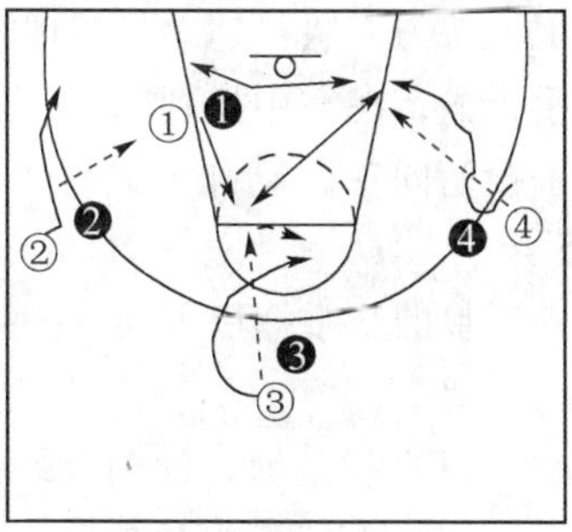

图 14－12

（三）策应传球练习

练习方法一：策应跳投时的传球，见图 14－13。①策应接球后，②摆脱到①前面（实际是左侧面），接球投篮。①传球时，应顺势迈左腿（如果在策应队员右侧，则迈右腿），将防守队员②挡在身后，然后用单手或双手低手传球。

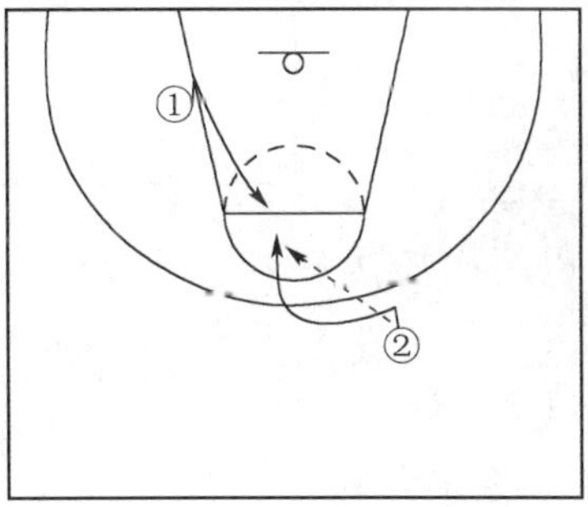

图 14－13

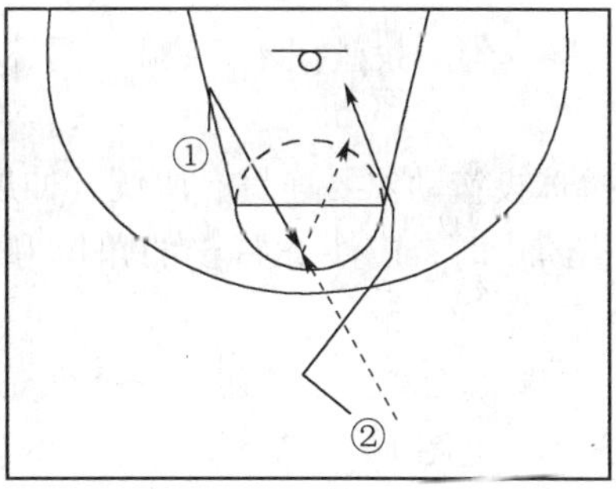

图 14－14

练习方法二：策应空切时的传球，见图 14－14。①插外中锋位置作策应接②的球，②摆脱空切篮下，①传球。传球时一种是背对篮做各种隐蔽传球，如单手背后传球、向后击地传球、头后传球等；另一种是转身面向篮的隐蔽传球，如单手击地，体侧和单、双手的头上传球等。

目的：掌握并熟练策应后的各种传球方法和技巧。

要求：传球要及时、隐蔽、到位，使同伴接到球能很舒服地衔接下一个技术。

（四）策应后假传球变突破的练习

练习方法：见图 14－15。当②传球给①，并在①身前做摆脱接球时，①假做策应传球，然后突然向反方向运球突破上篮（突破采用后撤步转身突破的方法）。两人一组，最好是一内线一外线。如果都是内线队员，两人可轮换做策应。

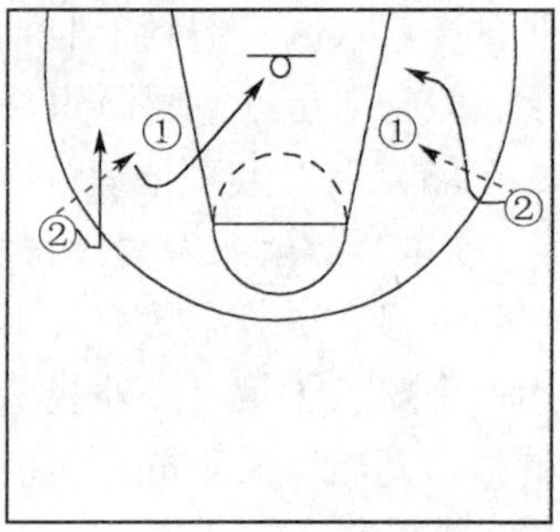

图 14－15

目的：掌握策应时假传球变突破的方法和突破时机。

要求：

（1）策应后假传球动作做得要逼真。

（2）突破时脚步要清楚，不要走步，后撤步时脚尖对准篮，不要绕道。

（五）篮下勾手投篮

练习方法：运动员持球在篮下两侧连续用左、右手做勾手投篮，在空中抢到球后，右腿蹬直，右脚向左侧落地，同时上抬左臂和左腿投篮，右手投篮同左手动作，只是方向相反。左右手共投 10 次或投中 10 次为一组，完成 3～5 组。

目的：掌握篮下勾手投篮的方法。

要求：

（1）投篮时，同侧大腿要高抬，异侧手臂注意保护球。

（2）左、右手交替投，动作要连贯，不得走步。

（六）内中锋位置上接球跨步勾手投篮的练习

练习方法：见图 14－16。①接球后，向左横跨步做勾手投篮。自己抢篮板球后传给⊗，连续做 10～20 次或投中 10 次为一组轮换。每人完成若干组。左、右两侧内中锋位置都要练习。

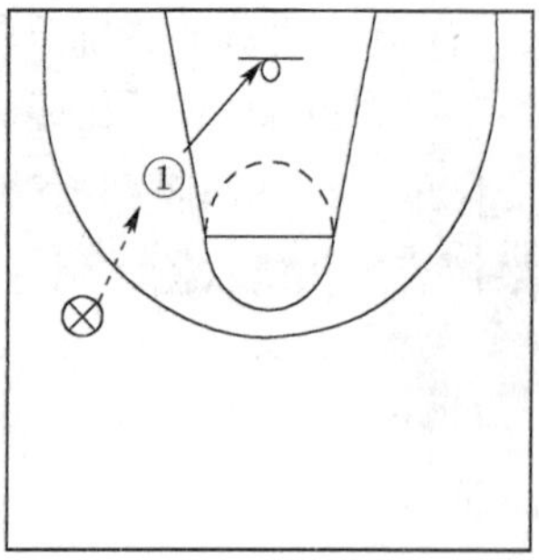

图 14－16

目的：掌握勾手投篮技术并提高勾手投篮的命中率。

要求：

（1）接球投篮动作要连贯、协调、伸展。

（2）横跨步时，应注意跨步的角度和位置，以便找好投篮角度。

（七）在限制区左、右两侧内中锋位置接球后勾手投篮

练习方法：见图 14－17，①接⊗1 的球后，向上线转身，用右手做勾手投篮，投篮后自己冲抢篮板球，并传给⊗1，然后快速移动到右侧内中锋位置接⊗2 的球，向底线转身用右手勾手投篮，投篮后冲抢篮板球传给⊗2……左、右两侧移动接球勾手投篮，连续做 10 次或投中 10 次为一组，完成若干组。

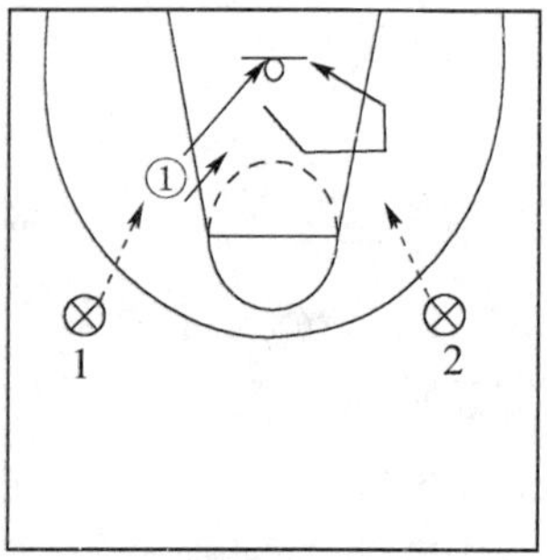

图 14－17

目的：掌握左、右两侧移动接球勾手投篮技术，并提高投篮命中率。

要求：

（1）移动接球与转身勾手投篮动作要连贯协调。

（2）投篮动作和方法比较熟练时，可在左右两侧内中锋位置上增加两个防守人，防进攻队员接球和投篮，以便在接近实战的情况下，提高勾手投篮的命中率。

（3）身体与篮有角度时投碰板篮，与篮平行时投空心篮。

（八）捡地板球跨步投篮

练习方法：见图 14－18，②③相距 5 米左右，身前地板上各放一球。练习时，①从篮下开始跑到②身前捡起球转身（前、后转身均可）跨步投篮，然后再到③面前捡球投篮。②与③负责将①投篮后的球放回原处。连续投 10～20 次为一组，完成若干组轮换。

目的：

（1）提高高大队员快速降重心和快速起跳的灵活性。

（2）在重心快速变化中掌握投篮技术。

要求：

（1）在快速移动中完成捡球、投篮技术。

（2）整个技术动作要连贯、脚步动作清楚不得走步。

（3）每次投篮都要投中。

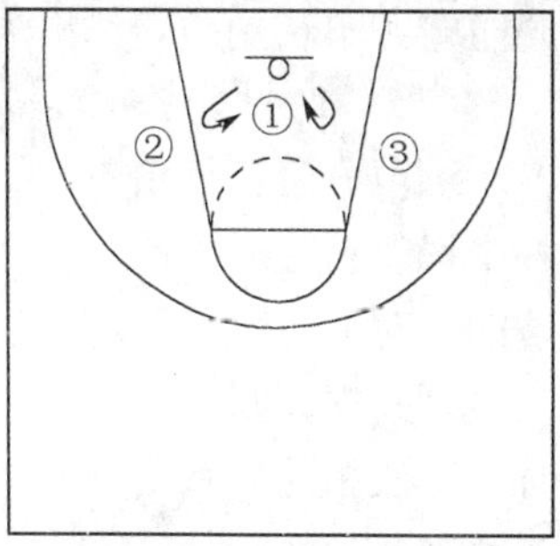

图 14－18

（九）捡地板球扣篮练习

练习方法：见图 14－18，②③相距 5 米左右，身前地板上各放一球，①从篮下开始跑到②身前捡起球运一次球扣篮或不运球直接扣篮。然后再跑到③面前捡起球重复上述扣篮。②和③负责将①扣篮的球放回原处。连续做 10～20 次为一组轮换。每人完成若干组。

目的、要求同（八）（略）。

（十）背对篮接球前转身跳投

练习方法：见图 14－19，①从右侧内中锋移动到左侧内中锋位置背对篮接⊗的传球后，以左脚为轴，右肩向右侧后上方做转身投篮假动作，然后变为向左侧前转身跳投。或者以右脚为轴，向左侧做假动作变为向右侧前转身跳投，投篮后自己抢篮板球。

组织教学训练安排：一种是内线队员每人一球站一排轮流练习，另一种是一个队员连续投 10 次或投中 10 次后轮换。每人完成若干组。

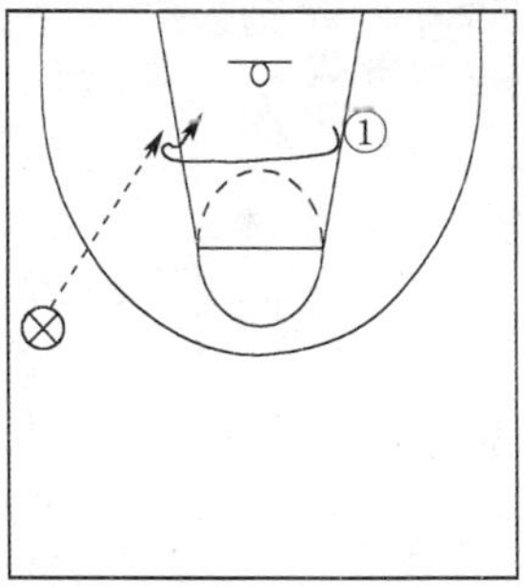

图 14－19

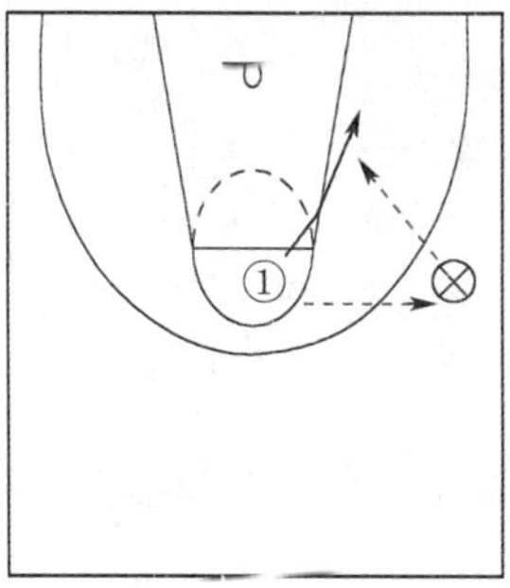

图 14－20

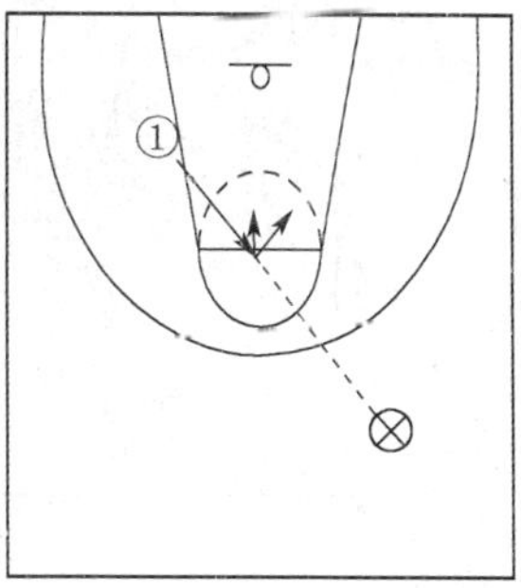

图 14－21

图 14－20 是队员由外中锋位置下顺到内中锋位置做上述练习的方法。图 14－21 是队员由内中锋位置上提到外中锋位置做上述练习的方法。

目的：掌握背对篮接球后转身跳投的方法和技巧，并提高命中率。

要求：

（1）假动作做得要逼真，但要注意脚步清楚，不要走步。

（2）转身投篮时，两脚尖要对准篮。

（3）动作熟练后，加上防守。有防守时，注意转身时不要转到对方怀里。

（十一）移动背对篮接球后转身跳投

练习方法、目的，要求同前一练习，只是在移动背对篮接球后，采用后转身跳投的方法。比赛时采用后转身跳投还是前转身跳投，应根据防守队员的防守情况决定，以摆脱防守和不转到防守怀里为目的。

（十二）背对篮移动转体接球跳投

练习方法：见图 14－22，中锋①由左侧内中锋位置向外中锋位置移动接球，接球时采用两步急停的方法即伸手要球的同时上左脚，待双手触到球的同时，转体面对篮，右脚急停，并立即跳起投篮。从右侧上提外中锋位置做此练习时，方法相同，只是方向相反。内线队员每人一球，按顺序连续练习，教练员⊗传球。

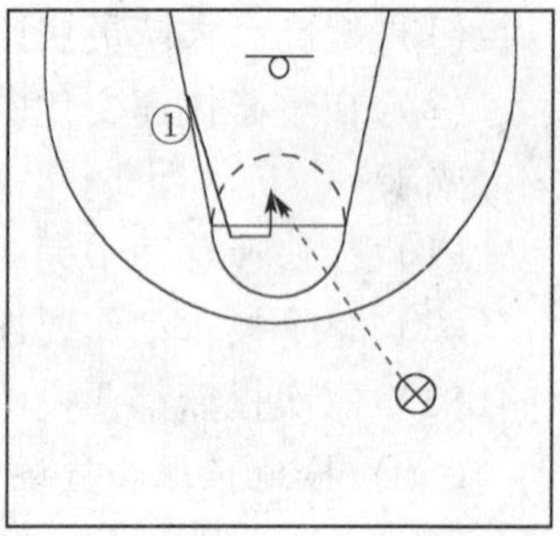

图 14－22

目的：掌握转体接球的方法和技巧并提高投篮的命中率。

要求：

（1）转体接球的目的有三：一是抓住时机、及时投篮；二是由原来的背对篮变为面对篮；三是与防守队员错开位置，获得投篮机会。因此要求转体接球时应达到这三个目的。

（2）整个动作做得要协调、连贯。

（十三）移动背对篮接球插步转身跳投

练习方法：见图 14－23。中锋队员①在内中锋位置上背对篮接球后，以左脚为轴右脚突然向篮下做插步转身，将防守队员挤在身后，跳起投篮。

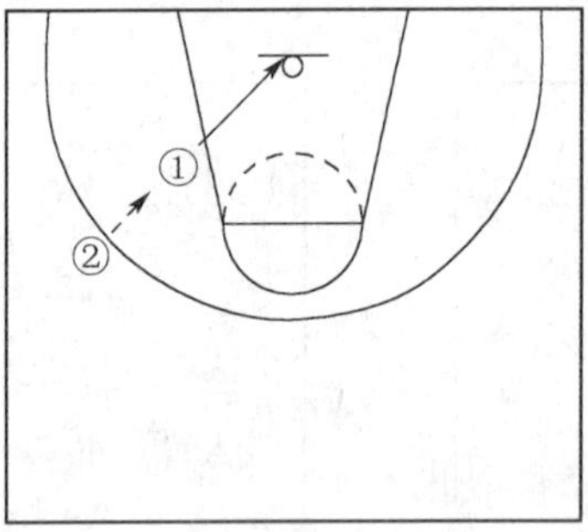

图 14－23

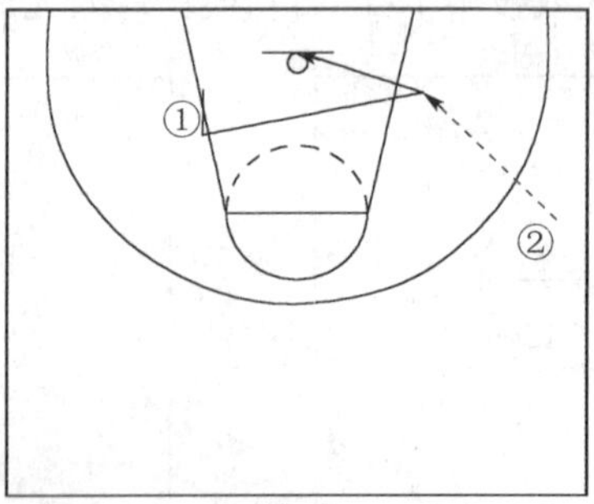

图 14－24

图 14－24 是中锋队员①从左侧内中锋位置移动到右侧内中锋位置背对篮接球时，左脚做插步的练习。

目的：掌握插步转身投篮的技巧并提高一攻一的成功率。

要求：

（1）插步转身时，身体要紧贴防守队员，使其不便舞动不便起跳。

（2）插步前，可运用假动作，如插步脚的异侧肩和上体做转身投篮的假动作，吸引防守队员偏向此侧防守，然后突然做插步跳投。

（3）整个动作要有速度有力量。

（十四）背对篮接球运球插步转身跳投

练习方法：见图14－25，①在左侧内中锋位置上背对篮接到⊗的传球后，原地或碎步运球，以此贴近防守队员或与防守队员错位，突然右脚做插步转身跳起投篮，也可以用左脚向上线做插步转身跳投。插步的目的是把防守队员挡在身后。练习时，左、右内中锋位置上都要练习。

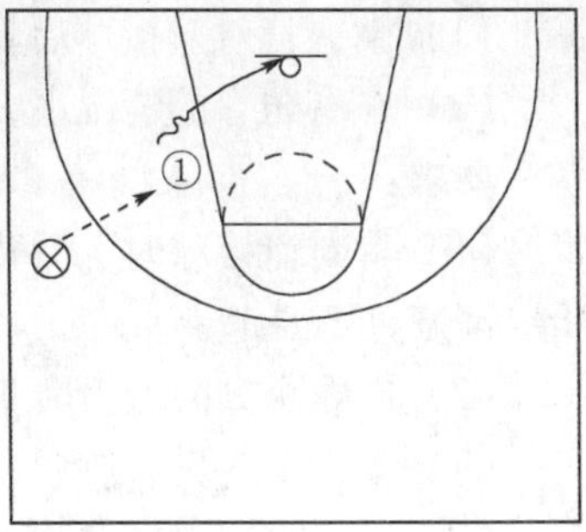

图14－25

目的：掌握运球时插步转身的方法和技巧，提高一打一时的成功率。

要求：运球时注意保护球，其他同上一个练习。

（十五）背对篮接球后运球突然跳起转身投篮

练习方法：见图14－26。内线队员一人一球，教练员⊗传球。队员①在内中锋位置上背对篮接球后，运球下压，下压的目的有二：一是贴紧防守队员，突然跳起投篮，使对方来不及封盖；二是吸引背后的防守队员抢球，对方抢球时，必须偏向一侧，这为转身跳投创造了机会。一旦出现了机会，立即跳起转身投篮。

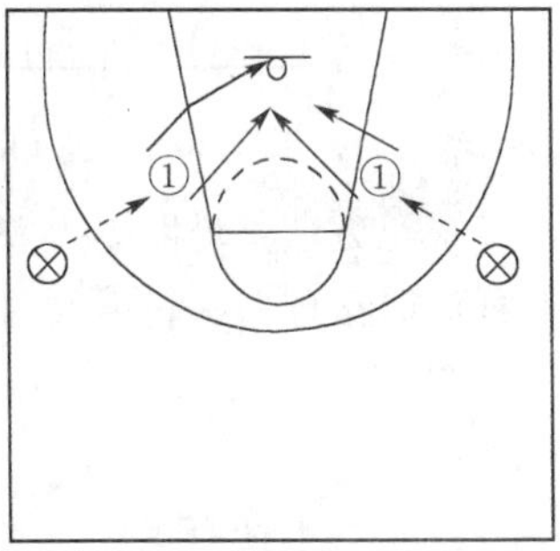

图14－26

目的：

（1）掌握背对篮运球时，突然跳起转身投篮的方法和技巧。

（2）有防守时，掌握跳起转身投篮的时机。

（3）提高一打一的能力。

要求：

（1）练习时先不加防守，掌握技术方法后再加上防守。

（2）背对篮运球时，注意保护球，背部应感觉防守队员的位置，用上“内劲”紧贴住对方不给其绕前抢球的机会，一旦对方绕前抢球立即转身投篮。

（十六）移动背对篮接球后转身运球突破上篮

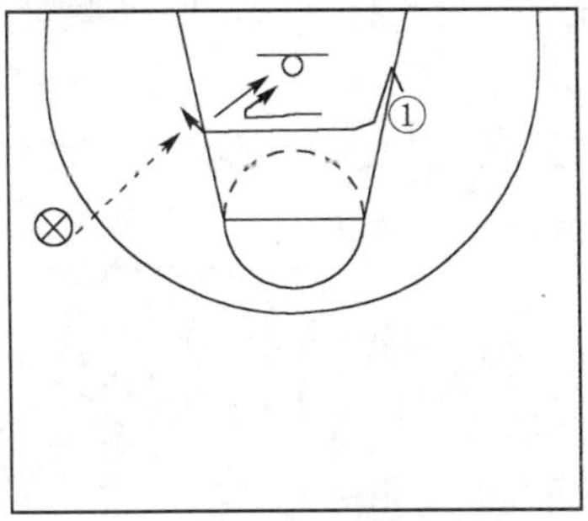

图14－27

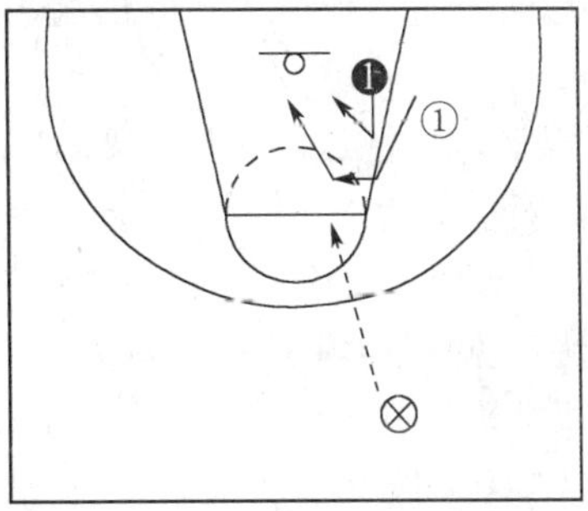

图14－28

练习方法：见图14－27。进攻队员①由右侧内中锋位置移到左侧，背对篮接⊗的传球后，以左脚为轴顺势向底线做后转身（右手放球）突破上篮。图14－28是①移动到外中锋位置背对篮接球后，以同样的方法做后转身突破上篮的练习。

目的：

（1）掌握背对篮接球后转身突破的技巧。

（2）在有防守的情况下，提高技术运用的能力和一打一的能力。

要求：

（1）背对篮接球时，后背要紧贴防守队员，然后立即做后转身运球突破，突破时脚步要清楚，不要走步。

（2）向哪个方向做后转身，那侧手做突破的放球动作。

（3）动作要连贯、协调，不要怕碰撞。

（十七）背对篮接球转身突破投篮

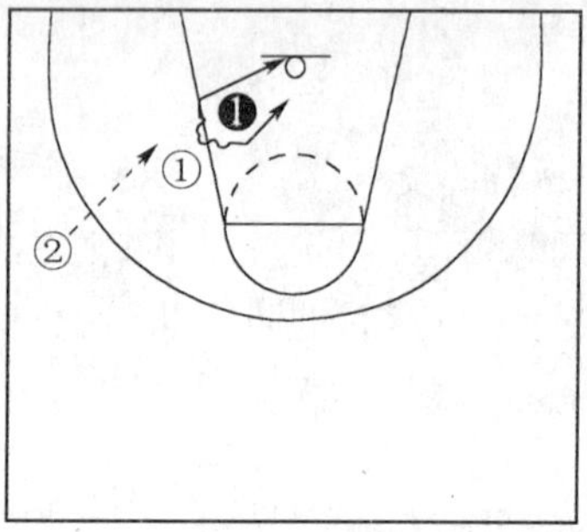

图 14－29

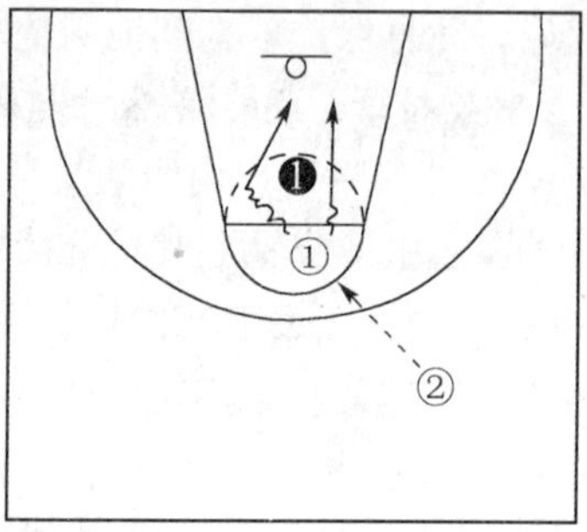

图 14－30

练习方法：见图 14－29。内线队员两人一组，一攻一守。中锋①在左侧内中锋位置上背对篮接球后，转身面对篮，然后结合假动作突破上篮。

图 14－30 是在外中锋位置上以同样的方法练习。

目的：

（1）在有防守的情况下，提高一打一的能力。

（2）提高队员敢于对抗的心理素质。

要求：

（1）防守队员让进攻队员接到球转身后再积极防守。

（2）接球转身时，根据防守的情况，决定突破的方式和方法，但脚步要清楚，不要走步。

（3）可规定一些特殊的规则：如防守队员可以适当地挤推进攻队员而不算犯规等，以提高队员的对抗能力。

（十八）横切接球投篮

练习方法：见图 14－31，①从左侧内中锋位置摆脱横切，接⊗的球投篮，投篮可用以下几种方法：

方法 1：直接上篮（高大队员、弹跳好的男队员可以扣篮）。

方法 2：背对篮接球后，以左脚为轴，前转身跳投。

方法 3：背对篮接球，左脚做后撤步，左手放球运一次球转身突然上篮，（此方法应注意放球时，左肩左腿保护

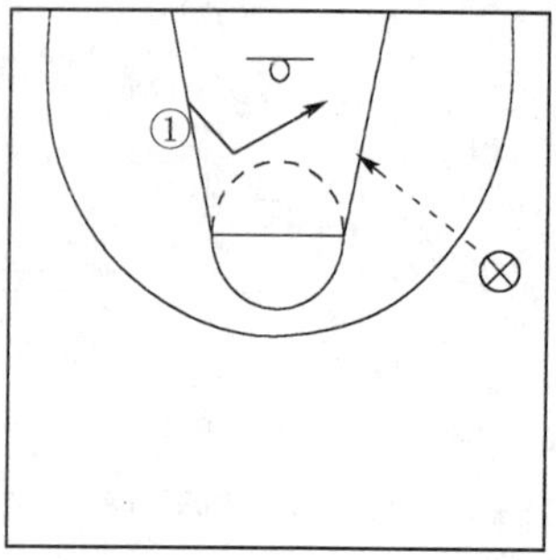

图 14－31

球）。

方法4：背对篮接球后，向自己左手侧做假动作，然后以右脚为轴前转身跳投。

方法5：背对篮接球后，向自己左手侧做假动作，然后以左脚为轴，后转身跳投。

从右侧摆脱横切时，方法相同，方向相反。内线队员每人一球，按顺序练习，教练员传球。

目的：

（1）掌握横切接球投篮的各种方法和技巧。

（2）加上防守时，掌握上述各种投篮方法运用的时机和技巧。

要求：

（1）各种投篮或转身投篮时，脚步要清楚，不要走步。

（2）练习时，先不加防守，待掌握技术方法后，再加上防守。

（十九）移动接球跳投

练习方法：见图14－32。内线队员四人一组用三个球。②和③在篮的两侧3～4米处各持一球，④手中持一球并负责抢篮板球后传给②和③。①从篮下开始由底线移动到②面前接球跳投，然后再从另一侧底线绕出到③面前接球跳投。①移动的轨迹呈8字形。连续投10次或投中10次为一组，然后轮换，每人完成若干组。

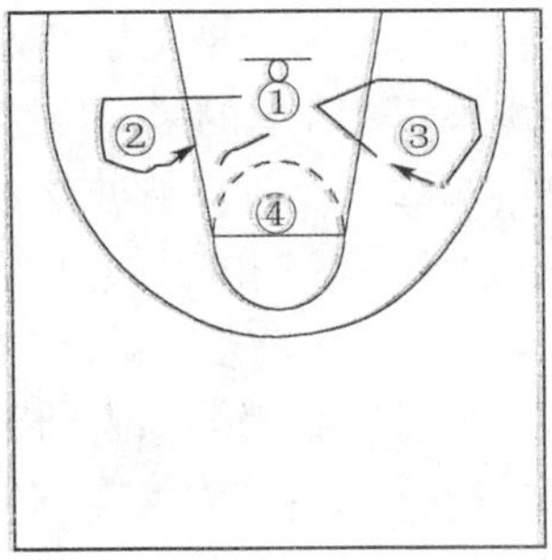

图14－32

目的：提高中锋队员移动跳投的命中率。

要求：

（1）两侧跳投的距离可远可近，一般为3～6米，两侧投篮的角度可从0～45°。

（2）移动接球时，要面对篮，步法清楚，不要走步。

（二十）防内中锋接球的练习

练习方法：内线队员两人一组，在内中锋位置上一攻一守，教练员或队员在左前锋位置上和左后卫位置传球，防守队员根据球的位置选择防守位置。练习时先不传给中锋球，防守队员熟练后，再加上防接球，练习一定次数后攻守交换。在右侧防守时方法相同，按下列方法练习：

方法1：见图14－33。当球处在左侧后卫队员②手中时，防守内中锋的队员❶应站在①的上线右侧略靠后的位置，采用右肘部贴在①的腰部，左脚在前，左手肘部弯曲，干扰对方传接球，两脚不断地做碎步滑动，以调整与①的防守位置和距离。当①上、下移动要位时，❶应积极滑动，不给对方接球的机会。

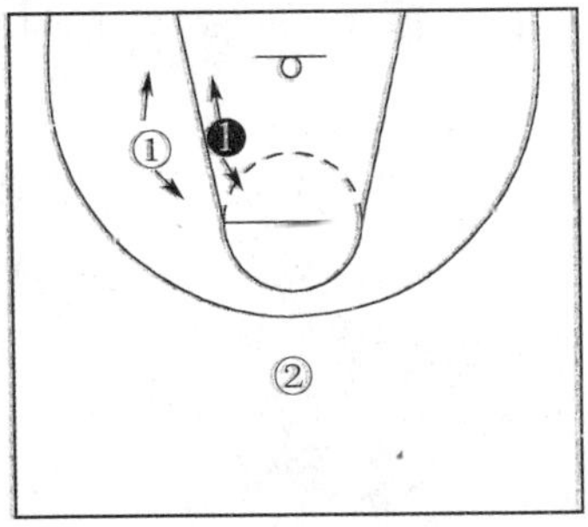

图14－33

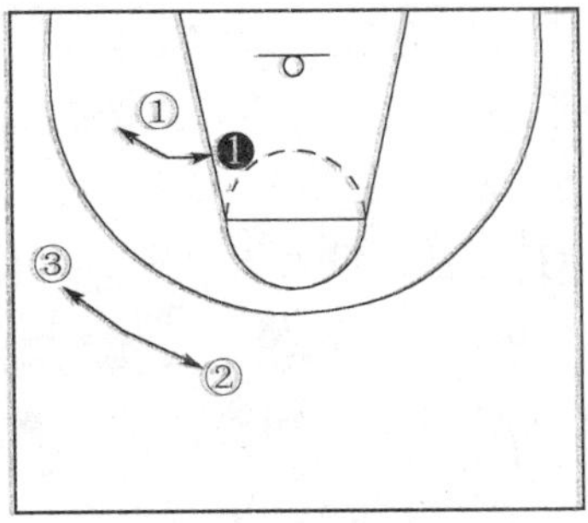

图14－34

方法2：见图14－34。当②传球给③时，不要迅速从①的身前移动，绕到①的身前，背部紧贴住①，一手扬起，干扰对方传接球；另一只手摸着①。由体侧绕到身前防守时有两种步法：一种是迈右脚，跟左脚；另一种是以左脚为轴后转身到①的身前防守，后转身时有一刹那间看不到球的感觉，但只要判断准确、及时，转身时正好是球从②传给③在空中飞行的时候，所以转身也是可以的。

方法3：见图14－35。当球在底线，❶采用撤步或绕后步的步法到①的底线一侧防守。总之，防守队员防守内中锋时，应偏向有球的一侧防守，有重点地防其一侧，薄弱的另一侧由相邻的队员协防。

目的：掌握防中锋接球的方法和技巧，并提高防守能力。

要求：

（1）防守队员始终处于碎步的动态防守，用碎步不停地调整正确合理的防守位置。

（2）及时识破进攻队员和传球队员的意图，当进攻队员用后背紧贴防守队员伸手要球时，防守队员可突然离开进攻队员，用绕前步上前断球。

（3）要用上“内劲”与进攻队员争夺有利的防守位置和有利的空间位置，不要怕碰撞。

（4）防守时应做到人球兼顾。

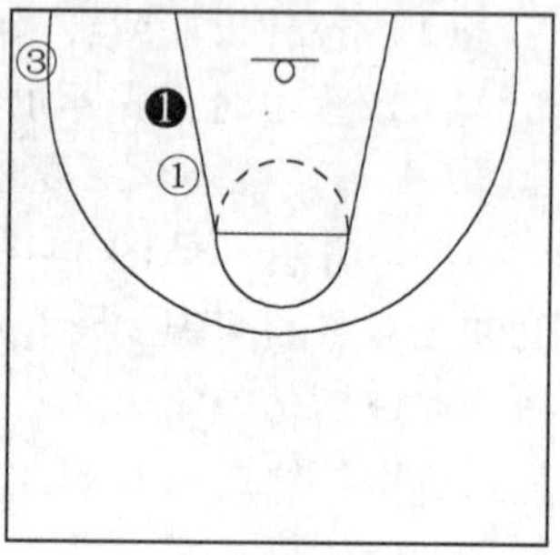

图14－35

（二十一）防内中锋横切和溜底线的练习

练习方法：见图14－36。两人一组一攻一守，教练员⊗持球站在另一侧前锋位置上，①在内中锋位置上横切或溜底线时，❶积极卡堵①的移动路线，不给对方接到球。练习一定次数或防守成功一定次数后，攻守交换。

目的：掌握防内中锋横切和溜底线的方法，提高防守能力。

要求：（1）不准进攻队员在限制区内接到球，迫使其回原位或拉到外线。

（2）不允许进攻队员从自己身前横切，迫使对方从自己身后走，从身后移动时，也要紧贴对方，使其难以接球。

（3）防对方溜底线时，采用“莳防”或背防的方法均可，但必须积极卡堵其移动路线，扬手干扰对方传、接球。

（4）一旦对方接到球，应积极防投、防突，拼抢篮板球。

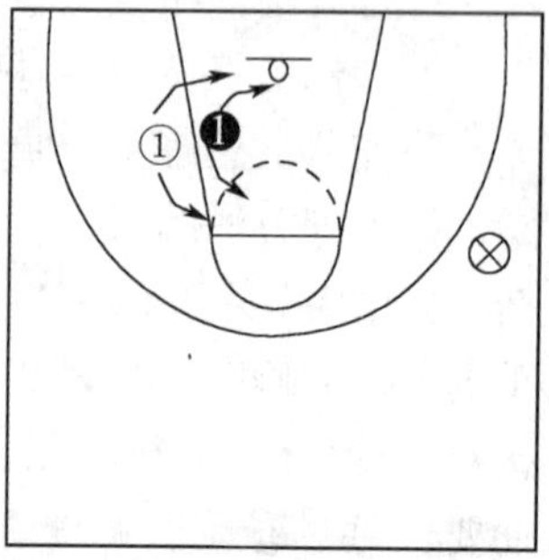

图14－36

（二十二）防内中锋向外中锋位置移动接球的练习

练习方法：见图14－37。内线两人一组，一个球。进攻队员①把球传给⊗时，上插外中锋位置要位接球，❶全力卡堵①，不让其接球。如果①接到球后再传给⊗重新练习。❶防守若干次或防守成功若干次，攻守交换或与下一组轮换。

目的：掌握防内中锋上插接球的方法并提高防守能力。

要求：

（1）脚步移动要积极要快，首先是卡堵对方的移动路线，手臂要积极干扰对方传接球，一旦对方传球，瞅准机会将球断掉或将球打掉。

（2）时刻注意对方运用假动作，防上插的同时，还要注意防对方“反切”。

（3）在防守过程中，防守队员要会用“内劲”与进攻队员争夺有利的位置，并把进攻队员往外“挤”，使其远离球篮。

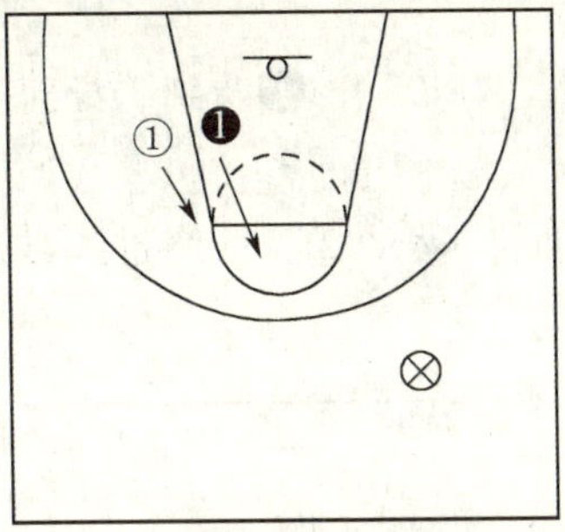

图 14－37

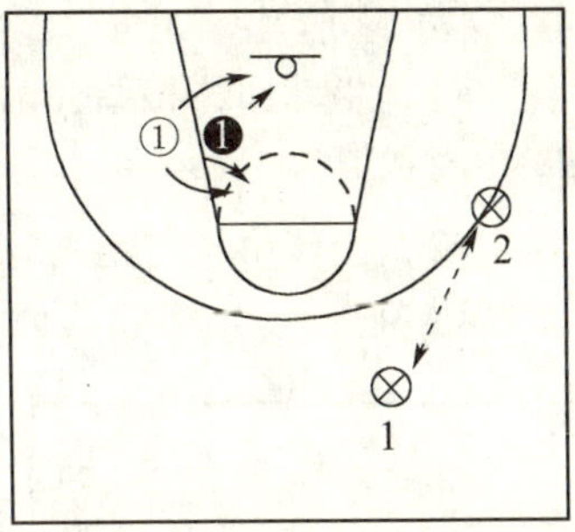

图 14－38

（二十三）防内中锋移动接球的练习

练习方法：见图 14－38。内线队员两人一组，一攻一守，教练员⊗1 和⊗2 手中各持一球。进攻队员①可任意做上插、横切、溜底线等移动要位接球。❶则全力卡堵其移动接球。防守成功若干次（即抢断球或将球打出）后攻守交换或与下一组轮换。

目的：提高防内中锋移动接球的能力。

要求：

（1）积极卡堵进攻队员移动接球的路线，扬手臂干扰其接球。

（2）当进攻队员改变移动方向和路线时，应及时变换步法，卡堵其移动路线。

（3）积极与对方争夺有利的位置，占据有利的空间位置，不要怕碰撞。

（二十四）防守外中锋接球的练习

练习方法：当球在左侧后卫②手中时，见图 14－39。防守外中锋①的队员❶应处在近球侧前方防守。当球由②传给③时，❶应从①身前绕到另一侧防守（其绕过的步法同防内中锋一样）。

目的：掌握防外中锋的方法和技巧，并提高防守能力。

要求：同防内中锋。（略）

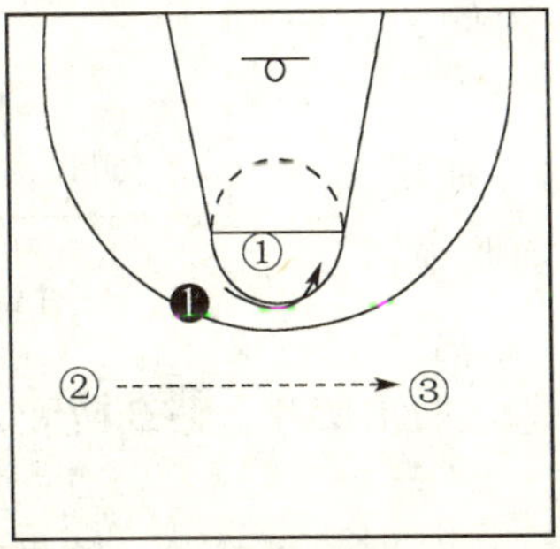

图 14－39

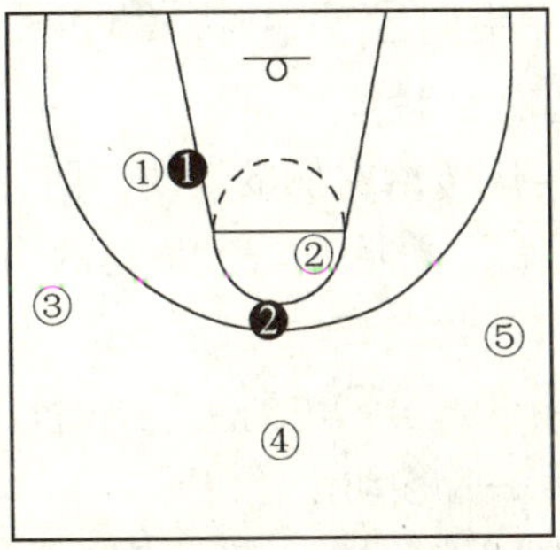

图 14－40

（二十五）内、外中锋协防的练习

练习方法：见图 14－40。内线队员四人一组，两攻两守，队员③④⑤在外线传球。防守内、外中锋的队员❶❷根据球的位置，调整自己的防守位置，练习一定时间后，攻守交换。防守内、外中锋的队员也要交换防守位置。

（1）当球在左侧后卫队员④手中时，见图 14－41，防守内中锋的❶和防守外中锋的❷，均应在靠近球的一侧防守。

（2）见图 14－41，当球由④传给左前锋位置上的③时，❶绕到①身前防守，❷向左下方移动协助❶防守①。

（3）见图 14－42，当球由④传给右侧后卫⑤时，❷从②身前绕过到靠近有球侧防守②，而防守内中锋的❶则向腹地中间一带移动协防。

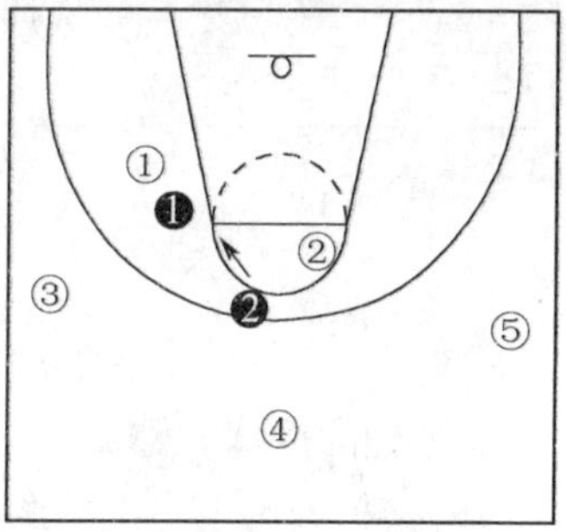

图 14－41

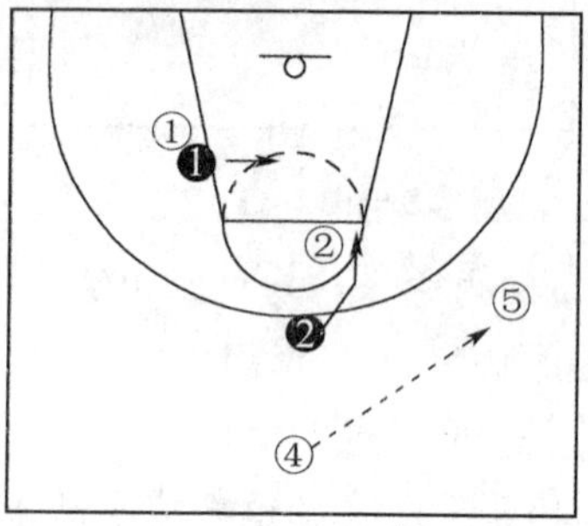

图 14－42

目的：

（1）掌握防内、外中锋的方法和技巧。

（2）掌握内、外中锋相互协防的方法并提高队员相互协防的意识。

要求：

（1）根据球的位置，及时选择有利的防守位置和协防位置。

（2）防守队员之间协防要默契，必要时应及时提醒同伴注意协防。

（二十六）左、右内中锋协防的练习

练习方法：见图 14－43。❶和❷在内中锋位置上防守①和②。③、④、⊗在外线传球。根据球的位置，❶和❷运用绕步和滑跳碎步结合转身选择有利的防守位置并进行协防。

（1）当球在中间⊗手中时，❶和❷都应在内侧前方防守；卡堵①和②上插接球。

（2）当⊗将球传给左侧的③时，防守队员❷立即从②上侧绕到②身前防守，❶在防守②横切的同时应稍向腹地移位，协防腹地一带。

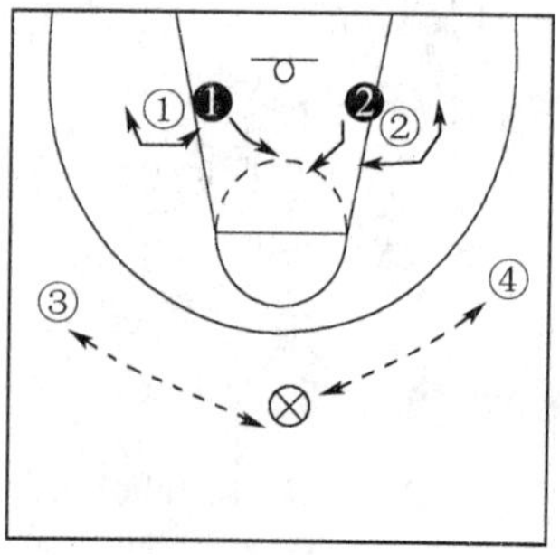

图 14－43

（3）当球由③通过⊗传到④手中时，❷应绕到②身前防守，❶在防守①横切的同时，也要注意向腹地一带移动注意协防。

目的：根据球的位置，防守内中锋的队员要及时地移动抢位，协防，掌握防守的方法。

要求：

(1) 防守队员随时处于动态，运用各种防守步法及时选择有利的防守位置并卡堵中锋接球。

(2) 绕前防守时，后背紧贴进攻人，侧防时，一只脚卡住对方上插的路线并扬手干扰其传接球。另一只脚卡堵对方反切的路线。

(二十七) 内中锋队员补防的练习

练习方法：见图 14－44。球在后卫队员③手中时，防守左侧内中锋的❶靠近有球侧侧防①，当②回传球给③，③从中路突破时，❶快速移动补防防守③（③不要分球给①）造成③撞人犯规或❶封盖③投篮。然后重新开始练习。❶防一轮后卫队员后交换，内线队员两人一组一攻一守，其他队员每人一球站在后卫位置上，②可由教练员代替。

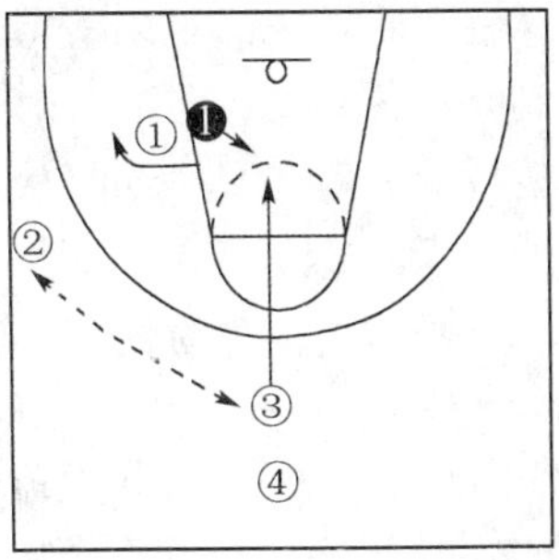

图 14－44

目的：内中锋掌握补防的方法，提高补防的意识。

要求：

(1) 根据球的位置，❶选择防守①的位置。

(2) 补防要及时，力争造成对方犯规或失误。

(二十八) 抢篮板球与盖帽的练习

练习方法：见图 14－45。三人一组用一个球篮，②③分别站在距篮 8 米的位置上，当教练员投篮时（不要投中篮）三人立即冲抢篮板球，抢到球的队员投篮，未抢到球的其他两人封盖投篮，直至投中或被盖帽，再由教练员投篮重新开始练习。抢到篮板球得一分，盖帽成功得两分，看谁先得 80 分。

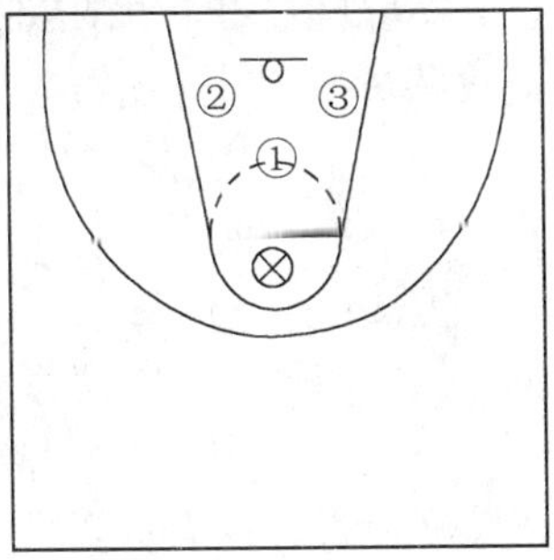

图 14－45

目的：

(1) 掌握盖帽的时机和技术，提高盖帽的意识。

(2) 提高抢篮板球的技术和能力。

要求：

(1) 连续跳起抢篮板球或盖帽。

(2) 每次抢篮板球或盖帽都要认真，全力去做。

(3) 盖帽时，尽量做到不犯规。

(二十九) 补防盖帽的练习

练习方法：见图 14－46，中锋两人一组，站在内中锋位置上，一攻一守，其他队员每人持一球在 3 分线外。练习时，外线队员②运球突破上篮或急停跳投，（不许传球）❶补防封盖。封盖后复位防守①，然后再开始练习，防一轮后或盖帽成功若干次后与①交换。

图 14－46

目的：掌握补防盖帽的技术并提高其意识。

要求：掌握好补防盖帽的时机，跳起盖帽时，肢体要伸展，不要犯规。

（三十）盖帽与抢篮板球的练习

练习方法：见图 14－47。内线队员三人一组，一人防守，另外两人投篮。教练员⊗传球，用两个球，开始时，①手中持一球；教练员⊗手中持一球，防守队员❶站在限制区中间。⊗把球传给②，②投篮，❶上去封盖（这时①将球传给⊗），如果盖帽成功则回到限制区中间，待①接⊗的球后再封盖①，如果盖帽未成功，立即挡人抢篮板球，抢到球后传给②，再准备封盖①投篮。①②必须接⊗的球才能投篮。❶抢到一次篮板球得一分，盖帽成功得两分，得10 分算一组，轮换，每人完成若干组。

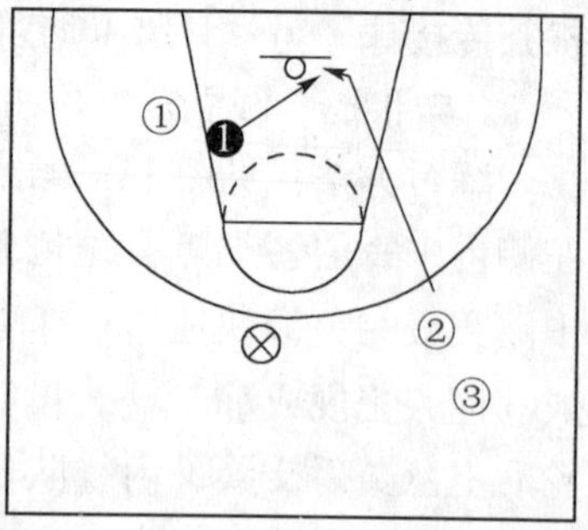

图 14－47

目的：提高盖帽和抢篮板球的意识和能力。

要求：

（1）掌握好跳起封盖投篮的时机。

（2）一旦封盖不成功，立即挡人抢篮板球。

（3）封盖和抢篮板球时，肢体都应伸展。

二、前锋位置技术训练

（一）个人摆脱接球

练习方法：见图 14－48。前锋队员两人一组一攻一守，用一个球，教练员⊗传球。前锋队员①在前锋位置上做摆脱接球，连续做若干次，最后一次接球后可投篮或突破上篮，防守队员❶积极防守，直至最后抢到篮板球或对方投中为结束，排队尾攻守交换。进攻队员摆脱接球时可采用下列方法。

方法 1：内压突然外拉摆脱接球（即向篮圈方向做假动作，然后突然向后跨跳接球，通常讲的“向外弹出接球”）。

方法 2：下压后上提摆脱接球（向端线方向假动作移动，然后突然向反方向移动接球）。

方法 3：下压后转身摆脱接球。下压时，防守队员未失去防守位置，这时进攻队员利用后转身把防守队员挡在身后，然后突然跨步接球面对篮。

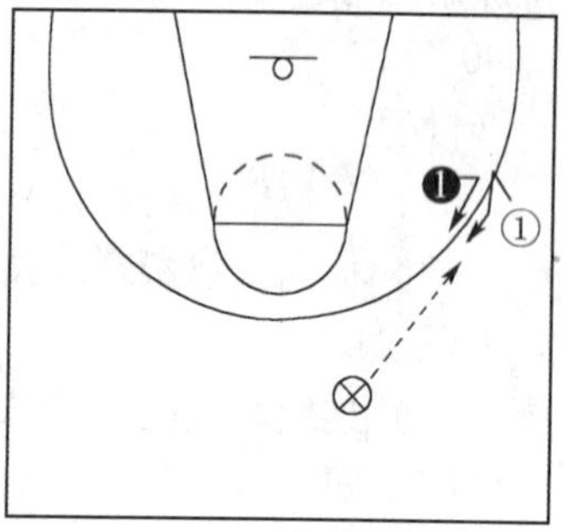

图 14－48

目的：

（1）掌握在前锋位置上摆脱接球的方法和技巧。

（2）提高摆脱接球的能力。

要求：

（1）假动作做得要逼真，摆脱接球时，动作变化要突然。

（2）注意观察防守队员的特点，有针对性地运用摆脱技术，如对方速率慢时，可用速度摆脱；对方反应快时，可运用假动作引诱对方上当后摆脱，或抓住机会及时摆脱等。

（3）摆脱接球时，要面对篮，以便能马上攻击。

（二）摆脱接球突破上篮的练习

练习方法：见图 14－49。前锋队员两人一组，一攻一守，用一个球。进攻队员①摆脱防守队员❶接⊗的球，突破上篮，之后排队尾，攻守交换。

目的：提高在前锋位置上突破上篮的能力。

要求：

（1）根据防守队员的防守情况，接球后可直接突破上篮，也可运用假动作引诱防守队员上当后再突破上篮。

（2）交叉步，同侧步均可运用。可从上线突破，也可以从底线突破。

（3）防守队员要全力防守。

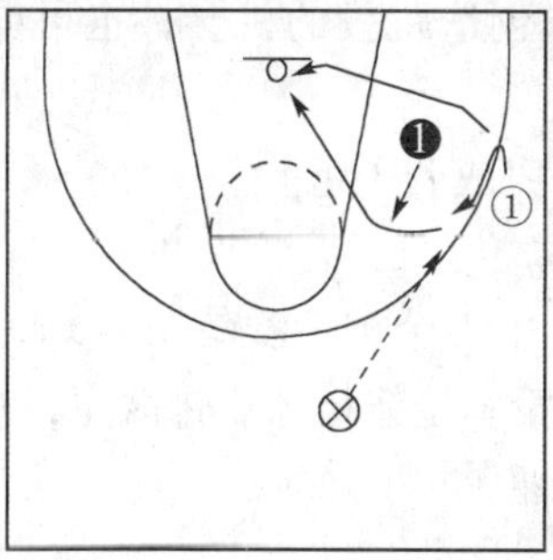

图 14－49

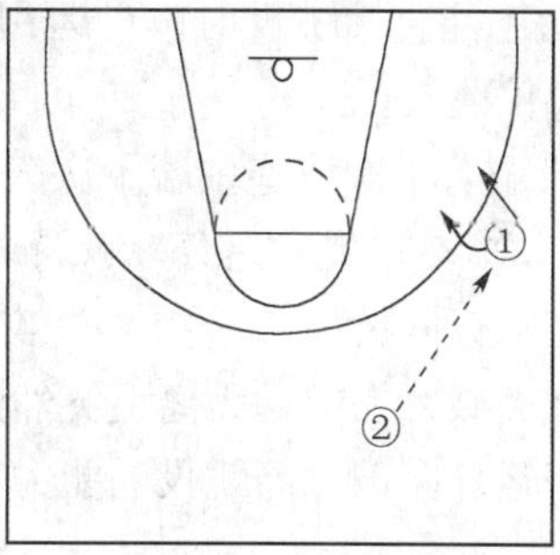

图 14－50

（三）接球后快速运球急停跳投的练习

练习方法：见图 14－50。前锋队员两人一组一个球，分别站在前锋和后卫位。①接②的球后向底线（或上线）方向运球，突然急停跳投。投篮后①和②同去抢篮板球，之后两人交换。

目的：提高运球急停跳投的准确性。

要求：

（1）在快速运球中做急停跳投。急停要突然，要控制好身体的平衡。

（2）要求一定的命中率，或要求连中若干次为一组。

（四）接球跳投练习

练习方法：见图 14－51。前锋队员每人一球，站在前锋位置上接教练员⊗的回传球立即跳投，之后抢篮板球排队尾。依此连续练习。

目的：提高接球跳投的准确性。

要求：

（1）接球后脚尖对准篮，接球后不要有多余动作应立即跳投。

（2）要求每人投中若干次或连中若干次为一组，完成若干组，或全队连中若干次为一组，完成若干组。

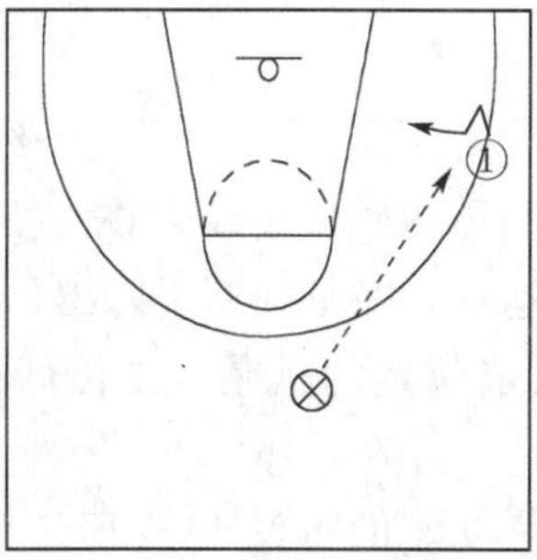

图 14－51

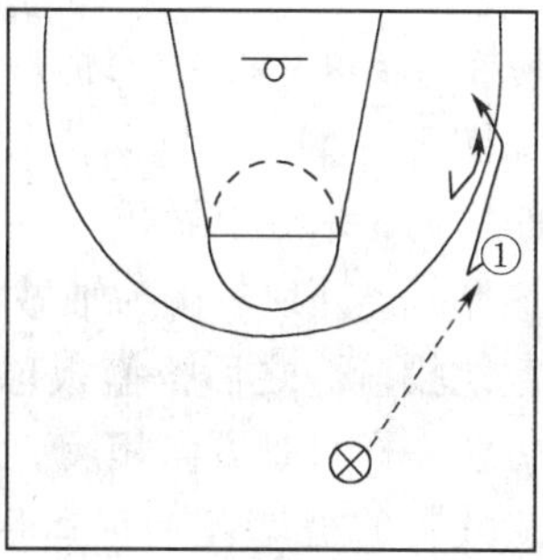

图 14－52

（五）摆脱接球跳投的练习

练习方法：见图14－52。前锋队员两人一组，一攻一守，用一个球，教练员传球。进攻队员摆脱防守接球后跳投，抢篮板球后排队尾，攻守交换。

目的：提高摆脱接球跳投的能力和投篮的准确性。

要求：

（1）接球后不能直接跳投时，可运用假动作创造跳投的机会；也可向左、右两侧运球摆脱，然后急停跳投。

（2）要求投中若干次或连中若干次为一组，完成若干组。

（六）摆脱接球运球突破急停跳投的练习

练习方法：前锋队员两人一组，一攻一守，用一个球，教练员传球，进攻队员①接球后向底线运球突破，在中远距离上突然急停跳投。抢篮板球后排队尾，攻守交换。

目的：提高运球突破急停跳投的能力和准确性。

要求：

（1）急停要突然。在快速中一般采用两步急停的方法。腾起投篮时控制好重心。

（2）要求投中或连中若干次为一组，完成若干组。

（七）底线突破抢位跳投的练习

练习方法：见图14－53。前锋队员分两组，上线队员每人持一球，教练员在限制区内防守。①接②的球从底线突破，教练员⊗有意造成进攻队员抢位跳投的机会，把⊗挤在身后跳投，投篮后抢篮板球排到上线队尾。②传球后到前锋位置的队尾，依此连续练习。

目的：掌握底线突破抢位跳投的方法和技巧。

要求：抢步抢位要快要及时，起跳突然，投篮出手快。

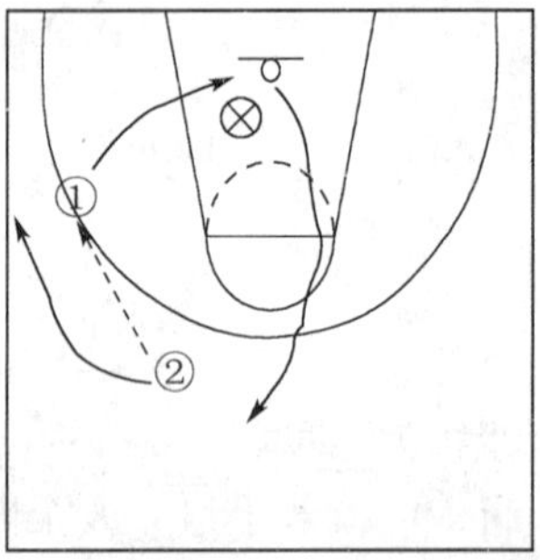

图14－53

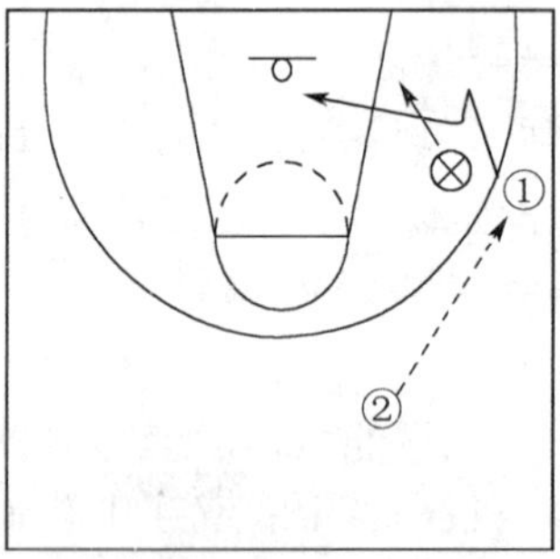

图14－54

（八）向底线运球后转身投篮的练习

练习方法：见图14－54。前锋队员分两组，一组站在前锋位置，一组站在后卫位置，教练员⊗在底线距篮约3米处上做防守。①接②的传球后从底线突破，教练员有意堵死底线，这时①右脚紧贴⊗，并以右脚为轴做后转身运球，左脚向篮下跨出，用左手上篮。或运球后转身双脚起跳投篮。之后抢篮板球排在后卫位置的队尾。②传球后排在前锋队的队尾。左侧练习方法一样只是方向相反。

目的：掌握底线突破被堵死后，运用后转身投篮的方法和技巧，并提高其运用的能力。

要求：

（1）后转身时，要把防守人挡在身后，并紧贴防守人转身，转身后起跳上篮时两脚尖要对准篮。

（2）运球中运用后转身投篮，整个动作要协调，变化要突然，转身后投篮要控制好重心。

（九）从上线运球突破后变后转身投篮的练习

练习方法：看图 14－55，前锋队员分两组，一组站在前锋位置，一组站在后卫位置，教练员⊗在距篮约 3 米的 45°～70°的位置上做防守。①接②的球后从上线运球突破，教练员有意卡堵上线，这时①后撤左脚紧贴⊗并以左脚为轴做后转身运球，右脚向篮下 45°跨出，用右手低手上篮，之后抢篮板球排在后卫位置的队尾。②传球后排在前锋队的队尾。左侧练习时方法相同，方向相反。

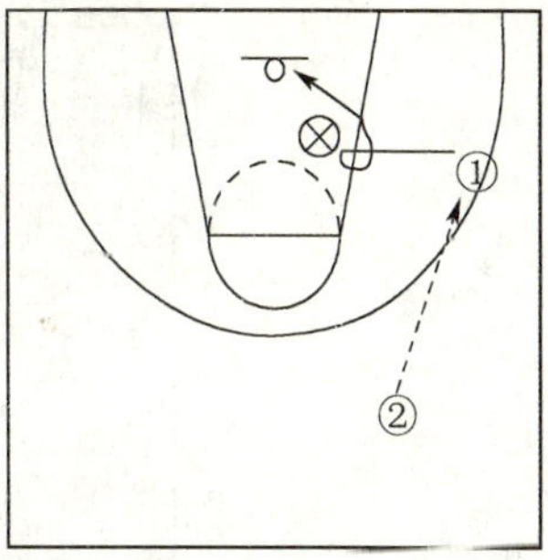

图 14－55

目的：掌握上线突破球受堵后转身投篮的方法和技巧，并提高运用的能力。

要求：后转身时，要紧贴住防守队员，并把防守人挡在身后，右脚跨出时脚尖要对准篮。

（十）利用掩护做运球上篮或急停跳投的练习

练习方法：见图 14－56。前锋队员两人一组用一个球，一人进攻一人防守。中锋队员②站在内中锋位置上，教练员⊗做传球。练习时，进攻队员在前锋位置摆脱接⊗的球后，②给①做侧后掩护，①根据掩护位置，向底线或上线做运球上篮或运球急停跳投。抢篮板球后与❶攻守交换，左侧练习时方法相同。

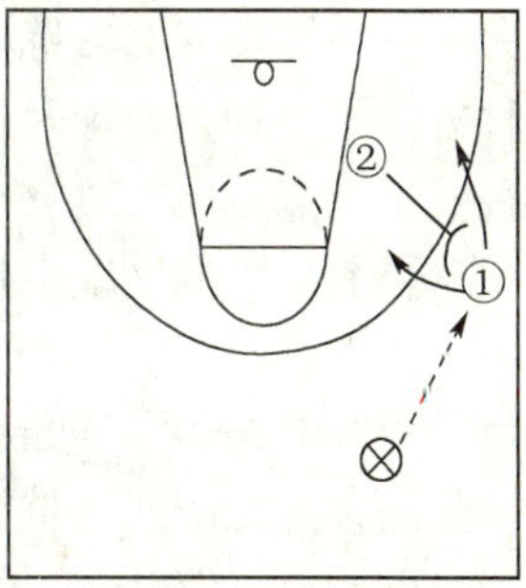

图 14－56

目的：掌握利用掩护运球上篮或急停跳投的方法，并提高投篮的准确性。

要求：抓住掩护的时机，突然运球上篮或急停跳投。

（十一）45°空切接球上篮或急停跳投的练习

练习方法：见图 14－57。前锋队员两人一组用一球，一攻一守，进攻队员摆脱❶的防守后由 45°空切，接⊗的传球上篮。之后攻守交换。右侧空切时方法相同。

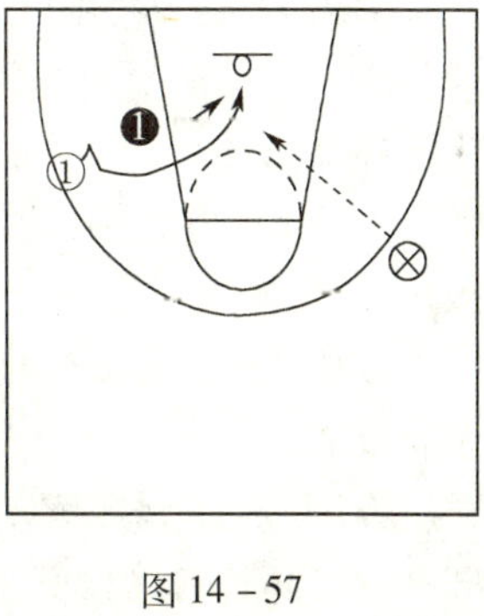

图 14－57

目的：掌握空切上篮或跳投的方法，并提高空切时一打一的能力。

要求：摆脱起动空切要突然，接球时远离球的那一侧肩背紧贴防守人，而手臂屈肘高抬保护球。

（十二）向底线空切接球上篮的练习

练习方法：见图 14－58。前锋队员两人一组用一个球，一攻一守。进攻队员①摆脱❶的防守，由底线空切到篮下，接②的传球上篮，或跳起接球直接补篮，或直接扣篮，或跳起接球后找时间差再跳起投篮，之后，攻守交换，在左侧练习时方法相同。

目的：掌握底线空切接球上篮的方法，并提高空切一打一的能力。

要求：

（1）摆脱空切要突然，并注意伸手示意同伴传球。

（2）②要掌握好传球的时机，并做到传球及时到位。①和②配合要默契。

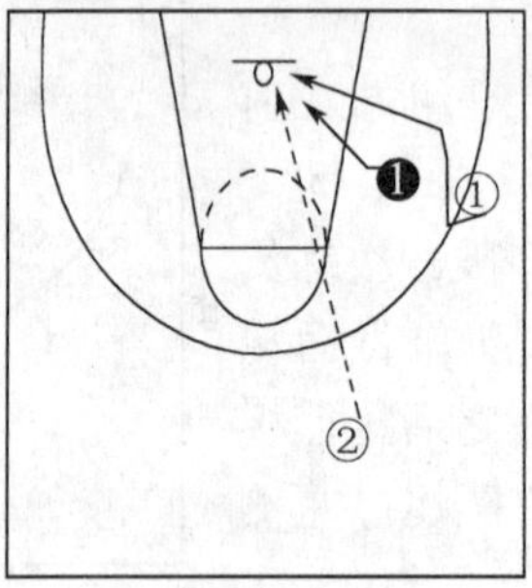

图 14－58

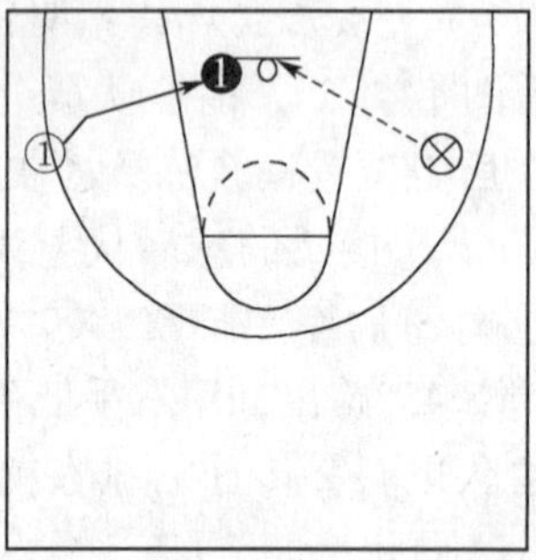

图 14－59

（十三）底线空切篮下投篮的练习

练习方法：见图 14－59。前锋队员两人一组用一球，一攻一守。进攻队员将球传给另一侧前锋位置的教练员⊗后，由底线空切到另一侧篮下接⊗的球投篮，①接球投篮有两种方法：一种是接球时把防守队员❶挡在背后，向底线转身跳投；另一种是向上线转身跳投。投篮后两人攻守交换。从右侧空切的方法相同。

目的：掌握底线空切篮下接球一打一的方法，并提高一打一的能力。

要求：

（1）接球时一定要把防守队员挡在身后。如果空切时未摆脱防守队员，最后可运用抢步的方法把防守队员挡在身后抢位接球。

（2）注意运用假动作运用时间差跳起投篮。

（3）转身跳投时，注意保护球。

（十四）底线空切篮下接球投反篮或跨步投反篮的练习

练习方法：见图 14－60。前锋队员两人一组用一个球，一攻一守。进攻队员由底线空切到另一侧篮下后，接⊗的球投反篮。投反篮的方法如下：

方法 1：跳起接球时，把防守队员❶挡在身后，空中直接投反篮。

方法 2：跳起接球时，把防守队员❶挡在身后，空中直接转身投篮。

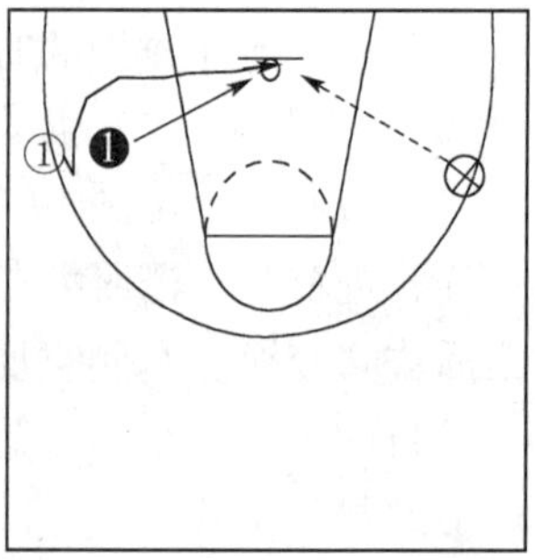

图 14－60

方法 3：跳起接球，落地时背对篮，当防守队员❶紧逼防守并双臂高抬封堵投篮角度时，运用跨步摆脱防守，到篮下另一侧投反篮。

目的：掌握底线空切篮下接球后投反篮的方法，并提高篮下接球后一打一的能力。

要求：

（1）跳起接球空中投反篮的难度较大，要掌握好空中身体平衡和选好投篮的角度。

（2）在篮下激烈的对抗中，注意抓住空隙或利用时间差及时投篮。

（3）在篮下激烈的对抗中，不要怕碰撞，敢于靠近对方攻击，不要躲着对方投篮，但要注意保护球。

（十五）两点移动投篮的练习

练习方法：见图 14－61。前锋队员两人一组，用一个球，一人投篮，一人抢篮板球后做传球。①在 0°角中或远距离接②的传球后跳投，然后向上线移动到约 70°以内的位置接②的球投篮。由 0°～70°之间连续投篮 10～20 次，或投中 10 次或连续投中若干次为一组，完成若干组。之后①和②两人交换。一个篮的左右两侧各安排一组同时进行练习。

目的：提高前锋队员中、远距离投篮的命中率。

要求：

（1）从 0°～70°，任选两点移动感投。

（2）移动速度要快。

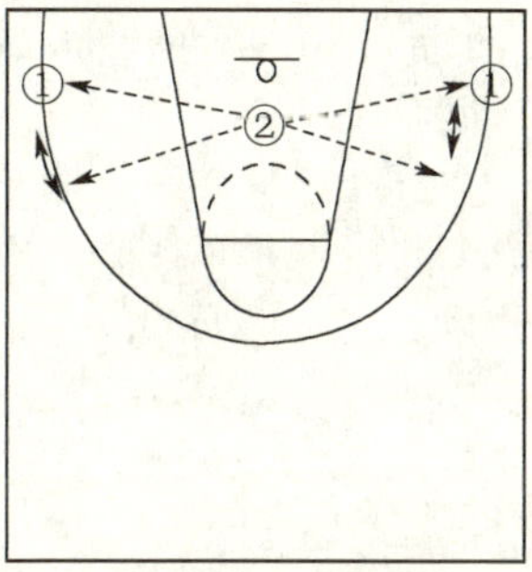

图 14－61

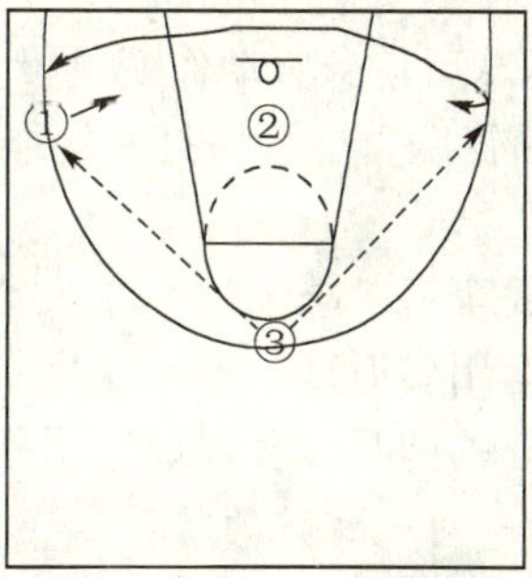

图 14－62

（十六）两底角（或 45°）移动投篮的练习

练习方法：见图 14－62。前锋队员三人一组用一个球，一个投篮，一人抢篮板球，一人传球。开始时投篮队员①从篮下移动到底角（或 45°）（中距离或远距离）接③的球投篮，投篮后立即从底线移动到另一侧同样的位置接③的球投篮。投 10 次或投中 10 次或连中若干次为一组，之后轮换。②负责抢篮板球后传给③，③传给①，①投篮。

目的：提高前锋位置上中、远投命中率。

要求：

（1）移动时要有一定的速度。

（2）溜底线接球时，注意转身面对篮，注意控制好重心。

（十七）几种投篮方法的综合练习

练习方法：前锋队员每人一球，在前锋位置按下列方法练习。从方法一到方法五为一组，每次课要求完成若干组或要求达到一定的命中率，完成若干组。一个篮安排 2～4 人。

方法 1：原地中距离跳投 5 次；

方法 2：原地远距离跳投 5 次；

方法 3：做突破假动作变跳投 5 次；

方法 4：运球突破急停跳投 5 次；

方法 5：运球突破转身跳投 5 次。

目的：提高各种投篮方法的命中率。

要求：

（1）自己投篮后跟进冲抢篮板球，之后快速回到投篮位置。

（2）假动作做得要逼真，运球急停或运球转身都要在快速中完成，急停或转身时要控制好重心。

（十八）半场一对一投篮突破的练习

练习方法：前锋队员两人一组用一个球，一人进攻一人防守。进攻队员根据防守队员的防守情况，做投篮或突破或运球急停跳投，投中篮或抢到防守篮板球为结束，之后攻守交换。攻守交换时要求：甲，一次投篮后，攻守交换；乙，防守成功，攻守交换；丙，连续防守成功若干次，攻守交换。按下列方法进行练习：

方法1：做突破的假动作变投篮。

方法2：做投篮的假动作变突破。

方法3：运球突然变急停跳投。

方法4：做运球后转身假动作变跳投。

目的：提高前锋队员半场一打一的能力。

要求：

（1）攻守都要全力以赴。

（2）假动作运用要逼真，技术变化要突然。

（3）根据防守的情况，合理地运用战术。

（十九）半场一对一攻防的练习

练习方法：前锋队员两人一组，进攻队员接球后一对一，直至投中篮或抢到后场篮板球，排队尾，或连续成功若干次后（进攻或防守成功）排队尾，攻守交换。

目的：提高前锋队员攻、防的能力。

要求：

（1）以投中篮或抢到后场篮板球为结束。

（2）注意观察攻、防队员的特点，合理地运用技术。

（二十）防前锋队员接球的练习

练习方法：见图14－63。前锋队员两人一组，在前锋45°位置上一攻一守，教练员⊗做传球。防守队员不让进攻队员在他习惯攻击的位置或区域接到球。防守若干时间后，两人攻守交换。

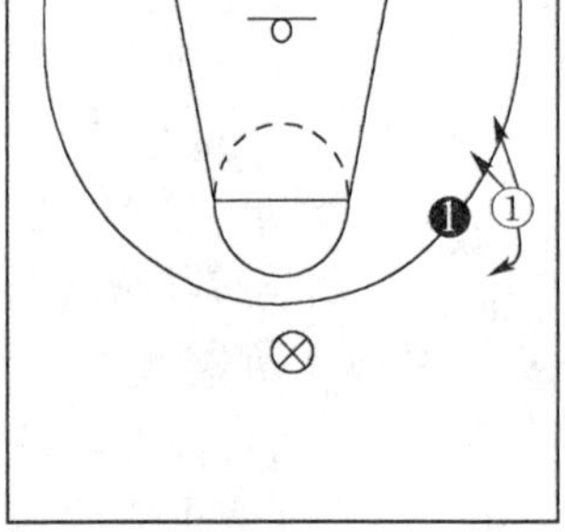

图14－63

目的：提高防前锋接球的能力。

要求：

（1）防守队员应明确进攻队员除原地接球可以攻击外，还有三条移动路线，即向外摆脱、向底线方向反切、向限制区内横切，所以要选择能干扰对方原地接球和向其他三条线移动的防守位置，并采用内侧脚在前的防守方法。

（2）当进攻队员摆脱时，应尽量不让对方在他习惯的位置和区域接到球，并重点控制限制区和底线接球。

（3）进攻队员从底线向另一侧空切时，防守队员可采用“面防”和“背防”的方法，无论何种防守方法，都要用身体紧贴对方并用手干扰对方接球。

（二十一）防前锋队员底线空切接球的练习

练习方法：见图14－64。前锋队员两人一组，一攻一守，教练员⊗在外线后卫位置上持球。进攻队员①在前锋位置摆脱接球，❶积极防守。当①突然向底线空切，而❶防守时出现一刹那间的漏防时，❶仍要马上紧追，并在移动中高举双手（无论是面对防守人或背对防守人）干扰对方传、接球。

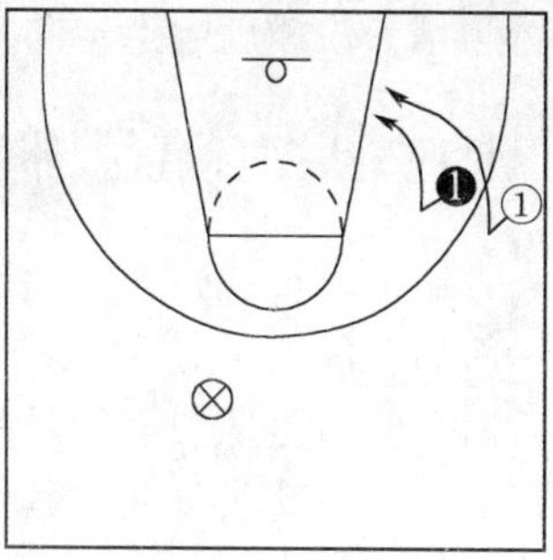
图14－64

目的：掌握防底线空切接球的方法并提高其防接球的能力。

要求：在防前锋队员原地摆脱的同时，重点防对方向底线和限制区的空切，一旦漏防，应积极追防并采取补救方法，即高举双手干扰对方传接球。

（二十二）防前锋队员从内中锋一侧向底线空切的练习

练习方法：见图14－65。中锋队员②和❷站在内中锋位置上一攻一守，教练员⊗持球站在另一侧前锋位置上。前锋队员两人一组，一人进攻一人防守。练习开始时，前锋队员与内中锋队员落在同一侧，防守前锋的队员❶积极卡堵①上线向限制区空切，当①利用内中锋②的掩护从底线空切时，❶力争从②前面挤过去防①，当预先感到无法挤过时，应及时告知同伴❷，让❷防②的同时兼顾防①，而❶立即从上线绕过去防①，在上绕的过程中，高举双手干扰对方传接球。

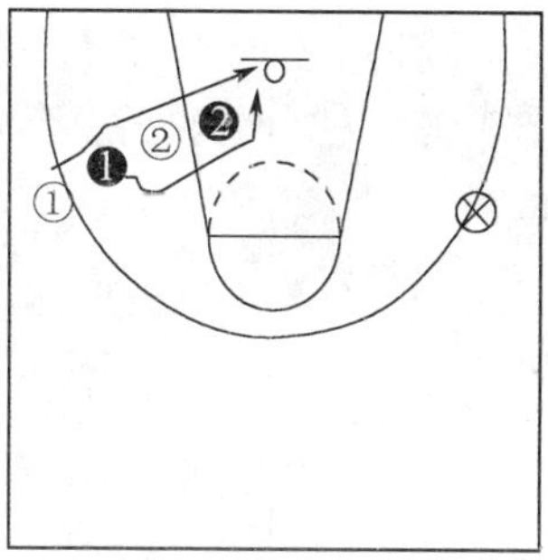
图14－65

目的：掌握防前锋队员从内中锋一侧向底线空切时绕过防守的方法，并提高防守能力。

要求：

（1）当进攻队员①和②重叠，而且❷正处在有利的防守位置时，正是❷从上线绕过防守的时机，因此这时❶应及时地绕过去防守。

（2）在整个防守过程中，❶和❷应及时地呼应，彼此配合要默契。

（二十三）半场一对一防投篮和突破的练习

练习方法：前锋队员两人一组，用一个球，一人进攻、一人防守。在前锋位置上，防守队员将球递交给进攻队员后，开始防其投篮或突破。防一次攻守交换或防守成功若干次后两人攻守交换。每个篮左、右两侧同时可安排两组练习。

目的：提高个人在前锋位置上防投篮和防突破的能力。

要求：

（1）攻守双方都应全力以赴。

（2）防守队员根据进攻队员的特点和自己防守的特点有侧重地防守，如防守队员起动较快，脚步移动较快时，在防守选位上就可以靠近进攻队员；如进攻队员投篮较准，就要着重防其投篮，一只手始终罩住对方的球。

（3）当进攻队员运用假动作时，防守队员做动作要留有余地，特别要控制好重心，以便应付变化。

（4）注意防守动作的连续性，即从头到尾都要全力积极防守，直至这一回合结束，否则稍一松懈就会造成防守失败。

三、后卫位置技术训练

后卫队员除投篮、突破和防守技术外，主要表现在有很强的控制球和支配球的能力。一般后卫队员都是全队的核心队员，除自己进攻防守外，还要组织全队的进攻与防守，所以一位后卫队员必须具有很强的控制球和支配球的能力。在控制球和支配球的技术训练上，后卫队员就要比其他队员下更大的功夫，控制球和支配球技术主要表现在运球和传、接球技术上。因此，要根据自己的情况和特点，选择一些训练方法作为自己经常练或天天练的内容。

（一）摆脱传、接球的练习

练习方法：见图 14－66 和图 14－67。后卫队员两人一组，进攻后做防守。后卫①和②传球，❶和❷防守。①和②力争在自己最习惯的攻击位置上和攻击区域内接到球，连续传、接球若干次后，①和②可突破上篮或跳投。进攻后变为防守，防守组休息，新上的一组进攻。

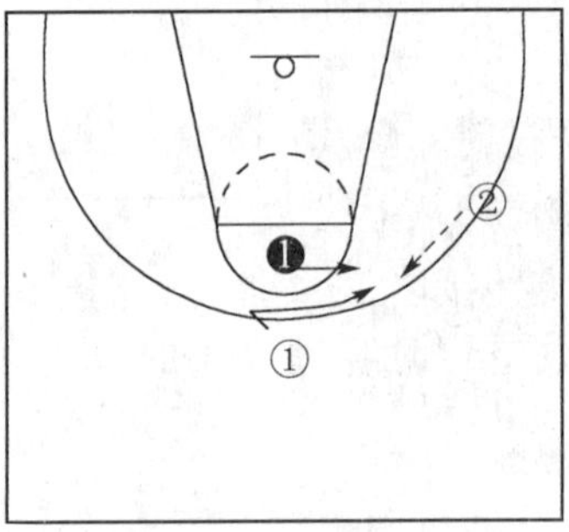

图 14－66

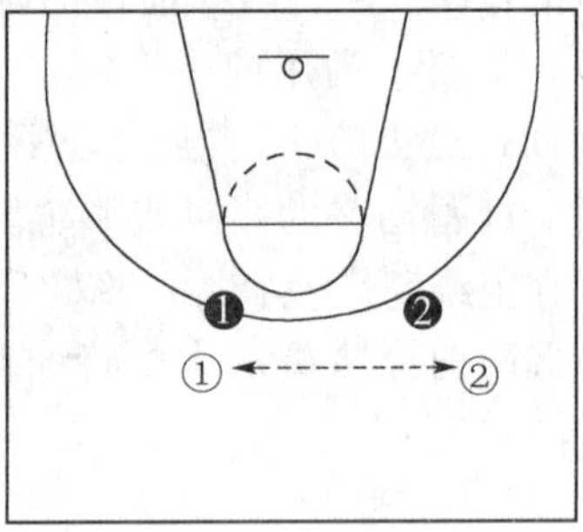

图 14－67

目的：提高后卫队员摆脱传、接球的能力。

要求：

（1）防守队员紧逼传、接球队员。

（2）进攻队员只能在后卫位置或区域内做各种摆脱接球。

（3）必须在 5 秒以内将球传出或摆脱接到球。

（4）接球后应保持身体平衡，面对篮，以便能立即攻击。

（二）连续突破上篮的练习

练习方法：见图 14－68。①持球站在三分线外，运球突破上篮（或扣篮），在球落地前将球接住，然后快速跑回原来的位置再做。投中 20 次为一组，完成若干组。

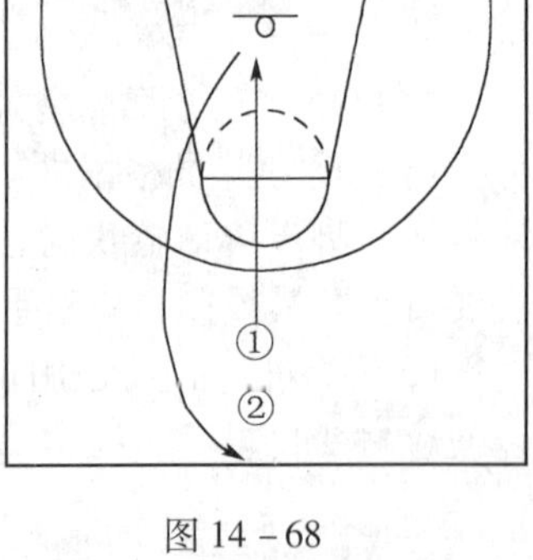

图 14－68

目的：提高突破时起动的速度和灵活性。

要求.

（1）根据队员的速度要求在规定的时间内完成。

（2）突破前双脚都不得踩三分线。

（三）运球急停跳投

练习方法：后卫队员每人一球，从三分线外运球急停跳投。投10次为一组或投中10次为一组或连中若干次为一组，完成若干组。

目的：提高运球急停跳投的命中率。

要求：在快速运球中急停跳投。急停突然，起跳要快。

（四）跑投或急停跳投的练习

练习方法：见图14－69。教练员在罚球线附近防守，后卫队员①从中线向篮下方向运球，当接近⊗时，⊗有意造成①跑投或急停跳投的机会，投篮后自抢篮板球排队尾。

目的：掌握跑投或急停跳投运用的时机并提高其准确性。

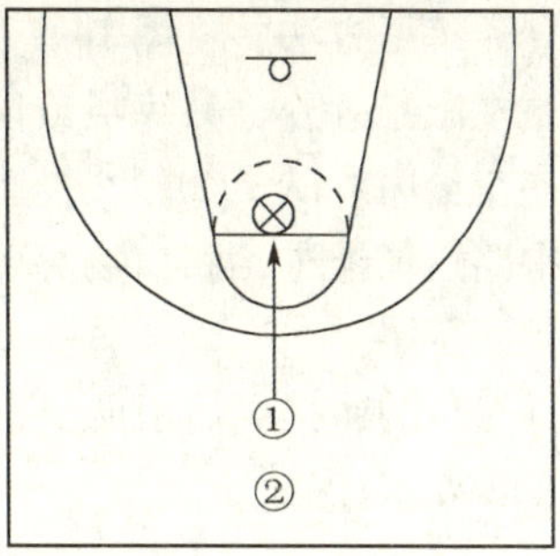

图14－69

要求：

（1）在快速运球中完成技术，急停、起跳要突然。

（2）投篮时控制好身体平衡。

（五）运球后转身

练习方法；见图14－70。后卫队员两人一组，一攻一守，用一个球。后卫①运球突破，造成防守队员❶侧重一侧防守时，①及时运用后转身把❶挡在身后，快速跨步上篮或跳投。然后两人攻守交换，后转身的步法有两种：（以从右侧向左侧做后转身为例）一种是①向右侧用右手运球，❶卡堵右侧时，①以左脚为轴做后转身。另一种是后转身前先后撤右脚，用右脚和右腿紧贴❶，然后以右脚为轴再转身。

目的：掌握后转身突然上篮或跳投的方法，并提高其运用的能力。

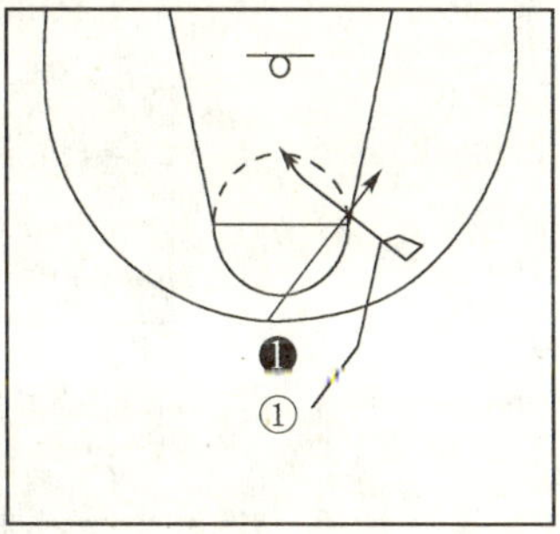

图14－70

要求：

（1）转身时要紧贴防守队员，并把其挡在身后。

（2）转身后上篮或跳投时应控制好身体重心。

（3）左、右两个方向的后转身都要练习。

（六）运球中路突破分球的练习

练习方法：见图14－71。后卫队员一组，每人持球站在中路三分线外。内线队员一组，站在内中锋或前锋位置上，队员❷防守内线队员。练习时后卫队员①持球从中路三分线运球突破，防守内线队员的❷及时补防，这时①将球分给移向空隙处的②，②投篮。抢篮板球后两人各回原队尾。❷继续防守，防一轮后轮换。

目的：提高后卫队员突破分球的技术和能力，以及与内线队员默契配合的能力。

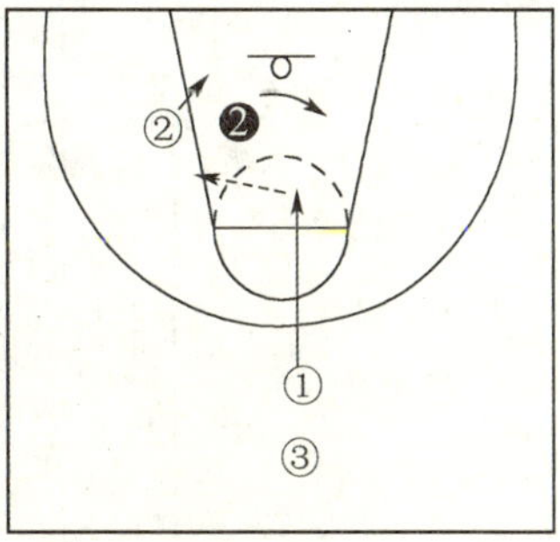

图14－71

要求：

（1）防守队员及时补防时，突破队员隐蔽传球给同伴投篮。如果防守队员补防不及，抓住机会自己上篮。

（2）后卫队员应掌握向左、右两侧各种隐蔽分球的技术。

（七）快速运球突破上篮的练习

练习方法：见图 14－72。后卫队员一组，每人持一球站在①位置上，内线队员一组站在限制区外，教练员或队员站在另一侧罚球线附近做防守。练习时，后卫队员①把球递交给内线队员②，②投篮并抢篮板球传给插中或拉边接一传的①，①接一传后快速从中路运球推进，到前场突破①的防守上篮。上篮后抢篮板球后排回原队尾。②传球后也排回队尾。

目的：提高后卫队员接一传后快速运球推进的能力和到前场一打一突破上篮的能力。

要求：

（1）运球推进的速度要快。

（2）到前场一打一时，尽量运用各种变速、变向、转身等运球技术，造成上篮的机会。

（3）即使在对方犯规的情况下，也要力争投中篮。

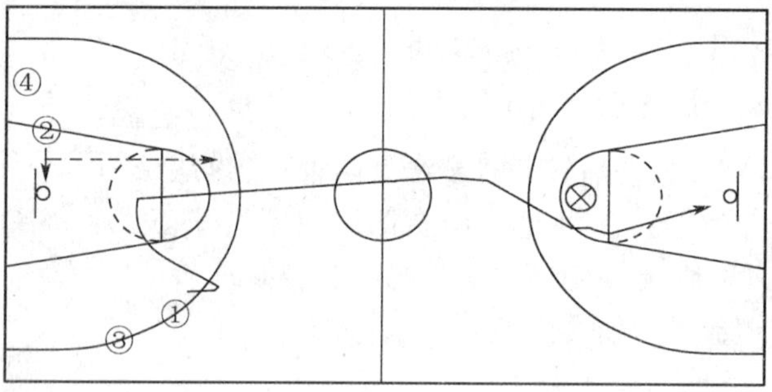

图 14－72

（八）接一传后长传球的练习

练习方法：见图 14－73。后卫队员每人持一球，站在①位置上，一内线队员站在篮下，其他队员在中线站在②位置上。开始练习时，①把球递交给篮下内线队员○，○投篮并抢篮板球传给插中接应的①，①接应后直接长传给快下的②，②接球上篮。①传球后跟进抢篮板球，然后①②各回原队尾。为加大练习密度，全队分为两大组，按上述方法从两个篮同时练习，这时①跟进抢篮板球后可排在对面后卫的位置上，而②上篮后可排在对面中线位置上。

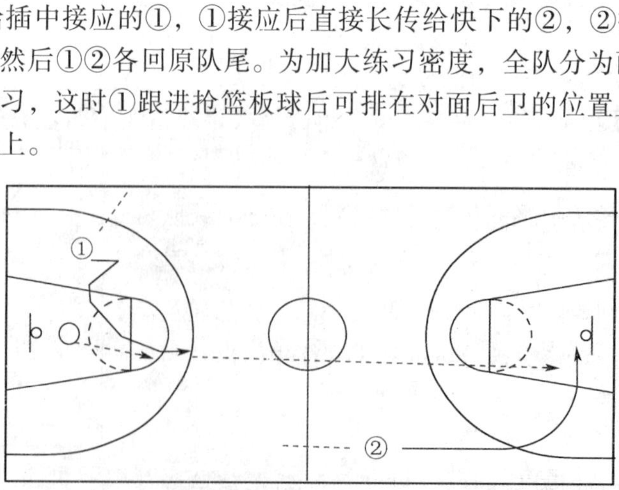

图 14－73

目的：掌握接一传后的长传球技术和传球的准确性。

要求：

（1）插中接应时在行进间完成接球和传球技术，不得运球。传球可用单手肩上也可用双手胸前，传球要及时到位。

（2）②在①接到球时才允许起动快下，不准偷跑。

（九）加防守的接一传后长传球的练习

练习方法：同上一练习，只是加上防守，接应队员和快下队员都加上防守。之后①与❶攻守交换，②与❷攻守交换。

目的：在有防守的情况下，提高接应后长传球的准确性。

要求：

（1）接应后，根据防守情况和快下队员摆脱的情况，可以运球，但要尽量少运球，而且必须在后场将球传出。

（2）传球要及时到位。

（十）运球推进到前场后传球的练习

练习方法：见图 14－74。六人一组，三人进攻，三人防守。练习时，后卫队员①和❷落在后场端线内，其他队员落在前场。进攻后卫①摆脱❶的防守接⊗的端线界外球后，运球向前场推进，到前场后①设法将球传给②或③，❷和❸积极防守，②或③接球，一旦②或③接到球立即投篮或突破上篮，或通过简单的配合投篮，然后攻守交换。组织教学训练安排：一种是六人一组，全队分两组，轮换练习；另一种是八人一组，全队分若干组，进攻后变防守，防守后下去休息，新上来的一组进攻，顺序轮换。

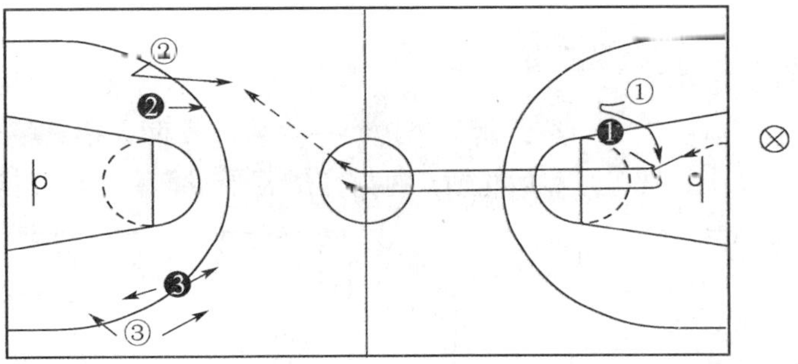

图 14－74

目的：提高后卫队员运球推进的能力和到前场后在有防守的情况下及时准确地传球的能力。

要求：

（1）在规定的时间内必须运球推进过中场，否则算违例。

（2）在前场应及时、准确地将球传给同伴。

（十一）运球向前场推进的练习一

练习方法：见图 14－75。后卫队员两人一组，一人进攻，一人防守，用一个球。❶和❷固定在后场防守，❷着重防左侧，❸着重防右侧。练习时，进攻后卫①摆脱❶的防守接教练员⊗掷的端线界外球后，运球向前场推进，突破❷或❸与❶的夹防，通过中线。

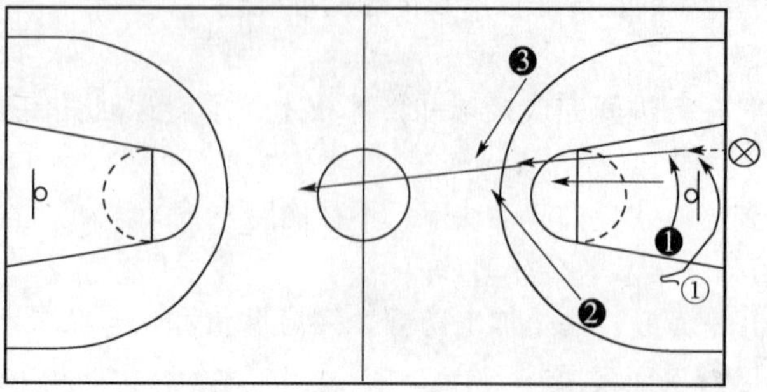

图 14－75

目的：在有防守和夹防的情况下，提高后卫队员运球推进的能力。

要求：

（1）在规定的时间内运球推进过中场得一分，要求完成若干分。

（2）进攻队员接球后开始运球就可以夹防，但只能是两人夹防。

（十二）运球向前场推进的练习二

练习方法：后卫队员三人一组，用一个球，一人进攻两人防守，从掷端线界外球开始，两个防守队员夹防进攻队员，进攻队员摆脱接球后，运球突破过中线。三人轮换做运球推进。

目的：提高后卫队员运球推进到前场的能力。

要求：

（1）在规定时间内运球推进过中场，否则算违例。

（2）防守队员犯规，练习重新开始。

（十三）移动投篮练习

练习方法：后卫队员三人一组，用一个球，一人投篮，两人抢篮板球并传球。投 10 次或 20 次或投中 10 次为一组，然后轮换，每人完成若干组。一个篮安排一组。

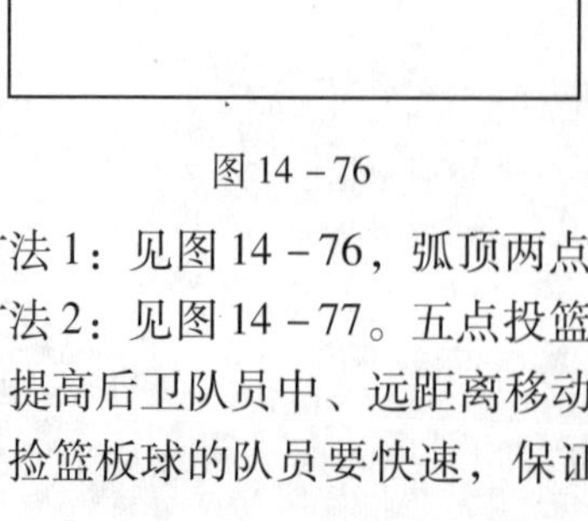

图 14－76

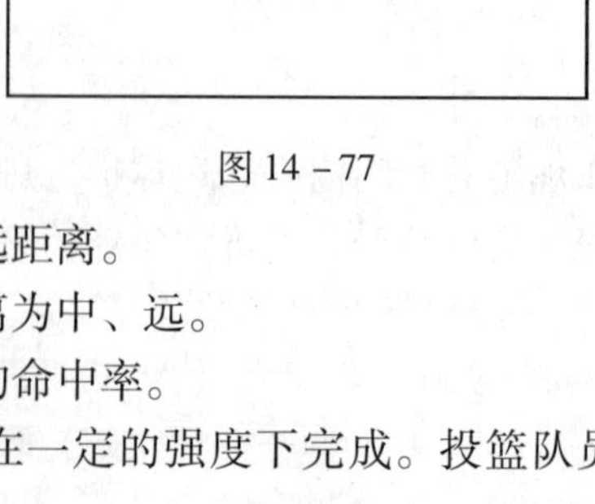

图 14－77

移动方法 1：见图 14－76，弧顶两点中、远距离。

移动方法 2：见图 14－77。五点投篮，距离为中、远。

目的：提高后卫队员中、远距离移动投篮的命中率。

要求：捡篮板球的队员要快速，保证投篮在一定的强度下完成。投篮队员投篮后要快速移动到下一个投篮点。

（十四）半场一对一攻守练习

练习方法：后卫队员两人一组，用一个球，一人进攻，一人防守。进攻队员根据防守队员的防守情况做投篮、突破或运球急停跳投，而防守队员根据进攻队员的进攻情况采取针对性防守。一个篮可同时安排两组练习。

攻守交换方法：甲，一次攻守后交换。乙，防守成功，攻守交换。丙，连续防守成功若干次，攻守交换。

目的：提高后卫队员半场一对一的攻守能力。

要求：

（1）攻守都要全力以赴。

（2）注意运用假动作，为自己创造攻、守的机会。

（3）根据攻守的情况和队员的特点，及时合理地运用技术。

第十五章　快攻与防快攻

第一节　快　攻

一、快攻战术分析

（一）快攻

1. 什么是快攻

快攻是从获得球权开始，以最快的速度，在最短的时间内超越对手，争取在人数上造成以多打少的优势或在人数相等，在对方立足未稳、没有形成严密的防守阵势之前，抓住战机，果断而合理地进行攻击的一种战术组织形式。

2. 快攻的作用

快攻是篮球进攻系统一个重要战术，是最锐利的武器。快攻成功对对方是一次沉重的打击。连连快攻反击成功，往往使对方陷入困难境地。快攻得分多也是一个队综合实力强的体现。因为有球权才可能发动快攻。快攻的球权来自后场篮板球、抢断球、跳球和掷端线界外球四个方面。据专家研究，快攻的70%来自抢后场篮板球，如果没有实力抢到后场篮板球，那么，发动快攻的机会就要少得多。如果能抢到后场篮板球、抢断球或跳球包括掷端线界外球，然后打成快攻，充分体现了本队的综合实力强。在多次世界大赛中，一些强队其快攻得分几乎占每场得分的30%。

（二）当前快攻的特点

1. 快攻意识强

一旦由守转攻，首先想到的就是打快攻反击，利用一切机会打快攻。

2. 全队参与快攻

获得球权后，立即变为五人快攻反击。五人分工明确，快下、一传、接应、推进、跟进、切入或补篮，任务很明确。

3. 快攻结束，中、远距离投篮增多

过去的比赛中，快攻结束的方式多运用上篮，篮下投篮。当前由于跟进冲抢篮板的意识增强，补篮意识增强以及中、远投命中率提高，快攻结束时，中、远距离投篮的次数增多。

4. 快攻结束与阵地进攻及时衔接

快攻结束就是阵地进攻的开始。快攻结束时5个进攻队员的落位位置就是阵地进攻开始时5人进攻的落位位置，并立即开始阵地进攻。

（三）快攻发动的时机

（1）抢到防守篮板球发动快攻。当进攻队投篮或罚球不中时，防守队抢到篮板球后发动快攻。

（2）掷后场界外球快攻。当对方违例、失误或投中、罚中后要利用掷后场端线、边线球的机会发动快攻。

（3）抢断球发动快攻。抢到、断到进攻队的球后应立即发动快攻。

（4）中、后场跳球快攻。利用开局时的跳球和争球时的跳球获球后发动快攻。

（四）快攻的战术形式和结构

1. 快攻战术的形式

快攻的组织形式一般分为长传快攻、短传快攻和结合运球突破快攻三种。

①长传快攻：是队员在后场获球后，立即把球传给迅速摆脱对方进行偷袭的同伴的一种配合。

②短传快攻：是队员在防守中获球后，立即以快速的奔跑和短促的传接球迫近对方篮下进行攻篮的一种配合意识。

③结合运球突破快攻：在防守中获球后，在不便于传球的情况下，应快速运球推进创造寻找配合机会，以提高快攻的速度和威力。

2. 快攻的结构

快攻是由三个不同的阶段组成的：一是快攻的发动和接应阶段；二是快攻的推进阶段；三是快攻的结束阶段。

3. 快攻的发动

快攻能否打成，关键取决于能否及时地发动，而一传和接应是快攻战术发动阶段中最关键的问题。由守转攻最先获球的队员要有很强的快攻意识。最先获球的队员应迅速观察判断场上的情况，及时地做好一传。如果一传受阻，持球队员应及时地转入运球突破分球。

（1）抢到后场篮板球后，快攻发动时的一传和接应。甲抢到后场篮板球后的一传方式：最好在空中直接做一传或点拨传球；落地后快速一传；本人受阻后，运球突破，然后再做一传。

乙接应篮板一传

固定接应。固定接应又分三种情况：

第一种是固定人、固定区的接应。如固定本队的组织后卫队员在弧顶一带接应。

第二种是固定人不固定区的接应。如固定本队的核心组织后卫队员接应。接应时根据抢篮板球队员的位置和防守队员的防守情况可采用插中接应，也可采用拉边接应。

以上两种情况在目前各队运用得比较多。

第三种是固定区、不固定人的接应。如固定在左侧或右侧的边线处接应，但不固定人，根据当时的情况，谁接应合适谁接应。这种方法在一些高水平队中有人运用。或者有些队根据比赛中对手的情况有针对性地运用此方法。

固定接应的优点是在训练的初级阶段便于掌握。缺点是为了寻找传球角度和接应人，往往出现向回跑接应的现象，延误时间，并且易被对方防住。

机动接应：机动接应是根据抢篮板球队员的位置，以及队员防守时分布情况，谁处于有利的接应位置，谁就充当接应队员。机动接应的优点是比较灵活，对队员的意识和技术要求较高。目前，高水平的职业队如 NBA 中的芝加哥公牛队就采用此方法接应。缺点是初学者不易掌握。

（2）断球快攻的发动。实践证明，在一场比赛中，防守队员断球以后发动快攻的成功率最高。因为对方是由进攻突然转入防守，无论在人数上和位置上，都处于被动地位。所以很容易造成以多打少或断球后无人防守而直接运球上篮的局面。在这种情况下，其他队员也应迅速起动，散开和跟进。

断球后，首先要观察同伴有没有立即插中接应。如果有，应迅速传球给同伴，然后断球队员跟进推进。如果同伴还没来得及接应，这时断球队员立即运球推进上篮，其他同伴快速跟进。

（3）跳球后快攻的发动和接应。在比赛中，后场和中场的跳球，可以造成快攻机会，关键在于正确地判断和获球后的意识。

甲：直接将球打给前场同伴手里的一传和接应。见图 15 –1。跳球队员④跳球时，直接将球打给前场的同伴⑥手中，⑥队员应将球快速地抢到手，落在前场位置的⑤队员看到同伴有获球的可能性时，立即快下，接⑥的球上篮。

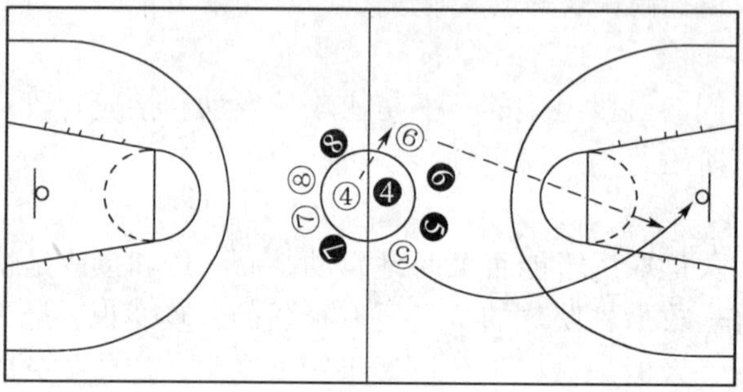

图 15 –1

乙：跳球队员将球打给后场队员的一传和接应。见图 15 –2。跳球队员④将球打给后场的⑦或⑧（后场站位时，同队的两个同伴都要抢里边的位置，而跳球队员只要能将球跳到这个地方，同伴就可获球）。前场队员看到后场同伴有获球的可能性时，立即快下，后场队员⑦将球传给前场快下的队员⑥，⑥接球后投篮。

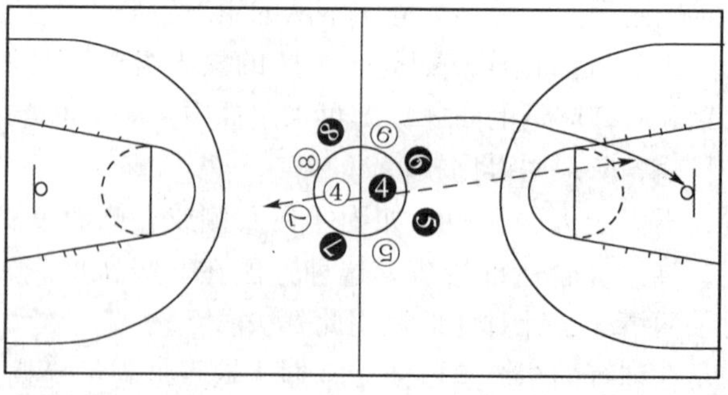

图 15 –2

（4）掷界外球快攻的接应。从 1994 年开始篮球规则规定：“除投中和罚中篮后，裁判不触球外，其他情况下的掷界外球，球都要递交裁判。”这一条规定，使掷后场边线界外球的快攻机会减少。因为裁判要递交球，这为防守队快下防守争取了时间。但是投中篮和罚中球后的快攻反击，只要快攻意识强，还是有很多机会。

如在一场比赛中以一个队得 70 分计算，假如罚球得 20 分，而且都以两次罚球计算，3 分投篮以投中 4 次或 6 次计算，其他为投中 2 分篮，在这种情况下，至少可造成 32 次以上的掷端线界外球的机会。如果一个队攻守转换意识强，打快攻的意识强，从理论上讲，就是 32 次以上掷端线界外球快攻的机会。而实战中确实有一些队的快攻机会，来源于掷端线界外球。世界强队如美国男、女篮，亚洲的日本队和韩国队，国内的八一队、河北女篮、福建女队等队。

掷端线界外球快攻关键是比快攻意识和发球的速度。抓住战机，利用长传偷袭，创造良好的快攻战机。

掷端线界外球快攻的机会是在对方由攻转守慢的情况下，快速发球打快攻，打对方个措手不及。另一个是当对方以多打少成功后放松的一刹那，快速发球反击，打对方个措手不及。而且由于前场人多，容易成功。

掷端线界外球除要求快下队员沿边路快下外，还要求接应队员快速跑动接一传。接一传的方法同上面讲的，采用固定人或不固定人均可。

4. 快攻的推进

快攻的推进是指快攻发动后，紧接着就要将球推进到前场，而在中场一带的配合阶段，叫推进阶段。

（1）推进的路线。推进的路线分两种：一种是中路推进；一种是边路推进。一般应力争中路推进。中路推进便于形成三线、分球面广、点多。边路推进面窄，只能向一侧传球。但在实战中，将边路与中路推进相结合的方法运用的效果也很好。

（2）推进的方法。推进的方法有三种：甲：短传推进；乙：运突推进；丙：传球结合运球突破的推进。

（3）推进的要求。

甲：要保持三角形的纵深队形。见图 15－3。三角形纵深队形的优点是便于队员之间的联系。

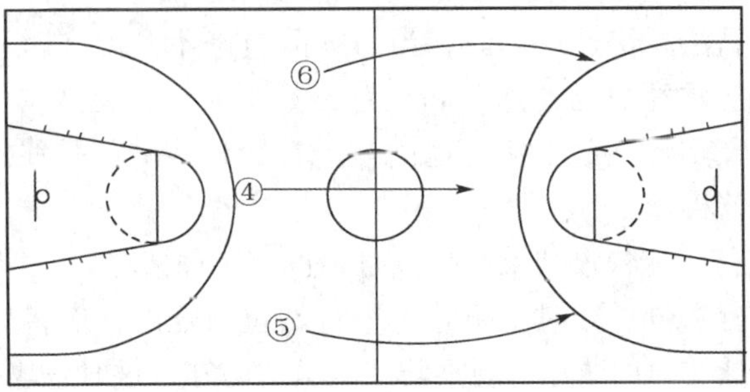

图 15－3

乙：持球队员应正确判断防守的意图，灵活运用传、运球。推进过程中，一定要根据防守队员的情况灵活运用传球和运球，多做斜线传球，尽量避免横传球和长距离传球。做到能传的球就不运。运球中观察场上的情况，有传球机会再拿球，不要盲目地运球和传球。

丙：直线推进与交叉相结合。见图 15－4。④抢篮板球后，⑥插中接一传，④一传后从边路交叉跟进。另一侧的⑤插中接二传（过中线），⑥传球后与⑤交叉，形成三角形纵深队形。⑤接球后，根据防守情况可向左、右两侧传球攻击。

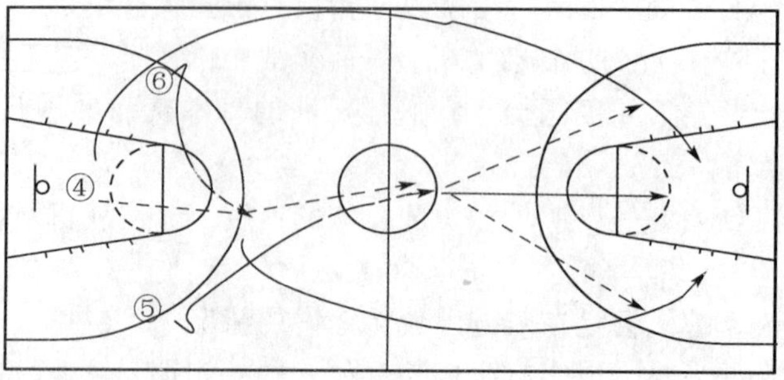

图 15－4

5. 快攻的结束段

快攻的结束段指进入前场进行攻击时所运用的配合。进入结束段，有时虽然在人数上或位置上占优势，但如何达到投篮得分的目的，还要通过有效的配合。

快攻结束段最有利的局面，是处于人数上的优势，以多打少。这时，处在两边的进攻队员，应该分散拉开，在罚球线的延长线处稍减速，观察防守空隙，伺机切向篮下。中路持球队员则利用投篮或运球诱惑对方，吸引对方防持球队员，乘机将球传给空当的同伴投篮。

（1）快攻结束二攻一。快攻结束二攻一时，有 3 种进攻方法：

甲：快速传球法。两人快速短距离传球，造成对方措手不及，之后，一人上篮，另一人抢篮板球。

乙：吸引法。在接近弧顶时，一人快速运球突破，吸引防守人上来防守自己，然后快速将球传给同伴上篮。当同伴突破时，另一队员应注意不要与同伴在一条直线上，应在罚球线延长线附近减速，待同伴分球时，突然加速接球上篮。

丙：快速突破上篮法。快速运球时，当防守队员来不及防守时，运球队员应果断突破上篮。这时同伴也应注意自己的速度和位置，不要太靠近突破队员或太靠近篮下，以免造成篮下拥挤，同伴不便突破上篮。他同样应在罚球线的延长线附近减速，待同伴突破上篮时，跟进冲抢篮板球。

（2）快攻结束三打二。快攻结束三打二时，也有 3 种情况：

甲：当防守者平行站位防守时。防守者平行站位防守时，应将球交给中路队员，中路队员突破，并在罚球线前面减速，观察防守队员的防守，这时进攻有以下几种情况：

第一种是两防守队员都未上来防运球突破队员，那么突破队员加速直接上篮。

第二种是两防守队员在突破队员减速时，都上去防守，但在突破队员将要分球时，两人又突然去防守空切的其他两名进攻队员，这时突破队员应马上由传球变为急停跳投或跑投。

最后一种情况是当队员中路突破时，哪一侧的防守队员上来堵防，这时应快速地分球给那一侧的进攻队员。

乙：防守者竖防时（即防守队员一前一后站位）。防守队员采取竖防时，应把球交给边路队员，边路队员突破。边路队员在突破时要观察防守队员的情况，哪位防守队员上来补防，就将球传给那边的同伴投篮。如果防守队员防守不果断、上来防守的速度慢或位置不好时，突破队员应果断加速突破上篮。

丙：防守者斜防时。防守者如果两人的落位是斜形的，这时应根据防守情况，或中路突破或边路突破，然后再根据在突破过程时的防守情况，决定传球还是自己攻击。

（3）快攻结束一打一。形成快攻结束一打一时，进攻队员应强行突破上篮，强行突破的方法应根据自己的习惯，可运用变向上篮或后转身上篮或运用其他假动作突破上篮。

（4）快攻结束二打二。形成快攻结束二打二时，有以下几种情况：

一是两名进攻队员拉开距离，让持球队员一打一，按上述一打一的方法进攻。

二是打传切。

三是打运球交叉掩护或给持球者掩护。掩护后持球者直接上篮或打“挡拆”。

（5）快攻结束三打三。形成三打三时可按上述快攻一打一的方法进攻，或按上述快攻二打二的方法进攻。另外可以打反掩护。

（6）快攻结束一攻二时。有时由于防守队员退守得快，也可能在结束段形成一攻二，这时如果进攻队员的攻击能力很强而且很自信，可以攻击。攻击方法采用强行突破上篮或急停跳投。这应根据自己的特点和防守的情况而决定。

（7）快攻结束二攻三时。形成二攻三的局面时，正如一攻二时一样，应根据进攻队员和防守队员的情况而定。如果进攻队员攻击力强，有信心，可以攻击。攻击时可按一攻一或一攻二的方法。也可采用压缩包跳投的方法（即运球掩护给另一队员创造中、远投机会，然后冲抢篮板球）。

二、快攻战术必须具备的条件

1. 良好的快攻战术意识

打快攻，首先要有快攻意识。快攻意识强，一旦获得球权，脑子里反应出的第一个信号就是快攻反击，那么他将全力以赴争取时间，加快速度打快攻。如果没有快攻意识或快攻意识差，获得球权后，就是有再好的机会也不知道发动快攻。快攻战术是5个人的事，所以要求5名上场队员都要具备强烈的快攻意识。获得球权后，每个人按快攻的战术分工，谁一传，谁接应，谁快下，谁跟进，很明确地完成自己的任务。快攻意识的强弱是决定能否发动快攻的关键。

2. 树立勇敢顽强敢打敢拼的战斗作风

我们通常讲“作风出战术、作风出技术”。意思是说，作风好，战术就打出来了；作风好，技术就发挥出来了。可见作风对战术、技术的发挥起促进的作用。

作风好的具体表现就是勇猛顽强、敢打敢拼。从1995年到2000年连续5个赛季获得我国甲A联赛冠军的“八一”男队，他们的快攻打得好。他们继承发扬了“八一”篮球队的“三猛”作风。“三猛”作风是指打快攻时要“猛冲、猛超、猛跟”。

猛冲：一有快攻机会，全队立即向对方篮下展开猛烈的冲击。

猛超：遇到对方堵截，要想方设法摆脱和超越对方，决不减速，快速超越。

猛跟：后续队员要积极迅猛地跟进，创造更好的以多打少和连续切入或补篮的机会。

3. 良好的体能

良好的体能不但能使全队在快攻中有充沛的体力，保持旺盛的攻势，而且保证全队在比赛的后期获得更多的快攻机会，同时也为发挥和提高快攻速度打下良好的基础。

4. 全面熟练的技术

技术是战术的基础，同样，全面而熟练的技术也是快攻战术的基础，尤其是行进间快速的传接球、运球、突破、上篮技术是快攻战术的关键。

"八一"篮球队提出的"四快二准"的技术，使"八一"队的快攻特点非常突出。四快是：观察判断反应快，起动加速摆脱快，传球推进超越快，运球突破和分球快。二准是：传球准、投篮准。

第二节　防快攻战术分析

在比赛中，一旦失去球权后，首先想到的就是要防对方打快攻。防快攻有下列方法：

第一，从策略上讲要提高进攻的成功率。成功率高，对方获球打快攻的机会减少。特别是要减少传、接球失误和运球失误。因为一些传、接球失误和运球失误，往往造成对方抢、断球后发动快攻，而抢、断球后的快攻，是快攻中成功率最高的。提高进攻的成功率主要是提高投篮的命中率，以此减少对方抢后场篮板球的机会。前面曾讲到过，快攻的70%来源是后场篮板球，所以提高投篮命中率，减少对方抢后场篮板球的机会，就可以减少对方抢到球的机会。

第二，积极争夺前场篮板球。提高投篮命中率可以减少抢篮板球的机会，但减少后还是有相当多的篮板球需要去争夺。因此，一旦投篮不中，就必须积极去冲抢前场篮板球，以减少对方抢到后场篮板球而发动快攻。

第三，积极地封堵一传和接应。当对方抢到后场篮板球时，离其近的人快速封堵其一传，延误其出手时间，为同伴快下找人争取时间。而距接应队员近的人应卡堵其接一传，延误对方接应的时间，但更重要的是打乱对方的快攻部署，让控制球不好的队员持球，以便造成失误。

第四，拦截对方快攻推进。在退防中，要卡堵对方推进，延缓对方推进的速度，最好让对方将球停下来，为同伴快速退守、快速布防争取时间。防对方推进主要是堵中卡两边。堵中间的运球队员或持球队员，卡两边快下队员，干扰两边队员快下的速度。

第五，切断接应与快下队员之间的联系。当对方打快攻时，虽然快下队员下得很快，但推进队员却受到阻挠，无法传球，快下队员干着急。有时快下队员虽然快下，但防守队员已卡住其接球路线，也使对方无法传球。这就是我们通常讲的接应队员与快下队员之间"脱节"。

第六，对运球队员要迎上去防守。运球队员推进时，要面对面地迎上防守，突然伸手做抢球假动作，迫使其停球，达到延误对方快速推进的目的。

第七，提高以少防多的能力和技巧。快攻结束段，一般会造成以少防多的局面，因此，必须提高以少防多的能力。以少防多时，主要是不要慌乱、要沉着。还要积极防守，尽量运用假动作，造成对方判断上的错误，而造成传、接球失误或带球撞人犯规。

第八，最大限度地减少对方发动快攻的次数。当对方发动快攻时，要快速退守，快速布防，迫使对方转入阵地进攻。

第九，提高攻、守转移的意识和速度。无论在任何情况下，只要失去控球权，马上由攻转守，找人快，落位快，防守快，使对方无法打快攻反击。

在防快攻时，应做到积极防御，而真正做到积极防御，还要求队员做到以下几点：

第一，积极移动；

第二，善于运用假动作，使对方摸不透自己的意图，造成对方犹豫不决，以致失误；

第三，要及时补位和换位；

第四，侧重防守对方技术较好的队员，尽量让技术较差的队员掌握球；

第五，迫使进攻队员往边线移动，失去有利的投篮角度；

第六，提高攻、守转换的速度。

第三节　快攻与防快攻的练习方法

一、快攻练习

（一）掷端线界外球的快攻练习一

两人一组一球。练习时，两人落在限制区附近。一人将球传给在篮下担任固定投篮的教练或队员。当对方投中篮后，一队员快速拿球到端线掷界外球，另一队员沿边路快下，按同伴的长传球上篮或运球上篮。

目的：

（1）提高掷端线界外球快攻反击的意识和长传技术，提高沿边路快下和接长传球上篮技术。

（2）提高快攻反击配合的默契。

要求：

（1）发球快，沿边路快下快。

（2）长传准确到位。接球队员要迎上接球，投中篮。

（二）掷端线界外球的快攻练习二

见图 15－5。3 人一组一球。教练员⊗投中篮后，离篮最近的队员⑦快速拿球到端线外掷界外球，传给拉边接一线的⑥，⑥接球后长传给另一侧快下的⑧上篮。⑥⑦传球后快速跟进补篮或抢篮板球。

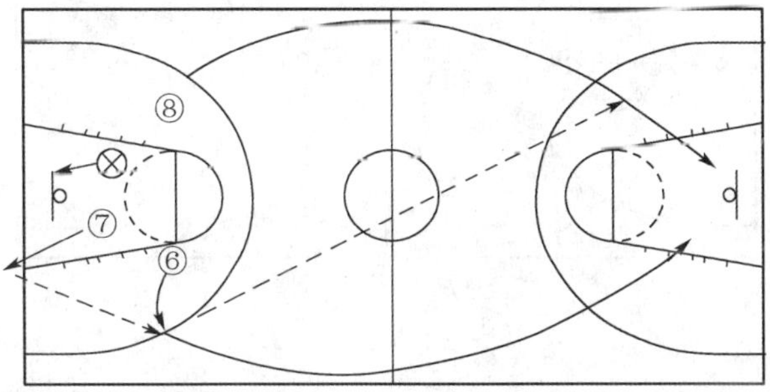

图 15－5

目的：

（1）提高掷端线界外球快攻反击的意识和队员间配合的默契。

（2）提高快攻拉边接一传的意识和技术以及长传的意识和技术。

要求：

（1）对方投中篮后，谁离球近谁就快速到端线外掷界外球。

（2）拉边接应队员应做面向外的弧线跑接球，接球就长传，长传到位。

（3）接球人要迎上接球，投中篮。

（三）抢球长传快攻

4人一组一球，2人进攻2人防守。进攻队员在后卫和前锋位置传球，防守队员防守。防守队员断球后立即快攻反击，一队员沿边路快下接球上篮，另一队员长传后跟进补篮或抢篮板球。原传球队员变为防守队员。

目的：提高断球后长传快攻的意识、技术。

要求：

（1）断球者要隐蔽自己断球的意图，断球时要果断、起动快。

（2）为协助完成断球，传球者传球的难度要适中，使断球者尽力方可断到球。

（3）其他同上一练习。

（四）抢到后场篮板球后的长传快攻

两人一组一球。教练员投篮，一人抢篮板球，一人快下，抢到篮板球后长传快攻。传球后跟进补篮或抢篮板球。

目的：提高抢篮板球后长传快攻的意识和技术。

要求：

（1）当同伴抢到篮板球后，快下队员方可快下，必须起动快，走边路。

（2）其他同上一练习。

（五）抢后场篮板球后的发动、接应与推进

见图15－6。教练员投篮（故意投不中），⑥或⑦抢篮板球，当⑦抢到球时，⑥拉边接应，两人快速传球推进上篮。

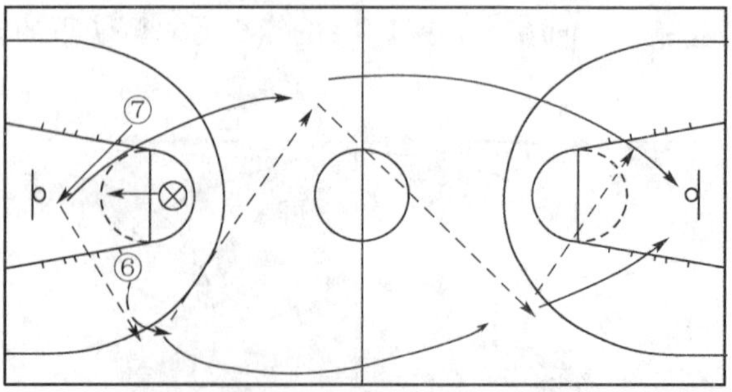

图15－6

拉边接应熟练后，⑥可变为插中接应，然后两人快速传球推进上篮。

目的：

（1）学习掌握篮板一传和拉边接应、插中接应发动快攻配合的意识。

（2）提高一传和接一传的技术以及推进技术。

要求：

（1）抢到篮板球，马上发动快攻，一传快，接应快。

（2）推进速度快，传球到位。

（六）三人快攻的接应与推进

见图 15－7。3 人一组一球。①自抛自抢篮板球，然后传给插中接应的②，从②身后绕过沿边路快下，③从另一边路快下，3 人传球推进上篮。

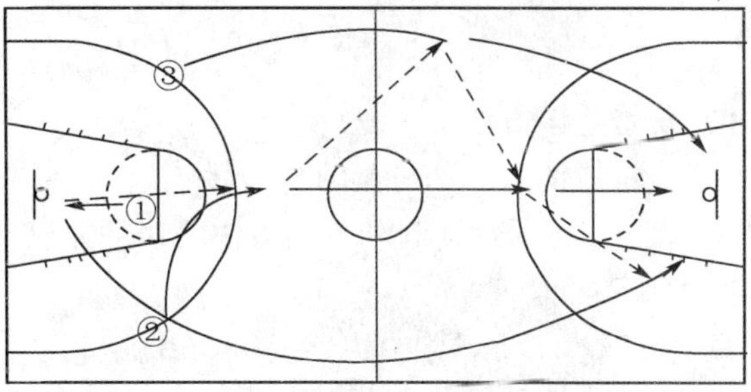

图 15－7

目的：学习、掌握三人快攻接应与推进的方法。

要求：

（1）抢到篮板球后，快速插中接一传。

（2）保持三线快速推进的纵深队形。投中篮。

（七）快攻发动、接应与运球推进

见图 15－8。3 人一组一球。将球交教练⊗后，3 人在罚球圈附近做防守滑步，教练员将球轻轻向上抛的同时，叫 3 人中某一队员的号，该队员立即抢球，其他两人就近拉边。持球队员可将球传给任何一侧队员，接球者快速向中路运球推进。

图中是⑦接球传给⑧，⑧运球推进，⑥⑦沿边线快下。形成三线快攻。最后⑧传给任一侧的队员上篮。

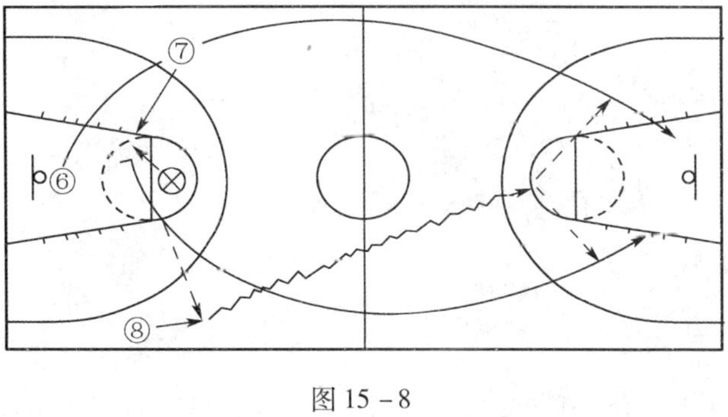

图 15－8

目的：

（1）提高得球后快速反击的意识。

（2）提高机动接应一传的意识和接一传的配合技术。

要求：

（1）叫到号者，快速抢球，其他两队员就近迅速拉边接应或快下。

（2）接一传后向中路运球推进。

（3）保持三线推进时的纵深队形。

（八）两人快速传球推进上篮

两人一组一球，快速传球推进上篮。上篮后，另一人抢篮板球快速传球返回。两人传球次数可5传、3传即上篮。

目的：

（1）掌握两人快速短传推进的方法。

（2）提高两人快速短传推进的速度和上篮的准确性。

要求：传球准确、隐蔽，传球后加速起动，用最快的速度完成传、接球推进。

（九）3人3传球推进上篮

见图15－9。3人一组一球。⑦将球传给边路的⑥，⑥回传⑦，⑦接球后，传给另一边路快下的⑧上篮。上篮后，中路队员抢篮板球，上篮队员由底线跑到另一侧，而另一侧队员⑥从罚球线处绕到另一侧。这时3人按原来的方法返回。但回去时，⑦应先传球给上篮队员⑧，然后接回传球再传⑥，⑥接球上篮。

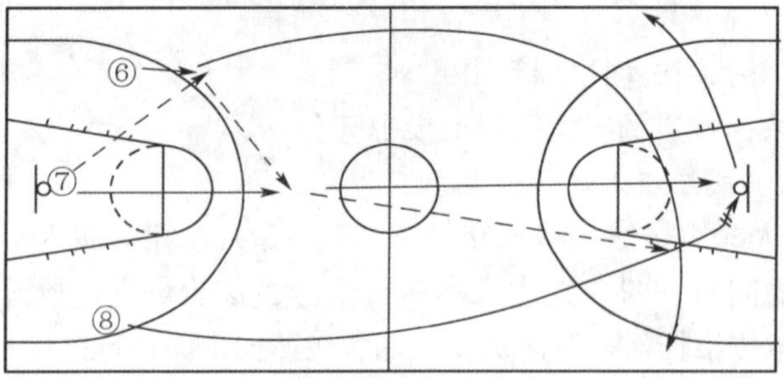

图15－9

目的：

（1）掌握3人3路3传快攻推进的方法。

（2）提高快速传球推进的速度和上篮的准确性。

要求：

（1）在快速跑动中完成传球推进。

（2）保持三线纵深推进队形。

（3）必须投中篮。

（十）跟进的三线快攻

见图15－10。4人一组一球。⑧⑨落在两侧。⑥在篮下将球传给拉边接应的⑨，另一侧⑧插中接二传。⑦从⑧背后沿边路快下。⑧接球后从中路快速运球推进，在罚球线附近分球给两侧的⑦或⑨上篮。⑥一传后从中路跟进补篮或抢篮板球。

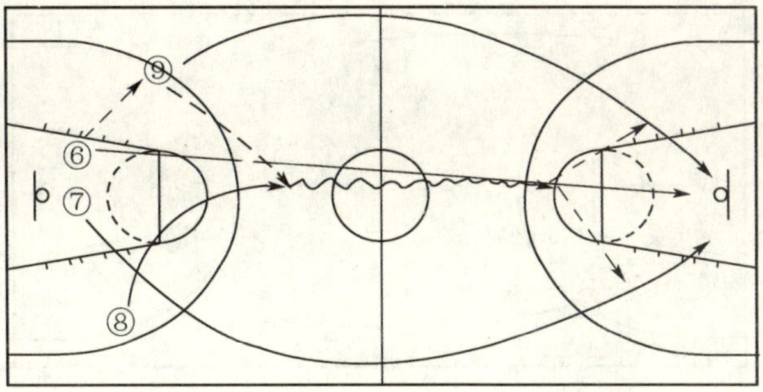

图 15－10

目的：掌握三线传球、运球推进和跟进的快攻配合，提高跟进的意识。

要求：

（1）调整好三线推进时拉开与纵深的进攻队形。

（2）掌握好跟进时机，及时起跳补篮或抢篮板球，或空切接边路同伴的球上篮。

（十一）快攻结束二打一练习

见图 15－11。⑥⑦全场传球推进，到前场形成二打一时，根据❽的防守情况，⑥⑦决定攻击方法。当投中篮或❽抢到篮板球时，❽❾变为进攻队员，向另一侧快速推进，到前场二打一。

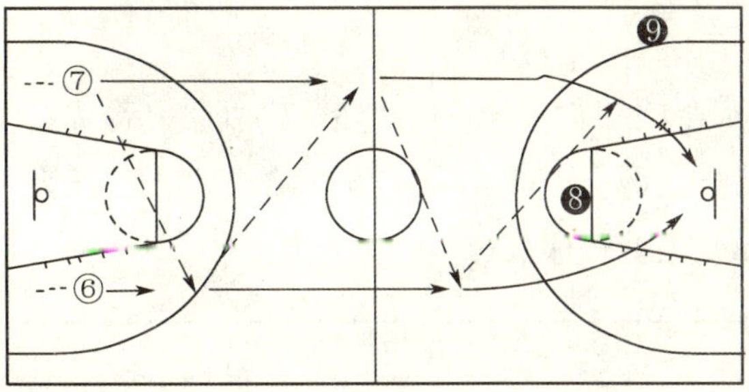

图 15－11

目的：学习掌握快攻结束二打一的方法，提高二打一的能力和成功率。

要求：

（1）根据防守情况，按快攻结束二打一的方法进攻。进攻要有层次，攻击时两人不要在一条平行于底线的直线上，特别是无球队员，应在罚球线附近减速，为同伴分球创造机会。

（2）进攻队员要左右拉大距离。

（3）隐蔽攻击意图，运用假动作为自己和同伴创造投篮机会。

（4）投篮后拼抢篮板球，直到投中。

（十二）快攻结束三打二（平行防守）

见图 15－12。进攻队员⑥⑦⑧推进到前场后，当对方采用平行防守队形时，中路队员⑥果断突破上篮。如果哪侧队员上来防守，⑥就分球给哪侧的进攻同伴，图中是传给⑦上篮，然后抢篮板球。

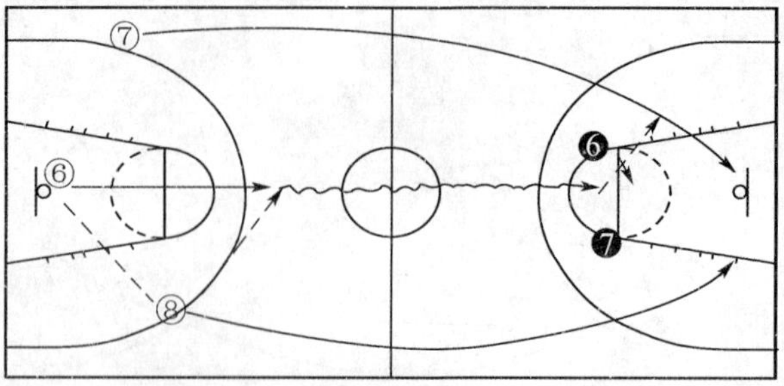

图 15－12

目的：学习掌握快攻结束三打二对方平行防守时的进攻方法，提高三打二的能力和成功率。

要求：

（1）快攻结束时，保持拉开 3 路进攻的纵深队形。

（2）平行防守时，果断将球交给中路突破，突破时的进攻方法按前面技术分析时讲到的几种情况结合防守的实际情况有针对性地进攻。

（3）隐蔽自己的攻击意图并及时应变。注意进攻的层次。

（4）积极冲抢篮板球。

（十三）快攻结束三打二（竖防）

见图 15－13。快攻结束三打二，当对方竖防（一前一后）时，将球传给边路队员突破。图中是左路的⑧突破，❷上去堵防时，⑧传球给右侧的⑦投篮。3 人冲抢篮板球。如果⑧突破❶堵防时，⑧应及时传球给⑥，⑥投篮。

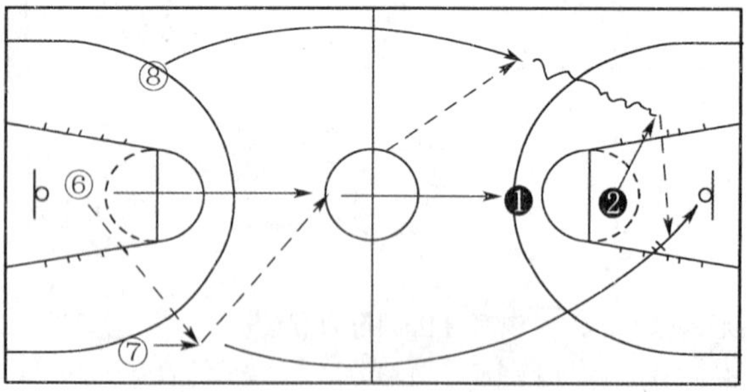

图 15－13

目的：学习掌握三打二、对方竖防时的进攻方法，提高进攻能力和成功率。

要求：

（1）保持 3 线拉开纵深的有利队形。

（2）果断将球传给边路的同伴突破，注意进攻的层次。

（3）投篮后，冲抢篮板球。

（十四）全场快攻结束三打二的综合练习

练习方法同上两个练习，只是防守时可采用平行、竖防或斜防的队形，或者三种队形随时变化的综合防守。进攻队员根据对方的防守队形，采用针对性的进攻方法。

目的：

（1）进一步掌握快攻结束三打二的方法，提高应变能力。

（2）提高配合的默契性，提高成功率。

要求：

（1）快速推进，注意分散队形和进攻的层次。

（2）其他同上一练习要求。

二、防快攻练习

（一）封堵快攻一传

2 人一组一球，一攻一守。练习时，将球交教练员，由教练员向篮板上抛球，原防守队员抢到后场篮板球做快攻一传，传给教练员，原进攻队员由攻转守，立即上前防守，封堵其传球，延误对方快攻反击的时间，为同伴快下找人、布防赢得时间。

目的：学习掌握封堵一传的方法，提高封堵一传的意识。

要求：当对方抢到后场篮板球时，距他近的队员立即上去封堵一传。封堵时，手罩住球，两手臂随球挥动。目的是延误一传时间，所以不要为抢球而造成不必要的犯规。

（二）半场三对三封堵一传与接应

6 人一组，三攻三守，由教练员向篮板上抛球，当防守队员抢到后场篮板球时，原进攻队员立即由攻转守，距抢篮板球近的队员积极封堵一传，另两名队员卡堵对方，两人接应一传。

目的：学习掌握封堵一传和卡堵接应的方法，并提高防守的意识和能力。

要求：

（1）离抢篮板球近的队员立即上去封堵一传，并注意防其运球，其他防守人应卡堵对方接应一传。

（2）使进攻队至少在一定时间内（3 秒）传不出球，或接应不到球。

（三）卡堵接应队员

两人一组，一攻一守。当教练员抢到篮板球的一刹那，进攻队员马上变为防守，而防守变为进攻，并且立即防对方接应，卡堵对方的接应路线。

目的：学习并掌握卡堵对方接应的方法并提高其防守的意识和能力。

要求：一旦对方获球，要及时卡堵对方接应的路线。

（四）卡堵边路快下

见图 15－14。4 人一组，二人进攻二人防守。当⊗抢到篮板球时，原来防守的❻和❼立即由守转攻，沿边路快下，而原来进攻的队员⑤和⑦则立即由攻转守，从内侧卡堵❻和❼沿边路快下，并根据❻❼的移动情况，抢占有利的防守位置。

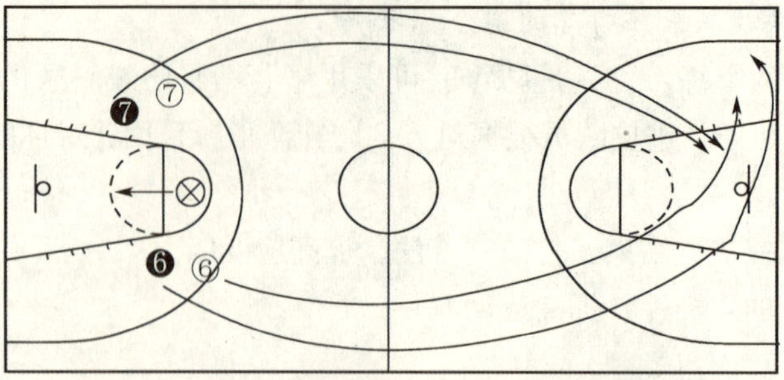

图 15－14

目的：学习掌握卡堵快下队员沿边路快下的方法。提高由攻转守时快速卡堵快下队员的意识。

要求：

（1）由攻转守时，落在上线的队员立即退守，卡堵对方快下队员的路线。防守步法采用交叉追防步，侧对防守人，既能看到球又能看到人。

（2）不给对方传、接球机会，如果对方传球，力争抢断球，或将球打出界外。

（五）堵防运球推进

两人一组一球，一人进攻一人防守。当对方接一传后运球推进时，防守队员首先控制对方推进的速度，不让对方起速，进而让对方停球或成“死球”。

目的：学习掌握堵防运球推进的方法，提高堵防推进的意识和能力。

要求：

（1）无论对方拉边接应或插中接应，当对方运球推进时，要迫使其走边路。这样可以破坏对方的三线进攻，并可以造成夹击机会。

（2）防运球时不要随便抢对方的球，以防犯规或使对方加速超越。防守的目的是让对方减慢推进速度，为同伴退守和布防争取时间。因此，防守时采取“手近腿远”的方法，即手罩住球，而两腿离运球队员适当远些，重心在后，使对方不便超越。瞅准机会，突然平步逼上，迫使对方停球成“死球”。或者干脆采用平步紧逼的防守，使对方不便起速超越。

（六）快攻结束一防二

二人一组一球。练习时，对侧先由一人在弧顶附近防守。

两人传球推进到前场形成一防二，防守者有以下几种方法：

1. 假防运球、真断球的方法

防守者佯作堵防运球者，使运球者变为传球，这时，采取断球方法。

2. 假抢球真断球

欲做抢运球或持球队员的球，使对方变为传球，这时立即断球。

3. 运用假动作造成持球者违例或传失的方法

防守者运用腰部虚晃的假动作或其他假动作，使持球者判断失误，造成传失或违例。

4. 先放弃持球者

当对方上篮时，突然一个箭步上去，打掉对方上篮的球。

目的：

（1）学习掌握快攻结束一防二的方法。

（2）提高快攻结束一防二的技术和能力。

要求：

（1）形成一防二时，防守队员要沉着、冷静，并注意观察对方攻击的意图和方法。

（2）运用假动作，造成对方失误。

（3）脚步积极移动，各种防守步法变换及时，手脚配合协调，防守控制范围大。

（七）快攻结束二防三

快攻结束形成二防三时，采用下列防守方法：

1. 对有球队员一防一

当进攻队员推进到弧顶附近时，一防守队员立即迎上去防守一名边路队员，一盯一，不给其接球或空切机会。而另一防守队员一防二，其防守方法按上一练习中介绍的一防二的几种方法。

2. 先使有球队员从中路突破

两名防守队员卡堵两边路进攻队员，使其列空切篮下不能接球，迫使中路队员运球突破。当其突破起步上篮时，一队员立即上去紧逼，并封其投篮，另一防守队员这时应注意断其分球。

3. 迫使边路队员向另一侧边路队员传球

迫使将进球交给边路队员，而边路队员接球时，另一侧队员立即移动过来堵防中路，迫使进攻队员向另一侧做隔人传球，进而造成失误或断球。

目的：

（1）学习掌握快攻结束二防三的方法和配合方法。

（2）提高二防三的能力。

要求：

（1）形成二防三时，要沉着冷静。

（2）加强防守时的配合，互相提醒，互相补位和协防。

（3）注意运用假动作防守，迫使进攻队员出错误。

（八）半场五对五由攻转守的全场防快攻

练习时，由半场五对五开始，当进攻队失去球权后（除对方掷边线界外球外），立即由攻转守，防对方快攻。而原防守队要快速由守转攻，防守成功后，就地转入半场防守，按上述方法继续练习。防快攻时，造成对方失误得 2 分，迫使对方转入阵地进攻得 1 分，若干时间内，看哪组得分多，或看哪组先得若干分。或连续防快攻若干次，计成功率。或要求连续防守快攻成功若干次后，两组轮换。

目的：

（1）结合实战，提高防快攻的意识和能力。

（2）提高全队防快攻的配合能力和防守能力。

要求：

（1）由攻转守要快，每个环节都要快。

（2）根据对方的特点，有针对性地堵防对方的快攻，包干到人。

（3）积极移动，互相补防，破坏对方的配合。

（4）拼抢篮板球。

第十六章　半场人盯人防守与进攻半场人盯人

第一节　半场人盯人防守

一、半场人盯人防守的特点

半场人盯人防守战术是在篮球比赛中由进攻转入防守时，全队有组织地迅速退回后场，在半场范围内进行盯人防守的一种全队战术。它是篮球运动中各种防守战术的基础。半场人盯人防守战术，是以个人防守为基础，综合运用挤过、穿过、换防、关门、夹击等防守基础配合所组成的全队战术。

半场人盯人防守的特点是：

第一，防守队员在后场，一人盯防一名进攻队员。在防守自己对手的同时，帮助同伴防守（协防）；

第二，一人防守一个人，分工明确，容易理解，便于掌握；

第三，可按技术差异、身高差异、队员的个人特点，有针对性地选择防守对手，有效地制约对方；

第四，针对进攻队的具体情况和特点，可机动灵活地改变防守区域。

二、运用半场人盯人防守战术的基本要求

第一，防守原则是“以人为主、人球兼顾”，控制对手，强调防守的整体性、攻击性、伸缩性和针对性。

第二，对持球队员的防守要紧，特别是持球队员在近篮区域，要控制对手的投篮、传球和突破。

第三，对无球队员的防守，应按照“球—我—他”的选位原则，根据对手距球或篮的远近，抢占有利位置，错位防守，控制对手接球。“近球紧，远球松”，注意相互协防。对手空切时，要按“向球或向篮封堵其前，背篮或背球封堵其后”的原则进行堵截和跟防。

第四，在个人控制住对手的基础上，要随时观察场上队员的攻防情况变化，准备及时协防、补防、夹击和抢断球，有效地控制防守区域。队员之间要相互呼应，加强联系，密切协作，破坏对方的进攻配合，共同组成全队部署，完成全队防守任务。

第五，半场人盯人的分工，一般是根据防守的位置、防守能力和身体条件来确定的。如后卫防前锋，中锋防中锋，前锋防后卫，强防强，弱防弱，高防高，矮防矮，快防快，慢防慢等。

三、半场人盯人防守的分类

半场人盯人防守分两种：一种是半场缩小人盯人防守；一种是半场扩大人盯人防守。

（一）半场缩小人盯人防守

1. 半场缩小人盯人防守的特点

①防区较小，一般为6～7米，目的是为了控制对方篮下进攻和外线的突破，控制篮板球，然后进攻反击。

②防守的重点在内线，一般不错位防守，适当让外围传球。

③每名队员主要防住自己的对手。

④全队首先要注意对持球者的控制，并且组织好集体防守。

⑤每名队员在防守中要注意观察分析对方的特点，及早识破对手进攻的特点，以及配合方法等，采取相应的防守对策，争取主动。

2. 半场缩小人盯人防守运用的时机

①对方外围投篮不太准时：

②篮下攻击力量较强时；

③本队犯规较多时。

3. 半场缩小人盯人防守的方法

（1）防守持球者

防守持球者采用平步防守的步法，并以防突破为主（对方外围投篮不太准时运用该防守策略）。

①防外围持球者。主要防对方突破，适当地防对方投篮（但不是不防投，而是有目的、有重点地让对方投篮），积极干扰外围队员向内线队员传球。

②防前锋持球者。积极卡堵对方向底线突破，因此，应将底线一侧堵死。对投篮准的前锋队员防守距离要适当近些，不给其投篮机会。对靠近内中锋一侧的前锋，要积极干扰其投篮和给内中锋传球，最好是让其将球传到外围。

③防中锋持球者。最好是不让中锋接到球，一旦获球，马上贴近，手高举，干扰封盖中锋投篮，并加强一侧防守，而另一侧让前锋或相距近的外围队员协防。

（2）防不持球队员

①近球区。要向有球侧靠近，注意协同“关门”。对持球者处于“一个半人”的防守之中。对高中锋有时可采用围守的方法，并注意防掩护。

②远球区。注意保护篮下和限制区，同时，卡堵自己所防的对手空切或向篮下切入以及掩护。

（3）全队防守

根据对方的进攻特点，加强重点区、重点人和重点得分方式以及配合进行针对性的重点防守。

当对方进攻策略改变时，也要及时改变本队的防守策略，掌握防守的主动权，并将拼抢篮板球组织到防守战术中。

（二）半场扩大人盯人防守（也称半场紧逼）

1. 半场扩大人盯人防守的特点

①防区较大，一般在8～10米防守，甚至更大的范围。

②由于在半场内紧逼自己的对手，所以能破坏对方的习惯打法。

③给进攻队设下重重障碍，从而打乱了对方的进攻部署。

④防守时，积极组织夹击、抢断，可造成对方失误或违例。

2. 半场扩大人盯人防守的运用时机

①对方中、远距离投篮较准时；

②内线攻击力相对较弱时；

③对方比赛经验不足，或外围队员控制球能力不强，或传球技术较差时；

④试探对方战术打法或攻击重点以及队员特长时。

3. 半场扩大人盯人防守的方法

①退守时就应迅速找到自己的对手，保持一定的距离，待他过中场进入防区，则立即做紧逼防守。

②防持球队员。首要的是控制其速度，防止其运球直接突破防区的防线，顶住其向篮下突破，使持球队员远离内线队员，远离接球队员，从而迫使持球队员在远离内线队员和接球队员处停运球或成“死球”，使外线持球队员与内线持球队员“脱节”，以便造成对方违例或传、接球失误。

防前锋持球队员时应紧逼他，特别是对与中锋落在一侧的持球前锋，坚决不让他将球传到中锋手中。卡堵其向底线一侧的运球和突破，最好让他将球向外围一侧传出或向远球侧传出，以便造成断球机会。

防中锋持球队员也应卡堵其底线一侧，不让其从底线转身和突破，迫使其向上线转身或运球突破，这时外线队员应夹击、协防，并抢打中锋手中的球和运球的球。中锋投篮时，防守队员手臂高举，并跳起封盖。

③防不持球队员。

甲：近球区。采用内侧脚在前的错位防守，不让近球区队员接球（迫使持球队员向远球区传球而造成断球机会）。并注意防对方向篮下反跑。如果对方空切时，先卡堵空切路线，之后让其走远离球的一侧。

乙：远球区。在防对方向篮下空切的同时，注意保护篮下，注意协防和补防。注意断对方的远传球。

④当对方打掩护和其他配合时，要互相呼应，积极移动，破坏对方配合。

⑤根据对方进攻的特点，加强对对方重点人和重点得分手段以及重点配合方法的防守。

④对方投篮时，要挡人并抢篮板球。

第二节　进攻半场人盯人

由于半场人盯人防守是篮球比赛中运用最普遍最广泛的防守战术。所以进攻半场人盯人是每个篮球队必须掌握的基本战术。

进攻半场人盯人战术是根据本队的打法特点、风格特点（根据本队队员的身体条件和队员的技术水平），运用各种掩护、策应、传切和突分配合组成本队的战术方法。

一、进攻半场人盯人战术的基本原则

第一，合理选择进攻队形，利用基础配合组成全队战术，要在动中配合，有目的地不断换位，注意战术配合的连续性、机动性、灵活性。

第二，组织战术应考虑内线与外线相结合，正面进攻与两侧进攻相结合。投篮应有近投、中投和远投三个层次的纵深攻击区。攻击区要大，攻击点要多。主攻点明确，并根据防守情况，机动灵活处理。

第三，注重速度，讲究节奏。快、慢，动、静相结合。

第四，积极组织冲抢篮板球，明确投篮后冲抢篮板球的配合。

第五，保持攻守平衡的队形。攻守转换速度要快。

第六，单一的战术在比赛中容易被击破，所以应多准备几套不同特点的战术，以备应变，灵活运用。

二、进攻半场人盯人战术的队形

进攻半场人盯人战术的队形可分为以下七种：

第一，单中锋 2－3 落位队形（见图 16－1）。

第二，单中锋 2－2－1 落位队形（见图 16－2）。

第三，单中锋 2－1－2 落位队形（见图 16－3）。

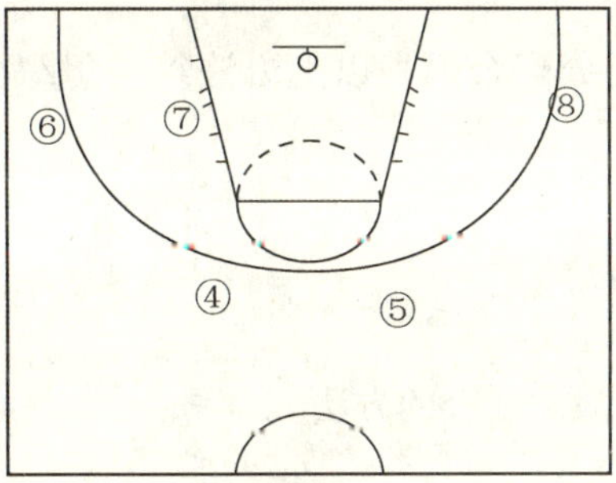

图 16－1

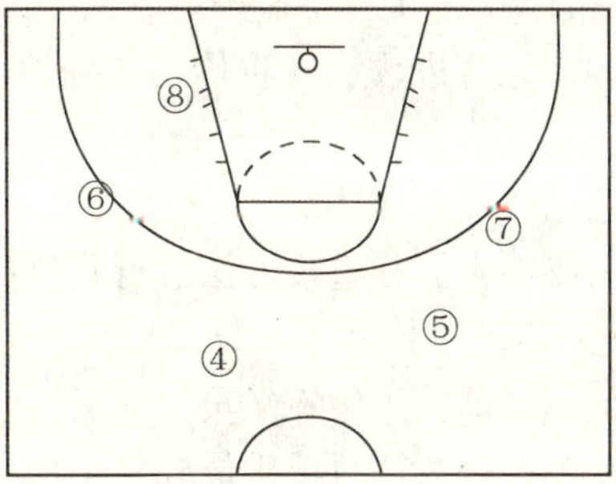

图 16－2

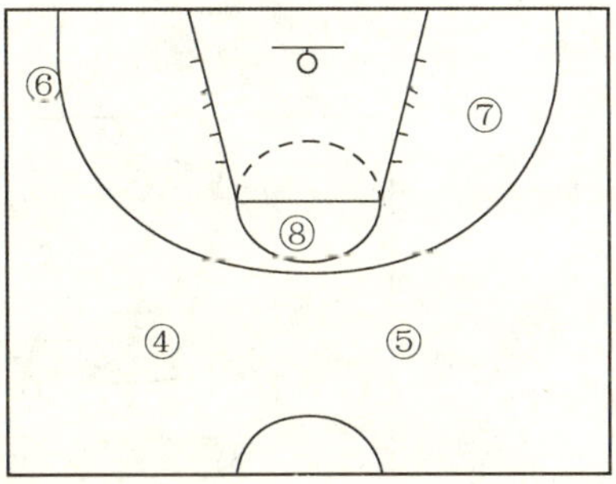

图 16－3

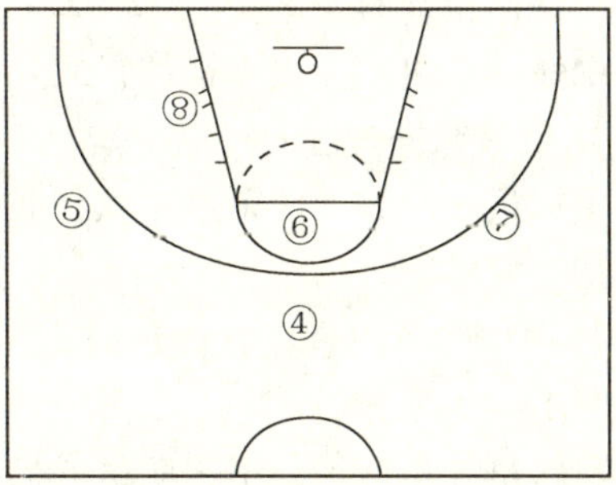

图 16－4

第四，双中锋 1－3－1 落位队形（见图 16－4）。

第五，双中锋 1－2－2 落位队形（见图 16－5）。

第六，双中锋 1 – 4 落位队形（见图 16 – 6）。

第七，无中锋 1 – 2 – 2 队形。

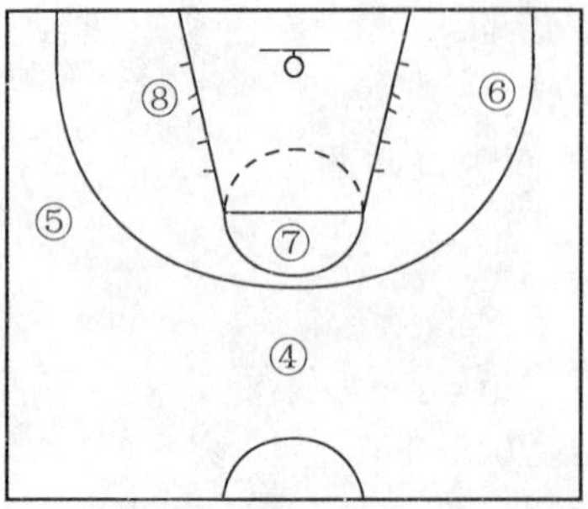

图 16 – 5

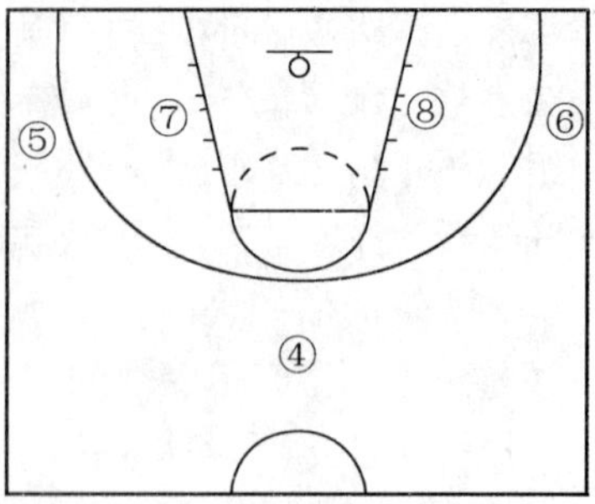

图 16 – 6

三、进攻半场人盯人战术方法

前面讲到进攻战术方法是由掩护、传切、策应、突破分球这四种基础配合组成了千变万化各种各样的进攻战术。而进攻半场人盯人战术方法是篮球战术中种类最多、变化最多的战术，根据它们的特点可分为以下几种进攻方法：

第一，通过中锋进攻法（单中锋、双中锋）。

第二，外线“8”字运球掩护进攻法。

第三，底线“8”字掩护进攻法。

第四，综合进攻法（将传切、掩护、策应、突分配合两种以上方法综合组织到战术中）。

第五，移动进攻法。

下面将以上五种进攻方法进行具体的分析介绍。

（一）通过中锋进攻法

它是先把球传给中锋队员，然后通过中锋组织战术配合的方法。

通过中锋进攻法分单中锋和双中锋。

1. 单中锋进攻法

单中锋落位，有“2 – 3”“2 – 2 – 1”和“2 – 1 – 2”队形。

单中锋落位可落在内中锋位置或外中锋位置。

（1）单中锋进攻法的特点

单中锋进攻时，一般是进攻队比较灵活，速度快，善于打空切和突破。

（2）单中锋落位进攻方法介绍

如图 16 – 7 所示，2 – 1 – 2 落位。中锋⑥落外中锋位置。后卫队员⑤传球给外中锋队员⑥后，利用前锋队员⑧的后掩护向篮下空切，⑥策应接球后转身，并将球传给空切篮下的⑤，⑤接球后上篮。另一后卫④注意向弧顶一带移动，其目的一是可与⑥打策应跳投，二是保持攻守平

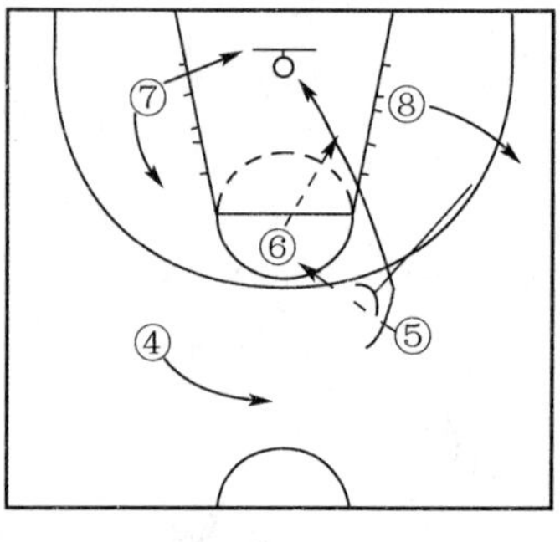

图 16 – 7

衡。另一前锋⑦应向左侧移动调整位置，另外可以向篮下移动冲抢篮板球。

战术变化：如果⑤空切遇到封阻时，⑥接球后自己可跳投或突破上篮。⑧注意掩护后的“二机会”，或外拉到后卫位置。

⑤接球后首先自己抢攻，但遇到补防可向⑦或⑥分球。④注意接⑥的球跳投并注意攻守平衡。⑦⑥注意抢篮板球并注意⑤的分球。

2. 双中锋进攻法

双中锋进攻法有“1－3－1”，“1－2－2”和“1－4”落位队形。双中锋落位一般是一内一外，或落在两个内中锋位置上。

（1）双中锋进攻法的特点

本队中锋力量较强。如果有一个中锋落外中锋位置时，说明该队员策应能力较强，本队善于打策应配合或两个中锋之间的配合。

（2）双中锋进攻法介绍

如图 16－8 所示，1－3－1 落位，后卫队员 4 将球传给外中锋⑦，⑦接球后转身面对篮，这时内中锋⑧突然摆脱空切篮下，⑦应将球及时传给⑧进攻。同时前锋⑤和⑥也视机会向底线或篮下移动，接⑦或⑧的分球投篮。投篮时⑥⑦⑧应冲抢篮板球，这时，④⑤应注意保持攻守平衡。

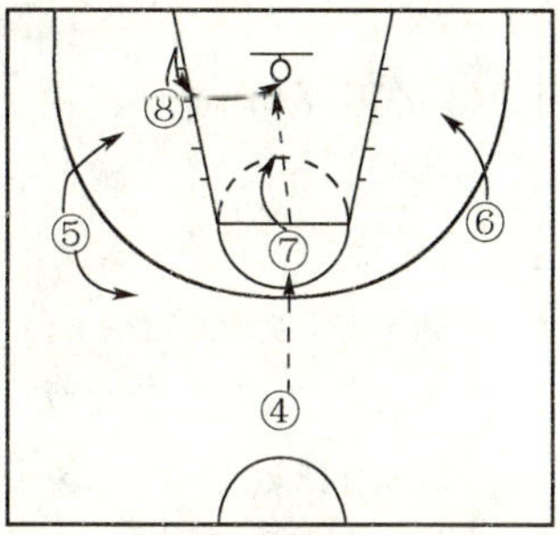

图 16－8

战术变化：如⑧横切受阻，就移动到右侧给⑥掩护。这时⑦将球传给左侧的⑤，然后下顺纵切接⑤的球投篮。如果⑦没有机会，下顺后落在左侧内中锋位置上，这时⑥利用⑧的掩护横切篮下，接⑤的球投篮。⑥⑦⑧抢篮板球，④⑤保持攻守平衡。

（二）外线“8”字运球掩护进攻法

1. 战术特点

外线“8”字运球掩护进攻法一般运用在对方半场扩大人盯人防守时，其目的有二：一是压缩防区，二是抓住时机突破上篮或将球传给空切到篮下的同伴上篮。

2. 外线“8”字运球掩护进攻法介绍

如图 16－9 所示，⑤运球给⑥掩护，⑥运球给④掩护，④运球给⑤掩护……④⑤⑥ 3 人在外线运球掩护的轨迹呈 8 字形。3 人在运球的过程中，将对方的防区压缩，瞅准机会做中、远距离跳投，或抓住机会突破上篮。同时在运球掩护的过程中注意观察⑦与⑧的配合，一旦空切篮下，立即将球传给篮下队员攻击。

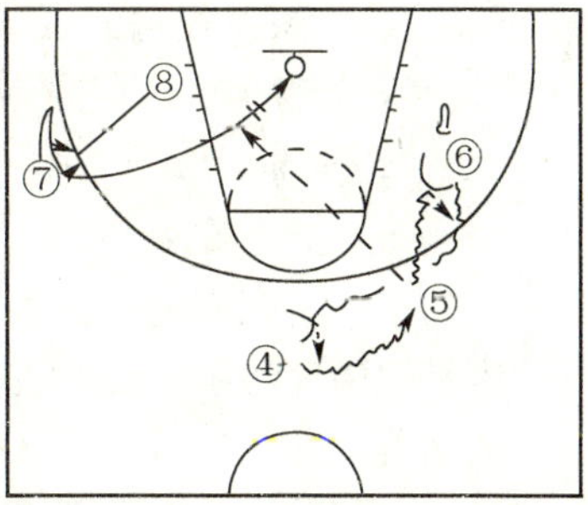

图 16－9

比赛中，也可由④⑤⑦3 名队员在弧顶一带做“8”字运球，⑥落在内中锋位置上或右前锋位置上，与⑧在底线打掩护配合。

（三）底线“8”字掩护进攻法

1. 战术特点

此方法一般用在底线攻击力比较强的队。底线落位 3 名队员。这 3 名队员可以是两个前锋，一名内中锋；也可以是一名前锋，两名内中锋。3 名队员在底线穿插一名内中锋。5 名队员在底线穿插掩护，其移动轨迹呈 8 字形，故称底线“8”字掩护进攻法。

2. 底线“8”字掩护进攻法的介绍

见图 16－10。当球在左侧前锋⑧手中时，同侧的内中锋⑦积极要位要球，如果⑧传球给⑦，⑦攻击。如果⑦没有机会，立即移动给⑥掩护，⑥向篮下空切接⑧的球攻击。如果⑥没有机会，⑧将球传给后卫位置上的⑤，然后利用⑥的掩护空切篮下，接⑤或④的球攻击。如果⑧没有机会，可落在右侧内中锋位置上给⑦做掩护。⑦向篮下空切，⑤④在外线传球，一是及时将球传给空切篮下的队员攻击，二是同伴在底线打“8”字掩护时，抓住机会做中、远距离投篮或突破投篮……

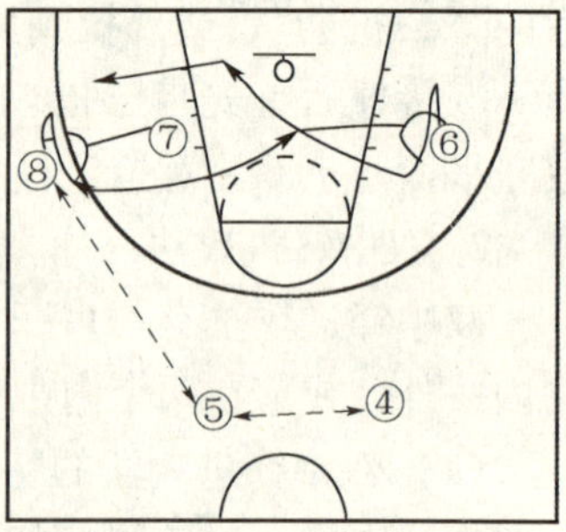

图 16－10

战术变化：⑧利用⑦的掩护向篮下空切，如果没有接球机会，继续向右侧移动，这时，⑧可以给⑥做掩护，⑥向篮下空切进行攻击；也可以是⑥由前锋位置向内侧移动给从篮下移动出来的⑧做掩护，⑧利用⑥的掩护拉出，到前锋位置接④的球，⑧接球后一是自己投篮，二是可以视情况传给掩护后转身面向自己的⑥，⑥攻击……

（四）综合进攻法

1. 综合进攻法的特点

可运用在缩小防守或扩大防守时。根据对方的防守特点和具体情况，运用时机动灵活。综合进攻法是比赛中运用最多的方法。

2. 综合进攻法的介绍

综合进攻法的方法很多。现根据 1－2－2 落位变 1－3－1 落位，将策应、空切和掩护综合进攻介绍如下：见图 16－11。④传球给上提策应的⑧，⑧接球后一是自己攻击，二是传给空切的⑤攻击。如果⑤空切没有机会，这时，左侧的⑥利用内中锋⑦的掩护空切篮下接⑧的球攻击。如果⑥没有机会，⑥移动到右侧；这时⑧可将球传给移动到左侧底线一带的⑤去投篮，或⑤传球给内中锋⑦，由⑦攻击。⑥⑦⑧抢篮板球，④⑤保持攻守平衡。

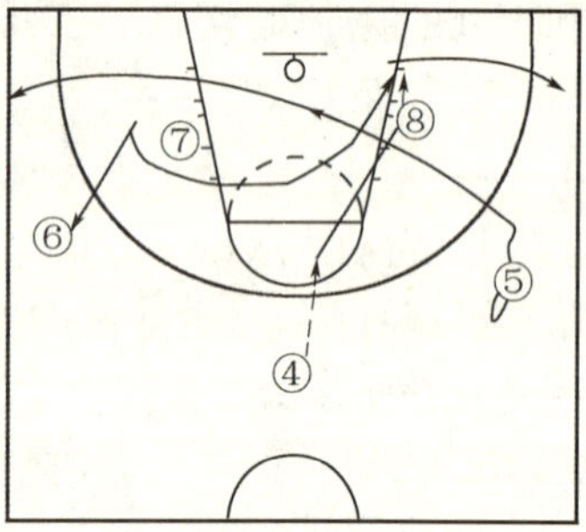

图 16－11

（五）移动进攻法

1. 移动进攻法的特点

移动进攻是在固定战术套路打法的基础上产生的。固定战术路线和固定队员位置的打法容易被防守制约，已不适应当代篮球运动的发展，故产生了移动进攻。

美国著名教练员博比·奈特对移动进攻有详细的论述，其要点是：

第一，移动进攻的基础是五名队员连续移动，从而使队员经常处于不同的位置。它要求进攻者根据防守情况和本身所处的位置，选择合理的进攻方式。

第二，教练员对场上移动控制得愈多，就愈接近以前那种固定进攻法。因为移动没有预定的计划，所以就很难被对方识破。其最大的优点是任何时候队员都处于进攻状态之中，各自发挥自己的作用。

第三，过去的固定进攻法，通常是两名队员最多三名队员之间的配合，这就给无球侧的防守队员提供了帮助，当配合没有取得投篮机会时，就必须重新组织进攻，也就给防守队员带来了重新组织防守的机会。

第四，根据经验，没有比移动（特别是带有掩护的移动）能够给防守队员制造更多的漏洞了。

从博比·奈特的论述中也可以看到，移动进攻法是没有固定的配合路线、没有固定的进攻位置、5 名队员按一定的原则不停顿地连续传球、空切、掩护、策应等协调行动的一种进攻方法。

2. 移动进攻法的进攻原则

移动进攻法是按一定的原则进行进攻的。其原则由各队自己定。根据本队的特点和对手的特点，制定出本队的进攻原则。不管各队怎么定自己的原则，但总的要求是：多传球、少运球，尽量少停球；传球后立即空切或去给同伴掩护，不准原地站立不动。

第三节　进攻半场人盯人战术方法及练习

一、单中锋落位进攻法

（一）单中锋 2 – 3 落位空切进攻法

战术方法：见图 16 – 12 ～图 16 – 14。在图 16 – 12 中，后卫队员②传球给前锋③后空切篮下，接③的球投篮。

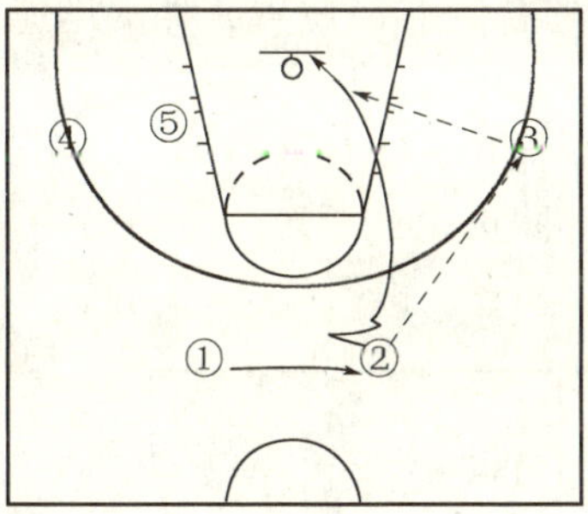

图 16 – 12

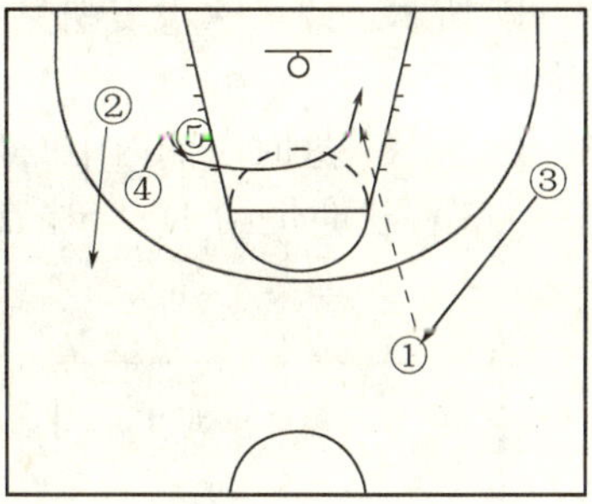

图 16 – 13

如图 16 – 13 所示。如果②没有机会就迂回到左侧。③将球传给后卫①，这时，④利用⑤的定位掩护突然空切篮下接①的球投篮。

如图 16 – 14 所示。当④横切没有机会时，移动到右侧，而左侧有两个机会，一是中锋上插外中锋位置接球攻击，二是②在左侧同时做摆脱接球投篮。②④⑤抢篮板球。①③保持攻守平衡。

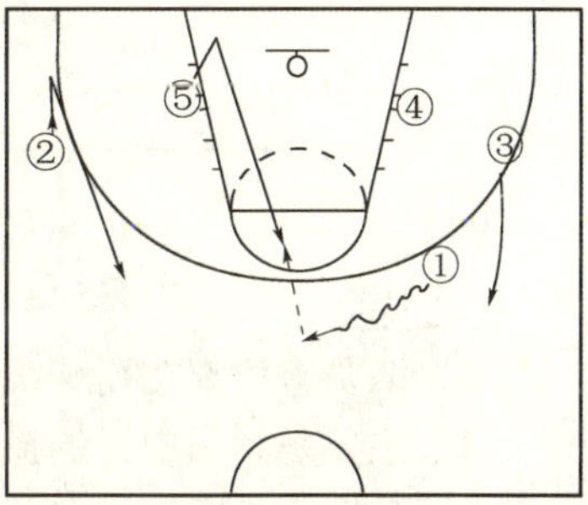

图 16 – 14

打法特点：主要以空切寻找攻击机会，并结合中、远投破坏对方的防守。

要求：

（1）空切突然，起动加速快。

（2）“死打活变”，即死打传切，但场上出现机会或被对方制约时，应及时根据情况应变。

（3）除中锋外，其他4名队员位置不固定。

（4）进攻时，及时调整自己的进攻位置，保持有利的进攻队形和攻守平衡队形。

（5）一旦投篮，冲抢篮板球。

（二）单中锋2－3落位连续掩护空切进攻法

战术方法：见图16－15～图16－18。

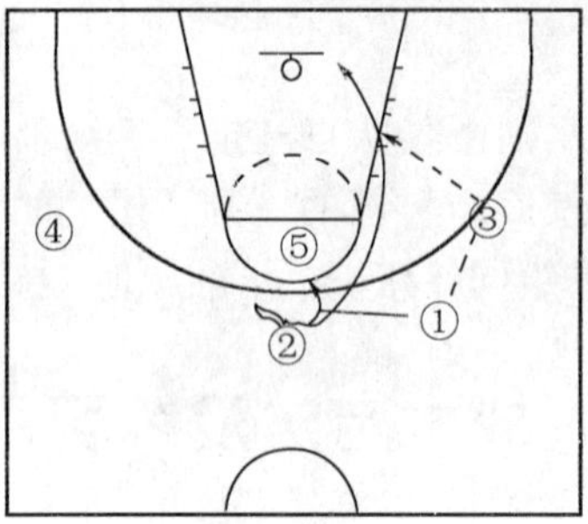

图16－15

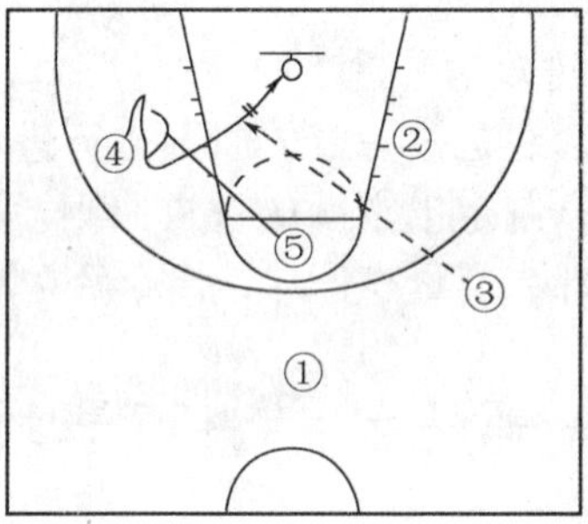

图16－16

如图16－15所示。①传③球后，给②做反掩护，②利用①的掩护和⑤的定位掩护向篮下空切，接③的球投篮。

如图16－16所示。②如果没有机会，迂回到右侧。这时左侧④下压摆脱，并利用⑤的掩护空切篮下，接③的球投篮。

如图16－17所示。如果④没有机会，就迂回到右侧前锋位置，外围迅速调整位置，②也向外移动。

如图16－18所示。这时左侧内中锋⑤给①做后掩护，①从底线空切篮下，同时⑤上插外中锋位置，③视机会传给①或⑤投篮。④⑤等队员抢篮板球，①与另一队员保持攻守平衡。

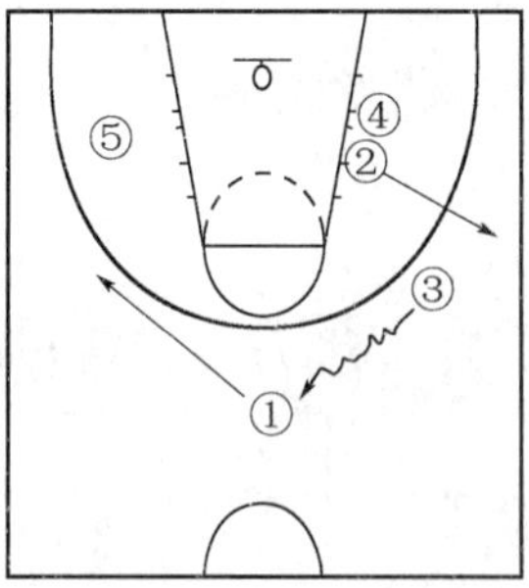

图16－17

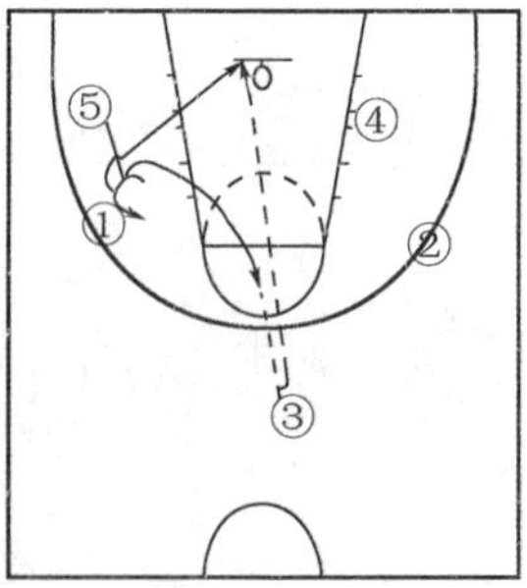

图16－18

打法特点：

（1）队员落位都在罚球线以上，拉空篮下。

（2）主要是利用中锋的掩护向篮下空切。

（3）外围队员空切后，及时调整位置，保持有利的进攻队形，并保持攻守平衡。

要求：

（1）中锋队员主动掩护的意识要强。

（2）空切没有机会时，立即拉空篮下。

（3）传球队员注意调整传球角度，传球要隐蔽、及时、到位。

（三）单中锋 2－3 落位外线运球掩护结合中锋策应进攻

战术方法：见图 16－19。②接球后，运球给③掩护，即③②①在右侧运球寻找进攻机会。内中锋⑤突然上插外中锋位置接③（或其他人）的传球，打策应配合（策应跳投或传切）。如果策应后③没机会，⑤转身面向篮，一是传球给向下摆脱的④，二是自己跳投或突破。

打法特点：内、外线进攻相结合，左、右侧进攻相结合，形成多个攻击机会。

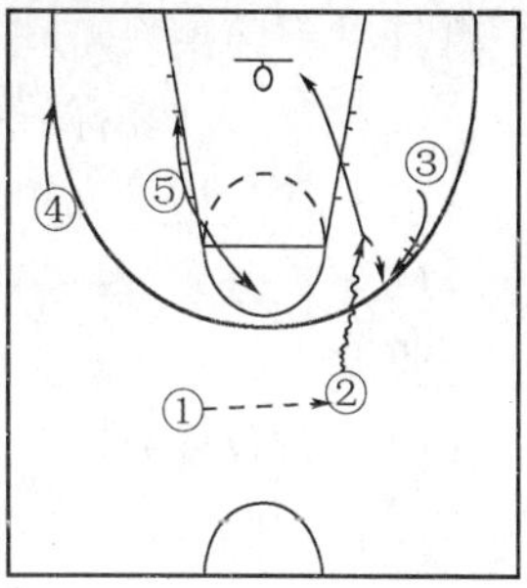

图 16－19

要求：

（1）右侧配合时，注意观察左侧情况。

（2）掩护和策应时，注意根据情况转身打“二机会”和空切篮下。

（四）单中锋 2－3 落位掩护策应连续进攻法

战术方法：见图 16－20 ～图 16－23。

如图 16－20 所示，①传球给②后给左侧的④做反掩护，然后空切篮下，这时出现两个机会，一是传给向篮下移动的①，二是传给④。

如图 16－21 所示，④①都没有机会，①迂回到右侧内中锋位置。②传球给④，中锋⑤下顺，给④做策应，④接⑤的球跳投或与⑤打“挡拆”。

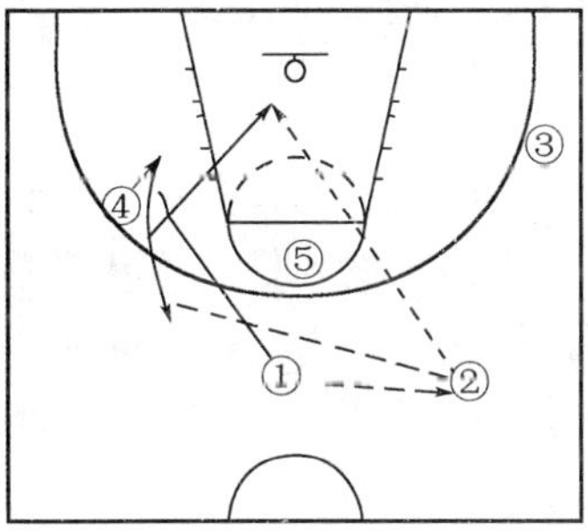

图 16－20

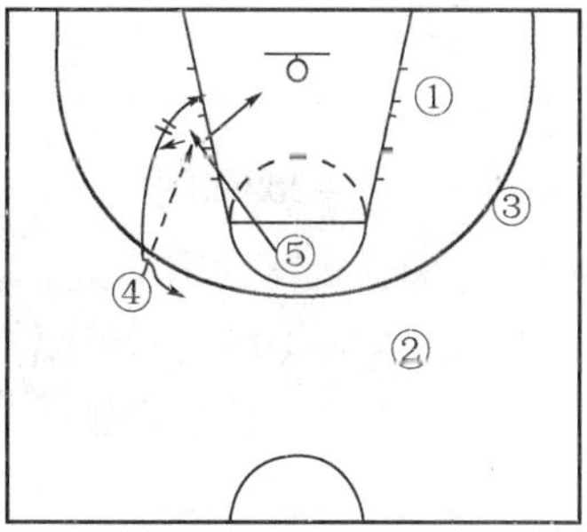

图 16－21

如图 16－22 所示，当④与⑤无法打策应时，④回传球给②，②与右侧的③打策应跳投或打“挡拆”配合。

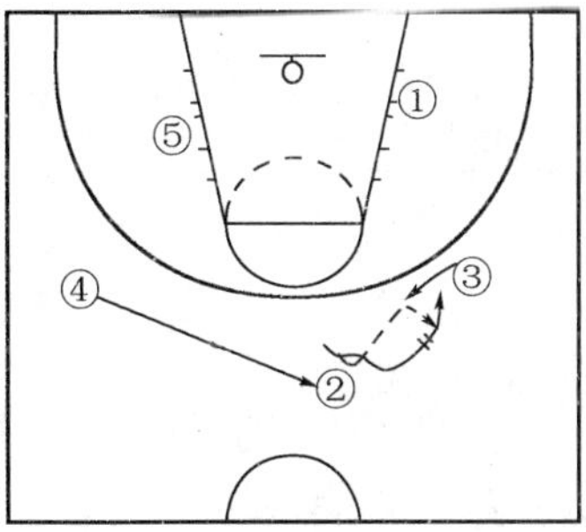

图 16－22

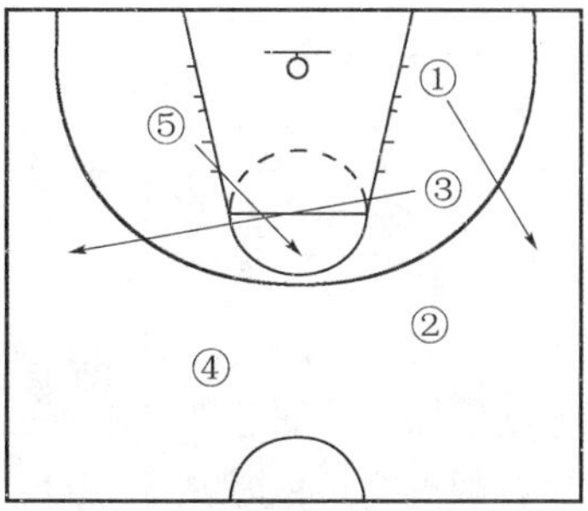

图 16－23

如图16－23所示，②与③无机会时，重新调整位置，即③拉到左侧，①上提，⑤上插外中锋位置，②从右侧重新开始前边的战术配合。

打法特点：

（1）落位在罚球线以上，拉空篮下，为空切创造机会。

（2）通过掩护和策应配合，创造篮下进攻和中、远投机会。

（3）充分发挥每名队员的特点。

要求：

（1）进攻要有层次。掩护后的策应衔接要及时。

（2）左侧没机会时，及时转移到右侧进攻。

（3）队员应具备既能篮下攻击又能中、远投的能力。

（五）单中锋2－3落位拉空一侧突破进攻法

战术方法：见图16－24，或者⑤移动到右侧，将左侧拉空，球传给左前锋队员④，④突破上篮。

打法特点：这是一种特殊打法。利用本队某些队员突破能力强的特点，造成得分或造成对方重点队员犯规，或在本队打不开局面时运用。

要求：

（1）②（或其他队员）是一位突破能力强的队员。

（2）全队思想统一，明确为突破队员拉空一侧，创造突破机会。

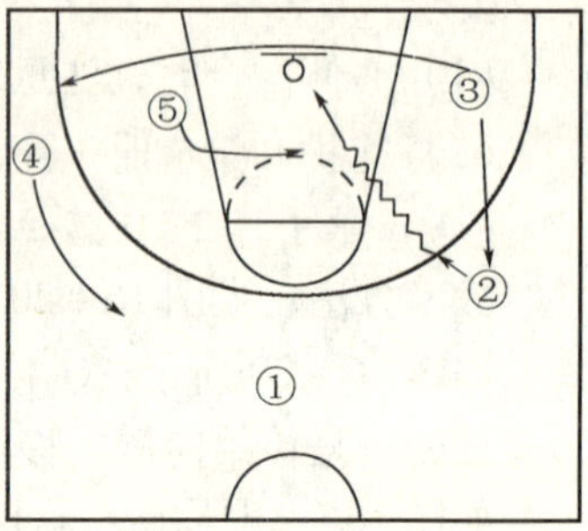

图16－24

（六）单中锋2－1－2落位传切掩护进攻法

战术方法：见图16－25和图16－26。如图16－25所示，后卫队员①传球给前锋队员③后，空切篮下接③的球上篮。如果①没有机会，①向左侧移动给④做掩护，④空切篮下接③的球投篮。如果④没有机会，则落在右侧前锋处，③上提。如图16－26所示，③将球传给②，②传给①，②空切如同上图一样从左侧发动战术配合。

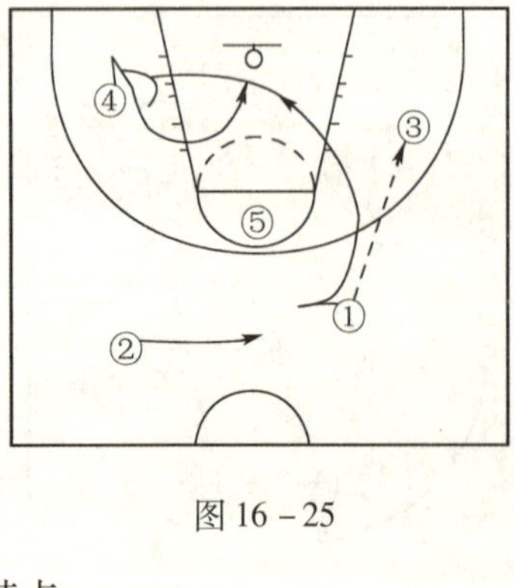

图16－25

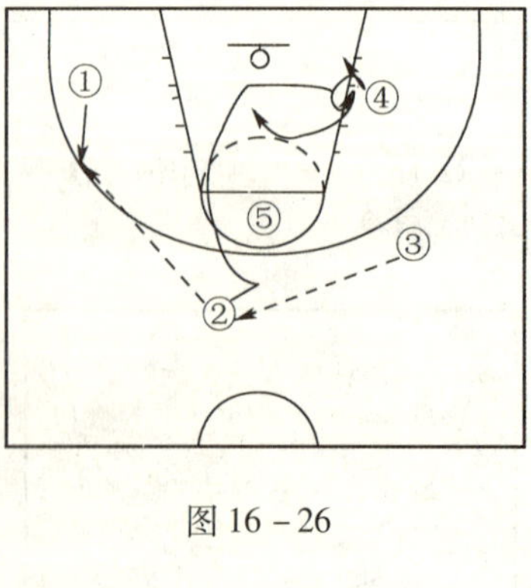

图16－26

打法特点：

（1）充分利用篮下一带空隙大的特点，发挥队员空切能力强的优势。

（2）左、右两侧均可发动战术配合，并且可以连续左、右发动。

要求：

（1）后卫队员具有较强的空切意识和能力，具有较强的掩护意识和能力。

（2）后卫和前锋队员空切没机会时，持球队员注意自己的进攻，或者将球向外转移，从另一侧重新组织。

（七）单中锋2－1－2落位双侧掩护进攻法

战术方法：见图16－27。

当后卫队员①将球传给外中锋⑤，⑤运球给右侧的前锋③掩护时，左侧的④给②做行进间后掩护，②空切篮下。当③接⑤的球后，有以下机会：

一是自己跳投；

二是当防守队员换人时，⑤转身打“挡拆”；

三是传给从左侧空切到篮下的②投篮；

四是传给掩护后向罚球线横插的④跳投。

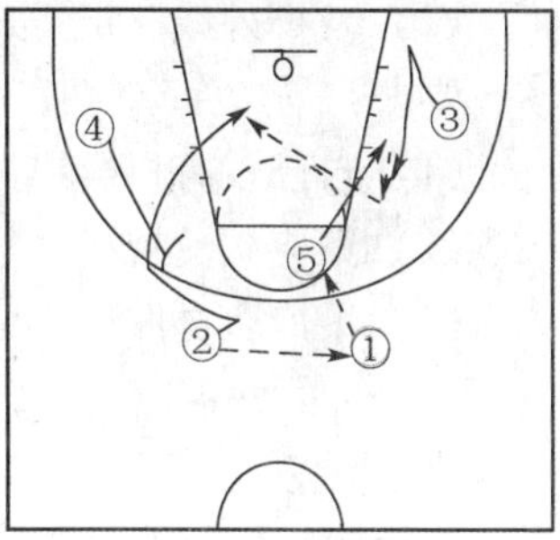

图16－27

打法特点：

（1）通过掩护把内、外线，左、右侧联系起来，创造篮下投篮和跳投机会。

（2）充分发挥每个人的特长。

要求：

（1）队员具备能里能外、能突能投的全面技术。

（2）视野广，抓住最好的攻击机会攻击。

（3）注意攻守平衡。

（八）单中锋2－1－2落位交叉掩护结合后掩护进攻法

战术方法：见图16－28，后卫队员①传球给外策应队员⑤后，与后卫队员②进行交叉掩护空切篮下，这时⑤有以下几种传球机会：

一是传球给先切入的①，①跳投；

二是传球给后切入的②，②跳投；

三是传球给空切篮下的①或②上篮；

四是①空切后自己没机会时给右侧的③做掩护，这时⑤可传球给③上篮；

五是自己跳投或突破上篮。

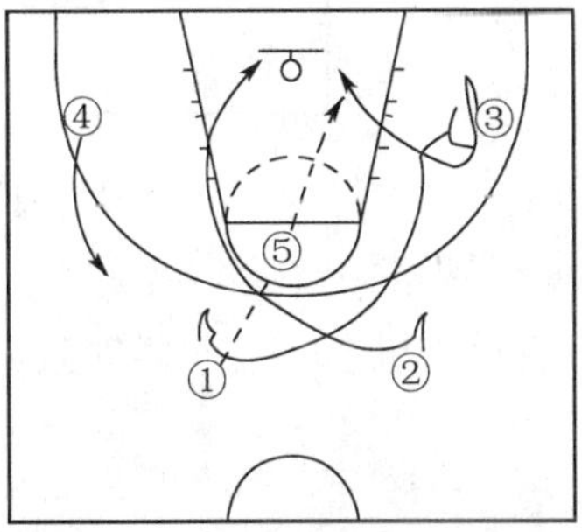

图16－28

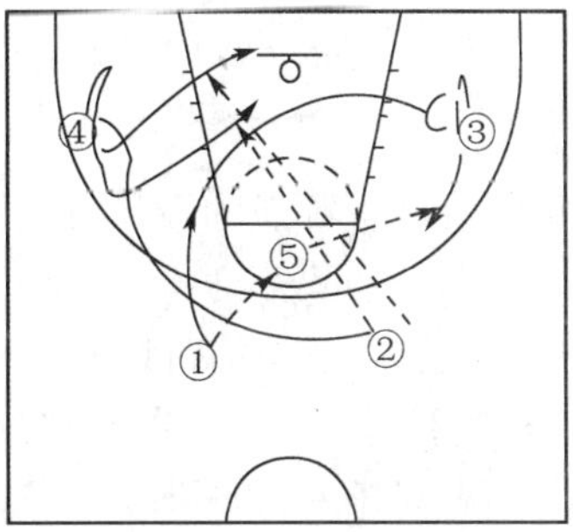

图16－29

战术变化：见图16－29，当①给③做掩护时，③没有机会空切篮下时，可向上线移动接⑤的球跳投。或者在③接球的同时，②移到左侧给①做掩护，这时③可将球传给向篮下空切的④或掩护后向篮下转身移动的②投篮。

打法特点：

（1）发挥中锋打策应的能力。

（2）发挥外线队员空切能力强的特点，创造篮下和中、远投机会。

要求：

（1）自己没有机会应立即为同伴做掩护。

（2）策应队员视机会把传球和自己进攻结合起来。

（3）策应队员向篮下传球时，应转身面向篮。

（九）单中锋2－1－2落位掩护空切结合策应跳投进攻法

战术方法：见图16－30～图16－32。如图16－30所示，后卫①传球给④后，外中锋⑤给①做后掩护，①空切篮下接④的球上篮。

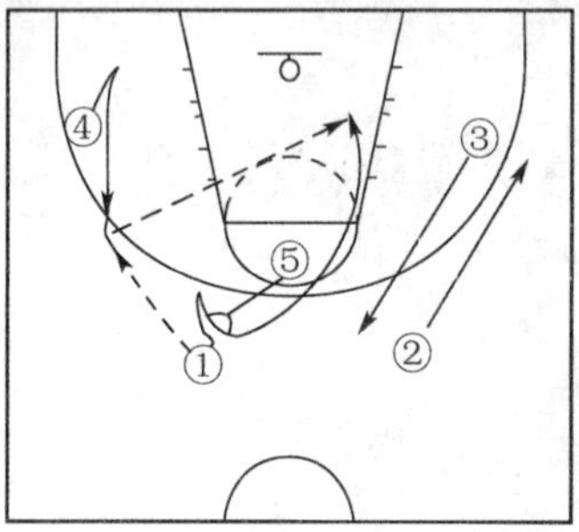

图16－30

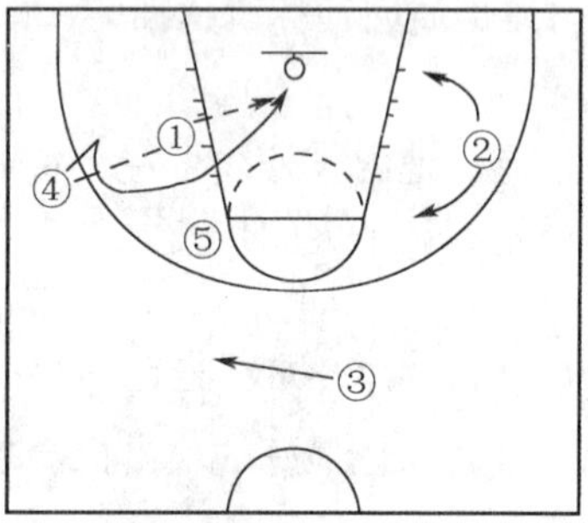

图16－31

如图16－31所示，①没有机会时，则落在左侧内中锋位置上做策应，接④的球，然后与④打策应传切，④上篮。

如图16－32所示，④如果没有机会则拉出，右侧队员调整位置后，①传球给③，③可又传给中锋⑤，后与②打策应交叉，或⑤自己攻击。①③⑤抢篮板球。

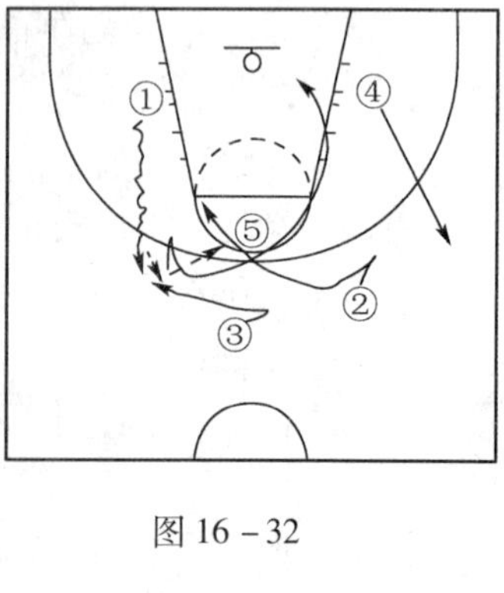

图16－32

打法特点：

（1）利用中锋的掩护、策应为外线队员创造篮下攻击和跳投机会。

（2）能保持较完整的攻守平衡队形。

要求：

（1）中锋队员具有较强的掩护和策应意识，并注意将自己的攻击与传球结合起来。

（2）其他队员注意空切的时机并注意在自己没有攻击机会时为同伴创造机会。

（十）单中锋2－2－1落位连续空切进攻法

战术方法：见图16－33和图16－34。

在图16－33中，后卫②传球给①后，向篮下纵切，接①的球投篮。如②没有机会，则从底线拉出到左前锋位置上。而①将球传给③，这时④向篮下空切接③的球上篮。

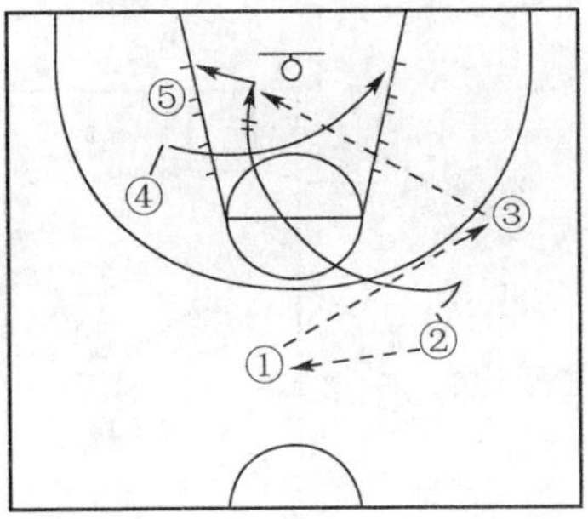

图 16－33

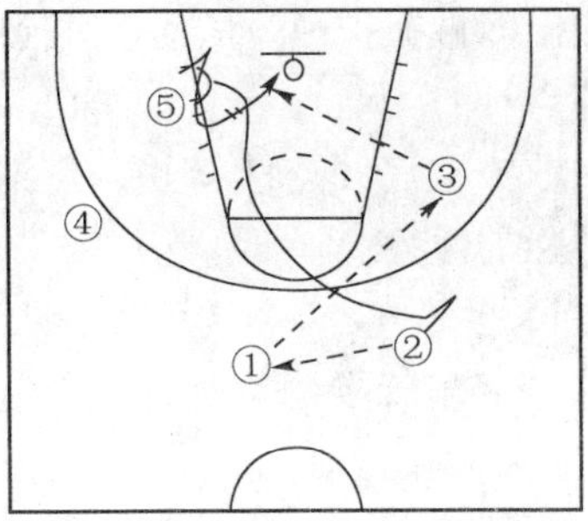

图 16－34

战术变化一：见图 16－34，②切入没有机会时，可向左侧移动给内中锋⑤做掩护，这时球已经从①手中传到③手里，而且④切入篮下也没有机会时，⑤利用②掩护横切，接③的球投篮。②④⑤抢篮板球。

战术变化二：④切入没有机会时，移动到右侧内中锋位置，接③的球，与③打策应跳投。之后③④⑤抢篮板球。

打法特点：

通过连续空切，创造篮下投篮或中、远投机会。

要求：

（1）进攻要有层次。

（2）自己空切没有机会时，应立即拉空篮下并为同伴掩护或策应，为同伴创造机会。

（3）将篮下进攻与中、远投结合起来。

（十一）单中锋 2－2－1 落位底线连续掩护进攻法

战术方法：见图 16－35、图 16－36 和图 16－37。

如图 16－35 所示，后卫①传球给左侧前锋④，内中锋⑤向右侧移动，给③在右内中锋位置做掩护，③到篮下接④的球投篮。

如图 16－36 所示，③如果没有机会，继续向左侧移动，这时④传球给①后，利用③的掩护空切篮下，接①的球投篮。

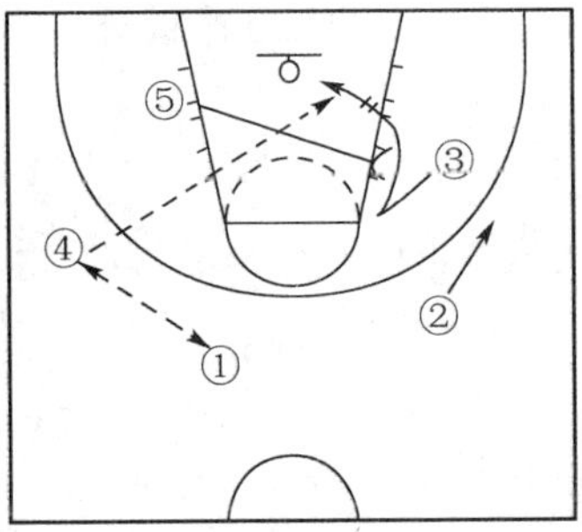

图 16－35

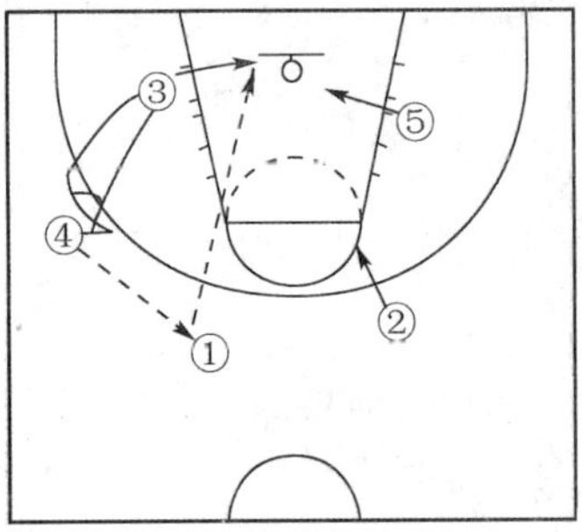

图 16－36

如图 16－37 所示，当④空切篮下没有机会时，继续向右侧移动，为⑤做掩护，⑤空切篮下，接①的球投篮。③④⑤抢篮板球，①②保持攻守平衡。

如果⑤空切后没有机会，④拉出到右前锋位置，①通过②将球转移给④，而⑤继续移动到左侧给③做掩护……依此连续掩护进攻。

打法特点：

中锋和前锋在底线连续掩护，创造篮下攻击机会发挥篮下攻击力强的优势。

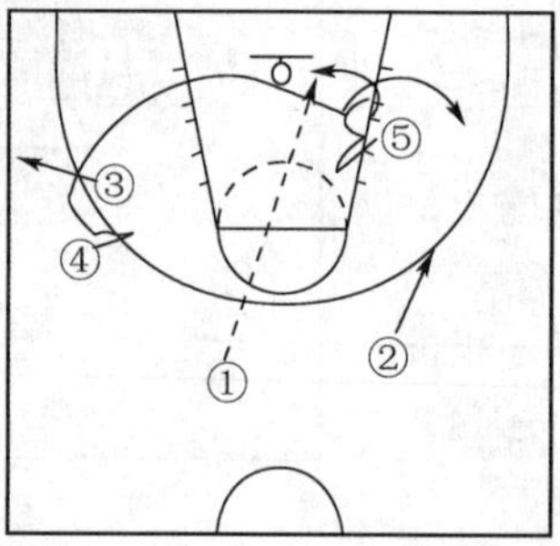

图 16－37

要求：

（1）中锋和前锋要耐心地在底线连续掩护，寻找攻击机会。

（2）自己没有机会，快速拉空篮下为同伴做掩护创造攻击机会。

（3）根据情况，球在①②手中传递，选择最佳传球角度和机会，传球及时到位。

（十二）单中锋 2－2－1 落位前锋策应进攻法

战术方法：见图 16－38 和图 16－39。

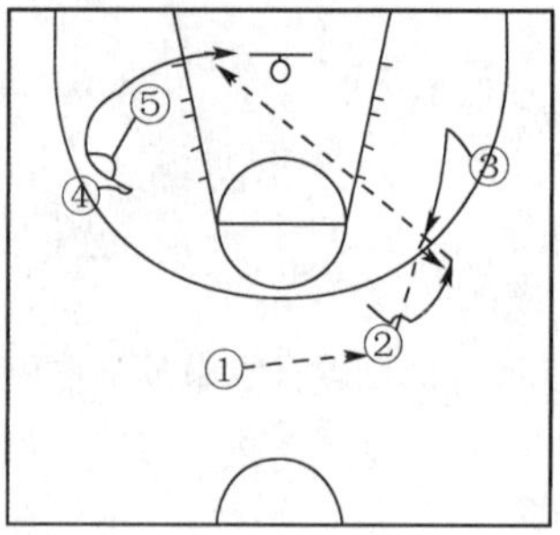

图 16－38

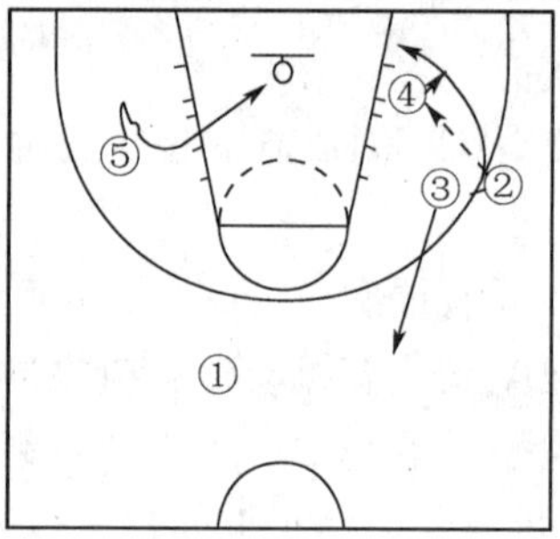

图 16－39

如图 16－38 所示，后卫②与前锋③在右侧打策应，同时，左侧⑤给前锋④做掩护，④向篮下空切。这时③或②视情况自己跳投或传给篮下的④投篮。

如图 16－39 所示，如果前几个机会都没有，④拉到右侧内中锋位置与②继续打策应配合，②视情况自己跳投或突破或与④打“挡拆”。

②突破时一是自己上篮，二是分球给①或⑤投篮。②④⑤抢篮板球。其他人保持攻守平衡。

打法特点：

通过前锋队员的策应创造攻击机会。发挥前锋队员策应好和本队投篮准的特点。

要求：

（1）前锋队员适时地选择策应位置。

（2）将自己的攻击与为同伴传球创造机会结合起来。

（3）及时调整队形和位置，保持攻守平衡。

（十三）中锋 2－2－1 落位掩护空切连续进攻法

战术方法：见图 16－40、图 16－41 和图 16－42。

如图 16－40 所示，后卫队员①持球时，③给②做后掩护，②空切篮下接①的球投篮。如果没机会则继续移动，落在左侧内中锋位置。

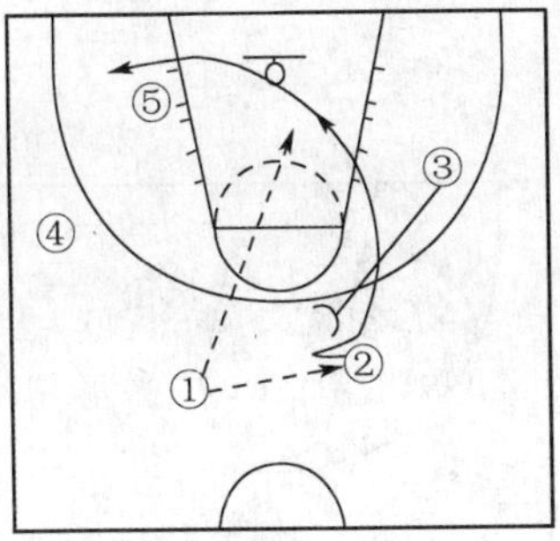

图 16－40

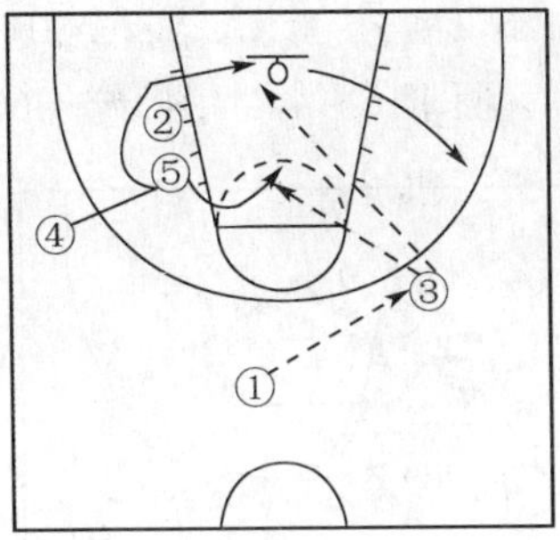

图 16－41

如图 16－41 所示，②落在左侧内中锋位置时，①传球给③。这时左前锋④利用②⑤的双掩护向篮下切入，接③的球投篮。如果④没有机会，中锋⑤掩护后向限制区转身横切，接③的球投篮。

如图 16－42 所示，如果⑤没机会，⑤继续移动到右侧内中锋位置，后卫移向左前锋位置，又变成原来的 2－2－1 落位队形，从左侧重新开始上述的战术。

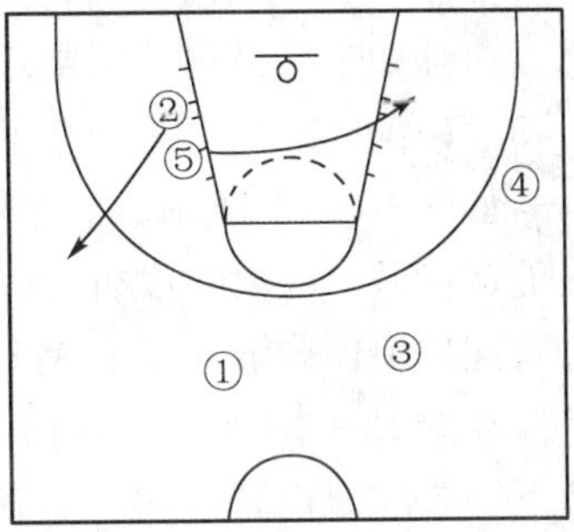

图 16－42

打法特点：

（1）利用掩护创造篮下投篮机会。

（2）战术组织具有连续性。

要求：

（1）每名队员都应主动做掩护，掩护意识强。

（2）掩护时，视情况将自己的攻击与同伴传球结合起来。掌握好进攻的层次。

二、双中锋落位进攻法

（一）双中锋 1－3－1 落位掩护进攻法

战术方法：见图 16－43。

后卫队员将球传给无内中锋侧的②队员手中时，向另一侧给③做反掩护，同时，外中锋④给内中锋⑤做掩护，这时②视情况传球给掩护后摆脱到篮下或腹地的⑤或③；或者传给掩护后“挡拆”的④或①，投篮后注意冲抢篮板球和攻守平衡。

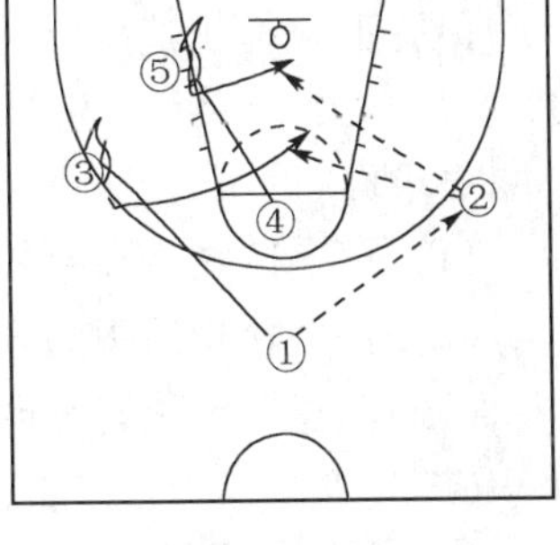

图 16－43

打法特点：

（1）通过内外线掩护，创造篮下投篮或跳投机会。

（2）通过掩护使内线之间、外线之间以及内外线之间的进攻联系起来。

要求：

（1）每名队员都有较好的掩护意识和技术。

（2）扩大视野，内、外线都应观察到。

（3）将自己攻击与为同伴创造机会结合起来。

（二）双中锋 1－3－1 落位掩护空切进攻法

战术方法：见图 16－44 ～图 16－46。

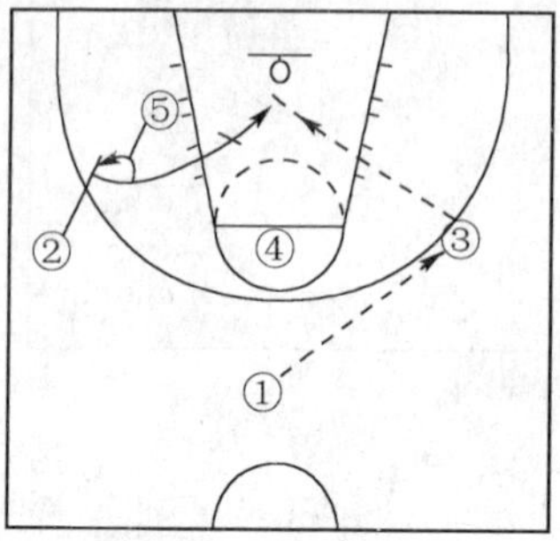

图 16－44

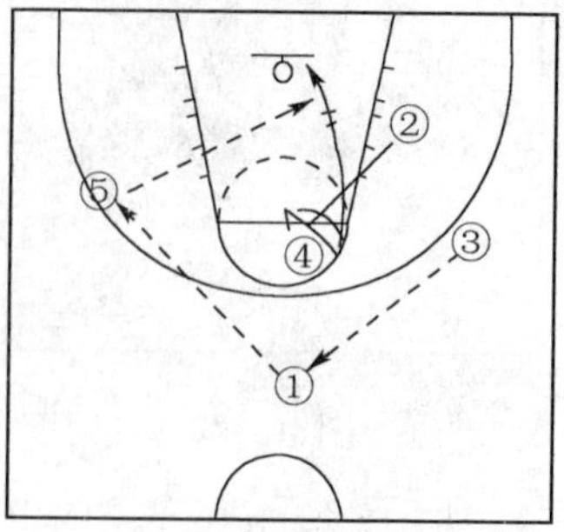

图 16－45

如图 16－44 所示，球在③手中时，前锋队员②利用内中锋的掩护空切篮下，接③的球投篮。如果②没机会，则落在右侧内中锋位置上。⑤掩护后上提左前锋位置，又变成 1－3－1 落位。

如图 16－45 所示，③通过①传球到⑤手中时，②给外中锋④做掩护，④空切篮下接⑤的球投篮。如果④没机会，则落在左内中锋位置。②可视机会打“挡拆”。如果②没机会落在外中锋位置，又变成 1－3－1 落位。

如图 16－46 所示，⑤通过①将球转移到③手中时，后卫①利用外中锋②的掩护空切篮下接③的球投篮。

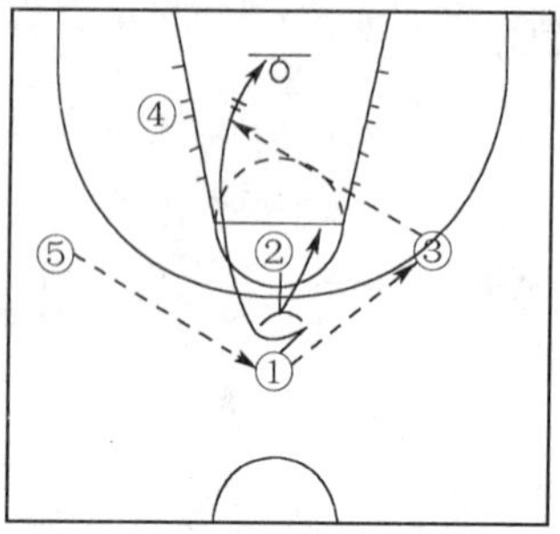

图 16－46

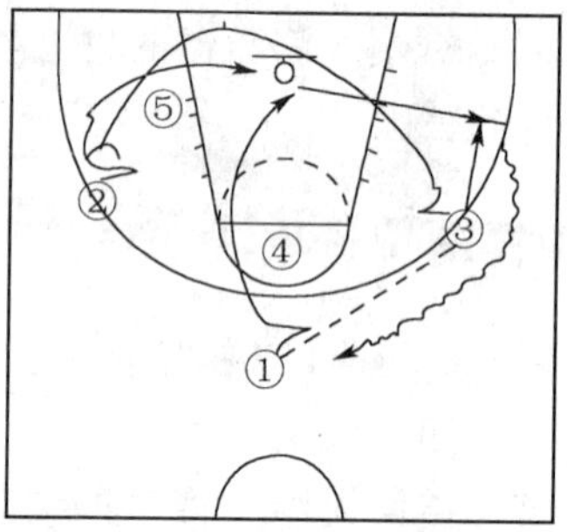

图 16－47

打法特点：

（1）利用掩护造成空切上篮的机会，将内外线、左右两侧的进攻结合起来。

（2）始终保持 1－3－1 落位，队员的位置灵活机动。

要求：

（1）每名队员都要有较强的掩护意识和技术，而且每个位置都会进攻。

（2）注意掩护后视防守情况而打“挡拆”。

（3）注意调整位置和队形，保持较好的传球角度和攻守平衡位置。

（三）双中锋 1－3－1 落位大穿插空切掩护进攻法

战术方法：见图 16－47。

后卫①传球给③后，利用外中锋④的定位掩护空切篮下，接③的球投篮。④注意掩护后的"挡拆"接球攻击，如果①没机会，则落在右侧边线接③的球，③传球后向篮下空切，接①的球投篮。

如果③没机会，则从底线绕出给左侧②做掩护，这时①可传球给空切篮下的②投篮。⑤注意掩护后的"挡拆"接球攻击。

都没有机会时，①运球到弧顶位置，重新开始上述战术方法。但这时⑤移向左内中锋位置从左侧开始……依此连续空切、掩护，创造攻击机会。

打法特点：

（1）当对方采用缩小盯人时，外线队员采用连续大穿插掩护移动的方法，打乱对方的防守，拉大对方的防区，制造混乱和防守漏洞，创造投篮机会。

（2）进攻可从两侧发动，具有连续性。

要求：

（1）自己空切没有机会时，快速给同伴做掩护。

（2）将空切篮下投篮与中、远投结合起来。

（3）持球队员注意及时运球调整传球位置。

（四）双中锋 1－3－1 落位传切结合内、外中锋掩护策应进攻法

战术方法：见图 16－48 和图 16－49。

如图 16－48 所示，后卫①传球给前锋③后，顺传球方向从持球队员外侧打策应跳投或策应空切。如果①没机会则落在左右侧底线，这时③转身面对篮。而外中锋④适时地给内中锋⑤做掩护，⑤横切篮下接③的球投篮。

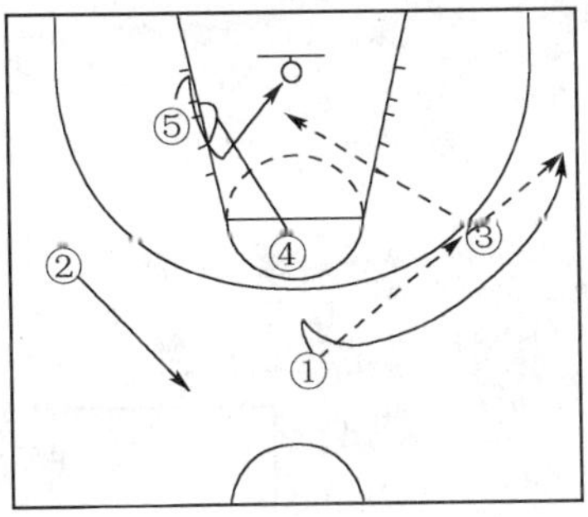

图 16－48

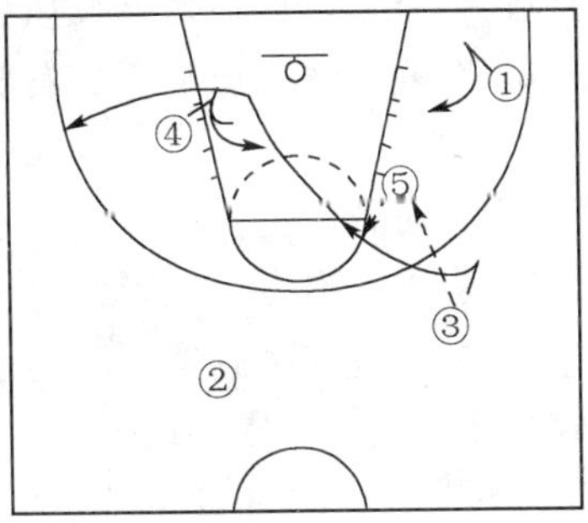

图 16－49

如图 16－49 所示，⑤横切没机会，则落到右侧给③打策应跳投或策应传切上篮。如果③空切没机会，则利用④的定位掩护拉出，这时⑤转身面向篮有如下传球机会：

一是当③向底线迂回时，可传给向篮下空切的①投篮。

二是当③利用④的掩护拉出时，⑤传球给③，③接球做和中、远距离跳投。

三是④给③掩护后"挡拆"，向篮下转身接⑤的球投篮。④⑤等人抢篮板球，②与另一队员保持攻守平衡。

打法特点：

（1）通过传切、掩护创造中、远投或篮下上篮机会。

（2）通过掩护、策应把内、外线的进攻结合起来。

要求：

（1）注意进攻配合的层次和衔接。

（2）视情况掌握好传球或自己攻击。

（五）双中锋1－3－1落位连续空切进攻法

战术方法：见图16－50和图16－51。

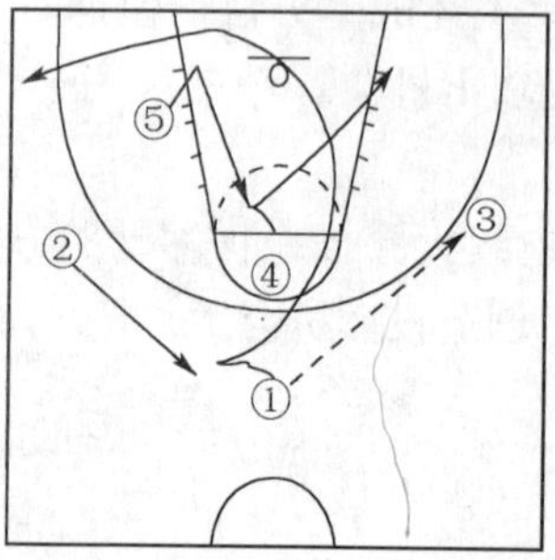

图16－50

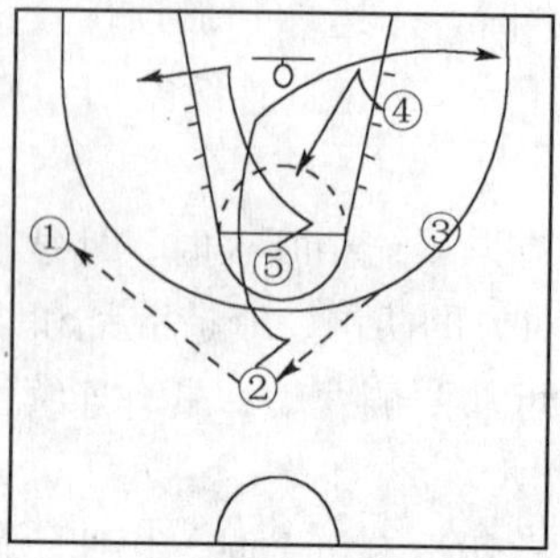

图16－51

在图16－50中，后卫①传球给③后，纵切篮下接③的球投篮。如果没有机会，①从内中锋的底线处迂回到左侧前锋位置。之后外中锋④纵切接③的球上篮。如果④没机会则落在右侧内中锋位置上，这时左侧内中锋⑤上插外中锋位接③的球转身跳投，或转身突破投篮。①④⑤抢篮板球。如果⑤没机会，见图16－51，继之，③将球传给②，②传给①从左侧开始发动，按上述方法继续进行。

打法特点：

（1）通过连续空切，创造篮下投篮机会和跳投机会。

（1）战术具有连续性，可从左、右侧连续发动。

要求：

（1）连续空切时，一定要有先后进攻的层次。

（2）每名队员都要熟悉各位置的打法和特色。

（3）空切没机会，快速调整自己的进攻位置，为同伴创造进攻机会。

（六）双中锋重叠落位空切进攻法

战术方法：见图16－52。

后卫队员①将球传给右侧的③时，纵切篮下接③的球上篮。如果①没机会，则从底线利用④⑤的定位掩护拉到左侧边线前锋位置接③通过②的传球，跳投。④⑤抢篮板球。当①向左侧拉出而没有机会时，⑤和④在左侧内中锋位置上打交叉掩护，④插到篮下，⑤上插罚球线附近，③视机会传球给④或⑤攻击。然后①④⑥抢篮板球。

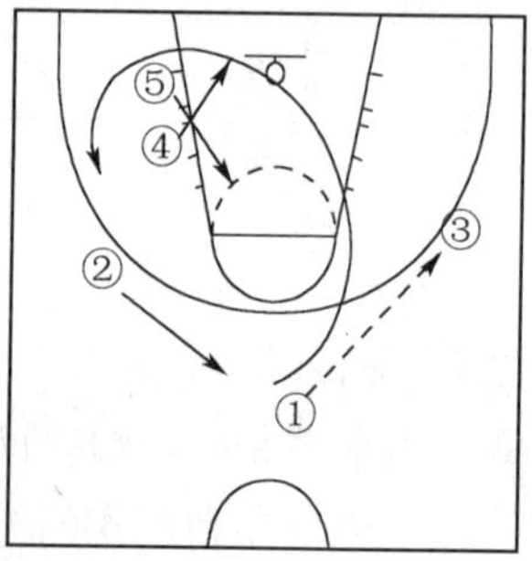

图16－52

打法特点：

（1）右侧和篮下一带全部拉空，为空切创造极好机会。

（2）充分发挥①攻击能力强的特点和中锋的攻击能力。

要求：

（1）后卫队员①是一位能里能外、技术全面、攻击能力强的队员。

（2）③视机会掌握好传球的方向和落点。

（3）注意进攻的先后层次。特别是重叠落位的两名中锋队员，注意交叉掩护的时机。

（七）双中锋重叠落位双掩护空切策应进攻法

战术方法：见图 16－53、图 16－54 和图 16－55。

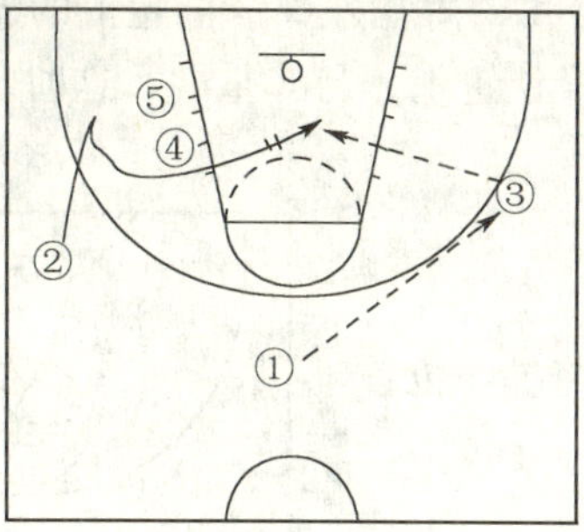

图 16－53

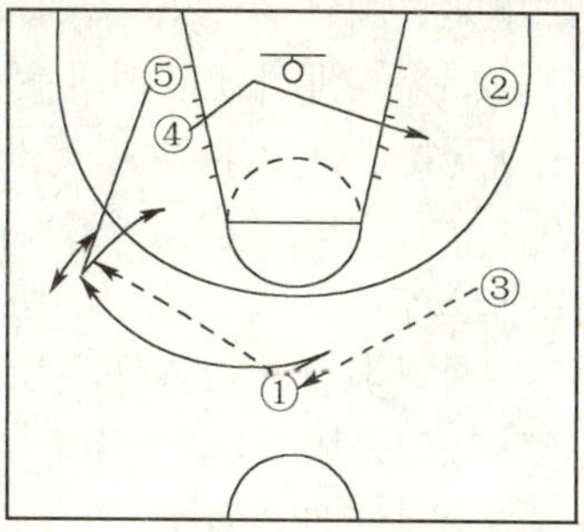

图 16－54

如图 16－53 所示，球在③手中时，②利用内中锋⑤④的双掩护空切篮下；接③的球上篮。如果②没机会，则落在右侧前锋位置。

继之，如图 16－54 所示，落在左内中锋的④向篮下横切，接③的球上篮。如果没有机会，③将球转移给①，内中锋队员⑤突然上插左前锋位置，④空切篮下，①视情况传球给④或⑤。如传⑤，①可与⑤打策应跳投或打“挡拆”投篮。

如果①⑤没机会，见图 16－55，④落右侧内中锋位置，⑤横切到右侧内中锋位置与④重叠，又成开始时落位，这时从右侧重新开始上述战术。

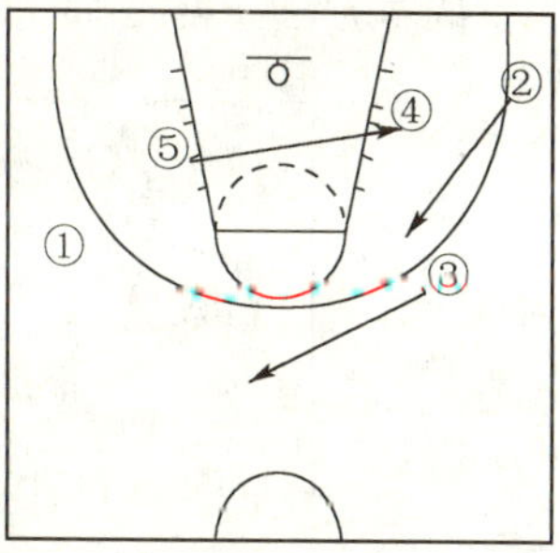

图 16－55

打法特点：

（1）充分利用右侧空当为篮下空切投篮创造机会。

（2）战术具有连续性，可从左、右两侧连续发动。

要求：

（1）及时将球转移到无中锋一侧发动掩护空切配合。

（2）重叠落位的两内中锋，应视机会横切或外拉。一般落在上线的横切，落在底线的外拉。

（八）双中锋重叠落位传切与掩护空切连续进攻法

战术方法：见图 16－56～图 16－58。

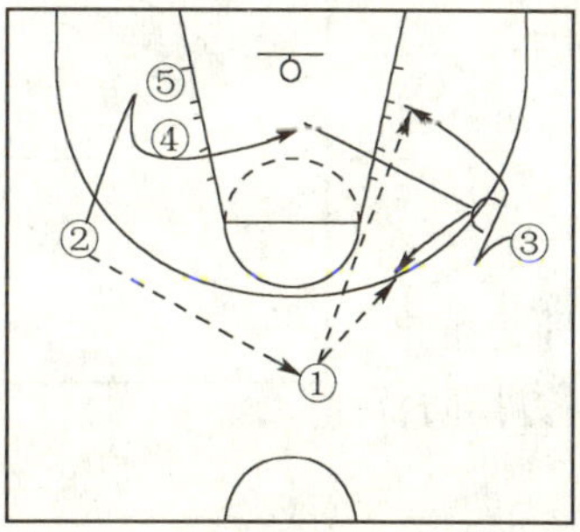

图 16－56

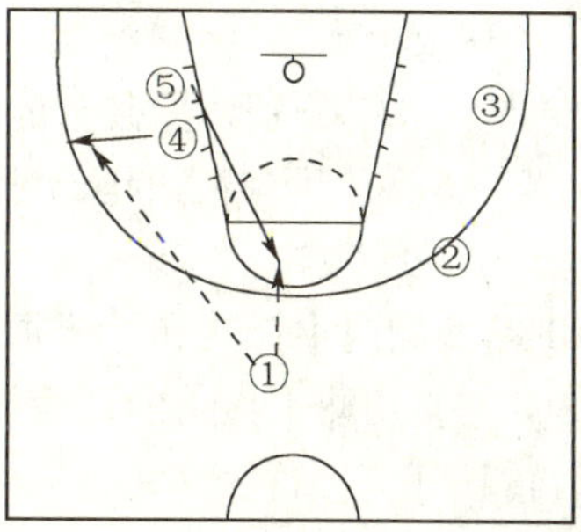

图 16－57

如图 16－56 所示，②将球传给①时，从上线纵切，接①的球投篮。如果没机会，②从底线绕出上提，与③做行进间掩护，这时①看情况将球传给②或③投篮。

继之，见图 16－57，如果②③没机会，③落在右侧内中锋位置，②落在前锋位置上。这时左侧内中锋互相掩护，⑤突然上插外中锋位置，④突然外拉底线，①视情况传球给④或⑤投篮。继之，见图 16－58，如果①传球给④，落在外中锋位置上的⑤摆脱纵切，接④的球投篮。如果⑤没机会，则落在右侧内中锋位置上，与③重叠，这时与开始一样，从右侧②处重新开始上述战术。

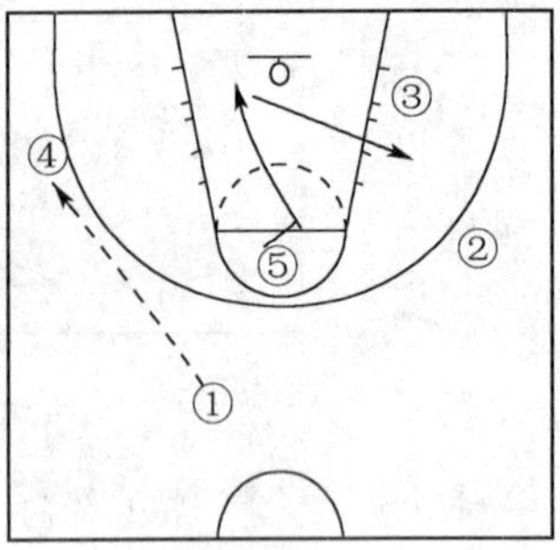

图 16－58

打法特点：

（1）利用篮下空当，通过掩护空切创造投篮机会。

（2）除后卫外，其他队员连续空切、策应、掩护，位置灵活多变，给防守带来困难。

（3）战术具有连续性。

要求：

（1）充分利用篮下空当，力争打篮下。

（2）队员都能胜任各个位置。

（3）球的转移与人的空切移动协调一致。

（4）投篮后，冲抢篮板球。

（九）双中锋 1－2－2 落位双侧掩护进攻法

战术方法：见图 16－59～图 16－61。

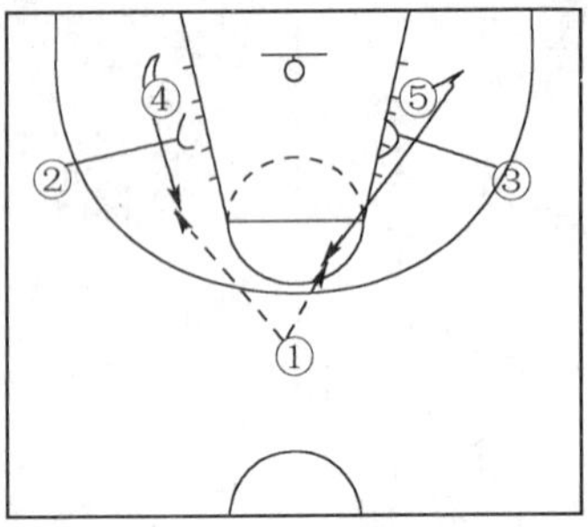

图 16－59

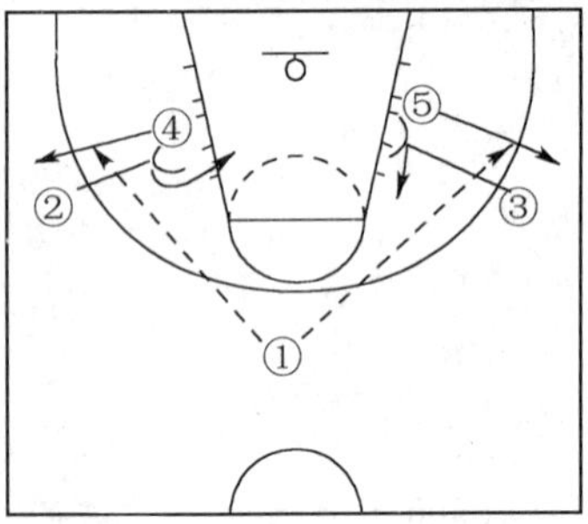

图 16－60

如图 16－59 所示，后卫①在弧顶一带持球。前锋队员②和③分别给同侧的内中锋队员④和⑤掩护，④和⑤利用掩护上提接①的球攻击。

图 16－60 是④和⑤分别外拉接球的情况。如果对方换防，②和③应突然转身把防自己的队员挡在身后要位要球，这时①可传球给②或③攻击。

图 16－61 是两侧内中锋④和⑤分别给前锋队员②和③做后掩护，②和③空切篮下接①的球投篮。如果对方换防，④和⑤掩护后转身打“挡拆”。

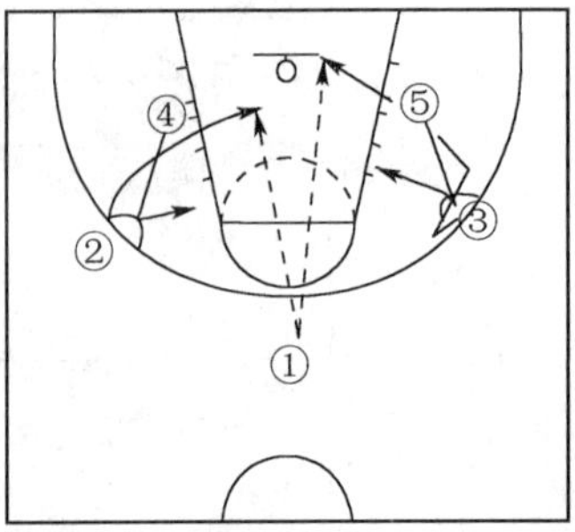

图 16－61

打法特点：

(1) 落在同侧的中锋和前锋互相掩护，创造投篮机会。通过掩护制造得分机会。

(2) 中锋和前锋队员技术全面，能里能外。

要求：

(1) 中锋和前锋都应具备较强的掩护意识和技术，且应变能力强。

(2) 练习时，两侧掩护方法可相同，也可不同。各种方法掌握后，可机动灵活地运用变化。

(十) 双中锋 1－2－2 落位连续掩护进攻法

战术方法：见图 16－62 和图 16－63。在图 16－62 中，后卫①传球给前锋③后纵切。①有两个机会，一是在篮下接③的球投篮；二是利用⑤的定位掩护拉出到右侧底角接③的球做中、远距离投篮。如果①没有机会，⑤给左侧内中锋④掩护，④接③的球投篮。

继之，如果④没有机会，就落到右侧内中锋位置上，见图 16－63。③向弧顶一带运球调整进攻位置。这样，左侧⑤上提给②掩护，②向篮下移动，⑤掩护后转身打“挡拆”，③看情况传球给②或⑤进攻。

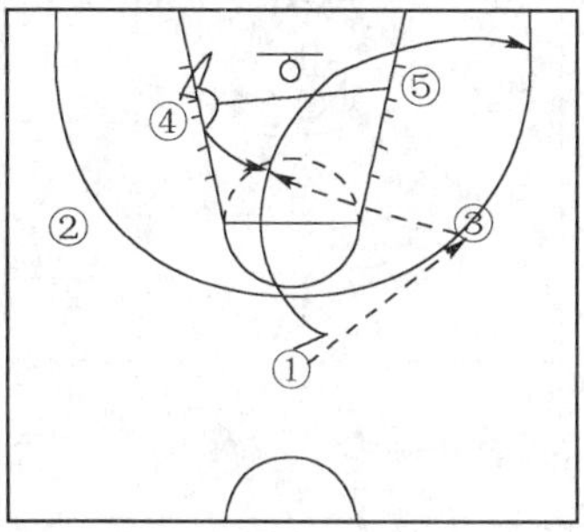

图 16－62

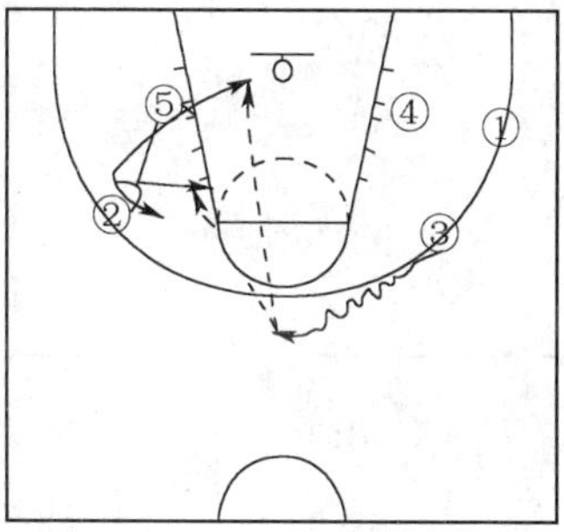

图 16－63

打法特点：

(1) 通过连续掩护制造篮下投篮或中、远投机会。

(2) 通过中锋打掩护。

要求：

(1) 中锋必须具备较强的掩护意识和较好的掩护技术。

(2) 掩护时，注意给同伴创造机会，也应注意给自己寻找机会。

(3) 前锋和后卫应具备全面技术，以胜任位置变化。

(十一) 双中锋 1－2－2 落位综合进攻法

战术方法：见图 16－64～图 16－69。

如图 16－64 所示，①传球给②后跑到②面前接策应球，而②传球后利用外中锋④的定位掩护空切篮下，接①的球投篮。此时右侧⑤与③互换位置，以此牵扯吸引防守队员，使其不能协防或断球。

如图 16－65 所示，如果②没机会，②落在左侧内中锋位置上，①运球调整传球位置和传球角度，同时③拉出到右侧底角，①传球给⑤。

如图 16－66 所示，①传球后，利用④的定位掩护空切篮下，接⑤的球上篮。当⑤不便传球给①时，也可以通过③传球给①。如图 16－67 所示，如果①空切后没有机会，③

外拉并从④身前绕到罚球线处接⑤的球跳投。②的绕切是在⑤没有传球给③时进行的，因此，这时①的空切和②的绕切有可能同时出现两个机会，⑤视机会传球。

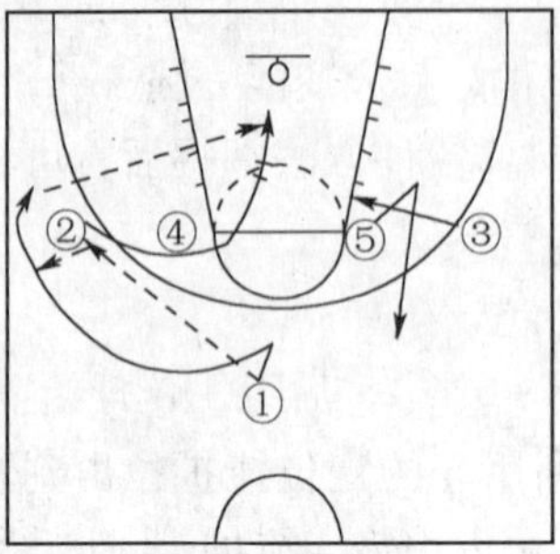

图 16－64

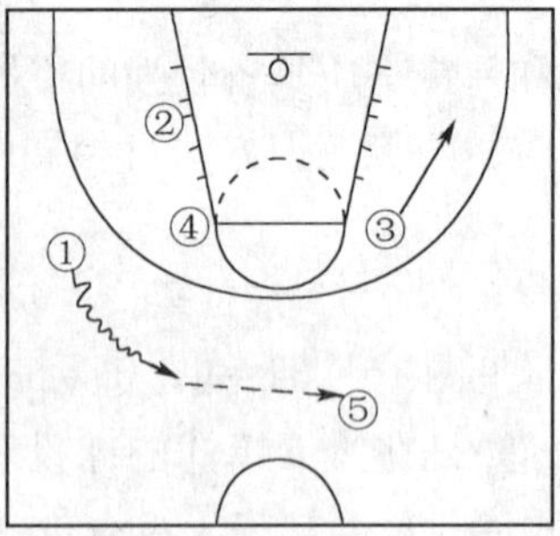

图 16－65

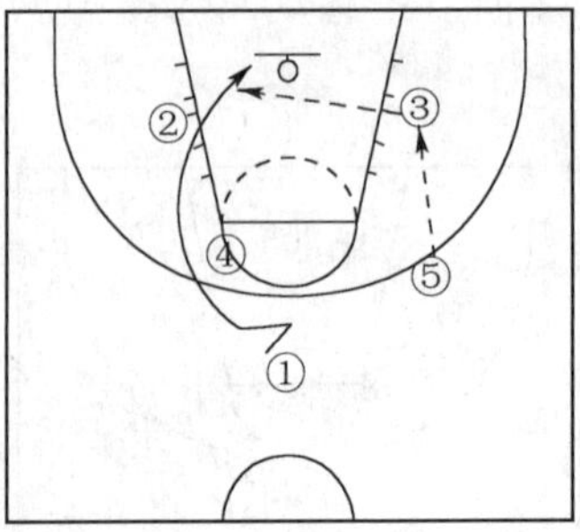

图 16－66

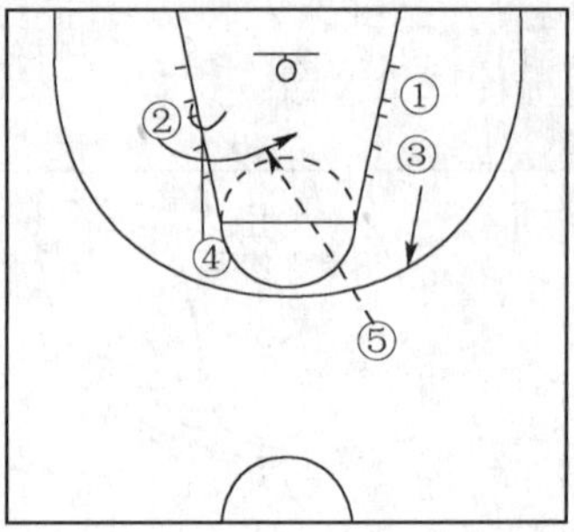

图 16－67

继之，如图 16－68 所示，如果①②都没有机会，①落在左侧内中锋位置。②从外中锋位置空切，并利用①的掩护移动到左侧前锋位置。④外拉接⑤的球，⑤传球后给③掩护，④视机会将球传给③做中远距离投篮或传给掩护后向篮下转身的⑤。投篮后冲抢篮板球。如果没机会，变成图 16－69，④重新发动战术配合。

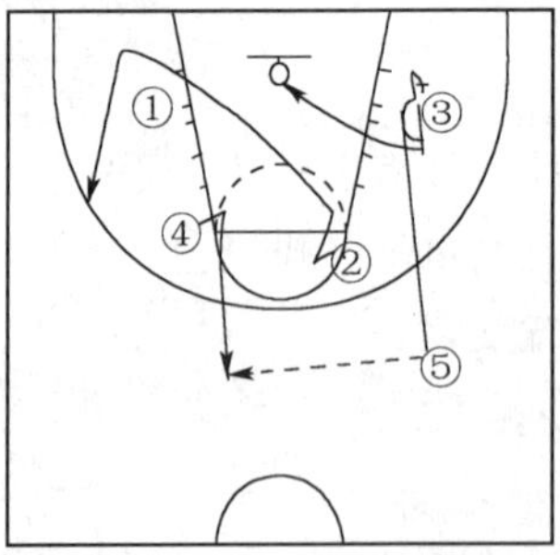

图 16－68

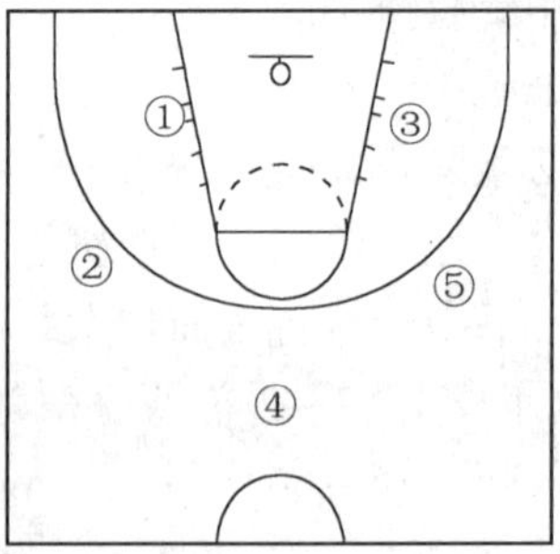

图 16－69

打法特点：

（1）通过掩护、策应、空切综合打法创造篮下投篮和中、远投机会。

（2）队员位置不固定，各位置穿插掩护移动，给防守带来困难。

（3）进攻具有连续性。

要求：

（1）前锋和中锋必须具备能里能外能左能右的全面技术。
（2）每名队员必须熟悉战术配合的每个环节和变化。
（3）持球队员应有威胁，将自己攻击与传球结合起来。

第四节　半场人盯人防守练习

一、半场缩小人盯人防守选位的练习

练习方法：半场五防五，防区在 6～7 米。球在 5 个进攻队员手中转移，防守队员根据球的位置，根据“以球为主，球、人、区兼顾”的防守原则，选择自己的防守位置。即：防有球人时，采用紧逼防守，近球区其防守位置应略偏于有球一侧，除防接球、防空切和掩护外，还要注意协助防有球队员。远球区其防守位置应在人球兼顾上，防自己所分工防守的人空切、掩护，还要协防篮下一带。

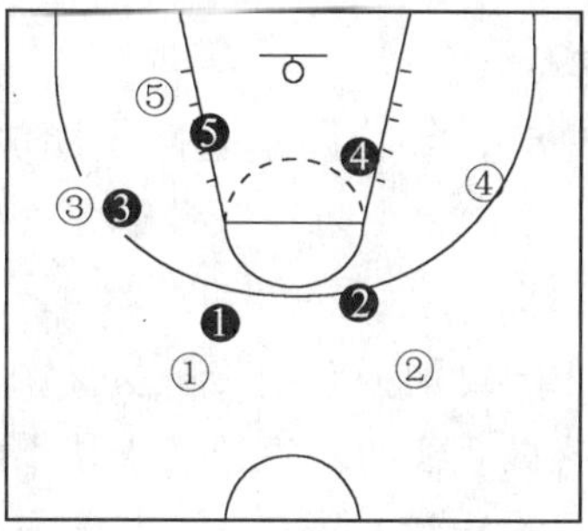

图 16－70

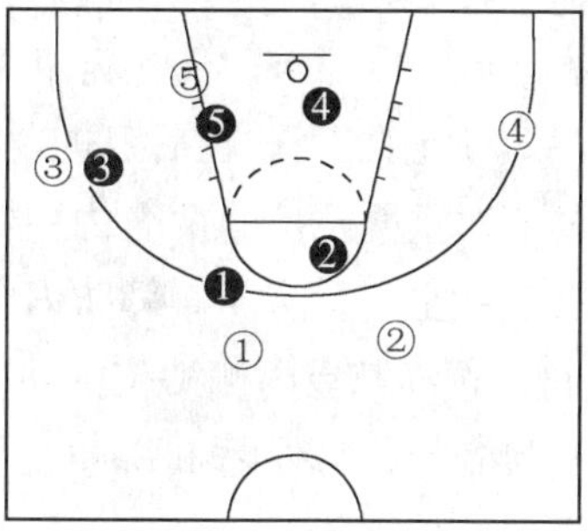

图 16－71

当进攻队采用下列落位队形时，防守队可采用以下的防守方法：

（一）进攻队以 1－3－1 队形落位时

图 16－70 是球在①手中时，各防守队员的位置。这里❶紧逼①，❸和❷不让③和②接球。❺卡堵⑤上插并防其反切。❹在防④横切的同时，注意协防篮下一带。

（二）进攻队以 2～3 队形落位时

球在③队员手中时，各位置的防守位置见图 16－71，如果⑤是高大队员时，防守队员❺也可绕前防守，这时❹除防④空切外注意断③传给⑤的高吊球。❷防守除注意②的空切、掩护外，也可适当地向限制区回缩一些。防守的重点在篮下一带。

（三）进攻队以 2－1－2 队形落位时

球在②手中时，各个位置防守的情况见图 16－72。防守外中锋的❺偏向有球一侧，采取侧防。❶既要防①空切、掩护和接球，还要注意对❷的协防和❺的协防。❹不让④接球和空切，并防其掩护。❸注意防③空切和掩护，还要加强篮下的协防。

（四）进攻队以 15 队形落位时

如图 16－73 所示，球在右侧③手中时，防守内中锋的❺，因在有球侧，所以要紧贴⑤并偏上线一侧防守，卡堵⑤上插要位接球和⑤原地要位接球。❷和❹在防各自对手空切的同时，注意协防腹地一带。

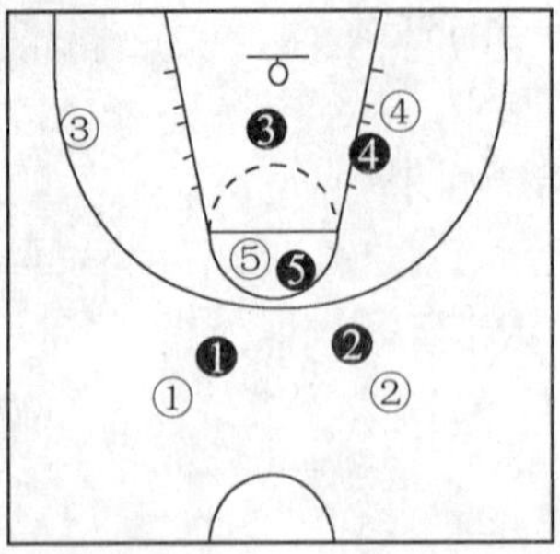

图 16－72

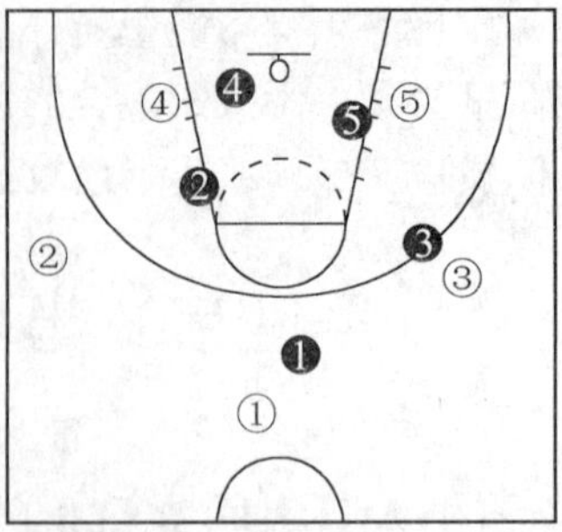

图 16－73

（五）进攻队以 1－3－1 队形落位时

当球在外围队员①手中时，各位置防守情况见图 16－74。除❶紧逼①外，其他队员也基本上处于错位的防接球位置。因为当①持球时，其他进攻队员都可以接球，虽然⑤距离远，但⑤稍上插就可接到①的传球。所以各位置都应采用错位的防接球位置和姿势，同时加强协防。

（六）当对方以 1－2－1－1（内中锋重叠）落位时

如图 16－75 所示，当球在后卫进攻队员①手中时，❶❷❸紧逼各自的防守队员的同时，注意协防。对重叠站位的两名内中锋队员的防守：一个防守队员❹站在内侧，防内中锋横切和接球；主要是防④。❺防内中锋外拉接球，主要是防⑤。

❹❺也可以选择都在内侧站位的防守。这时一定要加强对前锋队员②的防守，不让同侧的②队员接到球；另外❹和❺也要有分工，落在上线的着重错位卡堵上线一侧的防守。而落位下线的着重错位卡堵下线一侧的防守，不让对方接球。一般④⑤重叠落位的目的，不在原地接球，而在掩护和上、下分开移动，所以在防守时应加强防掩护和防上、下移动接球。

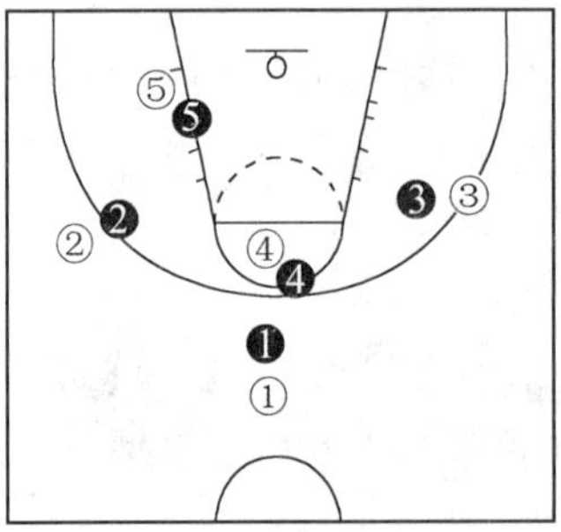

图 16－74

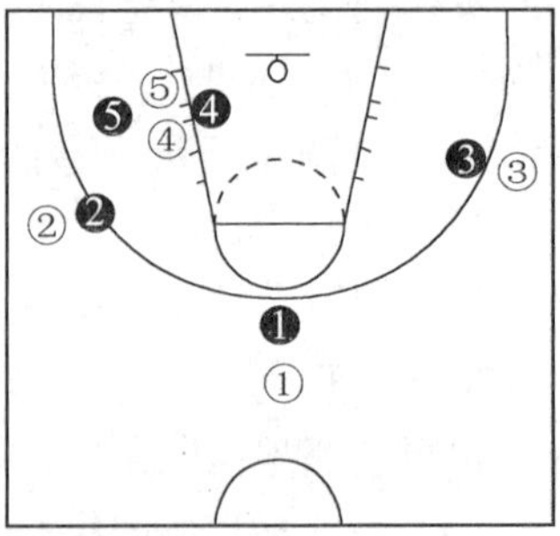

图 16－75

目的：针对各种进攻的落位队形，学习掌握各种针对性的人盯人防守阵形和防守方法。

要求：

（1）根据“以球为主，球、人、区兼顾”的防守原则，结合本队防守的指导思想和防守策略，进行选位和防守。

（2）开始时进攻队员每次接球后，应做瞄篮或突破假动作，以便协助防守队员掌握选位和防守方法，熟练后可结合实战进行传球，提高防守快速移动和选位的能力，并结合穿插空切，进一步提高防守的能力和全队防守能力。

(3) 防守队员在基本掌握防守方法后，防守时要积极滑步、抢位，并注意协防，以提高个人和全队防守的能力。

(七) 半场五对五缩小人盯人防守练习

练习方法：半场五防五，防守区域在6～7米，按半场人盯人防守原则和方法防守。成功3～5次（防守成功指抢断球成功，造成对方传、接球失误，违例，抢到后场篮板球等），然后攻、守交换。也可规定抢断球成功若干次或连续防守成功若干次后攻守交换。

目的：结合实战掌握半场人盯人防守的方法，提高个人和全队的防守能力。

要求：

(1) 按半场缩小人盯人的方法和原则进行防守。

(2) 根据本队防守指导思想，本队防守的特点和进攻的特点，提出具体的要求。

(3) 在规定的防守次数或规定的练习时间内，要求一定的防守成功次数，以利提高防守质量和防守能力。

(八) 由攻转守的半场缩小人盯人练习

练习方法：由半场进攻开始，教练员向篮板上抛球，由原防守队员抢到后场篮板球，离其近的原进攻队员立即由攻转守封其一传，其他队员立即退回中线，在中线附近找到自己所分工防守的队员，迎上去进行防守并与其保持一定的距离，一旦进入半场缩小人盯人防区，立即进行盯人防守，并根据防守的位置和球的位置，按照“以球为主，球、人、区兼顾”的原则进行防守。每队防守若干次后，攻、守交换。

目的：掌握由攻转守时，“中场领防”的半场人盯人防守方法。

要求：

(1) 由攻转守时，除一人封堵一传外，其他人快速退守到中场找人，然后领防到人盯人防区进行防守。

(2) 按人盯人的原则防守。积极移动、选位，破坏对方战术配合，争夺球权并积极挡人拼抢后场篮板球。

二、半场五防五扩大人盯人防守选位练习

(一) 半场扩大人盯人各位置防守方法的练习

练习方法：半场五防五，防区控制在8～10米。球在5名进攻队员手中转移，防守队员根据扩大人盯人防守的方法和要求，根据“以球为主，球、人、区兼顾”的防守原则，选择自己的防守位置。即对持球人紧逼防守，在边角地区对持球队员夹击。近球区采用错位防守，远球区在防空切、掩护的同时，进行协防、加强篮下的防守。一旦对方投篮，立即挡人抢篮板球。

下面以对方采用1－2－2双中锋落位队形为例，球在不同位置时，练习各防守队员选位方法，见图16－76～图16－78。

在图16－76中，当球在后卫①手中时，❶紧逼①。❷和❸均采用错位防守，偏于有球侧。积极干扰②和③的接球，卡堵②和③的空切路线，协助❶防①突破，注意防②、

③与他人的掩护。

当球在②手中时，如图 16－77 所示，❷紧逼②。❶采用先后撤一步防止①空切，然后采用错位防守，坚决不让①接回传球，并协助❷防②突破。必要时抓住机会❶突然上去与❷夹防②。如果❶夹防，❸就要再向左侧移动进行一防二，防①和③，并偏重于防①接球的位置。❹紧逼④，坚决不让④接球，卡堵④上插和反跑，注意防⑤的掩护。❺的位置应在篮下一带，防⑤的上插、横切和掩护，并在篮下注意协防和补防。

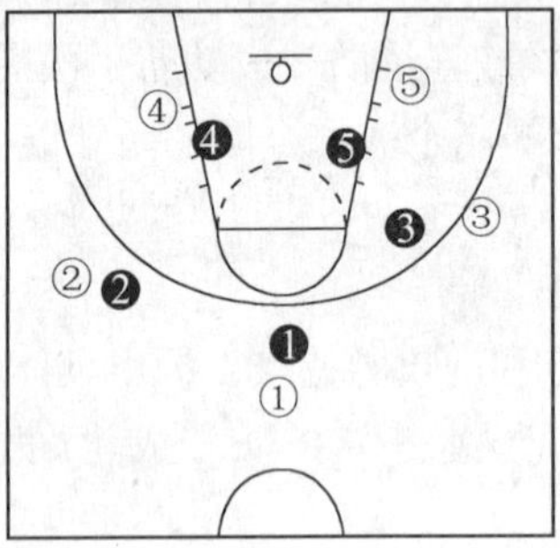

图 16－76

图 16－77

球在③手中时，防守方法同球在②手中一样，只是人员变动。

当球在④手中时，见图 16－78。❹在④前面，两脚平行紧逼④，略偏于下线防④从底线突破。❷回缩，协助❹防④从上线突破，同时防②空切和掩护，以及防②接④的策应球跳投。❶回缩协防并注意防①空切。❸也回缩协防并防③空切。❸应移向⑤，防其空切，同时协防篮下一带，当④突破时注意补防。

图 16－78

球在⑤手中时，防守方法同球在④手中，只是人员变动。

当球在进攻队员手中传递时，防守队员应随球的转移，及时卡堵进攻队员的移动路线，抢占有利的防守位置。并根据本队防守的策略和对方的进攻特点采取有针对性的防守方法。

目的：学习掌握扩大人盯人防守时选位方法和防守方法。

要求：

（1）根据半场扩大人盯人防守的方法和原则，以及本队防守的策略进行防守。

（2）开始练习时，进攻队每次接球后，应做传球和突破等假动作，以便协助防守队员掌握选位和防守的方法。熟练后可结合实战以及结合穿插掩护移动，进一步提高防守队员的防守能力和全队的防守能力。

（3）防守队员熟悉半场扩大盯人防守的方法后，在练习中，要积极移动、抢位，注意边角地区的夹防、协防，逐渐形成本队的防守特点。

（二）半场五防五扩大人盯人防守练习

练习方法：半场五防五。防守区域为 8～10 米。按扩大人盯人防守方法和原则防守。防守成功 3～5 次后，攻守交换。或者连续防守成功若干次或规定抢断球成功若干次后，攻守交换。

目的：进一步掌握半场扩大人盯人防守的方法，提高个人和全队的防守能力，进而形成本队的防守特点。

要求：

（1）按半场扩大人盯人防守的原则和方法进行防守。

（2）根据本队的防守指导思想和特点，提出具体要求和每个人的防守职责、要求。

（3）在规定的防守次数内或规定的时间内，要求一定的防守成功次数，以利提高个人和全队的防守质量和防守能力。

（三）由攻转守时的半场扩大人盯人练习

练习方法：由半场五对五开始，当原防守队获球权后，原进攻队立即由攻转守。按盯人分工，快速找到自己所防的人，然后随其移动，将对方领防进入前场。一旦进入半场扩大人盯人防区时，立即进行人盯人防守，并根据各个防守位置和球的位置，按照扩大人盯人防守的原则和方法，以及本队的要求进行防守。

另一种方法是由攻转守时，除一人封堵一传外，其他队员迅速回到中场找人，然后随其移动，一旦进入扩大人盯人防区，立即进行紧逼防守。

每组防守若干次或防守成功若干次后，攻守交换。

目的：学习掌握由攻转守时，“全场领防”和“中场领防”找人的半场扩大人盯人防守方法。并进一步熟练其防守方法。

要求：

（1）由攻转守时按“全场领防”和“中场领防”的方法快速找人。找人快，进入防区防守快。

（2）按扩大人盯人的原则和方法，积极移动防守。

（3）提出防守成功的指标要求。

（四）全场五对五教学比赛

练习方法：全场五对五教学比赛。

目的：进一步提高半场扩大人盯人的防守能力，形成全队的特点。

要求：

（1）全队防守思想统一、明确，个人防守任务明确。

（2）防守移动积极，攻、守转化迅速。

（3）对完不成防守任务和指标者要有一定的惩罚措施，以促进防守能力的提高。

攻守半场人盯人在练习中应注意的问题：

第一，要讲解清楚完整的战术方法，落位队形、战术的发动、移动路线、攻击机会、战术变化和抢篮板球的组织。或者是讲解清楚战术原则。防守也是如此。让每名队员都清楚完整的打法。

第二，练习中，对全队提出具体要求，对每名队员提出具体的职责要求。随着全队和个人水平的提高，不断地提出新的要求和指标要求，以便提高队员的积极性和自觉性，提高教学训练质量和效果。

第三，练习时，根据队员的水平，先在无对抗情况下或消极对抗下进行，直至积极对抗和实战情况下，提高攻守能力，并形成特点。

第四，注意结合实战，进行有针对性训练，提高攻、守战术的实用性和实效性。

第五，要精炼地掌握几种战术方法，多掌握几种，以备比赛中根据不同的对手和不同的特点而及时应变。

第六，根据当前篮球运动发展的特点和趋势，在攻、守战术的组织和设计上要符合当前的特点和发展趋势，还要根据本队队员的特点组织和设计战术或提出战术原则，最大限度地发挥每名队员的潜能和全队的潜能。

第十七章　区域联防与进攻区域联防

第一节　区域联防

一、区域联防的特点

区域联防战术是随着篮球运动的不断发展而逐渐形成和完善的。1930 年，各种攻防区域联防相继出现。到了 1952 年，限制区改为底线为 6 米后，联防的区域扩大，形成具有当代特点的区域联防。在最近的国际大赛上，联防又出现了运用夹击防运球突破和运球的方法，使联防更具主动性和攻击性的特点。

（一）什么是区域联防

它是由进攻转入防守时，防守队员退回后半场，每个人负责防守一定的区域，严密防守进入该区的球和进攻队（在自己的防区内进行人盯人的防守），并把每个防区有机联系起来的防守战术形式。

（二）区域联防的特点

1. 优点

①每个人负责分工一定的防区；

②对有球区和篮下防守严密；

③随着球的转移和进攻队员的穿插移动，不断地调整防守位置；

④由于分工明确、防守位置比较固定，有利于组织抢后场篮板球和发动快攻。

2. 缺点

①由于受区域分工的限制，各种形式的联防都存在薄弱地区；

②容易被对方在局部区域内形成以多打少的局面。

二、区域联防的基本要求

第一，应根据进攻队的特点，确定采用针对性的联防队形。如进攻队是 2－3 落位，那么联防最好也采用 2－3 队形的阵形。

第二，根据队形和队员的身高、技术特长，合理地分配队员的防区。一般情况下，把速度快、反应快、反击快的队员放在外线防守，把高大队员放在篮下或底线一带防守，把善于补防、协防的队员放在腹地和中间一带防守。

第三，在分工的基础上，要求 5 名队员必须协同一致。首先加强有球一侧的防守，无球区协防，贯彻“以球为主，人、球、区兼顾”的防守原则。

第四，对不持球队员，近球区要积极抢占有利位置，不让对手轻易地接到球。远球区要加强对背插、溜底线的防守，并注意协防篮下。

第五，在本区内防守有球队员时，按人盯人防守要求，即防投篮、防传球、防运球突破。

第六，进攻者采用穿插移动时，应注意堵截其移动路线并跟防，与临区的防守队员交接，交接时要相互呼应。有时为了破坏对方的进攻，可先跟防到底。

第七，当对方投篮时，要先挡人，然后积极拼抢篮板球。

三、区域联防的形式及其特点

（一）区域联防的形式

区域联防的形式有“2－1－2”，“2－3”，“3－2”，“1－3－1”以及当前国内外经常采用的对位联防。

（二）各种联防形式的特点

1. “2－1－2”队形

（1）优点

队员分布均匀，各位置队员之间便于协防，便于变换防守队形和控制腹地，有利于抢后场篮板球和发动快攻，它是区域联防的基本形式。

（2）缺点

弧顶一带、限制区两侧和两底角以及篮下是防守的薄弱地区。

2. “2－3”队形

（1）优点

加强了篮下和底线队员的防守，有利于抢后场篮板球。

（2）缺点

限制区两侧和弧顶是防守的薄弱地区。

3. “3－2”队形（也称1－2－2联防）

（1）优点

加强了外围和远投的防守，可为外线抢断球打反击创造机会。

（2）缺点

腹地和两侧、两底角是防守的薄弱地区。

4. “1－3－1”队形

（1）优点

加强了弧顶罚球线一带和两侧的防守，可分割进攻队前、后、左、右的联系，特别是外围向前锋队员传球较困难时。

（2）缺点

两底角和篮的两侧是防守的薄弱地区。

5. 对位联防

随着进攻技术的提高，投篮更加准确，移动更加频繁，固定形式的联防，由于队员落位分布存在着薄弱环节，都不能适应防守的需要，因此，就出现了对位联防。

（1）什么是对位联防？

它是根据进攻队员的落位，确定对应的落位队形，一名防守队员按人盯人对准一名进攻队员，当进攻队员位置变化时，防守队也以同样的队形变化队员的位置，形成一对一的对位防守局面，并按一定的防守原则，协同防守的区域防守。

（2）对位联防的特点

按进攻队形落位，一名防守队员对准一名进攻队员。当进攻队员穿插移动换位时，防守队员采用轮转式的换人方法。有时有些队还带有紧逼、夹击等综合防守的性质，所以在运用时很灵活。

四、区域联防的方法

以“2－1－2”区域联防为例。

（一）外围队员2防3

如图17－1所示，当球在外围队员④⑤⑥手中传递时，外线防守队员❹❺，防守④⑤⑥。球在⑥手中时，❹上去紧逼⑥，❺向左侧移动，在协助❹防⑥突破的同时，阻止⑥传球给④和⑤。当球在④手中时，❺马上紧逼④，❹回缩，协防❺，防④的突破，并不让④回传球给⑥。

当球在⑤手中时，❺马上紧逼⑤，❹向右侧移动协防，并注意防④⑤的接球，尽量不让④接球，让⑤远传球，以便断球。总之，外围防守队员❹❺，对进攻队外线3名队员④⑤⑥防守。首先是紧逼持球队员，另一防守队员与同伴协防，形成“一个半人”防持球队员。同时，这名防守队员还要注意对另外两名队员的防守。

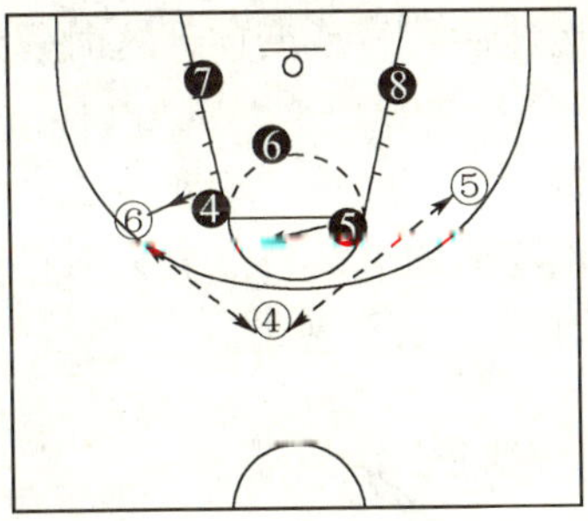

图17－1

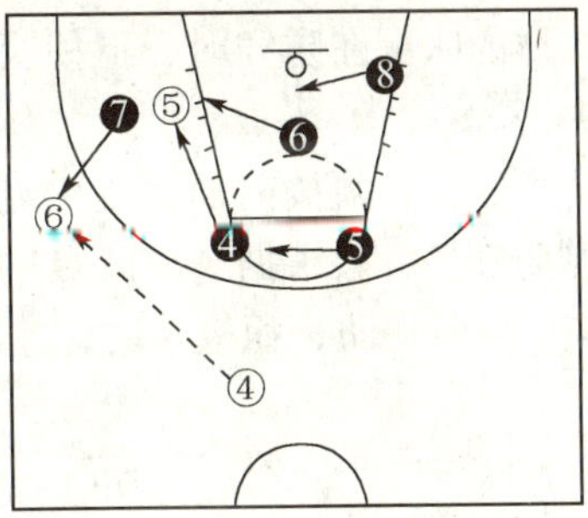

图17－2

（二）对中锋队员采取围守夹击的方法

如图17－2所示，当球在⑥手中时，防守队员❼紧逼⑥，❻移向⑤内线防守，❹移向⑤上线的侧前方与❻围守⑥。这时❽向腹地一带移动，注意协防并注意防⑤的横切。而❺移动到外中锋的有球侧，防⑧接球和向篮下移动。

如果球在④手中，如图17－3所示，❹紧逼④，❼回缩到⑦面前上线一侧（有球侧）；与❻围守⑦，❻在⑦身后偏上线有球侧防守。❺仍防在⑧身前偏于有球一侧。❽向右侧稍移动，注意限制区一带的防守。

（三）当对方溜底线时，采取卡堵、护送、交接、回防的方法

如图17－4所示，球在⑥手中时，⑤从右侧向左侧溜底线。❽首先卡堵⑤不让⑤从上线横切，然后卡堵⑤接球路线，让⑤从自己身后向左侧移动（按防溜底线的方法防

守）。护送到❽与❼的临界区时，❽将⑤交给❼防守，并提前打招呼“溜底线了”！当❼接过去防守⑤时，❽回到自己原来的防守位置。如果⑤或其他队员从左侧向右侧溜底线时，其防守方法一样。

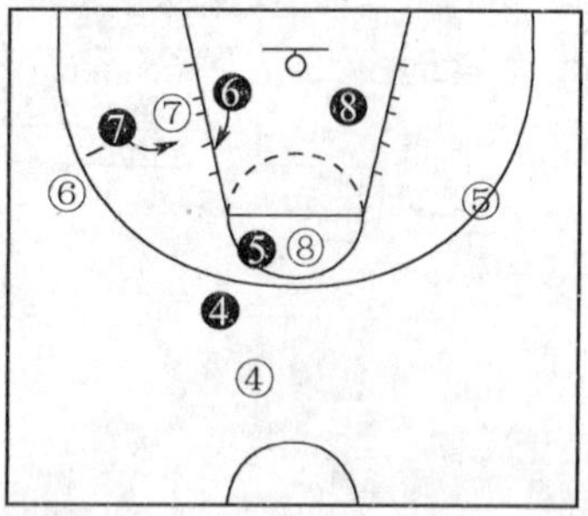

图 17－3

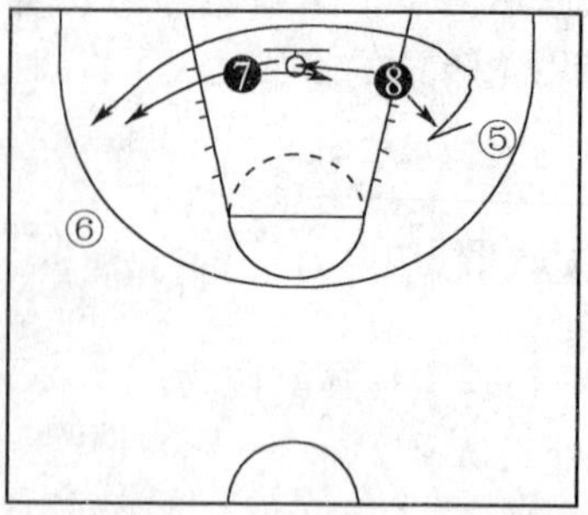

图 17－4

如果进攻队采用斜线大穿插移动时，防守方法同防溜底线，采用“卡堵、护送、交接、回防”的防守方法。把进攻队员从自己防区护送到同伴的防区，交给同伴防守后，立即回原位防守。

（四）当对方持球突破时，相邻的两名队员采用“关门”的方法防对方突破

当前，防突破时，有些队采用夹击的方法：

一是当发现对方有突破的意图时，邻近的防守同伴及时上来夹击持球人；

二是当持球人球刚一落地，邻近的防守同伴及时上来夹击；

三是防持球的队员在防守时，迫使突破队员运球后转身或变向，这时邻近的防守同伴及时上来夹击。

联防要防得好，必须按前面提出的基本要求进行防守，按“以球为主，球、人、区兼顾”的原则防守，并且根据进攻队员的特点和进攻队的打法特点有针对性地防守，防守时互相呼应，互相协防，积极移动，才能取得良好的防守效果。

第二节　进攻区域联防

一、进攻区域联防战术的基本要求

第一，进攻区域联防有效的方法就是争取打快攻，使防守者无法形成联防的阵势。

第二，当对方形成联防阵势时，应根据其防守队形，采取插空落位的进攻队形。

第三，进攻时应运用快速的传球，调动防守，创造进攻机会。

第四，进攻时，运用各种配合或穿插移动，打乱对方的队形，造成局部的以多打少，创造投篮机会。

第五，准确的中、远距离投篮是破联防的有效方法，应利用防区的薄弱地区和创造出来的投篮机会，大胆果断地进行中、远距离投篮。

第六，把争夺前场篮板球组织到进攻战术中，争取二次进攻机会，同时还应注意保持攻守平衡。

二、进攻区域联防的落位队形

进攻区域联防的落位队形有4种：“1－3－1”“2－1－2”“2－3”和“1－2－2”。

三、进攻区域联防的方法

第一，“声东击西”进攻法。

常用的“声东击西”进攻法是偏于一侧传球，把防守队的防守力量和注意力集中到有球一侧时，突然将球吊传给另一侧的队员投篮。

第二，大穿插移动进攻法。

传球后，进行对角大穿插移动，打乱对方的防守阵势并形成局部的以多打少，或移动过程中利用掩护创造攻击机会。

第三，溜底线进攻法。

溜底线的目的也是在底线打乱对方防守的阵势，使对方在护送、交换等防守配合中出现漏洞而在篮下攻击。或利用溜底线创造中、远投机会，或利用溜底线拉空篮下一带和底角一带为同伴创造攻击机会。

第四，突破和突分进攻法。

每一种联防阵势都有它的薄弱地区，在薄弱地区突破，杀出一条“血路”而攻击。或者利用突破打乱对方的防守阵势，然后分球给同伴，创造中、远距离投篮或其他攻击机会。同时利用突破杀伤对方的主力，取得战略上的优势。

第五，内、外双中锋三角移动进攻法。

一般内、外双中锋采用“1 3 1”落位，双中锋在内中锋位置上和外中锋位置上进行一上一下的纵切和横切，创造投篮机会。其移动路线的轨迹呈三角形，同时在三角形移动过程中，与外线队员打策应配合，创造中、远投篮机会。

第六，投、抢进攻法。

破联防最好的方法之一就是投篮要准确，中、远距离投篮准时，对方就不敢守联防。所以外线队员有篮，就要大胆投，而投篮后要组织冲抢篮板球。有的队外线虽然投篮不太准，由于内线抢篮板球有保证，所以也敢在外线大胆投篮。采用投抢方法破对方的联防。

第七，综合进攻法。

将传切、掩护、策应、突分等配合，根据对方防守的特点和本队的具体情况有机地进行组织，创造投篮机会。有机地组织主要还是打乱对方的阵势或在局部形成以多打少。

第八，移动进攻法。

移动进攻法在破联防中，运用得也很普遍，特别是世界大赛中的一些强队，无论是进攻盯人还是联防，普遍采用移动进攻法。移动进攻法已在进攻人盯人战术中介绍过。

第三节　区域联防练习方法

一、分解练习

（一）外围2防3的练习

练习方法：见图17－5，进攻队员①②③在外线互相传接球，❶❷防守。防守方法见前面所述。

6人一组，3人进攻，2人防守（一人先休息）。

目的：提高外线队员以少防多的意识和能力。提高外线队员快速滑步移动的能力。

要求：

（1）对持球队员紧逼防守。进攻队员接到球时，防守队员防守到位"球到人到"。

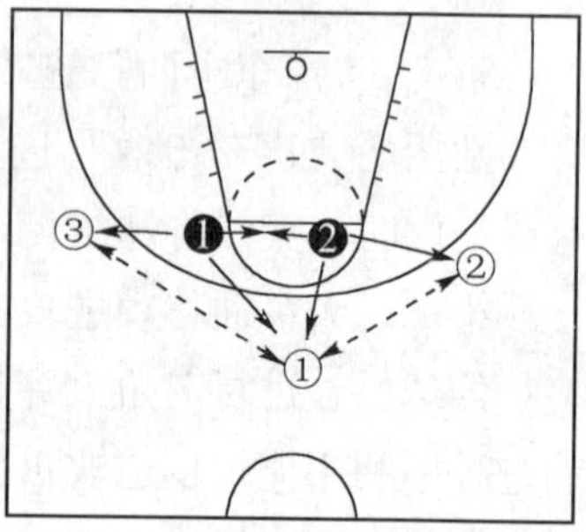

图17－5

（2）进攻队员接球后做传球、瞄篮、突破等假动作，以提高防守队员对其相应的防守能力。待防守队员掌握防守方法后，应加快传球速度，以提高队员快速移动的能力。

（二）围守内中锋的练习

练习方法：见图17－6和图17－7。

在图17－6中，①②传球，当球在①手中时，❶紧逼①，❷回缩围守③。当球在②手中时，❷立即上去紧逼②，❶回缩围守③，❸在③身侧身后防守，形成对③的围守。

在图17－7中，②是一名投篮非常准确的队员，需要❷时时紧逼。而且❶也不便协防③时，当球在②手中，这时❸采用绕前防守③，如果②吊球给③时，另一侧防守队员❹可果断地协防，跳起断②的传球。

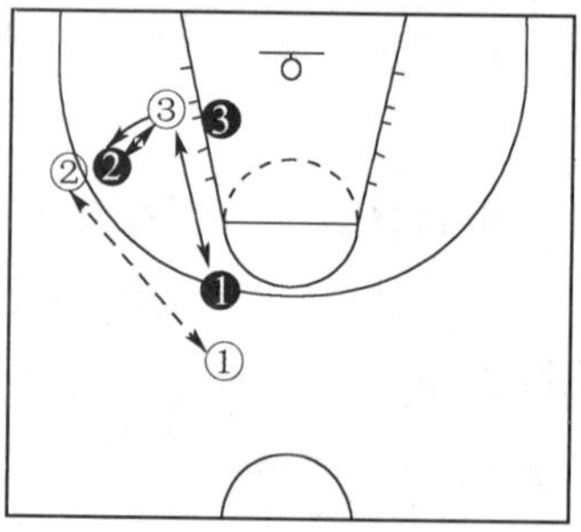

图17－6

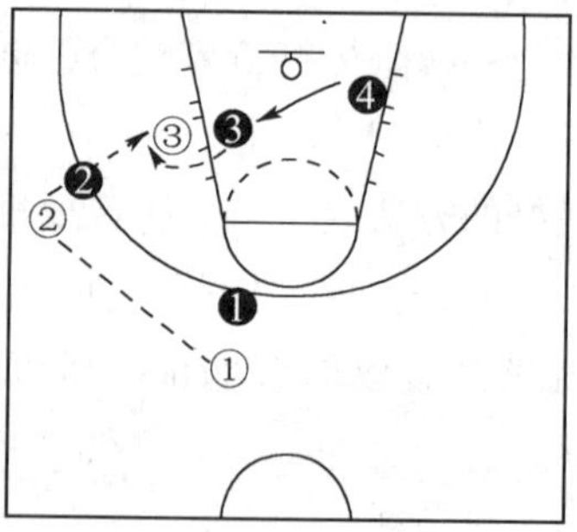

图17－7

目的：学习掌握围守内中锋的方法，提高围守和协防的能力。

要求：

（1）防守队员移动及时，防守到位，围守、协防配合默契、协调。

（2）对外线持球队员紧逼防守。如果对方投篮不太准，也可采用似上非上的伸缩性防守，使对方在判断上产生错误。

（3）当球传给③时，❶或❷也应及时夹防，瞅准机会，抢打其手中的球。

（三）围守外中锋的练习

练习方法：见图 17－8，①②传球。当球在①手中时，❶紧逼①，❷回缩到③身前，与❸围守③。当球在②手中时，❷立即上前紧逼②，而❶则快速回缩到③身前与❸围守，防③接球。如果③接到球，❶或❷要及时地夹防③，同时还应注意卡堵自己所防区域队员的空切和接球。

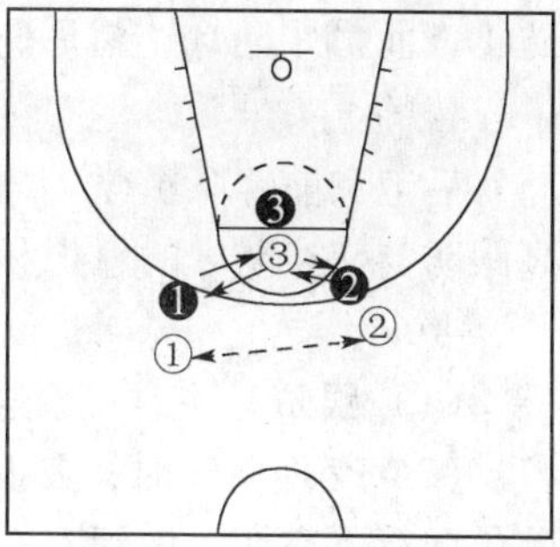

图 17－8

目的：学习掌握围守外中锋的方法，提高协防意识和能力。

要求：同上一练习。

（四）防溜底线的练习

练习方法见图 17－9、图 17－10、图 17－11。

在图 17－9 中，防守队员采用卡堵、护送、交接、回防的方法防守溜底线队员。

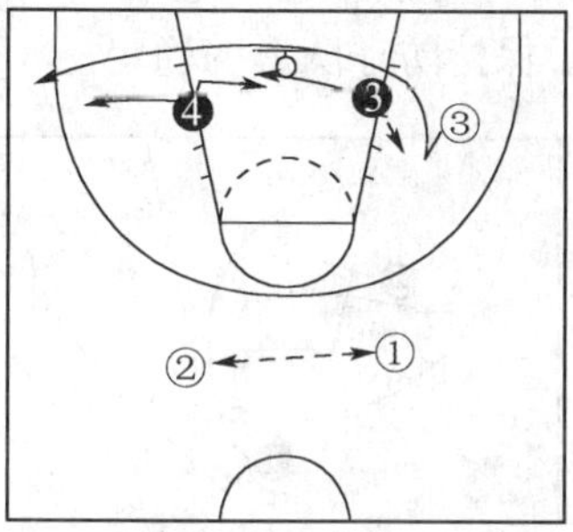

图 17－9

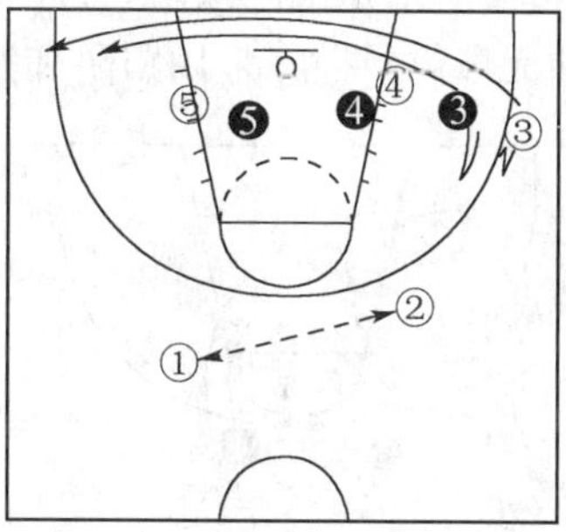

图 17－10

如 17－10 所示是防溜底线队员的跟防方法。当球在①手中时，③溜底线，由于底线还有④⑤两名进攻队员，❹❺不好脱身，这时，❸采取跟防的防守方法。待这一个防守环节完成，没有危险时，❸可再回位防守，或者上线防守队员向右侧做逆时针移动，调整联防队形。

如图 17－11 所示是交换与跟防相结合的练习。③溜底线时，❸先跟防但马上交给❹防守。❹跟防到另一侧。而❹原来防守的④则由❸立即抢位到有球侧防守。

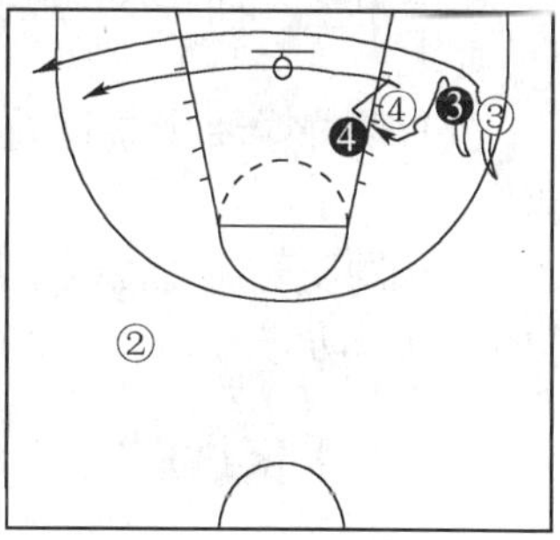

图 17－11

目的：学习掌握防溜底线的各种方法。提高相互间防守的配合意识和能力。

要求：

（1）溜底线队员必须从防守队员的身后移动。防守队员保持“球、我、他”的防守位置，并做到“既看球又看人”。

（2）❸和❹交接防守时，最好是在球不易传到的时候，交接要快速、及时。必要时，要有呼有应。

（五）后卫与前锋防守时的跟防与交换练习

练习方法：见图 17－12。球在②手中，①向底角移动，③则向上线移动。这时❶跟防①，而❸跟防③，然后两人在防区的交界处突然交换防守。

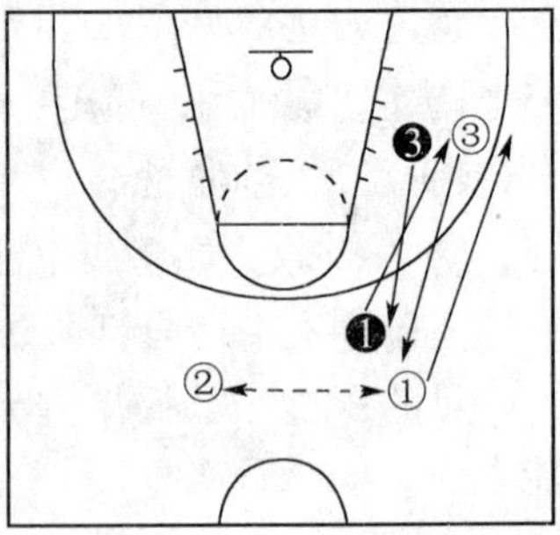

图 17 – 12

目的：

后卫和前锋队员学习掌握跟防与交换防守的方法。提高跟防与交换防守的意识和防守能力。

要求：

（1）跟防时注意观察进攻人的意图，既防人也要看球。

（2）交换防守时，要及时、快速，换人时注意防进攻队员向篮下空切，做到人、球、区兼顾。

（六）防后卫队员斜插底角的练习

练习方法：见图 17 – 13 和图 17 – 14。

在图 17 – 13 中，当①斜插底角时，❶采取跟防的方法。因球在②手中，跟防可避免在左侧形成以多打少。

如图 17 – 14 所示是采用跟防与换防相结合的防守方法。❶与❷在两人防区交界处换防。因①是向无球侧斜插，采用跟防和换防有利于保持防守队形的稳定。

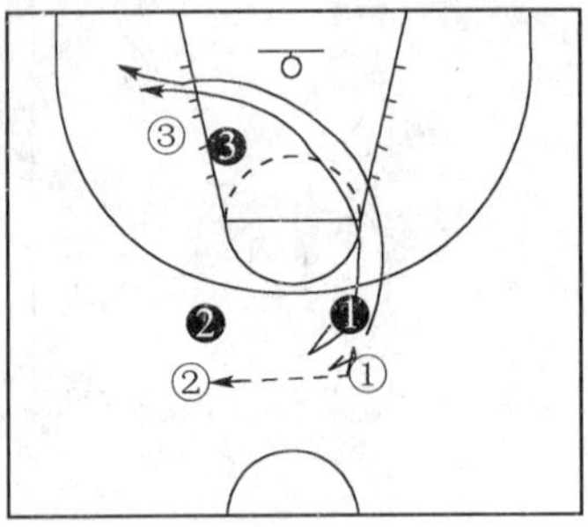

图 17 – 13

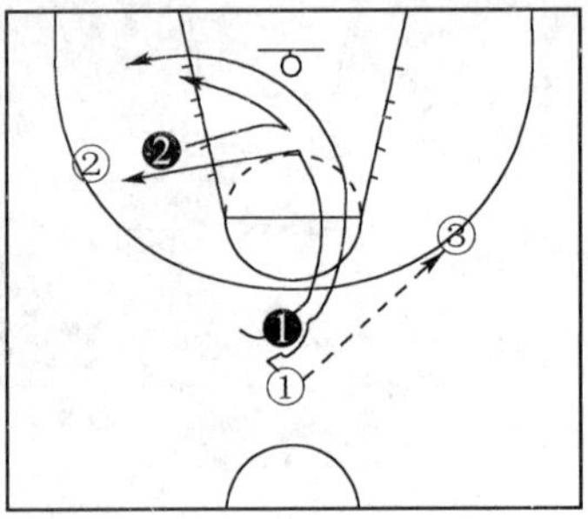

图 17 – 14

目的：

学习掌握防后卫队员斜插底角时跟防与换防的方法，提高其防守意识和能力。

要求：

（1）防守时要观察进攻队员是向有球侧移动还是向无球侧移动，然后决定防守的方法。

（2）跟防时应注意观察进攻者的意图，坚决不让其在限制区一带接球，让其走远离球的一侧，防守队员始终抢有球侧的防守位置。注意球、人、区兼顾。

二、5 人区域联防练习

（一）2 – 1 – 2 区域联防练习

2 – 1 – 2 联防适用于对付正面进攻见长和篮下进攻威力较大的队。

战术方法：见图 17 – 15 ～图 17 – 20。

在图 17　15 中，当对方采用 1 – 3 – 1 进攻落位，球在①手中时，❶紧逼①，❹上提防④，❷围守④，并防②接球。❸上提保护篮下并防③横切。❺防⑤上插或向篮下横切。

在图 17 – 16 中，当球由①转移到②手中时，❷紧逼②。❶回缩到④左侧前，❹也向左侧移动。❺立即绕到⑤的侧前方防⑤接球。❸移向篮下附近保护篮下，并协防⑤，还要防③横切。如果②投篮，❸❹❺先挡人后拼抢篮板球。

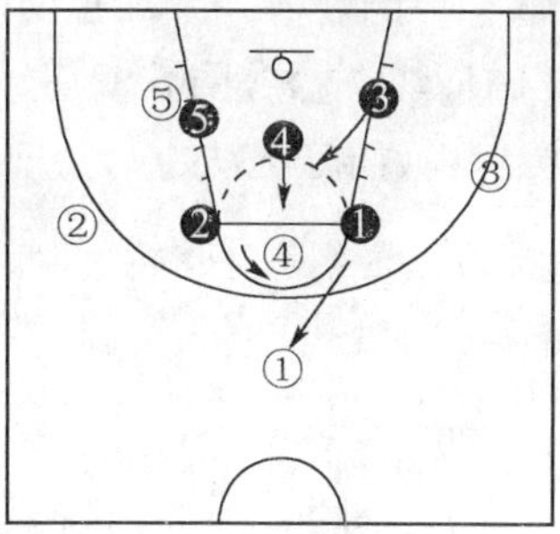

图 17－15

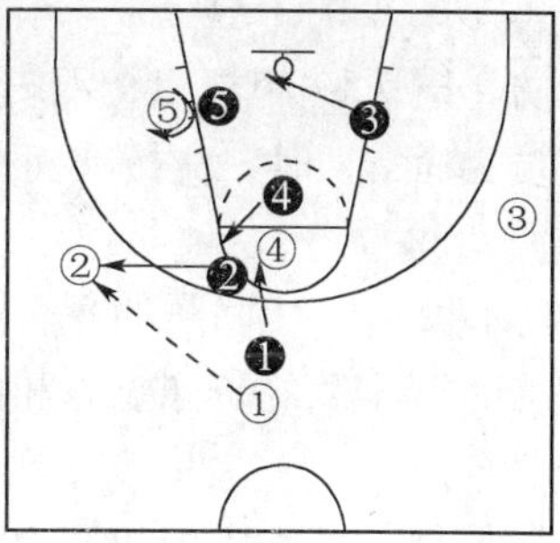

图 17－16

在图 17－17 中，当球由②传到⑤手中时，❺根据⑤的情况进行防守，⑤背对篮时，❺应离得稍远一些，以免⑤以❺为轴转身突破或靠着❺转身投篮。⑤面对篮时，❺应紧逼，高举双手影响⑤起跳投篮。❷回缩协防，防⑤上线突破。❹回缩篮下协防。❶绕到④与篮之间偏于有球侧防守。❸加强篮下和篮下右侧一带防守。并防③向篮下空切。如果⑤投篮，❸❹❺挡人抢篮板球。

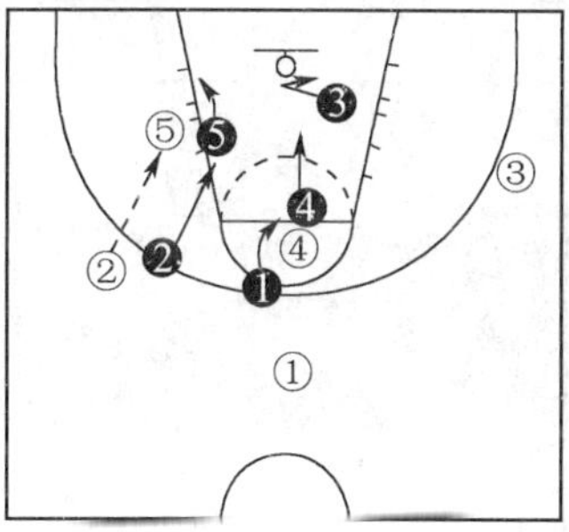

图 17－17

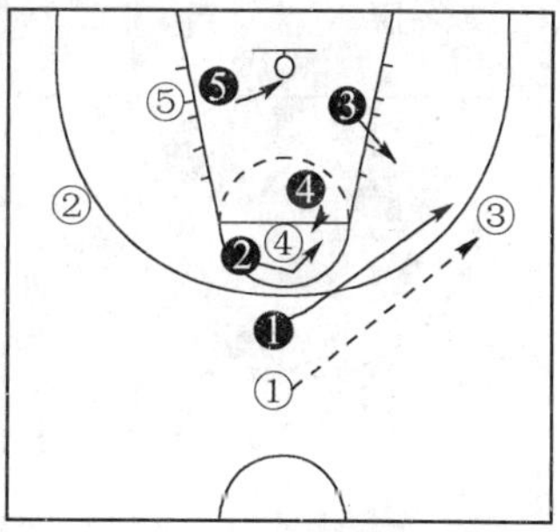

图 17－18

在图 17－18 中，球从①手中传给③时，③如果在 45°以上的位置，则由❶紧逼③。❹在④的后面偏有球一侧防④接球和纵切。❷回缩到④身前偏有球一侧或偏向③一侧均可，这时❷与❹要配合好对④的防守。❺移向篮下，保护篮下并防⑤横切。❸协助❶防守③并保护篮下。如图 17－19 所示，球由①传给③，而③如果在 45°以下的位置时，则由❸立即紧逼③，❹下移保护篮下。❶移到④与篮中间的位置，防④纵切。❺也移向篮下，保护篮下并防⑤横切。❷下移防④纵切和防②横切。如果③投篮，❸❹❺挡人后拼抢篮板球。

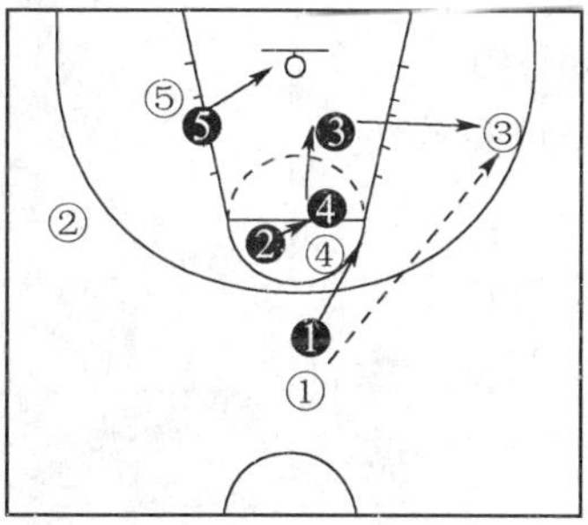

图 17－19

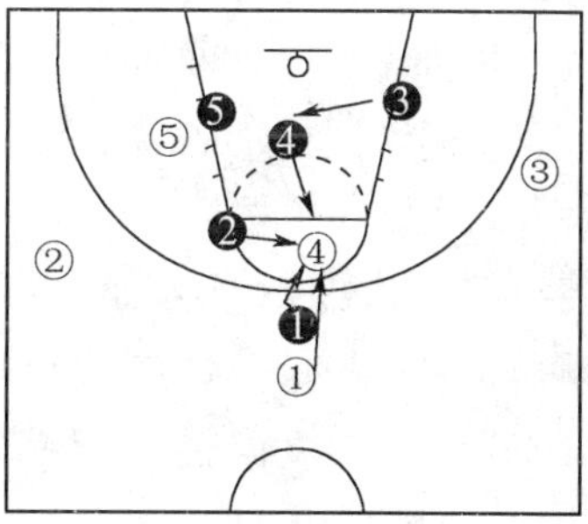

图 17－20

如图 17－20 所示，球在④手中时，❹紧逼，❶积极围守④，并注意防①空切。❷在围守④时注意防②横切和接球。❸保护篮下并防③的横切。❺应防⑤横切。

当进攻队员穿插空切时，应按前面介绍的跟防、交换防守方法进行防守。

目的：

（1）学习掌握 2－1－2 联防的方法。

（2）提高个人和全队的防守能力和协调配合的能力。

要求：

（1）按区域联防的基本要求和“以球为主，球、人、区兼顾”的原则进行防守。

（2）防守时，滑步积极，及时、合理地运用手臂防守。

（3）全队防守配合要协调，进攻队每次传球和穿插移动都要引起全队防守队形的相应变化，引起每名防守队员防守任务的变化。

（4）注意观察进攻队员特点，如果对方采用其他落位队形时，应及时调整防守。

（二）2－3 联防练习

2－3 联防适用于对付篮下进攻和底线进攻的队。如图 17－21 ～图 17－23 所示，进攻为 1－2－2 双中锋落位。

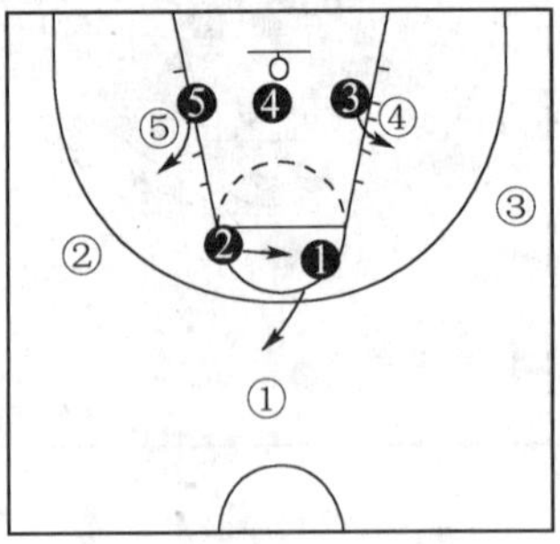

图 17－21

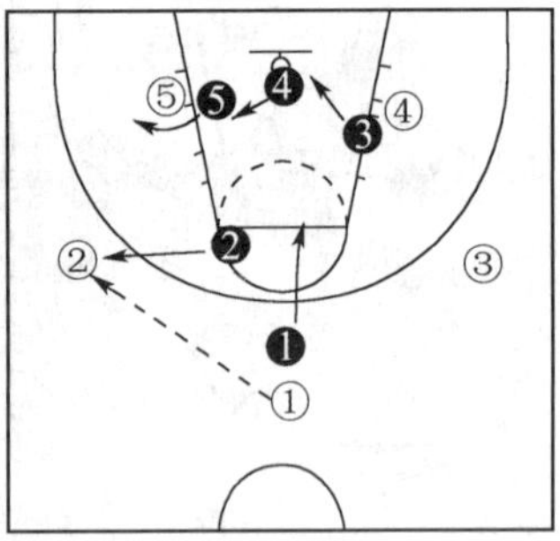

图 17－22

如图 17－21 所示，球在①手中时，外线❶❷两名队员防守①②③三名队员。❺在⑤侧前方防其接球或上插，或横切。❸在④的侧前方防其接球上插和横切。❹在篮下防守。

如图 17－22 所示，当球在②手中时，外围仍是 2 防 3。❺绕前防⑤，❹向左侧移动协防⑤并保护篮下。❸移向篮下，保护篮下的同时，防④横切。

如果②持球的位置在 45°以下，见图 17－23，❺立即绕出紧逼②，❹则及时移到⑤的侧后方防⑤接球。❸移到篮下保护篮下一带，并防③横切。❷向下移动协助❺防②并协助❹防⑤接球，还要防②回传①的球。❶防①和③接球和空切篮下。

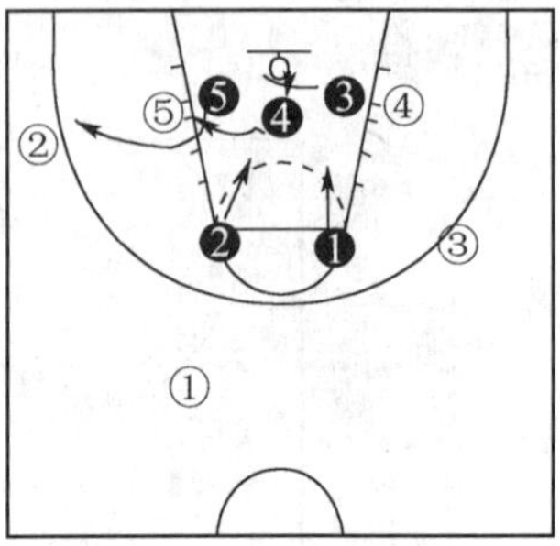

图 17－23

球由②传给⑤时，❺回缩与❹夹防⑤，❹防守时要高举双手，双脚开立大一些，使对方不便做撤步转身突破。❸保护篮下并防③空切。❶❷也要回缩协防，并防①③的空切。

球在右侧③手中和内中锋④手中时，全队的防守方法同左侧球在②和⑤手中时一样，只是一个在左侧一个在右侧罢了。

当进攻队员穿插空切时，可按前面介绍的跟防、跟防换人的方法进行防守。对方投篮时，应先挡人，再拼抢篮板球。

目的：

（1）学习掌握2－3联防的方法。

（2）提高个人和全队2－3联防的防守技术。

要求：同上一练习。

（三）3－2联防练习

3－2联防适用于对付外线投篮准但篮下进攻能力不强，而且对方外线控制球能力较差、组织能力较差的队。

战术方法：见图17－24和图17－25。

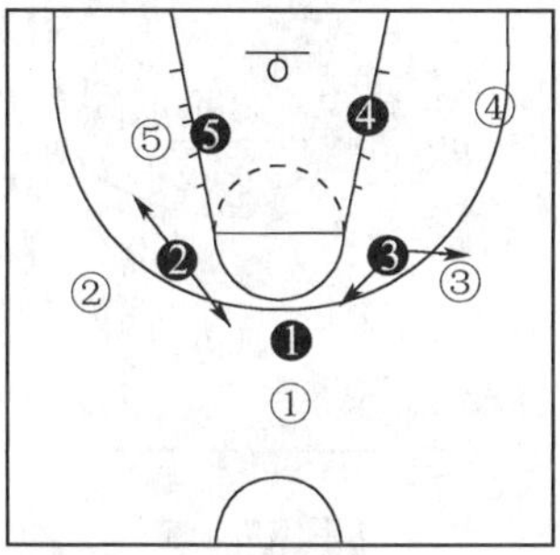

图17－24

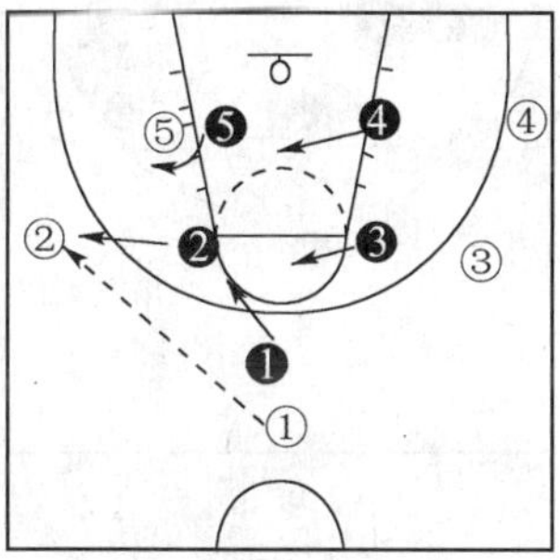

图17－25

外线投篮准的队一般落位时，外线有3名进攻队员，多采用1－2－2落位。在图17－24中，球在①手中时，5个人的防守如同人盯人防守。但防守时更侧重于自己防区内的盯人，同时按“球、人、区兼顾”的原则防守。这里特别强调❷和❸的防守，不能让②和③轻易接到球，更不能让②和③在他们习惯投篮的位置上和区域内接到球。必须把②和③逼出他们习惯投篮区以外。同时也要卡堵②和③向篮下空切。❷❸注意将自己防守的意图隐蔽起来，造成①判断错误，❷❸断球打反击。

当球由①传给②时，见图17－25，❷紧逼②，其他防守队员都应向左侧偏移。❶下移协助❷防②并防①空切。❸向限制区的上方移动，保护篮下并防③的横切。❹移向篮下保护篮下，协助❺防⑤，并防④的横切。❺在⑤的侧上方，防⑤上插和接球。

球在③手中时，其防守方法同球在②手中一样，只是一个在左一个在右。另外，④是落在前锋位置，这时❹要靠近④，不让④接球。攀向篮下移动，保护篮下。

如果球传到②或③手中时，要特别注意保护篮下，并积极封堵向④和⑤的传球。因为篮下一带较空，对方容易突破或空切。

如果④⑤接球，则给防守带来被动，这时在外线防守的❶❷❸，视情况快速回缩保护篮下或协防。如果对方内线攻击力相对弱于外线时，那么④或⑤接球后，也可采用1防1结合协防的方法防守。

如果进攻队空切或穿插移动时，一般情况下防守应采用跟防的方法。对方投篮时，要先挡人后抢篮板球。

1－2－2联防的方法同3－2联防。实际上1－2－2联防也叫3－2联防。在比赛中，真正的3－2联防几乎是不存在的，一般都是以1－2－2的形式出现的。

目的、要求同上一练习。

（四）1－3－1联防的练习

1－3－1联防的产生是因为：

第一，进攻队采用内、外双中锋落位队形。

第二，前锋队员在两侧得分较多，成了各队的主要得分手，限制区两侧是一些队进攻的主要突破口。因此就出现了1－3－1联防。

战术方法：见图17－26～图17－29。

如图17－26所示，当球在①手中时，防守队员基本上采取人盯人的防守方法。

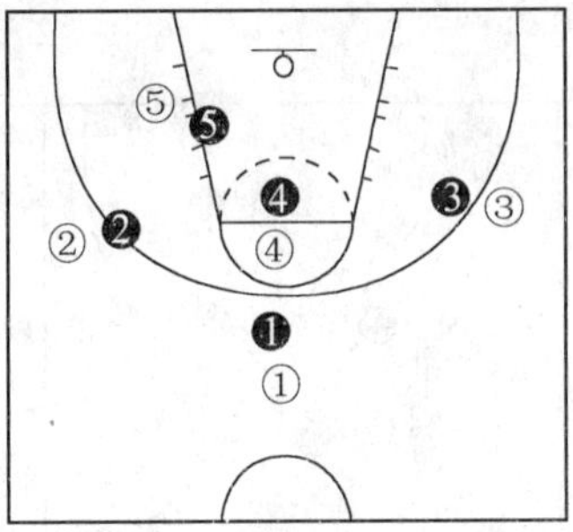

图17－26

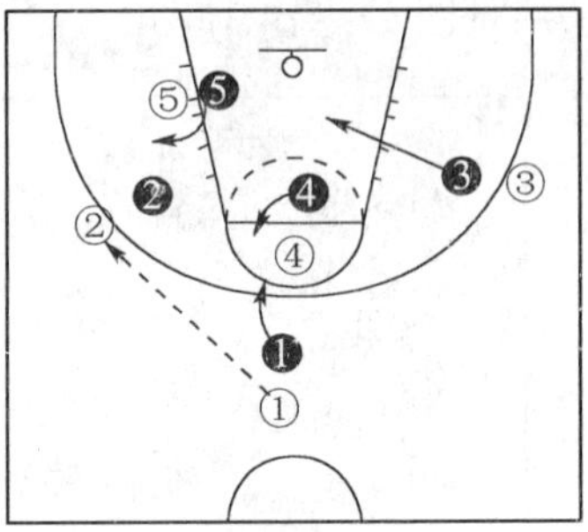

图17－27

当球由①传给②时，见图17－27，❷紧逼②。❶回缩④左侧前方与❹围守①。❹移向④的左侧防④接球。❸移向限制区，协防腹地一带，并注意防③向篮下一带的空切。❺在⑤的侧上方，防⑤接球、上插和横切。

如图17－28所示，球在③手中时，❸紧逼③，❶回缩④右侧前方与❹围守④，❶还应注意①的空切。❷回缩限制区上方协防，并防②空切。❺也向篮下移动，保护篮下，并卡堵⑤的横切。

如图17－29所示，球在⑤手中时，❷立即回缩与❸夹防⑤，同时❷还要防⑤传球给②，防⑤与②的配合，防②空切。❹回缩篮下，保护篮下，并注意协防。当❹下移时，❶及时移到④的左侧下方防④纵切接⑤的传球，同时还要防①的空切和①与④的配合。❸下移，防③空切的同时，协防限制区一带。

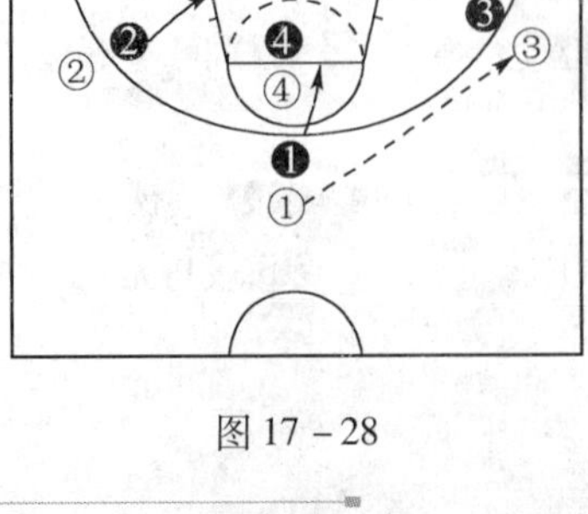

图17－28

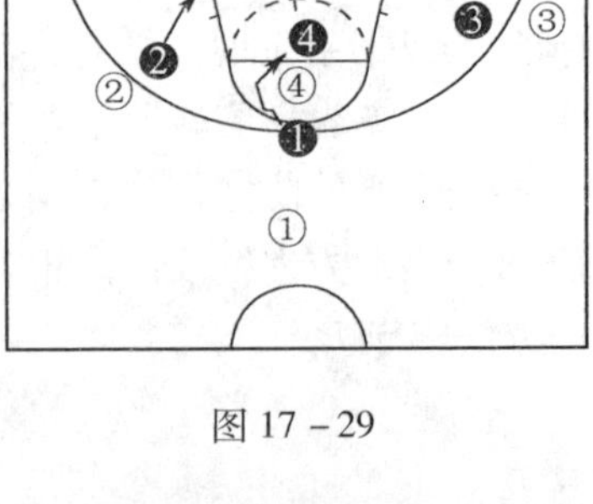

图17－29

当进攻队员空切或穿插移动时，防守队员采用跟防和跟防换人的方法。对方投篮时，要先挡人再拼抢篮板球。

目的、要求均同上一练习。

（五）对位联防练习

战术方法：当进攻队采用某种落位队形，并不断改变队员位置时，防守队也以同样的队形并不断变化队员的防守位置，形成一对一的对位防守局面。每名队员在各自的防区按人盯人的防守方法进行防守。

当对方溜底线或穿插移动时，按前面介绍的向防有球侧和无球侧移动的方法防守。进攻队的前锋和后卫互换位置时，防守队员采用护送、换防的方法。对方掩护时，外线队员可换防。但外线与内线尽量不要换人。当防完某一配合对方调整位置时，这时防守队也应快速调整自己的对位联防队形和防守位置。

打法特点：

（1）既有联防的特点，也有盯人的特点，但基本上还是按区域划分进行防守。它既可以克服联防的缺点和弱点，又可以克服盯人防守时的缺点和不足。

（2）一般情况下，小个子队员在外线防守，大个子队员在内线防守。如果换人出现以小防大的情况，尽量在外线，避免内线造成以小防大，否则就采用护送或轮转不换人的方法。

目的：

（1）学习掌握对位联防的方法。

（2）提高个人和全队的防守能力，提高配合的默契。

（3）形成本队的打法特点。

要求：

（1）防守积极，移动快速及时到位。

（2）护送、换防、轮转换位要明确，换防及时、快速，不给对方留空隙，要互相呼应。

（3）注意协防、补防。对方投篮时，要先挡人，再拼抢篮板球。

（六）全场5对5由攻转守的联防练习

练习方法：全场5对5，按正式比赛规则进行，防守采用区域联防，联防的队形和形式应根据本队的防守特点和对方的进攻特点以及练习的目的和任务来决定。

目的：

（1）结合实战，进一步掌握联防方法。

（2）提高个人和全队的防守能力和队员之间防守配合的默契。

（3）形成本队防守的特点和特长。

要求：

（1）由攻转守时，退守快、落位快、防守快。

（2）防守时，滑步移动积极、快速、到位，合理运用手臂和身体防守。

（3）在“以球为主，球、人、区兼顾”的原则下，互相补位、协防。

（4）挡人拼抢篮板球，打快攻反击。

第四节　进攻区域联防练习方法

一、进攻 2－1－2 联防

(一) 1－3－1 落位内外双中锋空切进攻法

战术方法：见图 17－30～图 17－32。

如图 17－30 所示，进攻队采用 1－3－1 落位进攻 2－1－2 队形。

从落位上就形成了优势，可以以多打少。外线①②③④进攻❶❷❹。❶❷④谁防守不到位，外围或内中锋④即可攻击。

如果①偏向左侧，可与②⑤进攻❶和❺。

如图 17－31 所示，①将球传给④，④接球后转身面向篮。④有以下几个机会：

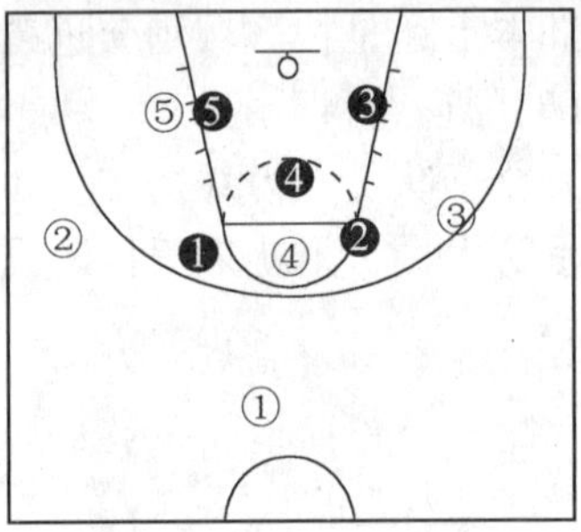

图 17－30

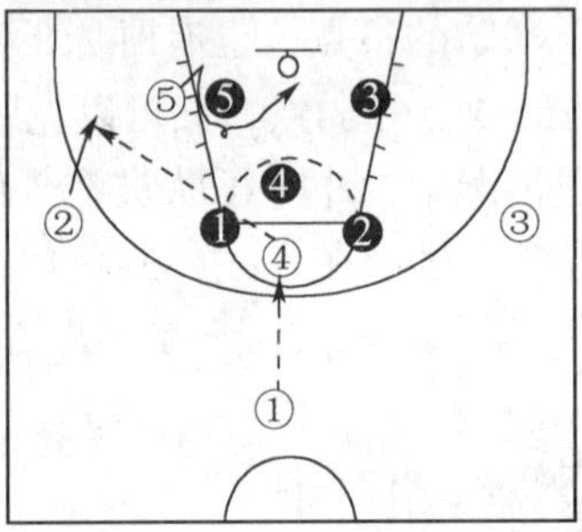

图 17－31

一是在❹未上来防守时，及时跳投；

二是❺上来紧逼时可突破上篮；

三是⑤摆脱横切，①传球给⑤投篮。四是⑤横切没机会，落在右侧内中锋位置，拉空左侧篮下，这时②下移，④与②在左侧形成 2 打 1，两人打传切或突破投篮，或策应跳投。

如果左侧没机会，见图 17－32，球回传外围①手中，这时❷上来防①，罚球线一带有空当，⑤或④上插，图中是⑤上插，①传球给⑤，又形成 1－3－1 进攻的局面，可按上述战术方法连续进攻。

打法特点：

（1）利用 2－1－2 联防防守的薄弱地区，创造攻击机会。

（2）通过内、外中锋在限制区的三角形纵切横切创造篮下和中、远投机会，充分发挥双中锋队员在篮下的攻击能力。

（3）左、右两侧都可以发动连续进攻。

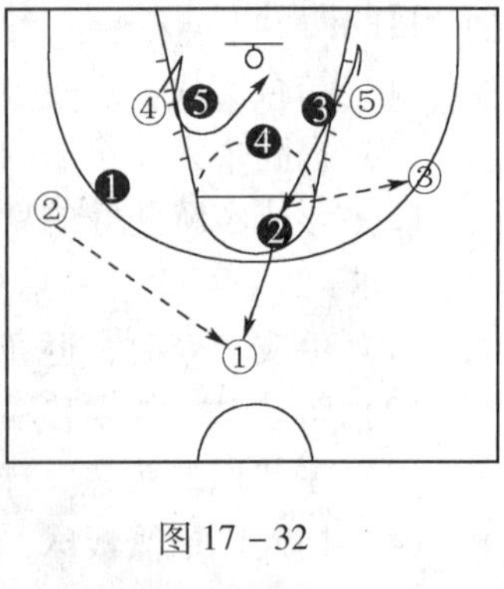

图 17－32

要求：

（1）内、外中锋及时地要位空切或摆脱空切。

（2）球的转移与内、外中锋的空切移动要协调一致。

（3）传球及时、到位。

（二）1－2－2 内、外双中锋落位底线掩护进攻法

战术方法：如图 17－33 所示、图 17－34。

在图 17－33 中，后卫队员①持球偏右侧时，左侧内中锋⑤溜底线，利用右前锋③的行进间掩护，⑤拉出到右前锋位置接①的球，⑤接球转身跳投。这时如果❸绕过③上来防⑤投篮，⑤及时传球给③，③投篮。如果③没有机会接球，则立即向左侧移动，拉空右侧篮下，这时外中锋④突然纵切，接⑤的球投篮。

如图 17－34 所示，④没机会，落在右侧内中锋位置上。这时⑤传球给①，③上插外中锋位置要位要球。当❺和❹卡堵③上插接球时，①将球转移给②，④横切篮下空当处接②的球投篮。如果④没有机会，就落在左侧内中锋位置，又变成 1－2－2 落位，重新开始战术配合。

打法特点：

（1）利用 2－1－2 联防的薄弱地区，通过底线连续掩护、横切创造篮下或中、远投机会。

图 17－33

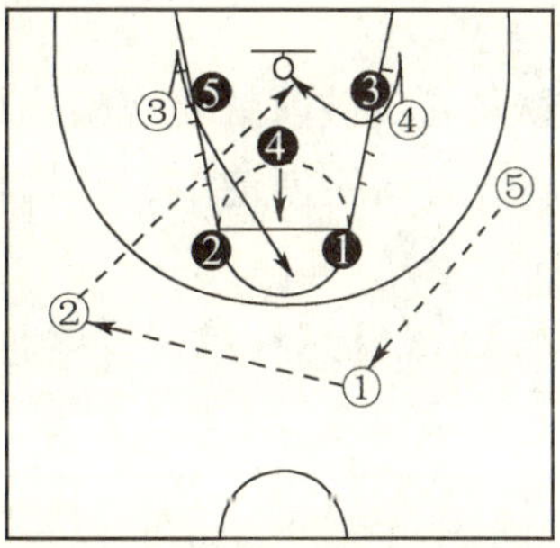

图 17－34

（2）中锋、前锋的穿插移动，打乱对方联防的阵势。

（3）进攻具有连续性。

要求：

（1）前锋和中锋应具备较强的掩护意识和空切意识，并同时能胜任这两个位置。

（2）掩护后没机会时应立即拉空此侧，为同伴创造空切机会。

（3）一侧没机会，应立即转移到另一侧进攻。

（三）2－1－2 单中锋落位突破或突分进攻法

战术方法：在联防的薄弱地区运用突破获得上篮机会。当对方补防时，可分球给同伴投篮。因为 2－1－2 单中锋落位基本上与联防阵势对位。所以各位置上队员接球后，抓住机会均可打突破或突分。但最好是限制区的两侧、两底线和弧顶的中路。

如图 17－35 所示，③接球后，从底线突破上篮。如果❹或❺补防，③分球给插向限制区空当处的⑤或移向底线空当处的④投篮。

如图 17－36 所示，③从上线突破上篮。如果❺补防，这时⑤向罚球线空当处移动，接③的球投篮。如果❺没有补防，而且防守队员控制了腹地一带，这时⑤给④掩护，④

向上线空当处突然移动接③的分球投篮。③最好适时地用跳起头上传球的方法传球。

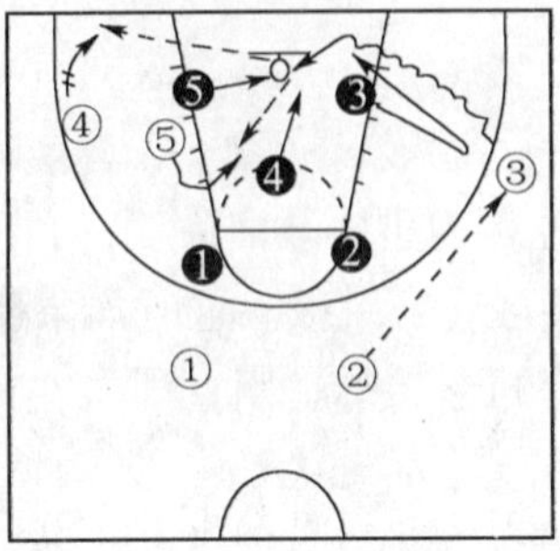

图 17－35

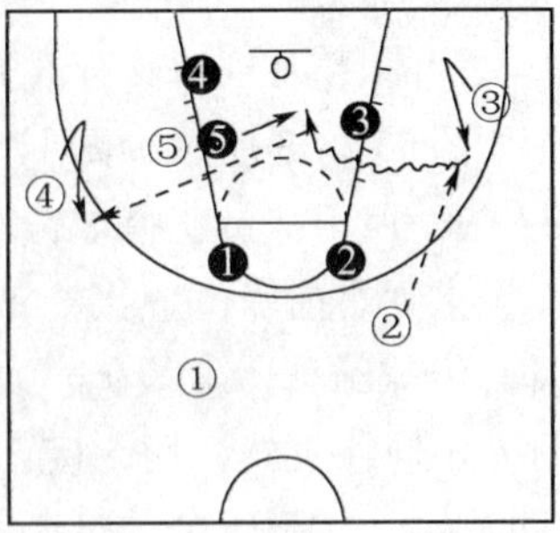

图 17－36

弧顶❶与❷平行防守，空隙较大，①或③可及时在此处突破上篮或打突分。

打法特点：

利用对方防守的薄弱地区突破上篮或在对方补防时，分球给移向空当处的同伴投篮。

要求：

（1）无论突破队员有无上篮机会，只要同伴突破，就要及时向空当处移动，为分球创造机会。

（2）突破队员在突破前就要观察同伴落位情况和防守情况，利用自己的突破吸引防守队员上来补防，为同伴创造中、远投机会。分球要隐蔽、传球动作小而快，应结合假动作。

（3）投篮后，2～3 人冲抢篮板球。

（四）2－3 落位“声东击西”进攻法

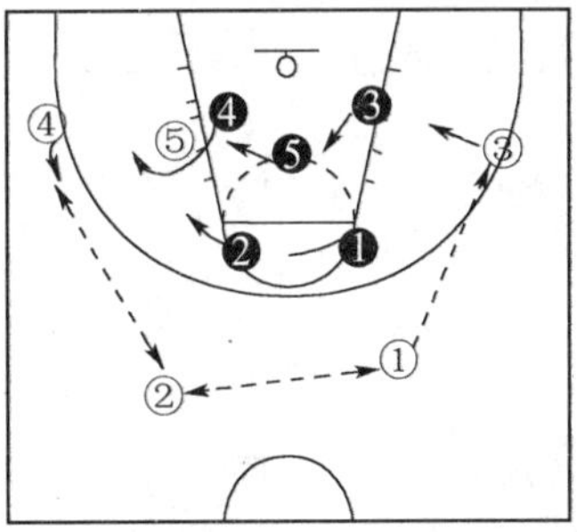

图 17－37

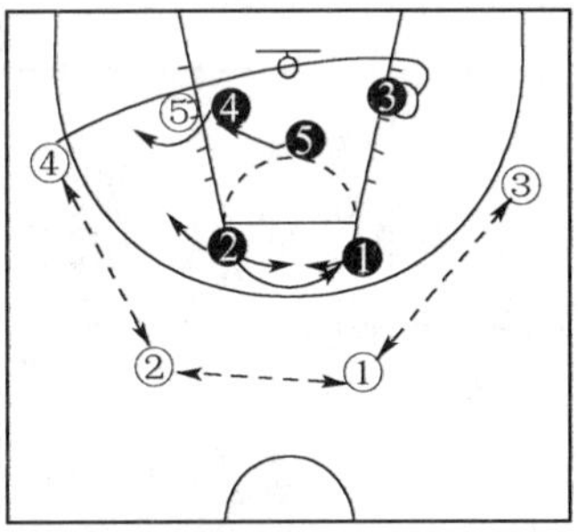

图 17－38

战术方法一：如图 17－37 所示，进攻队员①②④⑤偏于一侧（左侧）落位。外线①②④互相传球，主要是①和②之间，将防守队员的注意力吸引到左侧防守，然后突然将球传给③，③接球投篮。

战术方法二：如图 17－38 所示，基本上同上一方法，只是在②与⑤互相传球时，④突然溜底线移动到另一侧挡住❸，这时①快速传球给③投篮。

打法特点：

声东击西，偏于一侧传球，吸引防守的注意力和兵力，然后突然转移球到另一侧进攻。

要求：

（1）“声东”时，主要是两人间传球，传球速度快，使防守队员来回奔波滑步，顾及不到另一侧的防守。

（2）转移球时，最好不要隔人传球，以免失误。传球隐蔽快速，注意对方断球。

二、进攻 2－3 联防

（一）1－3－1 内外双中锋落位空切进攻法

战术方法见图 17－39～图 17－41。

在图 17－39 中，①利用弧顶一带的空当投篮，或者传球给外中锋④投篮。如果④接球后被❶和❷围守时，④将球回传给①，①传给右侧空当处的③投篮。如果❷紧逼③，④则纵切篮下，接③的球投篮。④没机会就落位在左侧内中锋处。

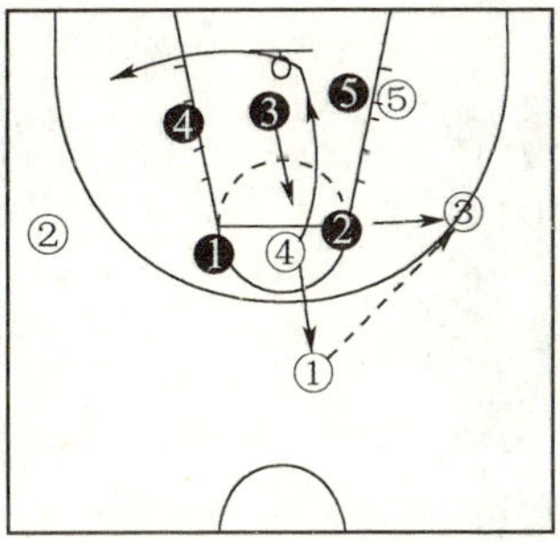

图 17－39

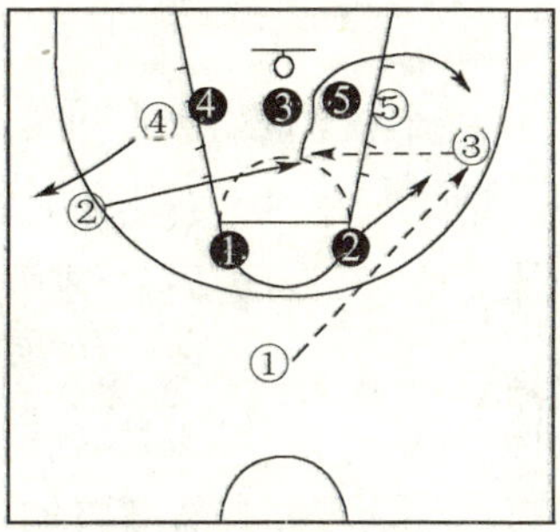

图 17－40

如图 17－40 所示，如④纵切没机会，②突然从 45°向腹地空切接③的球投篮。

如果②空切没机会时则迂回到右侧，见图 17－41，利用⑤的定位掩护拉出，接③的球跳投。如果③没有接球机会，③快速通过①将球转移到左侧④手中，这时⑤突然摆脱横切腹地接④球投篮。②④⑤抢篮板球，①③保持攻守平衡。

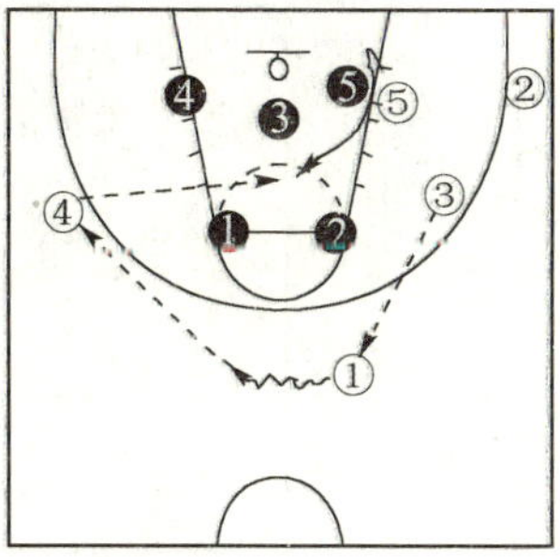

图 17－41

打法特点：

利用 2－3 联防的薄弱地区和空当处攻击。

要求：

（1）抓防守的薄弱地区，抓住机会及时投篮。及时空切，在薄弱地区接球攻击。

（2）传球及时到位，注意球的适时转移。

（二）1－3－1 单中锋落位传切掩护进攻法

在图 17－42 中，①②③⑤在外中锋一带形成以多打少，利用❶❷来不及防守而投篮。如果球在③手中，❷紧逼③，而❶防⑤时，一是③去接传球给另一侧的②投篮；二是⑤向腹地纵切接③的球投篮。如果❺堵防，⑤则向左侧底线移动。

如图 17－43 所示，这时③通过①将球转移到②手中，②与⑤在左侧打策应跳投，或者②给⑤掩护，⑤拉出接①的球跳投。②④⑤抢篮板球。

图 17－42

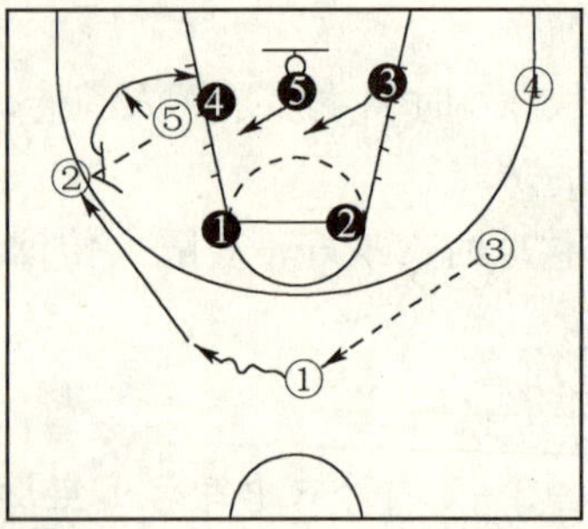

图 17－43

打法特点：

（1）利用2－3联防的薄弱地区投篮。

（2）通过策应或掩护创造投篮机会。

要求：同上一练习。

（三）1－2－2 单中锋落位局部以多打少进攻法

战术方法：见图 17－44，右侧①③在❶防区形成以多打少的局面。①或③接球后瞄篮，吸引❶上来防守，然后为同伴创造投篮机会。或者右侧①③④形成 3 打 2 的局面，创造投篮机会。

如果①偏向左侧，同样与②形成进攻❷的以多打少局面，或①②⑤进攻❷❺的以多打少局面。①持球时，⑤可突然向腹地或外中锋位置空切，接①的球转身投篮。无论是左侧或右侧持球，⑤都可及时向腹地空当处空切接球，然后转身投篮。篮附近的队员冲抢篮板球。

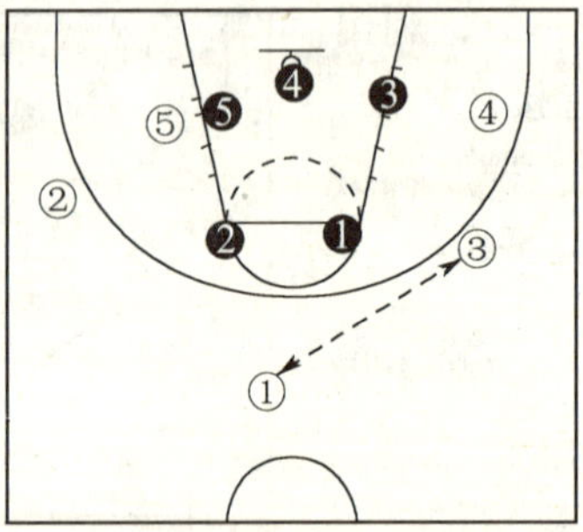

图 17－44

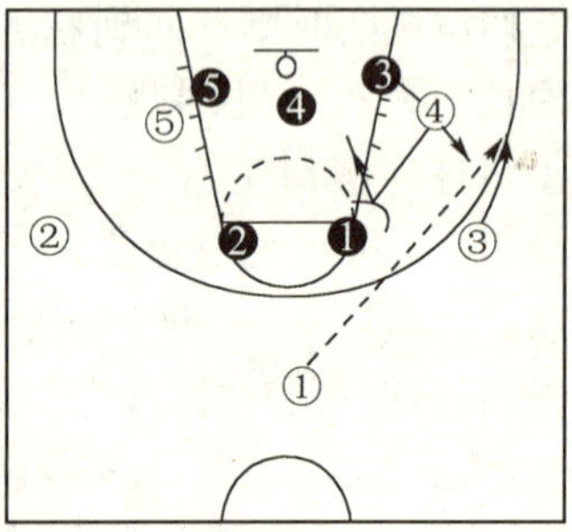

图 17－45

打法特点：

利用落位在局部形成以多打少的局面。

要求：

（1）传球快速但又有节奏，利用对方的空隙创造中、远投机会。

（2）内中锋视情况，突然向腹地空当切入，打对方措手不及。

（四）1－2－2 落位后掩护进攻法

战术方法：如图 17－45 所示，后卫①持球时，右前锋④上提给③做后掩护，③向下移动，接①的球投篮。如果❸上来防③投篮时，④掩护后转身接③的球投篮。或者在右侧③与❸形成 1 打 1，③突破上篮或分球。右侧打配合时，左侧③和⑤注意牵扯防守队员❷和❺，使其不能协防。战术也可以从左侧发动，方法相同。

打法特点：

利用前锋给后卫做后掩护，在一侧形成 2 打 1 的局面或 1 打 1 的局面。两侧均可发动。

要求：

（1）为了便于发动配合，①落位时应偏于打配合一侧。

（2）利用同伴掩护接球后，应将自己的攻击与打“挡拆”和突分结合起来，创造更好的机会，使打法更灵活。

（3）一侧打配合，另一侧要起到牵扯作用并及时向空当处移动接同伴的分球投篮。

（五）2－2－1 双中锋落位溜底线进攻法

战术方法：如图 17－46 所示，进攻时，右侧①③⑤进攻❶和❸，形成以多打少的局面。①持球时，❶上来防守，①传球给⑤，⑤可转身跳投。球在③手中时，❸上来防守，⑤突然纵切接③的球投篮。右侧①③⑤传球，调动❶❸位移，而创造投篮机会。右侧的③溜底线，接②的球投篮。如果❹上去防守，④纵切要位，③传球给④，④投篮。

①和②在外线传球，利用④⑤的定位掩护投篮。投篮后③④⑤冲抢篮板球。

打法特点：

通过③在底线向两侧的穿插移动，造成以多打少的局面和机会。

要求：

（1）③适时移动，造成以多打少。抓住以多打少的机会，及时投篮。

（2）进攻队员之间，适当拉开距离，使对方难以协防。

（3）注意突然向腹地空当切入要位要球。

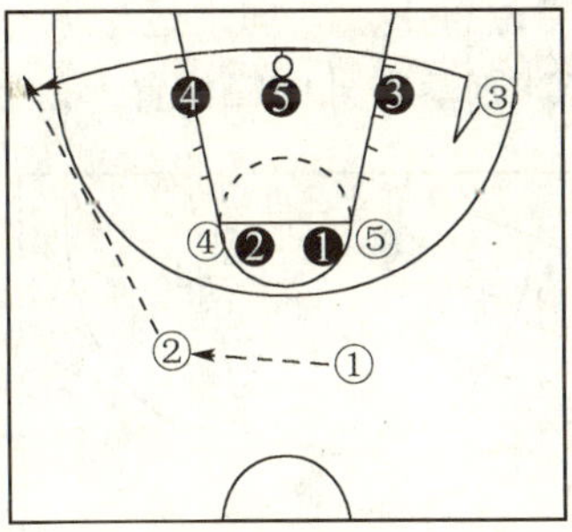

图 17－46

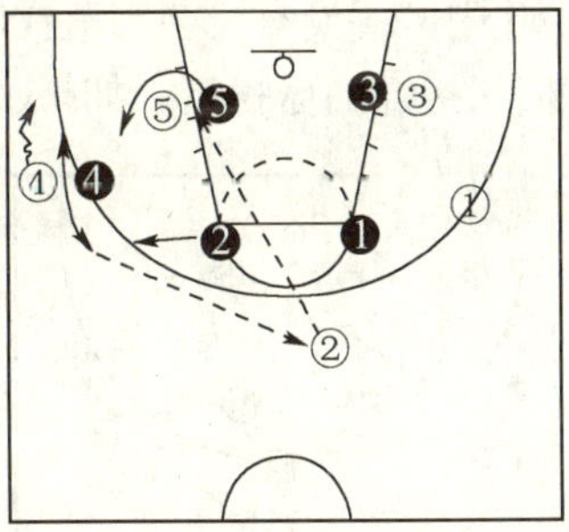

图 17－47

（六）2－3 双中锋落位中、远投结合攻中锋进攻法

战术方法：如图 17－47 所示，后卫②与左前锋④互相传球，调动❷❹和❺的防守。④接球后，用自己准确的中、远距离投篮，吸引❹上来紧逼，为⑤创造进攻机会。如果❺绕前防守⑤时，④快速传球给②，这时⑤转身面对篮，并将❺挡在身后，接②的球投篮。

打法特点：

通过传球，迫使篮下防守队员绕前防守，为内中锋创造篮下投篮机会。

要求：

（1）内中锋一侧的前锋队员投篮要准，迫使防内中锋的队员绕前防守。

（2）后卫与前锋之间传球要有耐性，传球意图要隐蔽，机会出来时，传球快速突然，使对方措手不及。

三、进攻 1－2－2 联防

（一）1－3－1 落位穿插空切进攻法

战术方法：见图 17－48～图 17－51。

在图 17－48 中，外中锋④偏于右侧，这样使右侧在落位队形上就形成了以多打少的阵势，③④⑤进攻❸❹❺。如果❶盯防④，这时又可形成①③④⑤进攻❶❷❸❹的局面。或者造成①②进攻❷的局面。抓住机会，果断投篮。

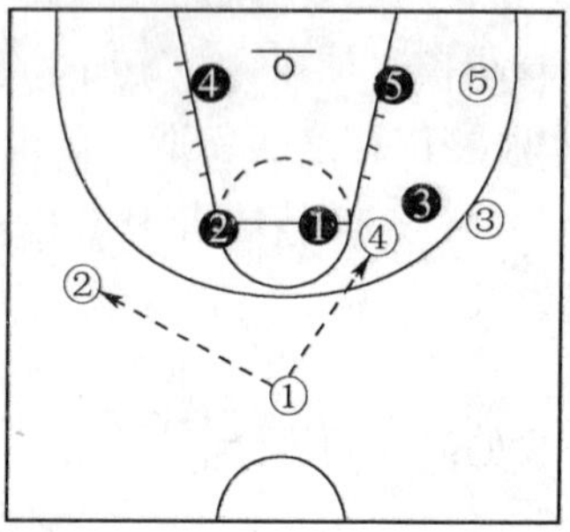

图 17－48

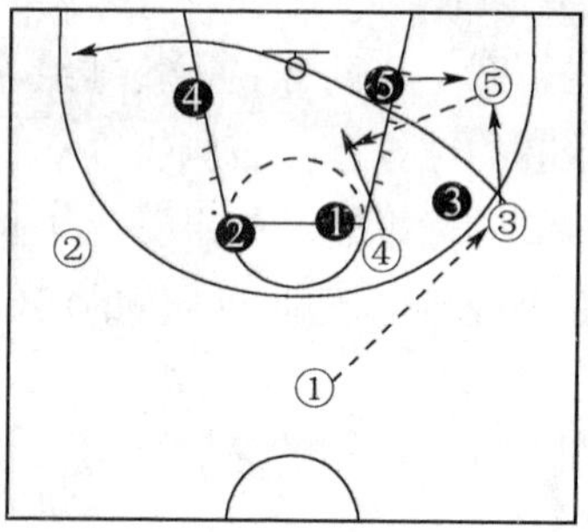

图 17－49

在图 17－49 中，③传球给⑤，与⑤进攻❺。如果❺防⑤，③空切接⑤的球上篮。如果③没机会则移向左侧，④突然纵切接⑤的球攻击。

在图 17－50 中，④没有机会则落在右侧内中锋位置上。③向上运球调整传球位置和角度。左侧②横切接⑤的球投篮。如果②没机会接球则落在外中锋位置上。

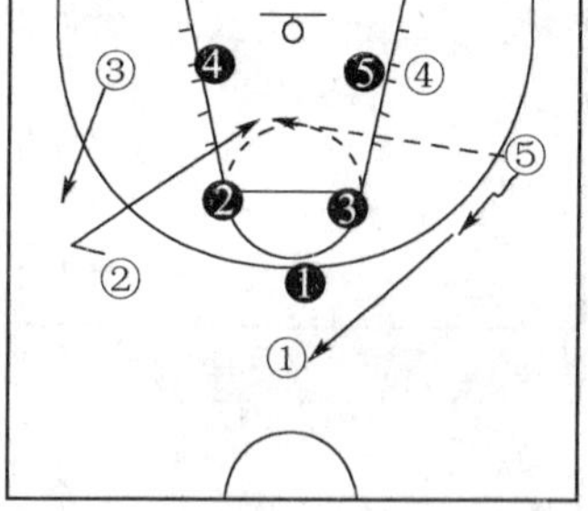

图 17－50

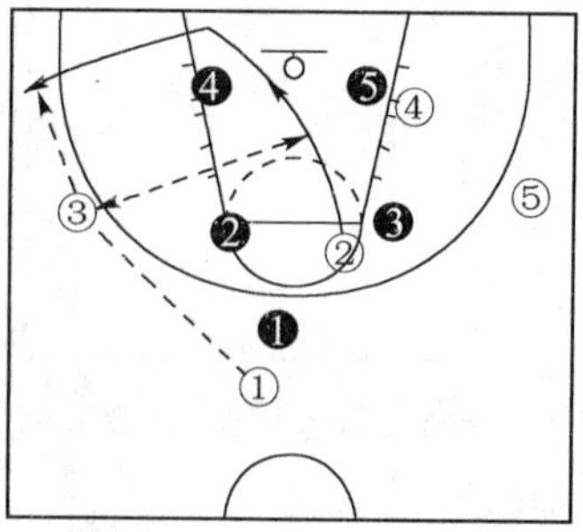

图 17－51

如图 17－51 所示，⑤通过①传球给③，然后②纵切，在限制区的中上区空隙处接球投篮。如果②没机会就绕到左侧。④突然插入腹地空当处接球投篮。②④⑤抢篮板球，①③保持攻守平衡。

打法特点：

（1）开始落位，即造成防守队局部负担过重的局面。

（2）通过穿插移动，到 1－2－2 联防的弱区攻击。

要求：

（1）抓住以多打少的机会，果断攻击。

（2）中锋和前锋位置打法灵活，要求队员技术全面，能里能外。

（3）注意调整传球角度，以防对方断球。

（二）3－2 落位穿插移动进攻法

战术方法：见图 17－52～图 17－55。

在图 17－52 中，后卫传球给②后，由中路空切接②的球投篮。如果没有机会，①从底线绕到左侧后，接②的球做中、远距离投篮，或在左侧底角和④形成 2 攻 2 的局面，寻机会攻击。

如图 17－53 所示，如果①④没有机会，①传球给②，这时，④横切，之后⑤横切，②寻机会传球给④或⑤投篮。如果④⑤都没有机会，④落在右侧内中锋位置，⑤落在外中锋位置。②运球上提，并将球传给⑤。

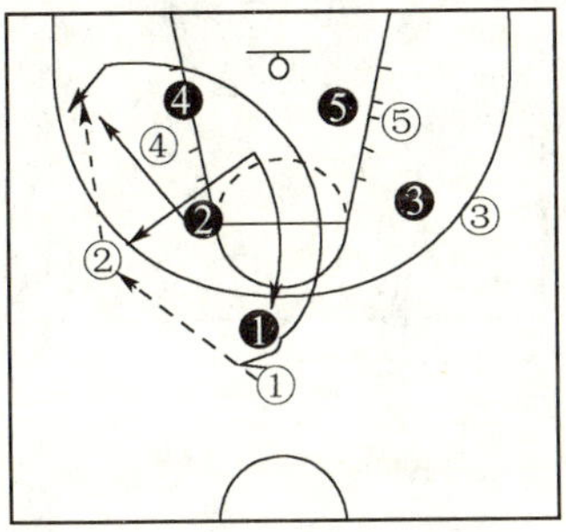

图 17－52

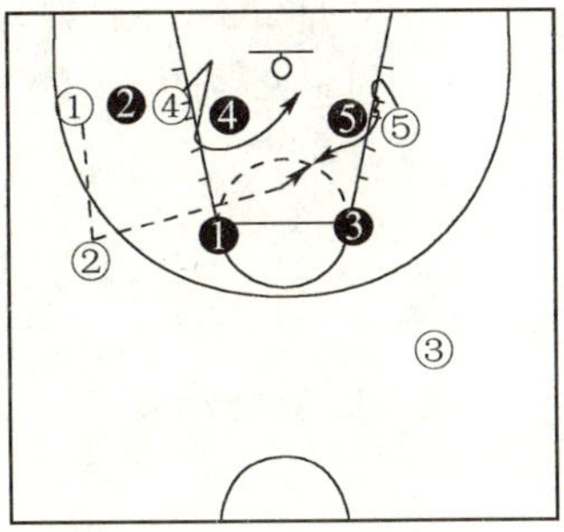

图 17－53

如图 17－54 所示，⑤传球给①，纵切接①的球投篮。⑤没机会时，①运球上提，调整传球位置。

如图 17－55 所示，①传球给②，②传球给③，又从左侧重新发动战术配合。

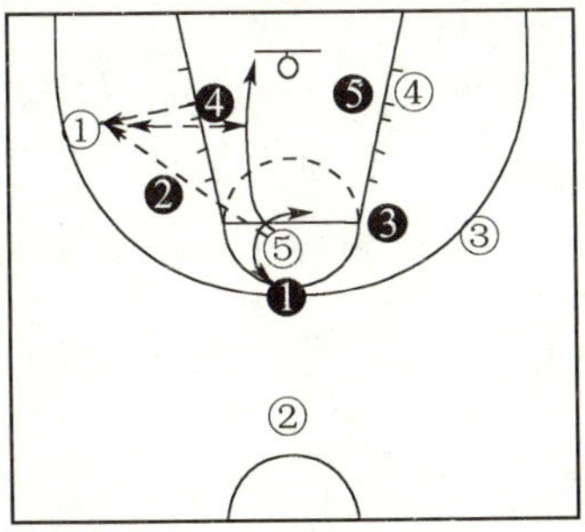

图 17－54

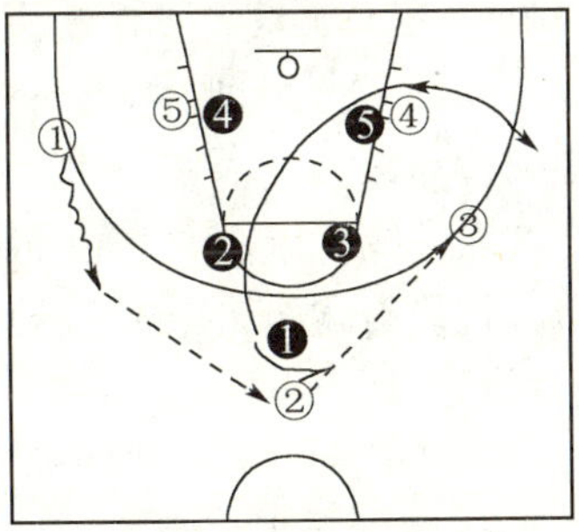

图 17－55

打法特点：

（1）通过穿插移动，打乱对方 3－2 联防的防守阵势和布局，创造投篮机会。

（2）战术具有连续性，左右两侧均可发动。

要求：

（1）穿插移动时利用对方防守到位不及时而抓住机会投篮。如果防守队员及时到位，则在局部形成2打1或2打2。

（2）进攻要有耐心，连续空切打乱对方的防守阵势。

（3）传球隐蔽、及时、到位。

四、进攻1－3－1联防

（一）1－3－1落位底线移动进攻法

战术方法：如图17－56所示，①将球传给左侧②时，右侧内中锋⑤突然横切，接②的球投篮。如果⑤未接到球，则落在左侧内中锋位置，与②在左侧形成2打2。如果左侧进攻不成，②通过①将球传给右侧的③，③利用右侧空当，1打1突破上篮。

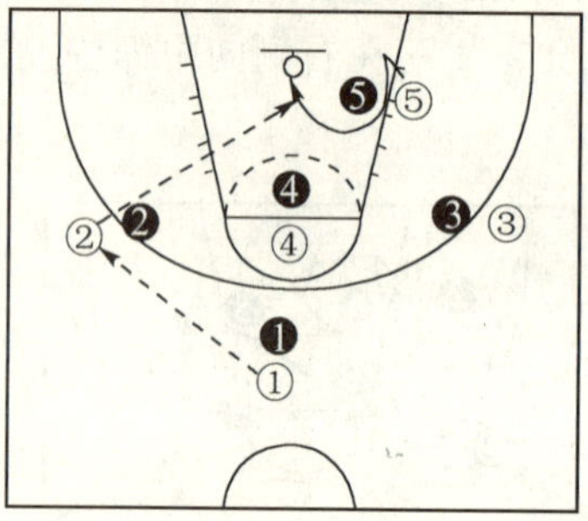

图17－56

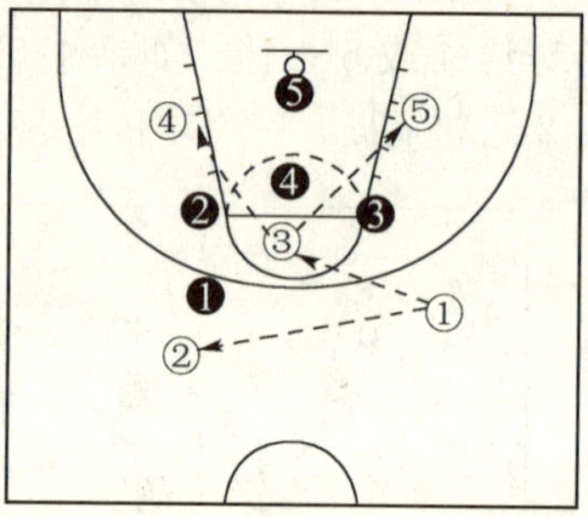

图17－57

打法特点：

利用1－3－1联防篮下一带的空当进攻。

要求：

（1）进攻时，球一定要落在两侧前锋队员手中。所以①应有意偏于一侧，便于传球。

（2）落在内中锋的队员应在底线一带穿插移动，为自己和同伴创造进攻机会。但应注意球的位置和同伴的意图，人球一致。

（二）2－1－2落位通过外中锋进攻法

战术方法：如图17－57所示，1－3－1联防的特点是加强两翼的防守，试图割断后卫与前锋队员的传球路线。因此，球能传到外中锋③手中，即可破坏对方防守上的优势和意图。①与②在外线传球，吸引❶和❸上来防守，使❶和❸不能协助❹防守④。这时可将球用隐蔽方式传给③。③接球后转身，将球传给④或⑤投篮。

打法特点：

（1）避开两侧，从中路打开进攻的突破口，创造进攻机会。

（2）左右两侧均可发动进攻。

要求：

（1）两后卫适当拉开与外中锋的距离，使❶❸不便协防中锋。

（2）后卫运用假动作使❶❷❸加强对两侧的防守，为外中锋接球创造机会。

（3）注意传球的角度和隐蔽性。

攻守区域联防在练习中应注意的问题：

第一，首先讲解清楚攻守联防的完整战术方法、落位队形、移动路线、攻击机会、战术变化和如何组织抢篮板球以及攻守平衡。

第二，要求每名队员明确自己在战术配合中的职责和具体任务。

第三，应先学习掌握2－1－2联防和1－3－1进攻2－1－2联防的方法。在此基础上再学习掌握其他形式的攻守联防。熟悉各种攻守联防的优缺点，以便在实战中灵活地有针对性地运用。

第四，练习中，在基本掌握攻守联防方法的基础上要求队员“死打活变”，以提高队员战术运用的灵活性。

第五，在练习中，队员之间应加强呼应，加强协防、补防，以提高全队的整体实力和协同作战的能力。

第六，将进攻与防守结合起来，将防守与进攻结合起来，加强攻守对抗训练，提高强对抗的能力，提高攻守转化能力，提高防守时打快攻的能力和进攻时防快攻的能力。并注意把抢篮板球组织到攻守战术中去，注意攻守平衡。

第七，根据当前篮球运动的发展和本队的情况，在练习中，应解决好本队的特长和短处，以形成本队打法特点和风格特点。

第十八章　全场人盯人紧逼与进攻全场人盯人紧逼

第一节　全场人盯人紧逼

一、全场人盯人紧逼防守战术的特点

（一）什么是全场人盯人紧逼防守战术

它是指队员在由攻转守时，队员不退回后场，在前场和全场范围内，各自分工负责紧逼自己防守的对手的一种攻击性防守战术。

（二）全场人盯人紧逼防守的特点

1. 优点

（1）在全场始终紧逼自己的对手。

（2）在全场展开以争夺球权为目的的防守，能充分发挥运动员速度快、灵活性好、防守好的特点。

（3）对培养队员积极主动、勇猛顽强的作风，提高队员的体能、促进队员技术的全面发展都有重要的作用。

（4）在比赛中有针对性地运用或突然运用，可使对方措手不及，使本队转败为胜或扩大战果。

2. 缺点

（1）由于在全场展开争夺，防守力量分散，难以发挥集体协防的力量，因此，队员不仅要有充沛的体力和良好的个人防守能力，而且要有顽强的意志品质和默契的配合意识。

（2）由于在全场争夺，防守面积大，易被对方选择某一弱点为突破口，造成一人漏防全队被动的局面。

二、全场人盯人紧逼防守战术运用的时机

第一，突然变化战术，出其不意、攻其不备时。

第二，身材比较矮小的队，但速度和灵活性较好，可用来对付身材高大而灵活性和速度较差的队。

第三，为了扩大战果或挽回败局时。

第四，对方体力差，为了拖垮对方和有意消耗对方体力时。

第五，对方组织进攻，队员经验不足及控制球能力较差时。

第六，对方替补力量较弱时。

第七，为延误对方推进到前场的时间，使对方在前场不能从容组织战术配合时。

三、全场人盯人紧逼防守战术的基本要求

第一，由攻转守时，全队思想统一，行动一致，每名队员要以先声夺人的气势迅速找到自己所防守的队员，抢占有利的防守位置，盯住各自的防守对手，不让对方传、接球。

第二，防无球队员时，近球区采用内侧脚在前的防守步法，坚决不让对方接球，应做到人球兼顾，迫使对手走外线或远离球一侧。如对方摆脱或掩护时，应积极卡堵或挤过防守，尽量不换防。远球区在防对方接球的同时，注意协防和补防。防无球队员应做到“以球为主，球、人、区兼顾”的防守原则。

第三，防有球队员，应紧逼持球者。在全场防守时，如果对方还未运球，应以防运球突破为主，防运球采用“堵中放边”的防守方法，并运用假动作或拼速度迫使对方早停球。“死球”后紧逼持球者。在前场应注意防运球、防突破、防传球和防投篮，因此，应采用平步紧逼的防守步法，迫使其远传球。

第四，全队防守要有声势，防守有重点。尽量让对方控制球能力差的队员持球。尽量延缓对方的推进速度，延误对方的推进时间。让对方在边角停球，割断持球队员与接球队员的联系，割断内线队员与外线队员的联系，破坏对方的战术配合，充分发挥出本队速度快、灵活性好、积极拼搏的风格特点，以夺得球权为目的。

四、全场人盯人紧逼防守的战术方法

把全场分为三个区域，见图 18－1。

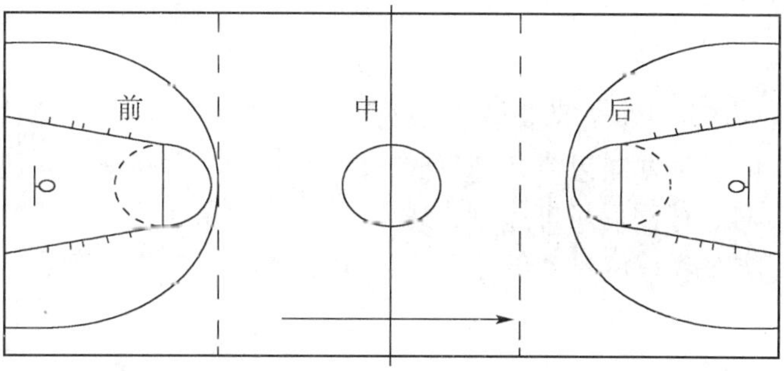

图 18－1

（一）前场紧逼防守

1. 防守策略

以声夺人，以势夺人，激发本队的战斗士气，给对方心理上造成压力，迫使对方紧张、慌乱，进而造成失误或违例。展开以争夺球权为目的的攻击性防守。

2. 运用时机

可运用在投中篮或罚中篮后的由攻转守时，这样为紧逼防守争取一定的时间；也可运用在对方抢到后场篮板球或抢断球后，这时更要注意加快由攻转守的时间，快速找人。

3. 当对方掷端线界外球时，紧逼防守的三种方法

（1）紧逼掷端线界外球队员

如图 18－2 所示，❶紧逼①，其他队员也是一个紧逼一个。当球发进场内，❶要先后撤一步，以防对方空切。

（2）夹击接球队员

如图 18－3 所示，❶放弃对①的防守，而与❷夹击接应能力强的②。如果球发进场内时，❶应立即防守①，按一防一的原则防守。

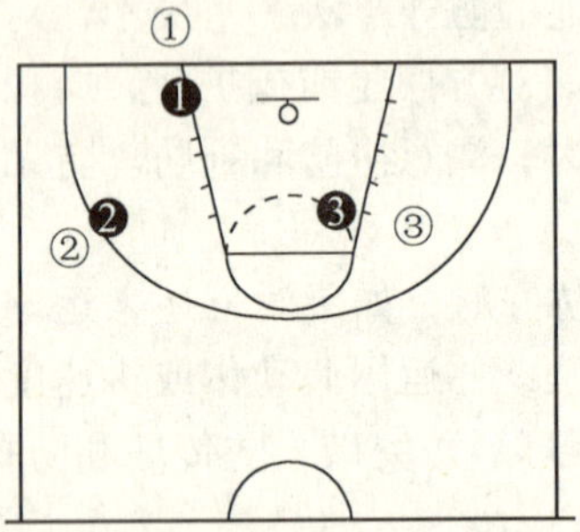

图 18－2

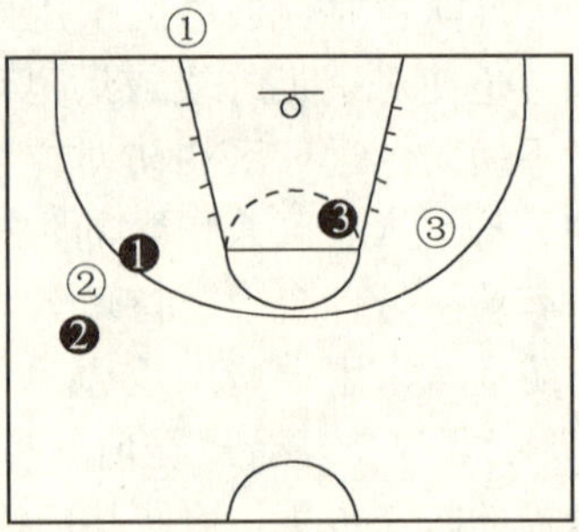

图 18－3

（3）机动夹击

如图 18－4 所示，❶放弃对掷端线界外球①的防守，而采用游击式的机动夹击，即谁有可能接到球，就夹击谁。夹击时应注意与❷❸的配合。如果❷❸在②③的后侧防守，❶则在前边夹击。如果❷❸在②③的前边堵防其接球，那么❶则在②③的后面夹击。如果球发进场内，❶立即防守①，按 1 对 1 的原则防守。

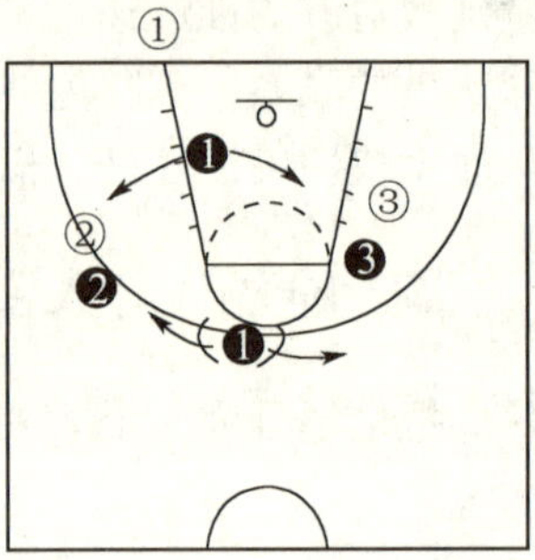

图 18－4

（二）中场紧逼防守的方法

队员和球进入中场时，防守队员要控制对方推进的速度，破坏对方的配合，迫使对方向边线运球和传球，在中线边角停球，以便夹击、抢断或者造成对方 5 秒、10 秒、球回后场等违例，或失误。

在中场争夺，防守队一定要高度地配合默契，多运用补防、换防、夹击来破坏对方进攻。

1. 轮转补防

图 18－5 所示，当❹在中场附近补防时，❺立即补防④，❷轮转补防⑤。如果③从左侧运球推进，❺❹❸形成逆时针轮转补防。

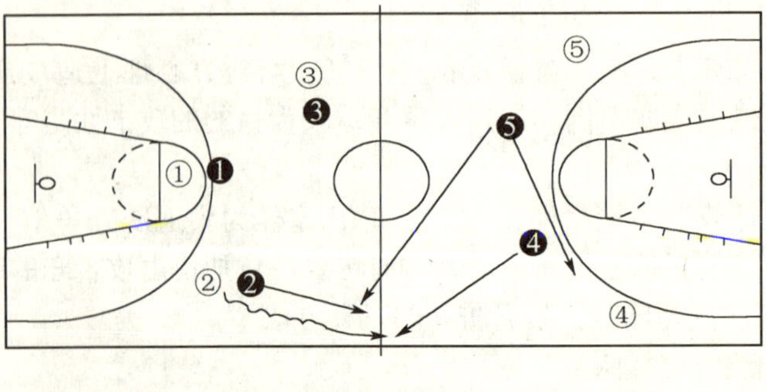

图 18－5

2. 换防

当进攻队员在推进过程中运用掩护时，防守队员最好运用挤过战术破坏其掩护。如果挤过不行时，可采用换防的方法。

3. 防策应

对方一般在中场附近或弧顶运用策应，加快推进速度或破坏中场紧逼，这时防策应队员要积极地卡堵策应队员插上接球，一旦接到球，其他防守队员应注意先后撤一步，防止自己所防队员空切；还可以根据情况，夹击围守策应队员。防策应最好的办法是让后场持球队员停球，而防策应的队员卡堵策应队员上插的路线，造成传、接球队员之间“脱节”。

4. 中场夹击

见图 18－6，防运球的❷有意让②从边线突破，但❷不失去防守位置，并控制②运球推进速度，③运到中场附近时，❹突然迎上去夹击。首先在中场附近造成②停球，进而造成②回场、5 秒或 10 秒违例，或走步或传球失误。❷和❹夹击时，其他防守队员可采用轮转补防的方法防守④、⑤和③。

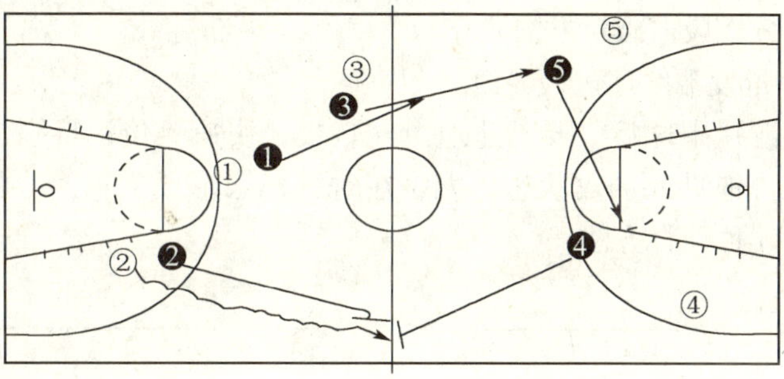

图 18　6

（三）后场紧逼防守的方法

在前场和中场防守均未成功，使球和人进入到后场时，就要根据对方的进攻特点，采用针对性的半场扩大人盯人防守。其防守方法见半场扩大人盯人防守。

第二节　进攻全场人盯人紧逼

一、进攻全场人盯人紧逼战术的基本要求

为了有效地破坏对方的全场紧逼，因此，要对全场紧逼防守战术的特点和变化规律有充分的了解和认识。然后根据本队的具体情况，有针对性地组织各种战术，争取主动，破坏对方的防守。

第一，当对方紧逼防守时，首先思想上要沉着冷静，不要被对方的虚张声势吓住。要有信心，要善于发现对方的弱点，统一思想，统一行动，按原准备的战术组织进攻。

第二，争取在对方未采用紧逼前，就快速组织反击，打乱对方的部署。

第三，进攻队员在场上的位置分布，要间隔一定的距离，以拉大对方的防区，增加

协防的困难。要多运用策应、传切、斜插、迎上接应的方法来进攻。

第四，不要盲目运球，以防夹击。运球时要选好突破方向，不要在边、角停球。传球时，尽量少用远传球，而用快而短的传球。

第五，无球队员要注意拉开、吸引、策应、掩护等配合，造成对方在补防或换防时的漏洞，形成以多打少的局面。

第六，组织突破手进行突破，打乱对方的部署。

第七，如受夹击，尽量用跨步，转身扩大活动范围，造成对方犯规。其他队员应主动及时接应，帮助同伴摆脱。或者在遇到夹击时，突然跳起传球，这样可以增加出球的高度和突然性，而且还容易造成对方犯规。破坏对方夹击的最好方法是在对方将要夹击但还未形成之前，及时将球传给同伴。

二、进攻全场人盯人紧逼的方法

（一）针对紧逼的特点，逐段击破对方防守

全场人盯人紧逼防守时，将全场分为前场、中场和后场三部分进行防守。进攻时，同样可以按这三部分逐段击破对方的防守。

1. 前场，迅速抢发端线球进入界内

当对方投中篮或罚中球后，要迅速地由守转攻，快速落位，特别是接发球队员和掷界外球队员，应更快地进入进攻状态，力争在对方还未形成紧逼时，将球掷入场内。发端线界外球有以下几种配合方法：

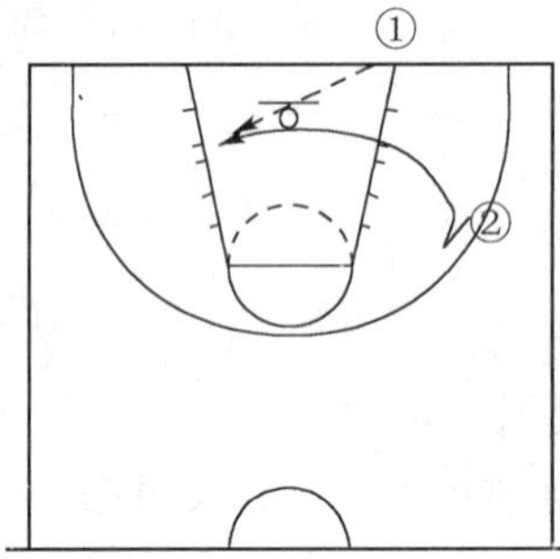

图 18－7

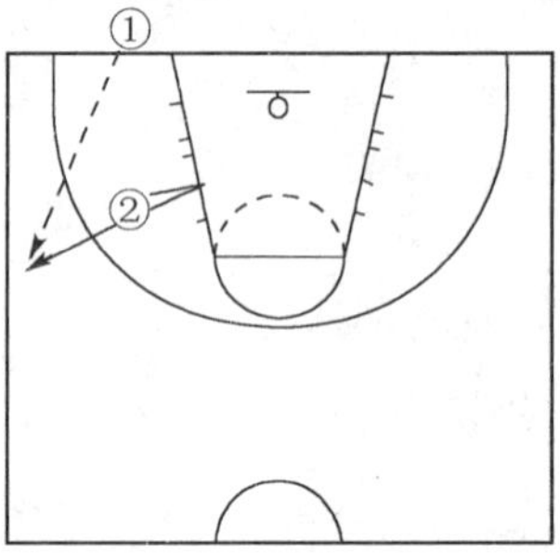

图 18－8

（1）弧线跑摆脱接球。如图 18－7 所示，②做摆脱弧线跑接①的球。弧线跑接球范围大，所以这种方法在实战中运用比较多。

（2）内压外拉摆脱接球。如图 18－8 所示，②向限制区移动，突然拉出来接球。同样，②可以做向端线方向移动，然后反跑接球。这种方法要注意传球到位，否则容易被中场附近的防守队员断球。

（3）利用掩护接球。如图 18－9 所示，图中是②给③掩护，③接球。如果对方换防，②以右脚为轴做后转身，把❸挡在身后，接①的球。

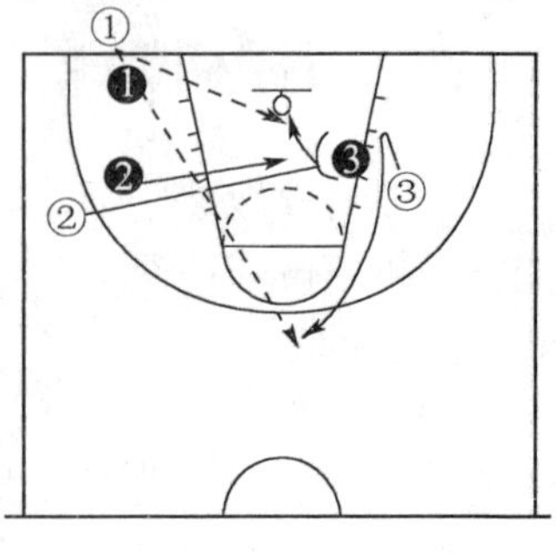

图 18－9

另外，还有运用假动作如腰部虚晃假动作等方法摆脱接球等。

2. 中场推进

球发进场内后，基本上就进入了第二阶段，即中场推进。推进时应迅速，一是规则规定球由后场进入前场的时间为10秒，否则为违例。另外，一次控制球时间是30秒，如果在中场推进占用的时间过长，到前场组织战术的时间必定会少。推进的方法有以下四种：

（1）中路运球快速突破推进法。

（2）利用掩护使球居中路推进。如图18－10所示，①发球后快速给③掩护，③摆脱插中接②的球。之后③快速运球进入前场，或①掩护后继续移动到前场给⑤掩护，或②传球后去给④掩护。

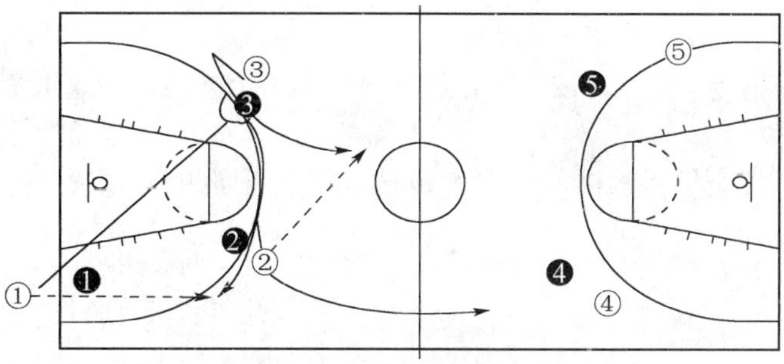

图18－10

（3）利用策应推进。如图18－11所示，②接界外球后，③在中线附近策应，接②的球，推进到前场。在实战中也可以是⑤或④上提到中场附近策应。

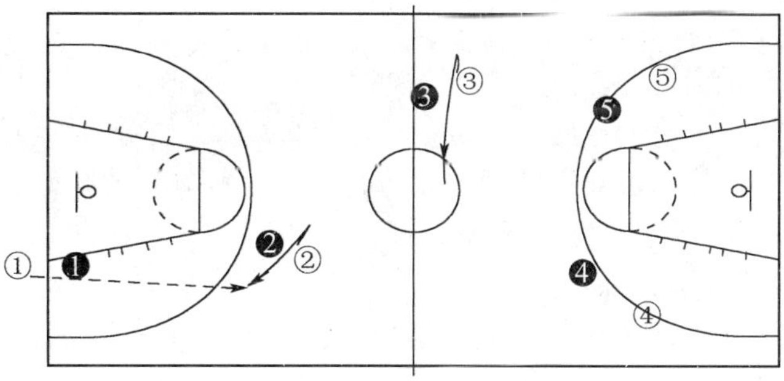

图18－11

（4）利用传切推进。球进入场内后，2人或3人传切，将球推进前场。

3. 球进入前场后的进攻

球进入前场后，可按半场进攻人盯人的战术原则和战术方法进攻。

（二）以全队战术为主的进攻方法

由守转攻时，按在全场设计好的战术破对方紧逼。可采用下列方法。

（1）长传偷袭法

抓住对方由攻转守慢的弱点，迅速长传，打偷袭快攻。

（2）短传快攻

此方法也是抓住对方由攻转守慢的弱点，迅速发界外球，快速分散队员，三传两传将球传入篮下投篮打快攻。

（3）利用固定战术破紧逼常用的固定战术有：①双侧后掩护；②策应加空切；③连续策应。

第三节　全场人盯人紧逼练习方法

一、全场人盯人紧逼的分解练习

（一）半场3对3防对方掷端线界外球练习

练习方法：在前场3防3，按下列方法练习：①一个紧逼一个；②夹击接应队员；③“游击式”夹击法。

目的：学习掌握全场紧逼时，防对方掷端线界外球的几种方法。提高防守能力和配合技巧。

要求：

（1）找人快，选位快。

（2）及时识破对方的意图，快速移动，卡堵对方接球。

（二）全场1防1防运球推进

练习方法：两人一组一球，一人运球推进，一人防运球推进。从端线开始到另一侧，防守队员防对方运球、防投篮。

目的：学习掌握防全场运球推进的方法和技术，提高防守能力。

要求：

（1）迫使运球队员走边路。

（2）控制对方运球推进的速度，始终有一只手罩着球，使对方不便做变向运球。

（3）不要随便掏、抢、打对方的球，以防犯规或使对方加速突破。但在对方不保护球或失控情况下，瞅准机会，快速下手抢、打、掏球。

（三）全场防接球的选位练习

练习方法：如图18－12所示，2人一组一球，一人进攻一人防守。①将球传给$\otimes_1$，摆脱空切，欲接$\otimes_1$的球，❶竭力防接球。当$\otimes_1$传球给$\otimes_2$，$\otimes_2$传球给$\otimes_1$时，❶应快速调整防守位置防①接球。

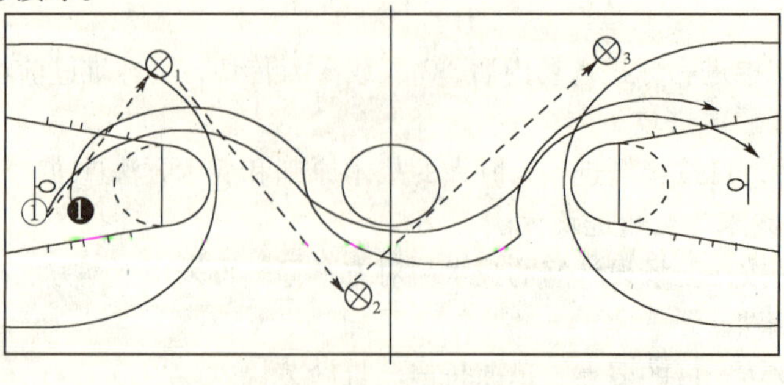

图18－12

目的：

（1）学习掌握全场防无球队员选位的技术，并提高选位防守的能力。

（2）提高全场防接球的能力。

要求：

（1）与进攻队员保持一定的距离，使对方不便摆脱接球。

（2）采用内侧脚在上的防守步法，滑步及时、快速、连续。各种防守步法应综合运用，并注意离球近的一侧手臂抬起，干扰传接球。

（3）控制好重心，不要上对方假动作的当。

（四）全场 2 防 2 防运球与策应推进

练习方法：如图 18－13 所示。4 人一组，2 人进攻 2 人防守。其中①运球推进，❶防守，②策应，❷防策应。❶在防①运球推进时，一是控制①的速度；二是防①突破；三是割断①与②的联系。如果②上提策应时，❶在防运球的过程中手干扰球，防①传球。防②的❷应卡堵②上提策应的路线，并扬手干扰其接球。如果①传球给②时，❶应及时后退一些，以防①空切，并积极卡堵①空切和接球的路线。②接球后，❷紧逼②。❶❷还应注意防①利用②的定位掩护空切。

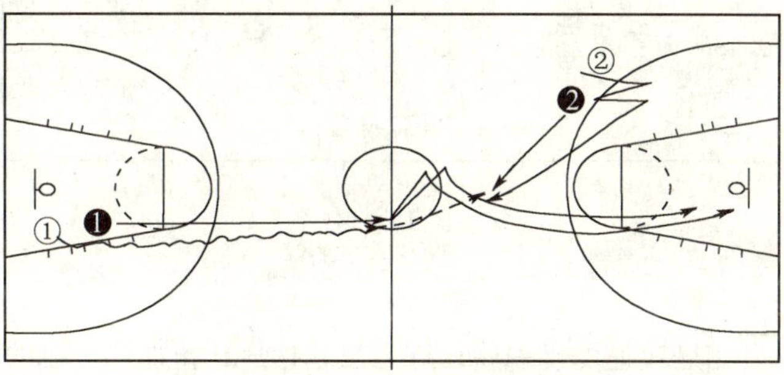

图 18－13

目的：学习掌握全场防运球与策应配合的方法，提高防守能力。

（1）防运球和策应时，要以控制对方的速度、割断与策应队员的联系为主，因此，应迫使运球者在远离策应队员的地方停球，使传、接脱节。

（2）一旦对方接球，以防空切为主。

（3）抢断球后，立即转为快攻反击。

（五）全场 3 防 3 练习

练习方法：6 人一组一球，3 人进攻 3 人防守。从防进攻队员掷端线界外球开始，防对方运球、传切、掩护、策应等各种配合方法的推进。防守组采用相应的防守方法堵防对方掷界外球和推进，直至防对方投篮，并抢下后场篮板球。

防守队抢断球后快速反击。如果在自己前场抢断球反击成功，允许进攻队重新掷界外球进攻，而防守队继续防守。

如果球出界（不管谁打出），均由进攻队发球。

目的：提高全场 3 打 3 的能力。

要求：

(1) 尽量延误进攻队推进到前场的时间。

(2) 破坏进攻队的各种配合，造成对方违例、失误、投篮不中等，提高获球后打快攻反击的意识和能力。

二、全队5防5人盯人紧逼练习

(一) 全场5防5夹击、补防、换防练习

练习方法：如图18－14所示，②运球，❷和❹在中场附近夹击②，这时❺补防④，❸补防⑤，❶补防③，形成顺时针换防。在补防的过程中，如果②传球，防守队员应将补防与断球结合起来。

练习时应注意左右两侧两个方向的补防、换防，即顺时针、逆时针换防。

目的：学习掌握中场夹击、补防、换防的方法并提高其能力。

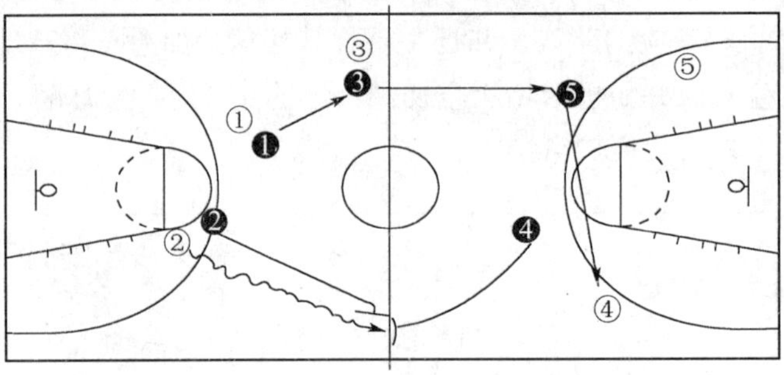

图18－14

要求：

(1) 练习时，开始进攻速度慢一些，待方法掌握后，再加快进攻的速度。

(2) 防守队加强协调配合，为夹击、补防、换防创造机会。

(3) 夹击、补防、断球要果断、及时，不要怕漏防，一旦断球成功，立即快攻反击。

(二) 全场5防5紧逼练习

练习方法：全场5防5。教练员将球交给掷端线界外球的队员开始进攻和防守。按全场人盯人紧逼的基本要求进行防守。抢断球后打反击。

目的：学习掌握全场紧逼的方法，提高个人和全队的防守能力和全队战术配合的默契。

要求：

(1) 全队要有高昂的气势，快速找到防守对手，按全场人盯人紧逼的基本要求防守。

(2) 在基本掌握全场人盯人紧逼防守的方法时，对全队和每名防守队员提出防守的具体指标要求，如连续防守成功若干次，或在若干次防守中，要求成功多少次等，根据队员水平，提出可行的指标。对每名防守队员也要提出符合实际的指标要求，以提高全队的防守质量和防守积极性。

(三) 全场5防5加攻守转化的紧逼练习

练习方法：先由半场进攻开始，当投中篮或被对方抢断球或抢到后场篮板球后，立即由进攻转入全场人盯人紧逼防守。

在防守中，获得球权可以打反击。即抢断球可以立即快攻反击。然后就地转入半场进攻。在规定时间内或规定次数内，计全场紧逼成功次数或成功率。

目的：

(1) 提高由攻转守时全场紧逼快找人的防守意识和防守能力。

(2) 提高全场紧逼防守的能力。

要求：

(1) 由攻转守时，找人快、落位快、防守快。

(2) 其他同上一练习。

(四) 全场5对5人盯人紧逼防守

练习方法：全场5对5教学比赛，要求全场人盯人紧逼防守。

目的：结合实战提高个人和全队全场紧逼防守的能力。

要求：

(1) 全队防守要有高昂的士气，攻守转化快，按全场人盯人紧逼的基本要求进行防守。

(2) 注意观察对方的特点和弱点，及时采取针对性防守措施，制约对方。

(3) 根据本队的具体情况，形成本队全场紧逼防守的特点。

第四节　进攻全场人盯人紧逼练习方法

一、分解练习

(一) 半场3攻3，掷后场端线界外球练习

练习方法：在半场练习，6人一组一球，3人攻，3人守。

进攻组采用下列方法：

(1) 弧线跑摆脱接球法。

(2) “下压上插”摆脱接球法。

(3) 掩护摆脱接球法。

(4) 虚晃摆脱接球法。

目的：

(1) 学习掌握各种摆脱接、发端线界外球的方法，提高配合能力。

(2) 提高接、发端线界外球配合的意识和默契。

要求：

(1) 注意观察对方的防守意图，结合假动作，提高摆脱能力。

(2) 掷界外球队员要冷静，不要违例。

(二) 全场一攻一运球推进

练习方法：全场一人运球推进，一人防守。进攻队员运用各种运球技术摆脱超越防守队员，最后上篮或急停跳投。

运球推进超越防守有下列方法：

一是用速度超越，起动速度快，加速快。

二是运用变速变向。

三是运用假动作，让对方失去重心、失去有利的防守位置而超越。

目的：

（1）掌握运球推进的方法，提高运球推进的能力。

（2）为破全场紧逼打基础。

要求：

（1）运用各种运球方法，在最短时间内，将球推进到前场（教练员可计时）。

（2）注意保护球。

（3）投篮后抢攻、守篮板球，进攻队直至投中，防守队抢到后场篮板球才为结束。

（三）全场一攻一运球加策应推进练习

练习方法：4人一组，2人进攻，2人防守。运球队员在运球推进的过程中及时将球传给前场的策应队员，然后两人打策应传切配合。

目的：掌握运球加策应推进的方法和进攻的方法，提高配合意识和进攻的能力。

要求：

（1）运球推进的过程中，随时观察同伴摆脱的情况，出现策应机会，及时传球到位。

（2）策应接球后，视防守情况，处理好自己突破和给同伴打传切的机会。

（3）投篮后拼抢篮板球，直至投中。

（四）全场2攻2传切推进练习

练习方法：4人一组一球，2人进攻2人防守，进攻队员采用传切方法推进，接球后不许运球，只能等同伴摆脱空切后再传球。从掷端线球开始，直至推进到前场投中篮为止。

目的：掌握2人传切推进的方法，提高传切推进的意识和能力。

要求：

（1）传球后摆脱切人突然、起动快。

（2）接球后不许运球，只能传球，但可运用跨步、转身动作以及运、突假动作摆脱防守而传球。

（五）全场2攻2运球突破结合传切推进

练习方法：基本同上一练习，只是进攻队员接球后可以运球突破，将传切与运球突破推进结合起来。

目的：提高运球突破结合传切推进的能力。

要求：

（1）运球时，瞅准机会突然加速或变向加速超越对方。运球时不要无目的地原地运球或随便停球，以防对方夹防。

（2）在运球过程中，注意观察其他人的行动意图，一旦同伴有机会，立即传球给同伴。传球后，要突然摆脱切入。

（3）力争用最短的时间推进到前场。

（六）全场2攻2的综合推进练习

练习方法：同上一练习，只是在推进过程中，将运球突破、传切、掩护和策应等配合综合运用。

目的：结合实战，提高运用各种配合推进的能力。为破全场紧逼打好基础。

要求：

（1）根据对方防守的情况，有针对性地运用进攻配合，尽快将球推进到前场。

（2）加强配合的默契性。

（七）全场 3 攻 3 的综合推进练习

练习方法：同上一练习，但变为 3 攻 3 守。进攻队可运用运球、突破、传切、掩护、策应等方法，将球推进到前场，并在前场 3 攻 3。

目的、要求同上一练习。

二、5 对 5 全场破人盯人紧逼

（一）双侧后掩护破全场紧逼

战术方法：如图 18－15 所示，进攻队由守转攻时，队员按分工快速落位，①掷界外球，④和⑤同时给②和③做后掩护，①将球直接长传给②或③，②或③接球上篮。如果②或③没机会，④或⑤掩护后注意接①的球，然后再视情况组织进攻。

打法特点：

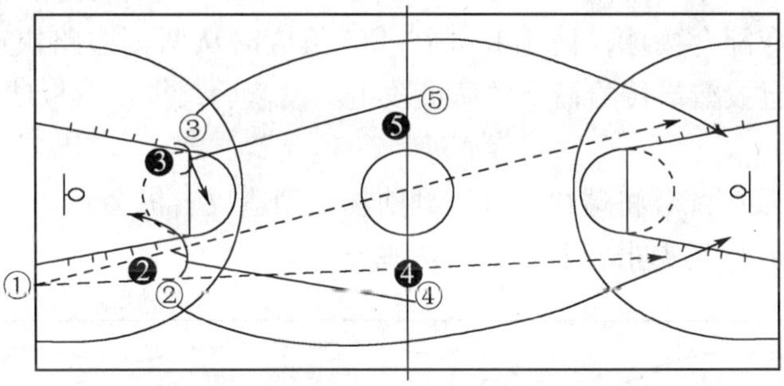

图 18－15

（1）通过双侧掩护，直接长传球打快攻。

（2）双侧掩护，接球机会多。

要求：

（1）由守转攻时，全队按战术要求快速落位。

（2）掷界外球队员是一位远传技术好、头脑冷静、灵活的队员。

（3）远传球没有机会时，应传球给掩护后插上要球的队员。

如果是女队运用此战术时，应根据队员传球力量的大小决定队员的落位。一般女队掩护队员④⑤也应在后场，否则球传不到前场。

（二）交叉掩护破全场紧逼

战术方法：如图 18－16 所示，①将球发给②，②与①运球推进或传切推进。落在中场附近的③④运用交叉掩护（图中是③给④掩护），③将球传给摆脱的④，④接球后突破，在突破中将球传给空切到篮下的⑤投篮。①④⑤拼抢篮板球。

打法特点：

通过中场交叉掩护，创造接球机会，使球快速进入前场，避免对方在中场夹击。

要求：

（1）由守转攻时，快速按战术要求落位。

（2）后场推进队员注意与中场队员协调配合。

（3）后场队员传球后，快速跟进前场，组织进攻。

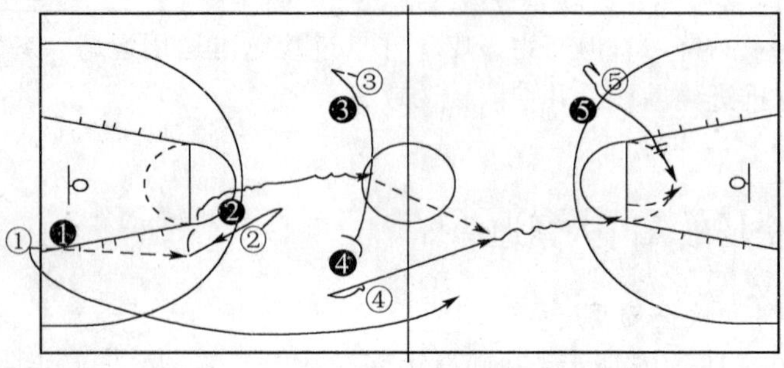

图 18－16

（三）连续策应破全场紧逼

战术方法：如图 18－17 所示，①掷界外球。②摆脱接①的传球，落在中场附近的④和前场的⑤运用策应配合接球，而①和③在④⑤策应时从两侧边路快速向篮下空切。⑤接球后，看情况自己投篮或传给篮下的队员攻击。投篮后，拼抢篮板球。

打法特点：

（1）利用连续策应配合将球快速推进到前场，创造攻击机会。

（2）避免对方在中场夹击，避免前后场脱节。

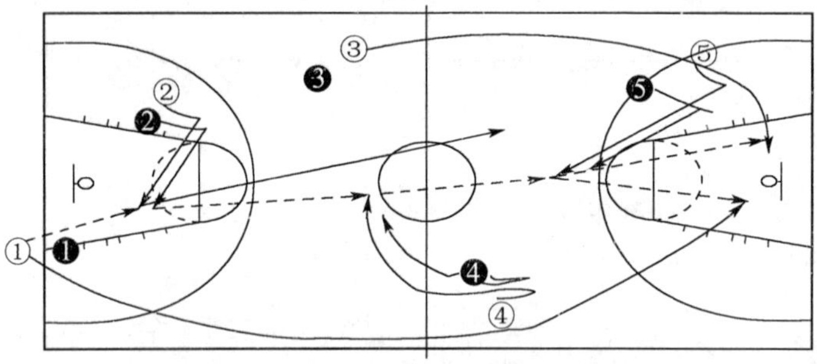

图 18－17

要求：

（1）摆脱策应要及时，接球后快速转身面向篮，并注意保护球。

（2）在中场附近策应时，注意不要回场。

（3）传球后快速跟进到前场，一是为了及时转入阵地进攻，二是抢篮板球。

（四）后场 1－4 落位进攻法

战术方法：如图 18－18 所示，①掷界外球。②③④⑤在后场罚球线上一字排开，当①发出攻击信号后，②⑤沿边路快下，③④插上接①的球，①根据情况将球传给快下的队员或上插接球的队员。

打法特点：

将中场和前场拉空，为长传偷袭创造条件。

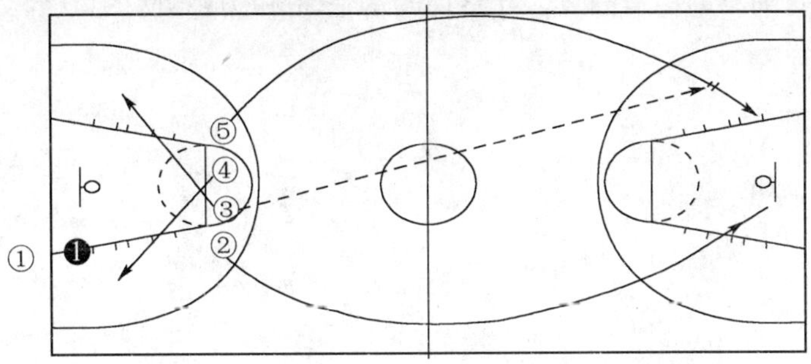

图 18－18

要求：

（1）由守转攻时，按战术分工快速落位。

（2）注意掷界外球同伴的信号，行动统一、果断、快速。

（3）掷界外球队员视机会传球，注意跟进。如果传给插上的队员，应快速向前场推进。

（五）全场 5 对 5 运、传，结合其他配合的综合进攻法

战术方法：全场 5 对 5，全场攻、守紧逼，后场两名进攻队员（或 3 名），可运用运球，传切、掩护、策应等方法在后场和中场推进球，到前场后按破半场扩大人盯人战术进攻。

目的：结合实战，进一步掌握运用综合方法，破全场紧逼的方法，提高破紧逼的能力。

要求：

（1）根据本队的战术，组织好破紧逼的战术方法。全队思想统一，行动一致。

（2）根据破全场紧逼的基本要求和本队的特点进行练习。

（3）根据本队的水平，提出破紧逼的具体指标。

攻、守全场人盯人紧逼在练习中应注意的问题：

第一，无论是进攻还是防守，全场人盯人紧逼是在全场展开争夺，队员体力消耗大，对抗激烈，所以，要求队员要有勇猛顽强的战斗作风和每球必抢、每球必争的拼搏精神，以保证技、战术的发挥。

第二，全场紧逼对每名队员的体能提出了较高的要求，所以队员应加强体能的训练，特别是速度、速度耐力、灵活性等，应加强训练。

第三，无论是进攻还是防守，应向队员先完整地讲解清楚战术方法、每个位置上队员的职责，然后在无对抗的情况下进行战术演练，熟练后，再在积极对抗下练习。

第四，当队员熟悉战术方法后，在攻守转化的条件下进一步掌握攻、守战术，以提高攻守转化的速度，并进一步提高攻、守紧逼的质量。

第五，加强队员的心理训练，特别是破紧逼，有时失误，并不是技、战术问题，而是心理紧张造成的，所以要在一定心理压力下，提高破紧逼的水平。

第六，通过教学比赛、公开比赛，检查攻、守人盯人紧逼掌握的情况和存在的问题，然后进行解决，进而不断地提高攻、守紧逼的水平，并形成本队的风格特点。

第十九章　区域紧逼与进攻区域紧逼

第一节　区域紧逼

全场区域紧逼是在区域联防和全场人盯人紧逼的基础上发展而来的。它综合了区域联防的优点和全场人盯人紧逼的优点，形成了一种攻击型的防守战术。

一、全场区域紧逼的特点

第一，全场区域紧逼既有区域联防的优点，又有全场人盯人紧逼的优点，而且能最大限度地发挥区域联防和全场人盯人紧逼的优点。

第二，每名队员有明确的区域分工，在自己的区域内进行紧逼盯人。

第三，贯彻"以球为主，球、人、区兼顾"的防守原则。

第四，防守具有攻击性，在全场争夺球权中，充分发挥防守队员速度快、灵活性好、防守步法灵活，协防、补防能力强和体力充沛的优势，展开以争夺球权为目的的激烈对抗。

第五，在局部范围内，形成以多防少的局面。

根据场上情况，队员随时可以放弃自己的防区和防区内的无球队员，主动出击，对有球队员进攻夹击，在局部范围内以多防少，以获得抢断球机会或造成对方违例、失误。

二、全场区域紧逼与全场人盯人紧逼和区域联防的区别

第一，全场区域紧逼是由攻转守时，每名防守队员按区域分工，快速落位，在自己的区域内进行盯人防守。而全场人盯人紧逼是由攻转守时，按分工，快速找到自己所分工防守的队员，进行盯人紧逼防守。区域联防是由攻转守时，放弃前场防守，退回到后场按分工的区域进行防守。

第二，全场区域紧逼，根据场上的情况或当球超越自己的防区后，要对有球队员进行追防和夹击。全场人盯人紧逼一般不夹击，而是以盯住自己所防守的人为主。进入半场防守时，区域紧逼同样要根据场上情况运用夹击防守，而区域联防一般不进行夹击。

第三，全场区域紧逼时，充分利用场地优势，不惜体力在局部地区造成以多防少的局面。而全场人盯人紧逼虽然也是在全场展开争夺，但一般还是采用人盯人紧逼的集体防守。

当前各种战术打法互相渗透，在比赛中，一些队运用全场人盯人紧逼时，也经常进行夹击，但基本上还是全场人盯人紧逼，因为大体上还是以盯人紧逼防守为主。而有些队在运用区域紧逼时，也经常出现固定的盯人防守，但基本上还是按区域分工防守。

三、全场区域紧逼防守的基本要求

第一，由攻转守时，按分工和本队采用的防守位，在自己分工区域内进行人盯人防守，打破固定看人的界限。

第二，防持球队员，迫使其运球，迫使其向边角运球，迫使其停球成“死球”，以便夹击。有时也可以在对方一开始运球时，就对运球队员夹击，以便造成抢、断球或对方违例、失误。坚决不让运球队员超越自己的防区。

第三，防无球队员，贯彻“以球为主，球、人、区兼顾”的原则。卡堵其接球路线。在后场防守时，当球超越防守队员时，防守队员应大胆放弃所防守的队员面对有球队员实施追防和夹击或对其他队员进行补防。在前场近球区，在协防的同时，大胆夹击有球队员。远球区，在防守自己防区内队员空切、掩护的同时，注意及时补防、协防和断球。

第四，夹击的目的是为了造成对方匆忙传球而失误，或违例，或传球不到位而被断球。因此，不要在夹击时急于从持球队员手中抢球而犯规。在同伴夹击时，其他队员注意果断断球、补位、换防。

第五，全场区域紧逼是在全场范围内展开争夺球权的一种攻击型防守战术。要达到理想的防守目的，要求队员全力以赴地投入防守。全队防守要有声势，协调配合，特别是在疲劳的情况下，要有顽强的拼搏精神和每球必争的精神。

四、全场区域紧逼防守战术的落位阵势及特点

（一）落位阵势

根据对方的特点和本队防守的策略及特点，全场区域紧逼防守战术的落位队形主要有：1－2－1－1型、1－2－2型、2－2－1型、2－1－2型、1－3－1型、3－2型。

（二）各种落位阵势的特点

如图19－1所示，将全场分为4个区，即1，2，3，4。防守队前场距端线最近的区为1区，顺次为2，3，4区。

各种阵势的特点如下：

1. 1－2－1－1型

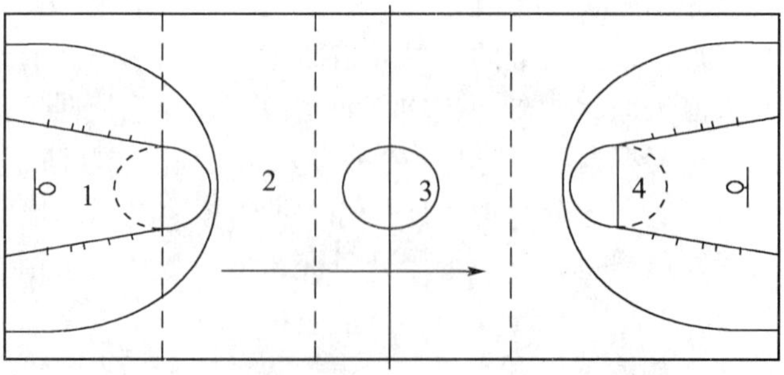

图19－1

（1）优点。加强了1区和2区的防守。从对方掷界外球开始，就展开了攻击式的防

守。在1区和中场附近对进攻队实施堵截夹击，使进攻队必须通过四道防线才有可能投篮。防守的重点侧重1区。所以处在1－2区位置上的队员一般是两名后卫和一名前锋，他们必须具备较好的灵活性、速度，且夹击配合的意识好。

（2）弱点。4区防守薄弱。

2. 1－2－2型

（1）优点。对进攻队设置了三道防线。在全场防守时，侧重于1区和2区。在1区和2区的防守同1－2－1－1型。加强了4区的防守。以防止对方在最后一道防线形成以多打少局面。

（2）弱点。中场一带和3区防守较弱。

3. 2－2－1型

（1）优点。防守的重点在1区和2区。在1区的两名队员是速度快、灵活性好的后卫队员。2区的两名队员是夹击补防技术好、意识强并且控制面积大的前锋或中锋队员。1区和2区的防守力量很强。

（2）弱点。篮下和3区、4区两侧防守薄弱。

4. 2－1－2型

（1）优点。加强了1区和2区的防守，加强了两侧的防守。要求1区是速度快、灵活性好的后卫队员，中间是控制面积大、灵活性好、补防能力强的高大队员。

（2）弱点。中路和中场一带是防守的薄弱地区。

5. 1－3－1型

加强了2区和3区的防守。但1区和4区防守薄弱。

6. 3－2型

突出了1区和后场的防守，但中场附近是防守的薄弱环节。

五、全场区域紧逼防守方法

以1－2－1－1区域紧逼为例。因其是最常见的区域紧逼。

如图19－2所示，❶分工负责防守1区。❷分工负责防守2区的左侧，❸分工防守2区的右侧。❹分工防守3区，❺分工防守4区。

当①掷界外球时，❶首先要加强对②的防守，并与❷夹防②。❸控制③接球，❹控制④接球，❺加强对⑤的防守。

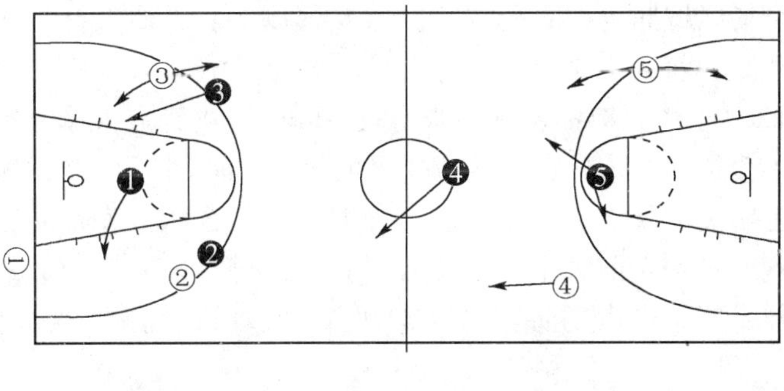

图19－2

一旦球发进场内②手中时，如图 19 – 3 所示，❶和❷夹击③。❶夹击②时坚决不让其将球回传给掷界外球后进场内的①，除非①控制球能力特别差。这时❸卡堵③接球，并注意卡堵进入自己防区的①接球。❹加强中场一带的防守，❺防守 4 区并随时准备补防到 3 区接球的④。

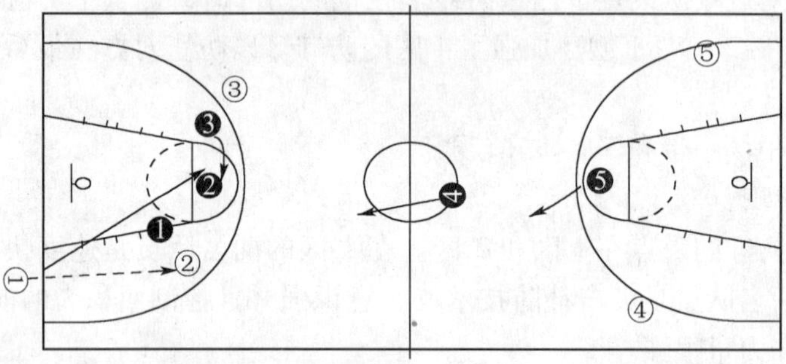

图 19 – 3

当②运球突破时，如图 19 – 4 所示，❷防②突破，并在中场附近与❹夹防。❺移向 4 区左侧防④接球，❸移向 4 区右侧防⑤接球，❶移向中场附近防①和③接球。

如果球进入进攻队的前场，有两种防守方法。一是按半场扩大人盯人防守的方法进行防守。二是按半场区域紧逼防守的方法防守。半场区域紧逼也有各种落位阵势如 1 – 2 – 1 – 1，1 – 2 – 2，1 – 3 – 1 等。半场区域紧逼防守的原则同半场扩大人盯人。

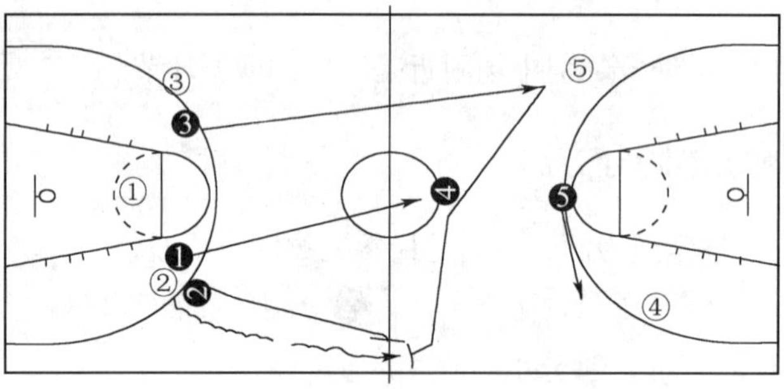

图 19 – 4

按惯例运用全场区域紧逼时，一般是把本队速度快、灵活性好、反应敏捷的小个子后卫队员放在防守队的前场 1 区、2 区防守，而大个子中锋队员放在后场的 3 区 4 区防守。但当前在 NBA 比赛中，有的教练主张由攻转守时，中锋或大个子的内线队员在 1 区或 2 区防守，而小个子后卫队员在 3 区或 4 区防守。其原因一是“就地防守”，进攻时，中锋在篮下，后卫队员在外线，那么由攻转守时，各位置队员就地防守，这样可以立即防守，不用再多跑；二是当前大个子也比较灵活，完全可以完成前场的防守任务。三是小个子后卫断球技术好，在后场防守可以有更多的断球机会。这种防守方法，一些队也可以根据本队的情况运用。

第二节 进攻全场区域紧逼

一、进攻全场区域紧逼的基本要求

第一，当发现对方打全场区域紧逼时，进攻队员要冷静，不要紧张，也不要慌乱，按预先准备好的进攻战术进行攻击。

第二，及时观察对方防守的落位队形和弱点，进攻队员分散落位尽量落在对方的薄弱地区，使对方难以夹击和协防。

第三，球发进场内后，持球人尽量不要运球，应采用传切、策应推进的方法尽快将球推进到前场。

第四，如果需要运球时，尽量走中路，不要随便停球，更不能在边、角地区停球，以免对方夹击。有时可以主动运球，吸引防守队员上来夹击，但在还未形成夹击前，及时将球传给同伴，即利用夹击创造传球机会。

第五，当对方夹击时，不要紧张，不要忙乱，运用转身跨步摆脱防守将球传出。或运用转身跨步等其他假动作造成对方犯规。有时可运用跳起双手头上传球。当同伴被夹击时，其他队员注意及时摆脱或利用掩护摆脱接应同伴的传球。

二、进攻全场紧逼的方法

（一）分段进攻法

在全场区域紧逼防守时，曾介绍过把全场分为四个区。防守的重点在 1 区、2 区和中场附近。因此，在进攻全场区域紧逼时，我们同样可以按照这四个区进行分段进攻。

在由守转攻时，攻守转化要快，在对方还未形成区域紧逼阵势之前，快速发界外球，将球发进场内，或直接长传球打偷袭快攻。如果对方落位快，已形成防守阵势，那么就要根据防守的阵势，进行进攻。

1. 掷界外球的配合

掷界外球时，也可采用进攻全场人盯人紧逼时的三种配合方法，将球发进场内。持球人最好是一位控制球能力好的队员。可采用传切或策应的方法将球快速推进到前场。也可运用运球故意制造夹击机会，但还未形成夹击时，创造传球推进的机会，快速将球推进前场。

2. 进入前场后的进攻

进入前场后尽量运用策应的方法，打策应传切，将内线与外线、左侧与右侧的进攻结合起来。或者按照进攻半场扩大人盯人的战术原则、战术方法进攻区域紧逼。

（二）以全队战术为主的进攻方法

以全队战术为主的进攻方法主要是打固定的战术，其方法有：

（1）连续传切进攻法；

（2）连续策应进攻法；

（3）双侧掩护进攻法；

(4) 传切、掩护、策应综合进攻法。

以上一些进攻方法在进攻全场紧逼时已有介绍，有些方法同样适用于全场区域紧逼时，此处不再重复。需要注意的是，全场区域紧逼时，要善于运用夹击，制造“陷阱”，因此应注意尽量少运球或不运球，避免夹击。注意观察防守的意图，不要上当受骗。

第三节 区域紧逼的练习方法

一、区域紧逼的分解练习方法

(一) 前场1－2落位防掷端线界外球的练习

参看全场人盯人紧逼防掷端线界外球的练习方法。练习时应注意1－2落位队员是在自己防区内的盯人和夹防。

目的：学习掌握1区、2区1－2落位时防对方掷端线界外球的方法。

要求：

(1) 落位快，找人快。

(2) 积极移动卡堵对方接发界外球。

(3) 发球队员只能将球掷到1区、2区，不能掷到其他区。

(二) 前场2－1落位防掷端线界外球练习

参看全场人盯人紧逼防掷端线界外球练习方法。2－1落位是在1区和2区。按区域紧逼的要求进行防守。

目的、要求同上一练习。

(三) 半场3对3由攻转守防掷端线界外球

练习方法：先由半场3对3开始，当进攻组投中篮后，立即由进攻转入1－2落位或2－1落位的区域紧逼防守，防对方发球与接发球。6人一组一球，3人进攻3人防守。

目的：(1) 提高由攻转守时的快速转化意识。

(2) 提高由攻转守时，快速落位形成前场区域紧逼防守。

要求：

(1) 由攻转守落位快，防守快。

(2) 着重夹击对方控制球能力强的队员，使其难以接到球。

(3) 力争造成对方接发球违例、失误。

(四) 3防3夹击补防练习

练习方法：如图19－5所示，❶防①运球推进，并迫使①走边路。这时❷及时迎上去与❶夹击①，而❸则补防❷的位置。

6人一组一球3攻3守。

目的：掌握前场夹击配合的方法，提高夹击的质量和防守能力。

要求：

(1) 防运球的❶迫使运球队员走边路，并迫使其运球停下来，最好成“死球”，为夹击创造更好的机会。

（2）掌握好时机，及时夹击、补防。

（3）夹击技术正确，不要犯规。补防到位。

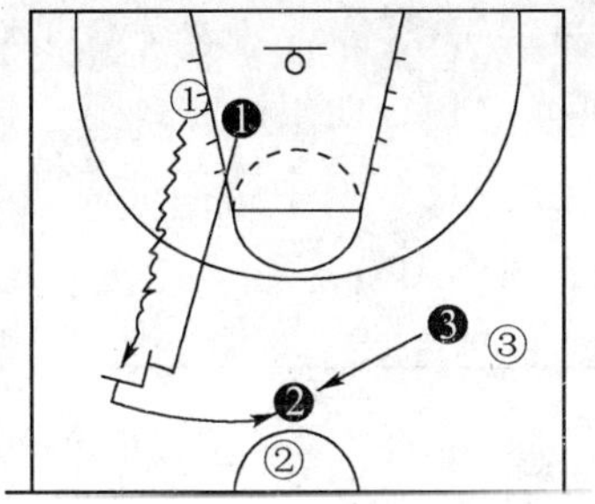

图 19 – 5

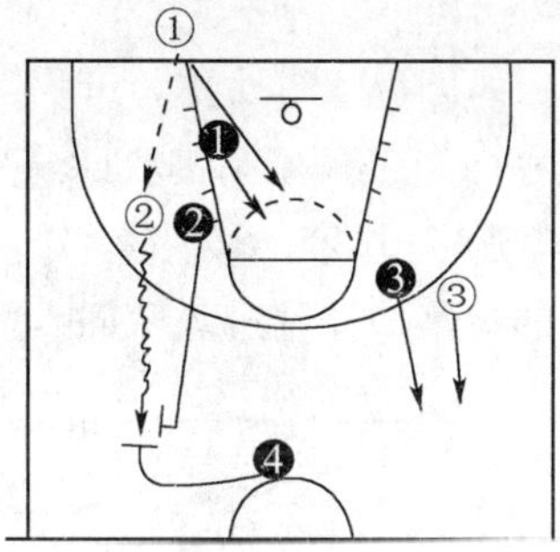

图 19 – 6

（五）防掷界外球与中场推进练习

练习方法：如图 19 – 6 所示，4 防 3。防守采用 1 – 2 – 1 落位队形。首先积极防对方掷界外球，当球发进场内时，对有球队员形成 2 防 1。图中是②接球时，❶立即防守进入场内的①，不许①接回传球，❹迎上前去与❷夹防②。这时❸既要补防中场一带，又要注意对③的防守。如果是③接球时，❹应与❸夹防③。如果对方运球推进时，必须有两名防守队员防其运球。抢断球后打快攻反击。4 守 3 攻，4 人一组一人休息。

目的：

（1）提高防掷端线界外球的能力。

（2）提高对持球队员的夹防能力和防运球推进的夹防能力。

要求：

（1）力争造成对方掷界外球时的违例和失误。

（2）必须对持球队员进行夹击。

（3）不许球进前场，尤其是在规定的时间内不许球进前场（教练员计时）。

二、全队区域紧逼防守练习

（一）1 – 2 – 1 – 1 区域紧逼

战术方法见前面技术分析一节中的介绍。

打法特点：

（1）在全场与对方展开以争夺球权为目的的激烈竞争。

（2）不许进攻队员和球走中路。

（3）对有球队员夹击。

（4）在前场和中场有球地区形成以多防少，远离球的地区是以少防多。

要求：

（1）由攻转守按战术要求快速落位。形成区域紧逼的阵势，并立即进入防守状态。

（2）以球为主，球、人、区兼顾。对持球队员必须夹击，并迫使运球队员走边路，迫使其停球，成“死球”。

（3）观察进攻队和进攻队员的特点，及时采取针对性防守。

（4）一旦球进入后场，前场防守队员快速退守，以防对方以多打少。进入后场可按半场区域紧逼防守或扩大人盯人防守。

（二）1－2－2 区域紧逼

战术方法：如图 19－7 所示，进攻队采用 1－2－2 落位。当球发给③时，❶和❸夹击③，❷快速移向中路，控制进攻队从中路推进或空切。如果③接球后很快传给插向中路的②时，❷与❹夹击②。❸快速移向中路，控制进攻队从中路推进或空切，同时，❺也要移向后场的中路，控制进攻队插入此地策应，见图 19－8。

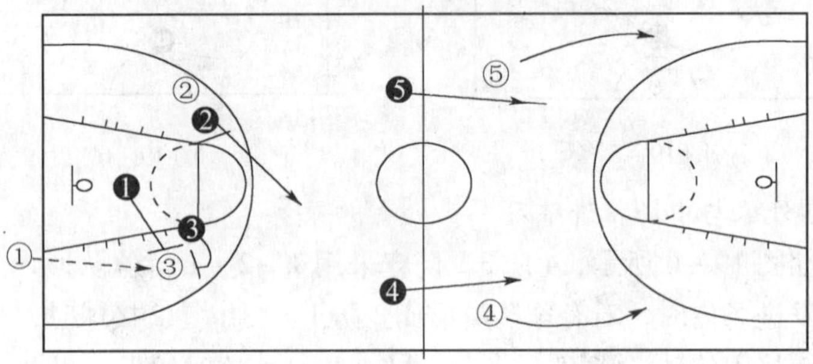

图 19－7

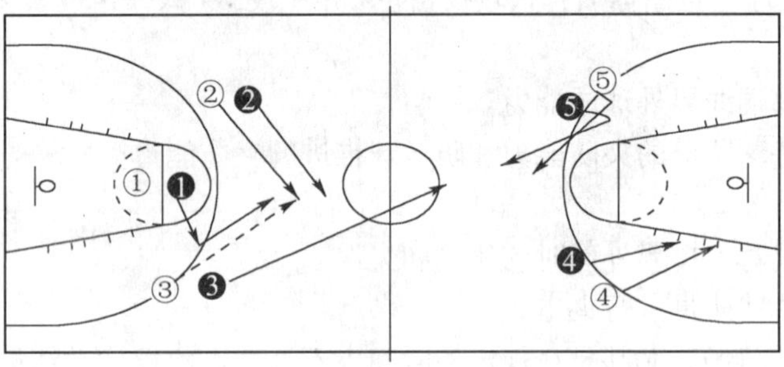

图 19－8

打法特点：

（1）在全场范围内与对方展开争夺球权的激烈对抗。

（2）对持球队员夹击，而其他队员及时移向中路补防，控制中路，并卡堵到中路策应的路线。

要求：同上一练习。

（三）1－3－1 区域紧逼

战术方法：进攻队采用 1－2－1－1 落位时，见图 19－9 和图 19－10。

在图 19－9 中，当球发到③手中时，❶和❸夹防③。如果③传球给④时，❹应断球。如果③以高吊长传球的方法传球给⑤时，❺应断球。如果传给②时，❷应断球。如果③接发球，❶与❸还未形成夹击；而③将球传给④时，见图 19－10，❸与❹夹击④，这时❷应移向后场的右侧，控制⑤接球，❺移向后场的弧顶靠左侧，控制进入这一带的进攻队员接球，并断其向该区的传球，❶退回中线防守，控制对方从中路推进。如果球进入

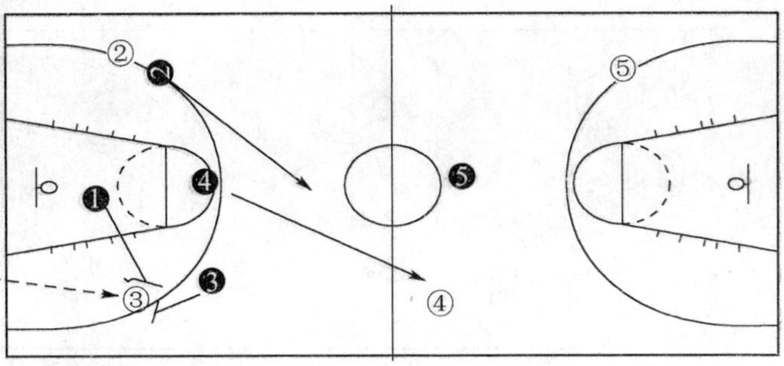

图 19－9

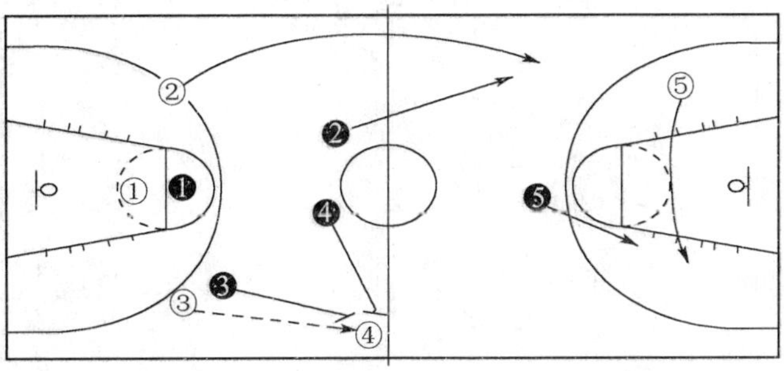

图 19－10

后场，则按半场区域紧逼防守或半场扩大人盯人防守。防守时，如果抢断球或抢后场篮板球成功，立即反击。

打法特点：

（1）在全场范围内展开球权争夺。

（2）在前场以多防少，球进入后场时快速退守。

（3）控制对方从中路推进。

（4）夹击持球者。

要求：同前一练习。

（四）2－2－1 区域紧逼

战术方法：见图 19－11 和图 19－12。对方采用 1－2－2 落位。

在图 19－11 中，①发球给③时，❶与❸夹击③，❷移向中路，控制中路，并防止对方向中路空切，还要割断③传给①或②的球。❹移向后场的右侧，割断③与④的联系，❺移向后场的左侧，控制左侧一带并断③传给⑤的球。

如图 19－12 所示，如果③摆脱移向中间接①的界外球时，❶与❷夹击③，❹上提防守，断③传给①的球或②的球，❸则向中场附近移动，控制对方从中路推进。后场❺以 1 防 2，注意断③传给④或⑤的长传球。

打法特点与要求同上一练习。

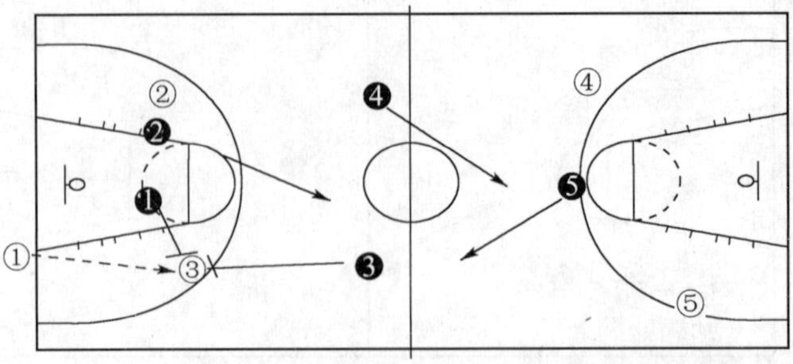

图 19－11

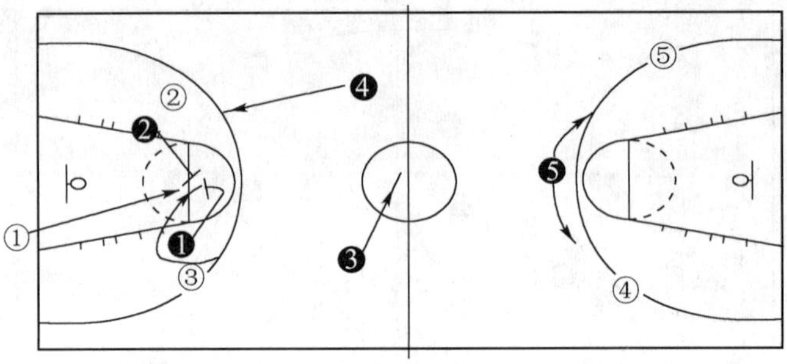

图 19－12

（五）2－1－2 区域紧逼

战术方法：当进攻采用 1－2－2 落位时，如图 19－13 所示，①发球给③，③由边线运球推进时，❶与❸夹击③，❷移向中路，控制中路一带，❺割断③与①②的传球路线。❹割断③与⑤的传球路线。❹割断③与④的传球路线。❺割断③与⑤的传球路线。❹割断③与④的传球路线。

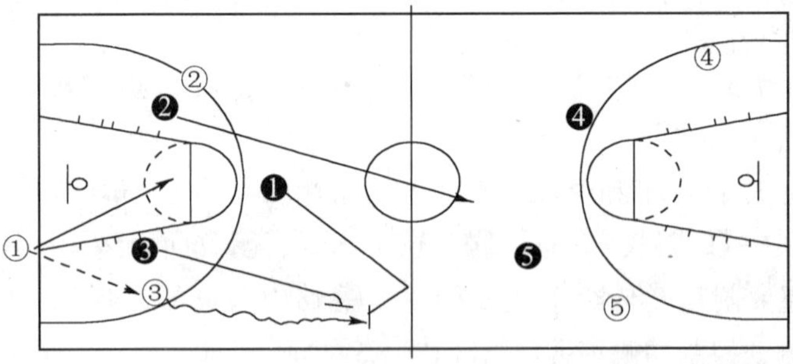

图 19－13

如果③接①的界外球，快速运球推进时，如图 19－14 所示，❸与❺在中场附近夹击③，这时❹应立即补防❺的位置，❶补防❹的防守位置，❷补防中场的防守位置或❷向后场移动控制②和①的接球，这样就形成了顺时针补位换防的防守。如果抢断球成功应快速反击。

打法特点：

①在全场范围内展开球权争夺。

②利用夹击、补防、换防创造断球机会。

要求：

夹防、补防、换防要及时、到位。全队配合要默契。其他要求同前一练习。

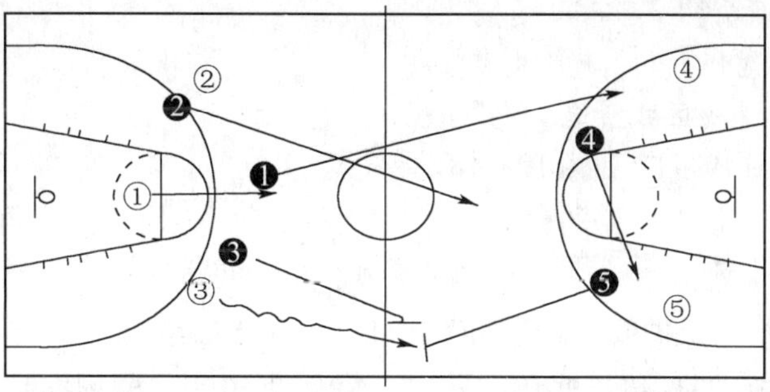

图 19－14

（六）1－3－1 半场区域紧逼

战术方法：见图 19－15 和图 19－16。在图 19－15 中进攻队的有球队员一进入前场，防守队的❶和❷立即夹击①。❹在④的身前防守。❺防④向篮下的纵切和①向篮下的吊传球，同时❺还要防⑤的接球、横切。割断①向②③传球的路线。

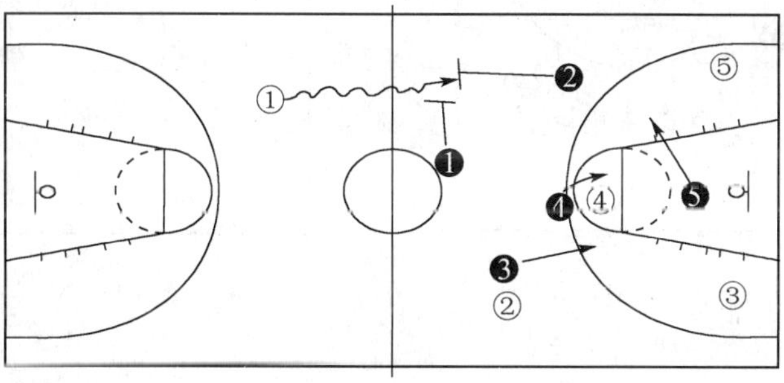

图 19－15

如果①将球传给底角的⑤时，如图 19－16 所示，❷和❺夹防⑤，❹立即绕到④的左侧后方防守④接球或向篮下空切。❸移到篮下保护，并防③和②向篮下空切，抢断⑤传给②或③的球。

如果球在②或底角③手中时，防守方法与球在①与⑤手中相同。

打法特点：

①利用场角对持球队员夹击，创造抢断球机会，不让球轻易传到投篮区。

②破坏对方的习惯打法，给进攻制造困难，造成对方失误或违例。

③在半场内展开球权的争夺。

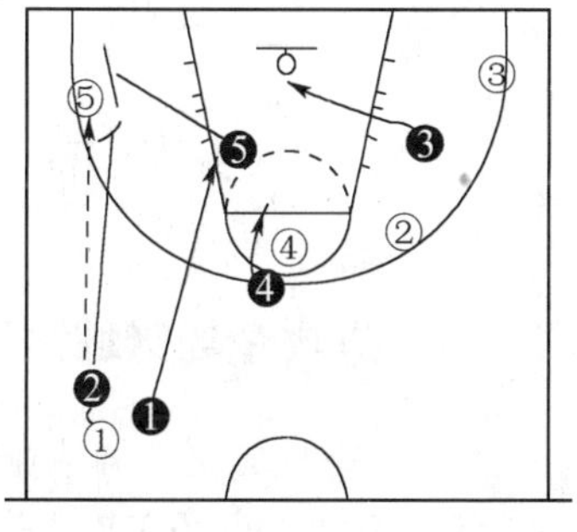

图 19－16

要求：

(1) 球一接近中场，便堵死中路，迫使对方向中场的边角运球，并在边角形成“死球”，以便夹击。

(2) 球在边角时，果断夹击，但注意不要犯规，其他队员迅速调整防守位置，以便割断对方传、接球或空切。

(3) 注意保护篮下。

(七) 1－2－2 半场区域紧逼

战术方法：见图 19－17 和图 19－18。

在图 19－17 中，防守中路的❶不许①从中路突破，迫使其向边角传球。当球传给③时，❶与❸夹击③。❷向中间移动，控制弧顶一带，并防②接球和空切。❺向限制区移动，卡堵⑤上插策应，保护篮下。❹防④接球并防④上插策应。

在图 19－18 中，当球传给底角的④时，❸❹夹击④，❶回缩到可以控制③和①接球、空切的位置。❺移向篮下，保护篮下并防⑤横切。❷向下移动到卡堵⑤上插和②空切的位置，并防②接球。

如果球在另一侧②和⑤手中时，防守方法同球在③和④手中。

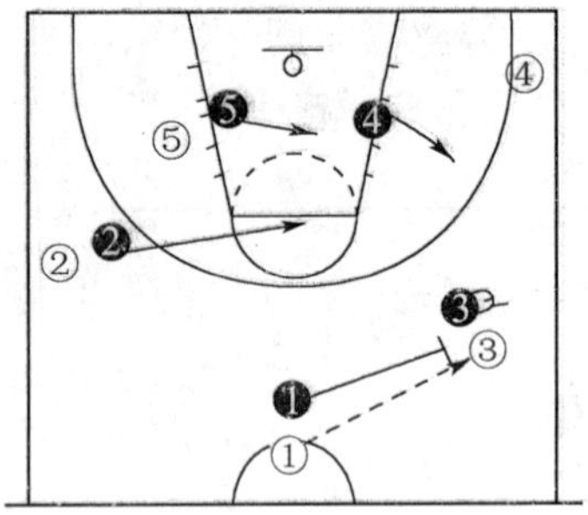

图 19－17

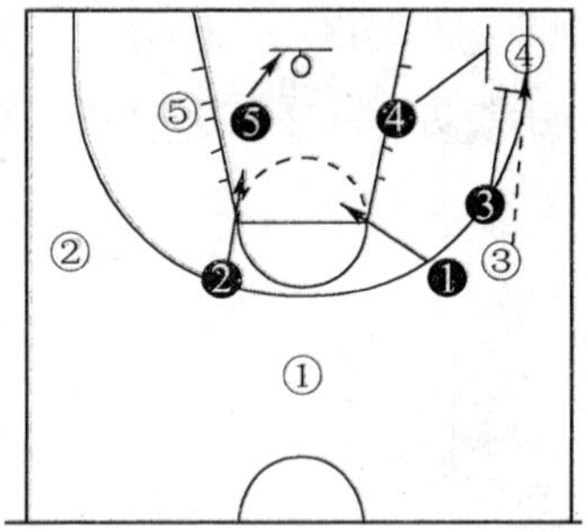

图 19－18

打法特点：

(1) 在半场与对方展开球权争夺。

(2) 迫使持球队员向场角运、传球，制造夹击机会和断球机会，不许球走中路，不许对方在中路策应或接球。

(3) 破坏对方的习惯打法，给进攻制造困难，迫使对方违例或失误或降低进攻成功率。

要求：同上一练习。

第四节　进攻全场区域紧逼练习方法

一、进攻全场区域紧逼的分解练习

(一) 全场 3 攻 3 掷界外球接传切推进练习

练习方法：全场 3 攻 3，从掷端线界外球开始，球发进场内后，运用传切推进的方法进攻，直至投中篮或对方抢到后场篮板球。

目的：

（1）提高接发球配合的能力。

（2）提高传切推进的技术和能力。

要求：

（1）接发端线界外球时，多采用弧线跑和掩护的方法，打乱对方防守的阵势，创造接球机会，避免夹击。

（2）传切时，尽量由中间队员发动，尽量让球走中路，避免球在边角被夹击。

（3）传球要隐蔽、及时、到位。

（二）全场3攻3掷界外球接传切、策应推进练习

练习方法：同上一练习，但进攻组一人先快下到前场，准备上插策应，而另两名进攻队员传切推进。到前场后结合策应，打策应传切，直至投中篮或被对方抢到后场篮板球。

目的：

（1）提高接发球配合的能力。

（2）提高传切结合策应推进的能力。

要求：

（1）接发球时，一进攻队员可运用掩护为同伴创造接球机会后，掩护队员快下到前场，准备策应。或者掷界外球队员将球发进场内后，从边路快速移动到前场准备策应。

（2）传切推进时，注意观察前场情况，一有机会，及时将球传给策应队员，并与策应队员打配合。

（3）传球要及时、到位。接球队员注意摆脱、要位。

（三）破夹击的传球练习

练习方法：见图19－19，①运球在中场附近，❷上来夹击，在❷还未形成夹击前，①及时将球传给②。③运球欲从左路突破时，❹上移夹击，这时③突然传球给④。

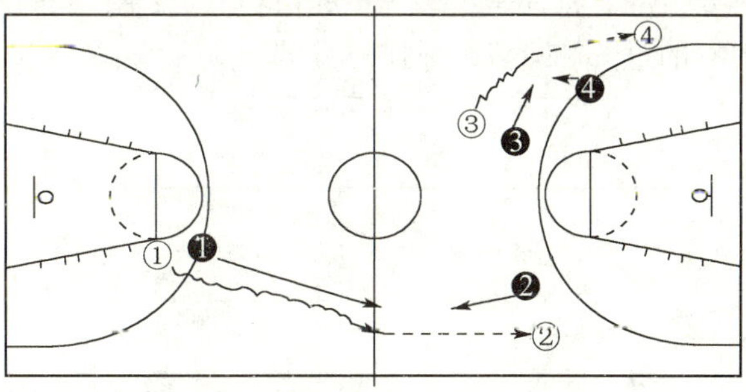

图19－19

目的：掌握破夹击时的传球方法和传球时机。

要求：

（1）传球队员头脑要冷静，不要慌乱。

（2）运球时速度不要太快，注意抬头观察场上情况，掌握好传球的时机，在对方已

经上来夹击但还未到夹击位置时，及时传球。传球隐蔽、突然。

二、5人破区域紧逼的练习

（一）1－2－2落位进攻1－2－1－1区域紧逼

战术方法：见图19－20，②摆脱上提接①的界外球，③横插中路做策应接②的球，①掷界外球后从另一侧快下，这时③已将这一侧拉空，③策应接球后转身，将球传给①，①接球后传给上插策应的④，这时已将球推进到前场并且①②③都已跟进到前场，形成左、中、右三路进攻的阵势，可形成以多打少的攻势。如果对方退守快时，也可按破半场人盯人的战术方法进入半场进攻。

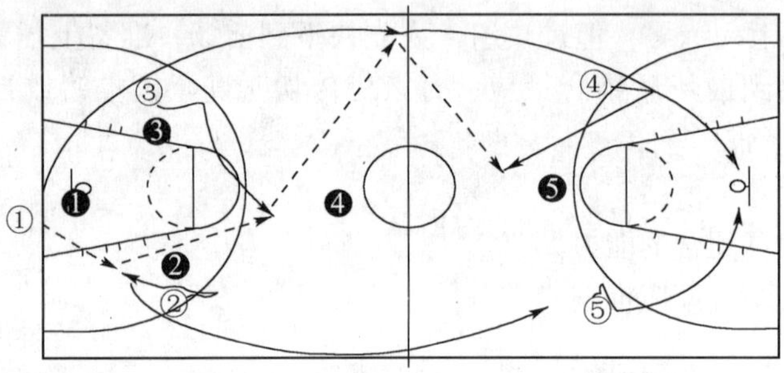

图19－20

打法特点：

（1）在区域紧逼防守的薄弱地区落位，并向防守的薄弱地区空插、策应接球。

（2）运用传切和策应推进，避免对方夹击。

（3）进入前场可形成以多打少。

要求：

（1）由守转攻时，按战术要求快速落位。

（2）要冷静、不要慌乱。特别是组织进攻的核心队员，要按预定战术方法落位进攻。

（3）注意观察对方的意图和特点，抓住对方的弱点和漏洞，及时攻击。

（二）1－2－1－1落位进攻1－2－1－1区域紧逼

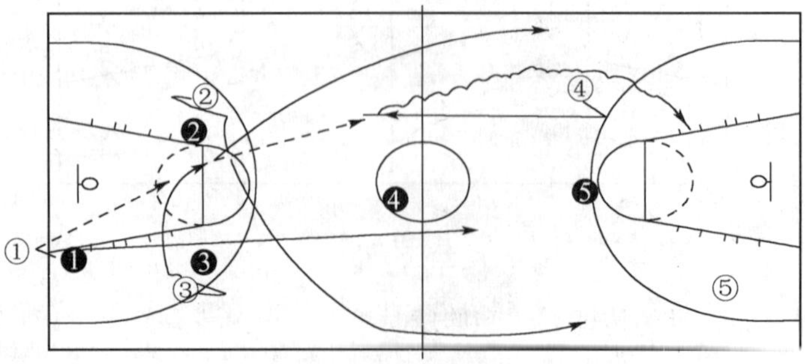

图19－21

战术方法：如图 19－21 所示，②和③做交叉移动换位，①根据防守情况可以将球发给②或③。图中③在左侧接球后，迅速传球给折回中场附近的④，④接球后从左侧向前推进，这时⑤已经从右侧进入前场底角，②从右侧进入前场，①从中路进入前场，形成以多打少的优势。

如果对方退防快时，在前场转入半场阵地进攻，可按破半场人盯人的战术进攻。

打法特点：

（1）接界外球时，利用交叉移动换位的方法，打乱对方在后场防守的阵势。

（2）从边路推进，避开了对方的防守队员。

（3）只要对方退守稍慢，即可在前场形成以多打少。

要求：同上一练习。

（三）连续策应进攻 1－2－1－1 区域紧逼

战术方法：见图 19－22。①掷界外球，传给摆脱移动到弧顶附近策应接球的②。①发球后利用③的掩护迅速快下到前场。②接球后，④摆脱上提到❹前面策应接②的球，②传球后从右侧边路快下到前场。当④接球后，⑤摆脱上提到❺前面策应接④的球。这时前场形成了三线进攻的阵势和③④跟进的进攻阵势和以多打少的局面。可按策应传切或按进攻半场人盯人战术攻击。

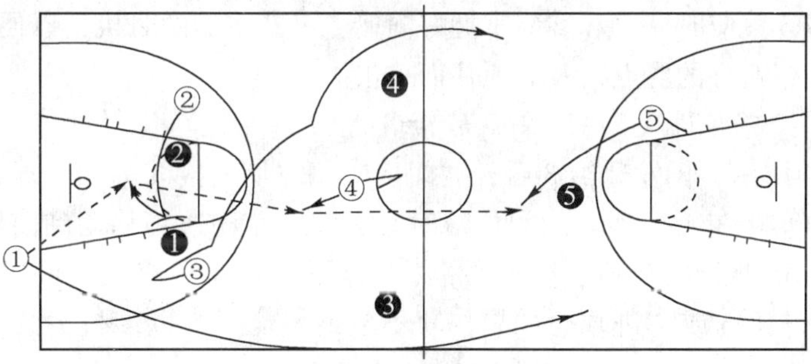

图 19－22

打法特点：

①利用连续策应配合的方法将球快速推进到前场，避免对方的夹击。

②如果对方退守慢，易在前场形成以多打少的局面。

要求：

（1）由守转攻时，按战术要求快速落位。

（2）在中场附近策应时，注意不要回场。

（3）进攻时，注意观察防守的意图和薄弱环节以及漏洞，抓住机会，及时攻击。

（四）1－2－1－1 落位进攻 2－2－1 区域紧逼

战术方法：见图 19－23。

②给③掩护后，转身将❶挡在身后接①的发球。③接球后传给在中线附近策应或空切的④，④再传给插到弧顶策应的⑤。这时①和③已从两侧边路快下，形成以多打少的局面。如果⑤策应不成功，④中路持球与①③可形成三路进攻。如果防守队快速退守，这时进攻队进入前场后，按破半场人盯人战术进攻。

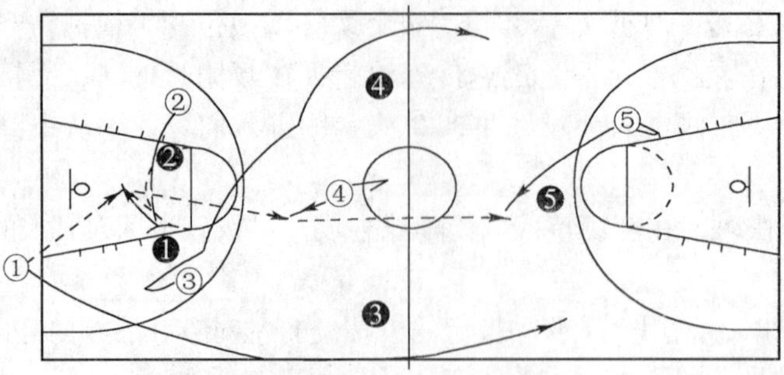

图 19－23

打法特点：

（1）通过掩护和策应在对方防守的薄弱地区创造接球机会。

（2）运用掩护和策应推进，避免对方夹击。

（3）抓住机会，在前场形成以多打少的局面。

要求：

（1）②掩护后快速转身接界外球，然后迅速面对前场。

（2）①③沿边路快下时，应吸引❸和❹的防守，以便为④创造接球机会。

（3）当④或⑤策应时，①和②应掌握好向篮下突然空切的时机，以便形成以多打少。

（4）注意观察对方的弱点，及时抓住而攻击。

（五）1－2－2 落位进攻 2－2－1 区域紧逼

如图 19－24 所示，①发球给③后，立即从中路空切，接③的回传球，然后传给插到中场附近策应的④。在①接到③的回传球时，②就从左侧边路移动到前场。当④接到①的球时，中场的⑤和已经移到前场的②突然向篮下空切，形成快攻或以多打少的局面。这时④视情况传球给⑤或②进攻。如果快攻不成或不能形成以多打少的局势时，可按破半场人盯人战术进攻。

打法特点：

（1）利用防守在后场和中路的薄弱地区推进球。

（2）落位时把前场拉空，球进入前场、中场附近时，突然向前场空切，创造快攻和篮下进攻的机会或以多打少的机会。

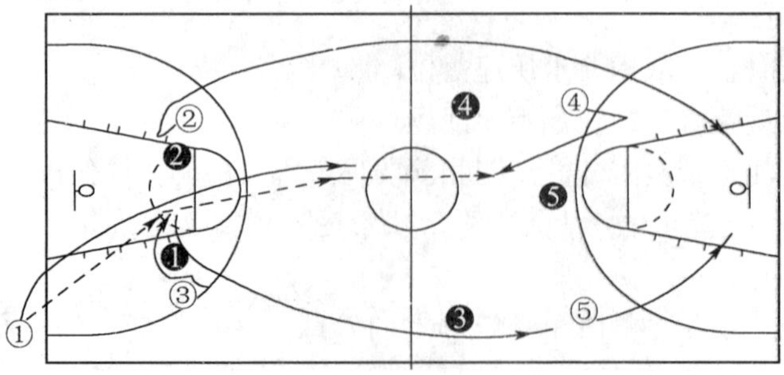

图 19－24

要求：

（1）由守转攻时，快速落位。

（2）尽量拉开中路，为①和④在中路接球创造条件。

（3）一旦球进入中场一带，两侧进攻队员突然快速空切篮下，打对方措手不及。

（4）抓对方的弱点，予以击破。

（六）掩护结合策应进攻2－1－2区域紧逼

战术方法：如图19－25所示，③在后场欲接球，以便吸引❷和❶的防守，这时左侧的②突然插到中间弧顶一带接①的发球。当②接球后，③利用④的后掩护快速向前场空切，而⑤也插中策应，②看情况传③或⑤球。①发球后从左路快下，形成三线进攻。对方退守慢可形成快攻，对方退守快时，可按破半场人盯人战术进攻。

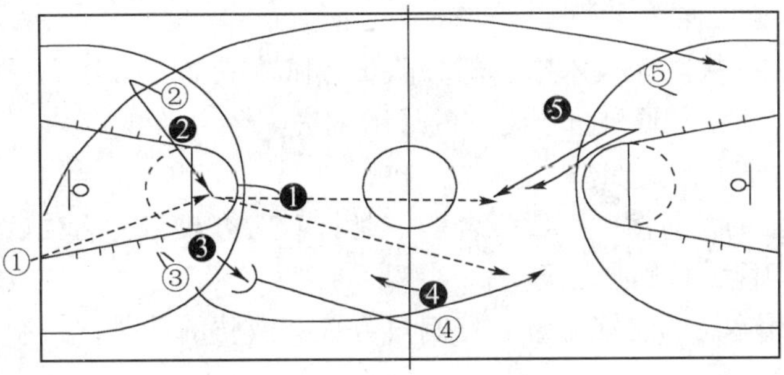

图19－25

打法特点：

利用掩护和策应打乱对方区域紧逼的防守阵势，创造以多打少的局面。

要求：

（1）③应利用假动作吸引防守，为同伴创造接球机会。

（2）其他同上一练习要求。

攻、守区域紧逼在练习中应注意的问题：

第一，区域紧逼是一种攻击性很强的防守战术。在防守时要求队员要有一种顽强的作风和气势，把拼、抢、防的作风和气势表现出来。而进攻区域紧逼则要求队员要冷静、沉着。

第二，由于全场攻、守争夺激烈，对队员的体能提出了较高的要求，所以要求队员要有良好的体能训练作保证。

第三，提高队员攻、守转化的意识，攻转守，守转攻都要迅速。

第四，加强攻、守区域紧逼的配合训练，在解决了局部配合的基础上，学习掌握全队攻、防战术。

第五，在学习全队战术时，应完整地讲解清楚战术方法或原则、目的、要求，每个人的职责，使队员清楚自己应该怎样完成任务。

第六，在队员基本掌握战术方法时，应根据本队的水平和本队的风格特点，对训练提出明确的指标要求，以保证训练的质量和尽快提高个人和全队的水平。

第二十章　混合防守与进攻混合防守

第一节　混合防守

一、混合防守的特点

（一）什么是混合防守

混合防守是在一次防守战术中，部分队员按盯人的防守方法和原则进行防守，部分队员按联防防守的方法和原则进攻防守的战术方法。

（二）混合防守的特点

（1）具有较强的针对性。一般混合防守是针对对方攻击能力强、得分多的队员，或者是针对对方组织能力特别强的队员。

（2）充分利用本队的防守力量，控制对方最有威胁的队员，控制对方进攻最有威胁的地区。

（3）能充分利用对方进攻的薄弱环节，调整防守的侧重点。

（4）能使进攻队产生错觉，思想混乱，进而出现错误。

二、混合防守的基本要求

第一，负责盯人的防守队员尽量不让对方接到球；或尽量减少自己所盯的人接球次数。尽量不让对手在他习惯的攻击区、攻击点接到球。当他与别人防掩护时，尽量不要换人。

第二，负责联防的队员要积极移动，扩大防守控制面积，并注意补防、协防，及时协助盯人的同伴防守。

第三，根据进攻队的情况，及时调整或变换混合防守的队员和形式，使对方不适应混合防守，达到制约的目的。

三、混合防守的形式

（一）1 人盯人，4 人联防

1 人盯人一般情况下盯对方攻击能力最强最能得分的队员；或者盯对方核心队员，即组织队员，以便破坏对方的战术组织。

4 人联防有两种阵势，一种是 2 – 2 阵势，一种是 1 – 2 – 1 阵势。

（二）2 人盯人，3 人联防

当进攻队有两名队员有较大威胁时，而其他队员攻击能力不强时，或对方 3 名队员位置较固定、打法呆板时，运用 2 盯 3 联的方法。

运用此方法可以是外线 2 名队员盯人，内线 3 人联防，联防阵势可以是 1－2 型，或者是 2－1 型，或者是 3 人在篮下防守，也可以是底线 2 人盯人，外线 3 人联防。外线阵势也可采用 1－2 型、2－1 型等。

其他形式的混合防守也有，但不多见。如 3 人盯人，2 人联防，或 4 人盯人，1 人在篮下防守等。

第二节　进攻混合防守

一、进攻混合防守的基本要求

第一，被对方盯住的队员不要急躁，应想办法摆脱对方。摆脱的方法一是多移动，使对方疲于奔波，失去防守位置；二是利用同伴的掩护摆脱。

第二，被对方盯住的队员，注意给同伴掩护，为同伴创造进攻机会。

第三，其他队员也应多穿插移动，打乱对方防守的阵势，创造攻击机会。

第四，由于混合防守控制区域小，易出现漏洞，所以进攻要有耐心，有目的地组织人、球转移，创造进攻机会。

二、进攻混合防守的方法

（一）进攻 1 盯 4 联时

被盯住的进攻队员可落在侧面，如图 20－1 所示。⑤是被对方❺紧逼盯防的队员，⑤落在右侧。当对方采用 1－2－1 阵势时，①②③在右侧传球，持球队员特别要注意吸引防守队员上来防守自己。当③把❹吸引上来防守自己时，就为④创造了攻击机会。如果❷及时补防，这时④给⑤掩护，为⑤创造投篮机会。

当对方采用 2－2 阵势时，如图 20－2 所示，①可偏于右侧，在右侧形成以多打少。当球在③手中时，③吸引❸上来防守，拉空右侧篮下，这时⑤利用④的定位掩护空切到右侧篮下进攻。如果❺与❹夹防⑤或不让⑤接球，这时④突然插到右侧篮下接③的球攻击。或者①②③在右侧传球寻找机会时，⑤与④两人反复做掩护，当对方失去防守位置时，突然插入腹地一带接球攻击，或外拉左前锋一带接球攻击。

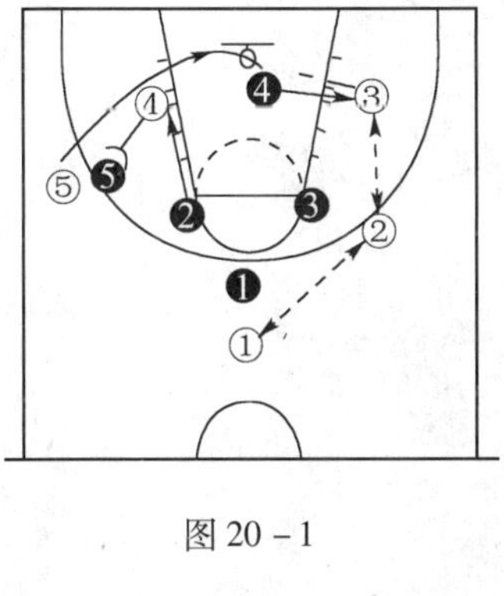

图 20－1

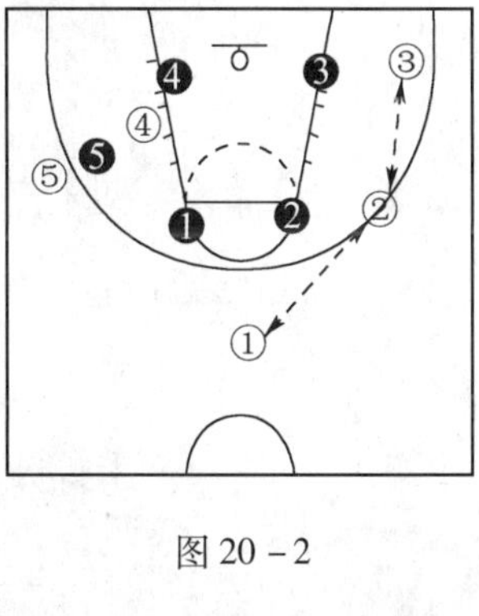

图 20－2

（二）进攻2盯3联时

被对方紧逼的两名进攻队员应互相掩护，或利用其他人的掩护摆脱进攻。如果两名被盯住的队员落在底线，可反复在底线运用掩护。

如果两名被盯住的队员是一内线一外线，两人应落在一侧互相掩护摆脱接球。如果是两后卫队员，也应落在一侧，不要落在弧顶，因为落在弧顶会为转移球造成困难。

三、攻、守混合防守应注意的问题

第一，攻、守混合防守应放在掌握攻、守区域联防和攻、守半场人盯人的基础上再学习。

第二，混合防守时，一定要让防守队员明确各自防守的任务及防守的方法，特别是对盯人防守的队员讲明任务。必须了解进攻队员进攻的特点，采取特殊的制约手段，否则达不到防守的目的。

第三，混合防守的针对性很强，防守得好，可以达到出奇的效果。所以全队要互相协防、补防，及时调整防守的位置，加强防守的集体性，形成本队的打法特点。

第四，进攻混合防守时，要了解混合防守的弱点，多掩护，多穿插移动；要多掌握几种破坏混合防守的方法，以备在比赛中随机应变。

第二十一章　掷界外球的固定战术

第一节　掷前场端线界外球固定战术

在端线掷界外球，对进攻队来说，由于离篮圈近，如果战术组织合理，运用得当，可以获得直接得分的机会。这将给防守队造成极大的威胁，尤其在比赛的关键时刻或比分很接近时更是如此。下面介绍的固定战术方法均为攻守盯人。

（一）内中锋掩护进攻法

如图 21－1 所示，当裁判员将球递交给掷界外球队员①手中时，①拍球就是战术开始的信号（以下同），②给③掩护，③摆脱接球，当防守换人时，②及时转身面对球，要位接球。

目的：利用掩护，获得接球机会或接球直接投篮机会。

要求：

（1）落位快速，②③不要在直线上，应斜线站立，便于掩护。掩护后注意打“挡拆”。

（2）④和⑤应及时拉开，吸引自己的防守人，使其不便协防。

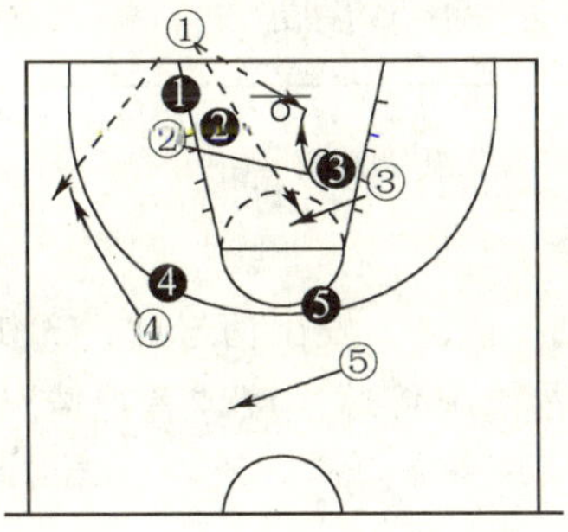

图 21－1

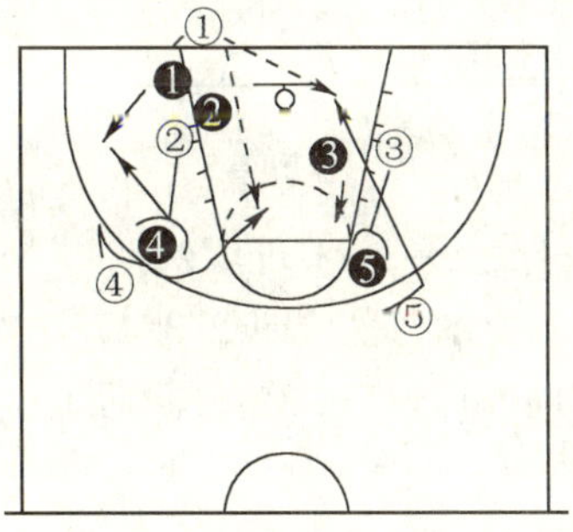

图 21－2

（二）内外线掩护进攻法

如图 21－2 所示，内中锋②和③分别给④和⑤做后掩护，④和⑤伺机向篮下或边线摆脱接球。

图 21－3 是④⑤落位靠前锋位置时的掩护配合。

目的、要求同上一练习。

（三）空切进攻法

如图 21－4 所示，②③④⑤利用摆脱，突然空切篮下接①的球投篮。②③④⑤摆脱不是孤立进行，而是有先后、有层次、有重点地进行。首先是内线，然后是核心后卫。其他队员摆脱只是佯攻。

目的、要求同练习一。

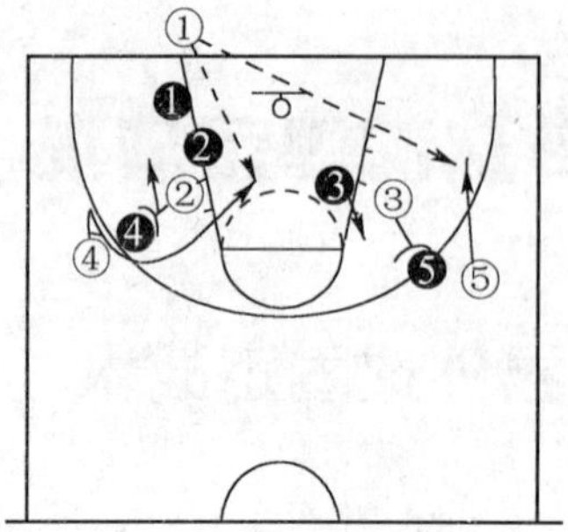

图 21－3

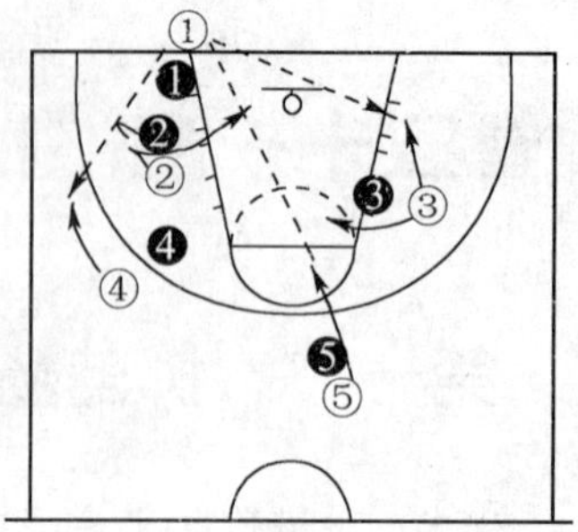

图 21－4

（四）双侧掩护进攻法

如图 21－5 所示，②③④⑤落在罚球线及其延长线上。开始时②和③分别给④和⑤掩护，①伺机发球给④⑤或打“挡拆”的②③。

目的、要求同练习一。

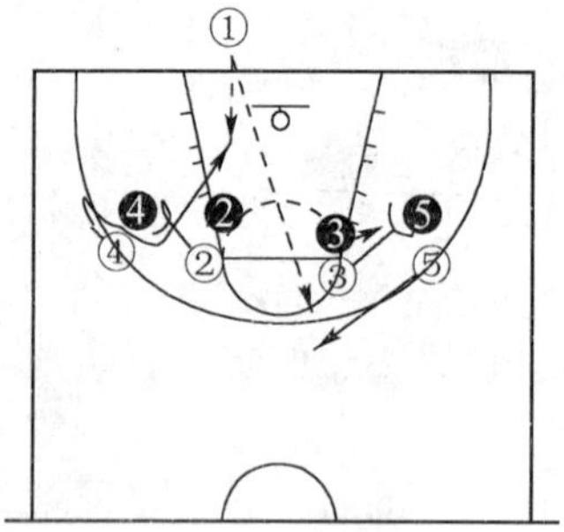

图 21－5

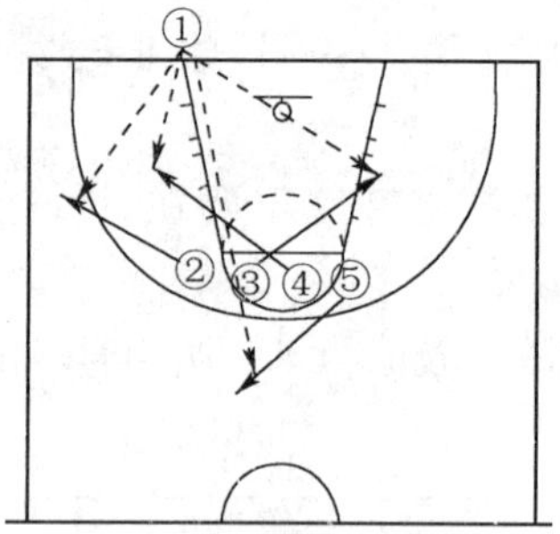

图 21－6

（五）1－4 变 1－3－1 进攻法

如图 21－6 所示，落位时②③④⑤在罚球线站一横排，发出信号后，③和④移向内中锋位置，②移向前锋位置，⑤移向后卫位置，①看情况传球。接球者视情况直接投篮或继续打配合。

目的：创造接发球机会和中、远投机会。

要求：四名队员一起突然移动到各自接球的位置，行动一致。

（六）1－3－1 落位掩护进攻法

如图 21－7 所示，裁判员递交球后，外中锋③立即给后卫队员⑤掩护，⑤利用掩护摆脱到篮下接球投篮。⑤注意打“挡拆”。

目的：利用外中锋掩护，创造发球直接投篮得分的机会。

要求：③与⑤打掩护的同时，②和④注意向两侧快速移动，其目的一是牵扯防守人，二是准备接①的球。

（七）1－1－3 落位内外中锋掩护进攻法

如图 21－8 所示，内中锋②给外中锋③掩护，③接球投篮。

目的、要求同上一练习。

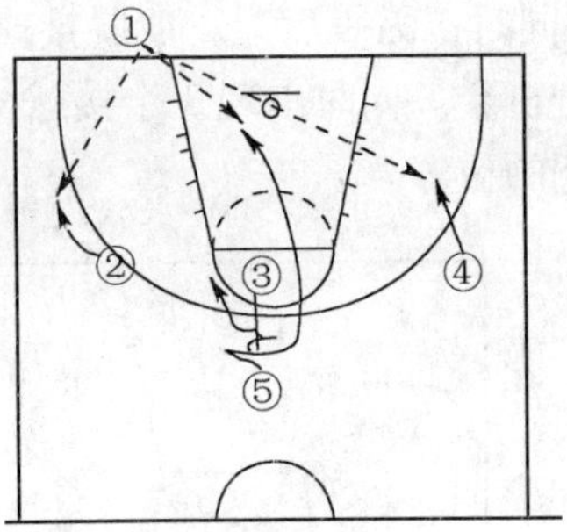

图 21 -7

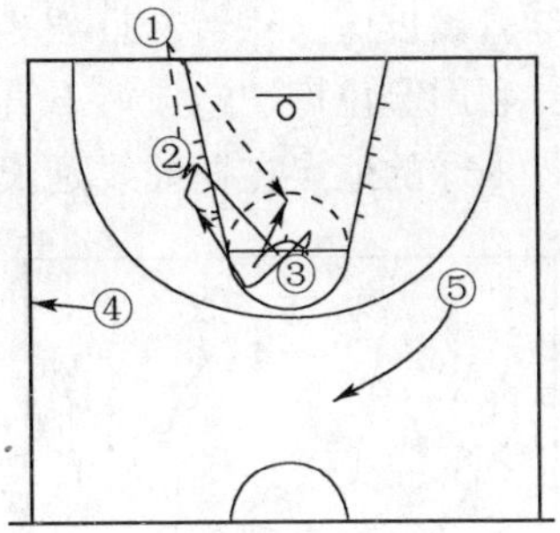

图 21 -8

第二节　掷前场边线界外球固定战术

（一）前锋给后卫掩护

战术方法：如图 21 -9 所示，①掷界外球，内线④⑤在左侧内中锋位置上重叠落位。③②分别落在另一侧的前锋和后卫位置上。发球时，③给②做后掩护，②向篮下空切。③掩护后拉到弧顶外。同时，左侧④⑤做交叉移动，④下插底角，⑤上插。①视情况传球给②③④⑤，最理想的是传给空切篮下的②。

战术特点：利用掩护篮下直接得分。同时出现 4 个接球机会。

要求：

（1）发球时，按战术要求快速落位，但不要慌乱，要冷静。

（2）发球队员给行动信号。

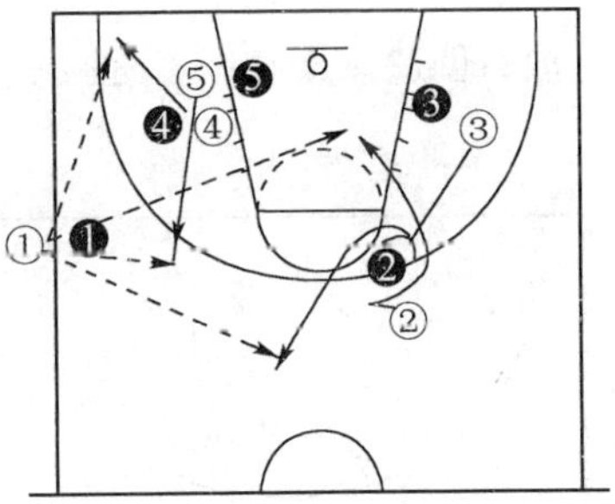

图 21 -9

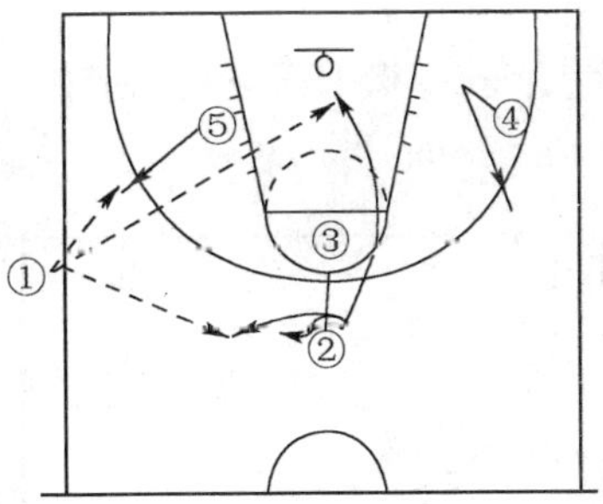

图 21 -10

（二）外中锋给后卫掩护

战术方法：如图 21 -10 所示，外中锋③给后卫②掩护，②空切篮下。③掩护后向左侧外拉。内中锋⑤突然拉出到前锋位置。①视情况传球给②、③和⑤。第一个机会应是空切篮下的②。

战术特点：利用掩护可以创造篮下直接得分的机会。同时出现 3 个接球机会。

要求：同上一练习。

（三）后卫利用中锋定位掩护

战术方法：如图 21 -11 所示，练习时，拉空篮下。后卫③利用外中锋④的定位掩护空切篮下接发球直接投篮。④转身打“挡拆”，同时，另一后卫①摆脱接球。

战术特点：利用定位掩护造成篮下直接得分机会。同时出现3个接球机会。

要求：掷界外球的地点在罚球线延长线以下的位置。

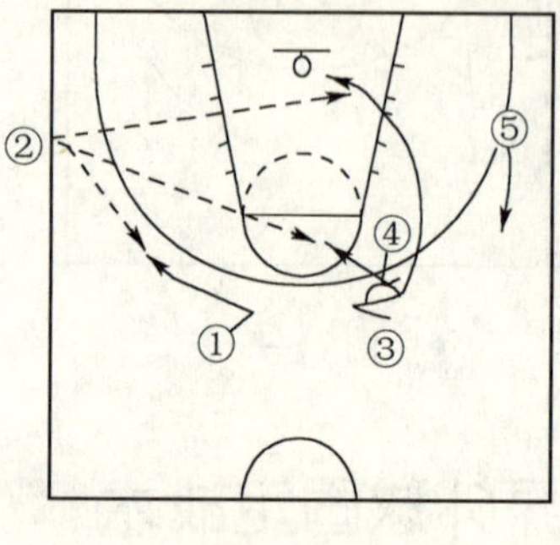

图21－11

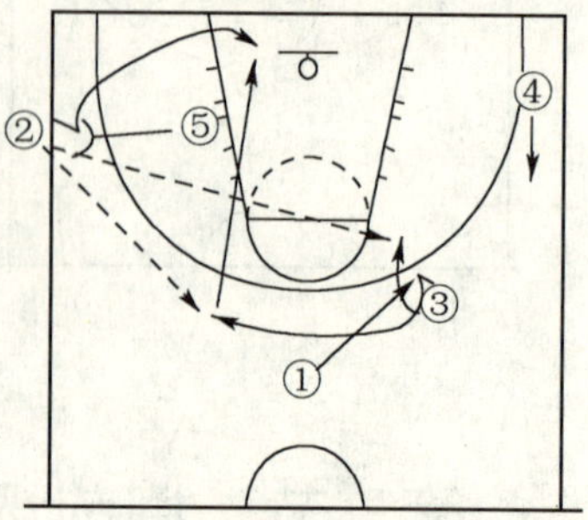

图21－12

（四）后卫给后卫掩护战术之一

战术方法：如图21－12所示，后卫①给③掩护，③接球，如果对方换防，②可传球给转身接球的①。发球后，同侧落位的内中锋⑤立即给发球队员②掩护，这时接发球的③或①传球给空切篮下的②投篮。

战术特点：掩护时出现两个机会，并利用大家注意力集中在接球队员身上时，②突然空切篮下攻击。

要求：发球队员应接近底角，发球后快速进入场内与⑤打掩护。

（五）后卫给后卫掩护战术之二

战术方法：如图21－13所示，后卫②给后卫①掩护，①空切篮下接球，②掩护后向有球侧移动准备接球。

战术特点：拉空篮下为空切创造机会。利用掩护，创造篮下和中、远投机会。

要求：同上一练习。

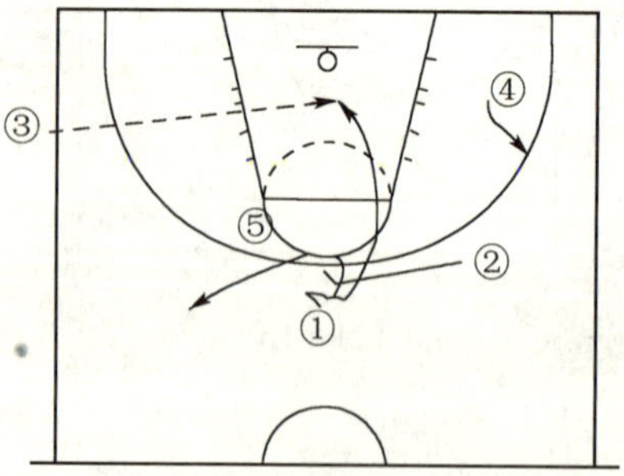

图21－13

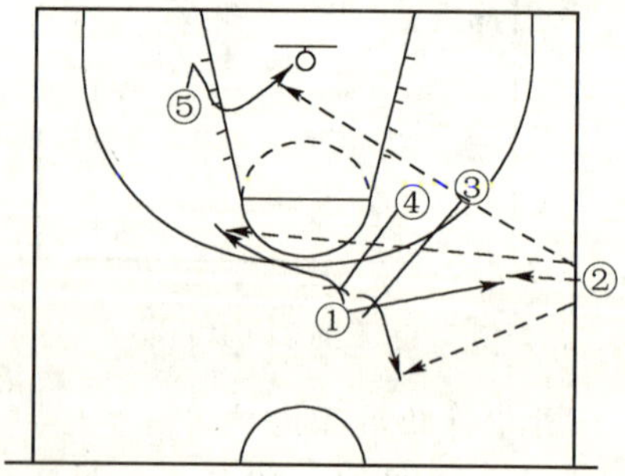

图21－14

（六）给后卫双掩护

战术方法：如图21－14所示，发球时，④③给后卫队员①做双掩护，①移到右侧前锋位置接球。同时⑤摆脱空切篮下接球投篮。

打法特点：队员集中于右侧上线，拉空篮下，将防守注意力集中在右侧上线，实际上是为⑤创造篮下接球投篮机会，声东击西。

要求：应在右侧上线造声势，然后突然传球给空切篮下的⑤。②伺机传球给⑤或①③。

（七）利用外中锋交叉掩护空切

战术方法：如图 21－15 所示，发球时，①先利用④的定位掩护向篮下空切接球，然后是③交叉跑利用④掩护向篮下空切。之后④外拉接球。

战术特点：利用外中锋打交叉空切，在篮下和外线创造上篮和中、远投机会。

要求：

移动要有层次。最好是①先切，③后切，然后④突然外拉。其他要求同练习一。

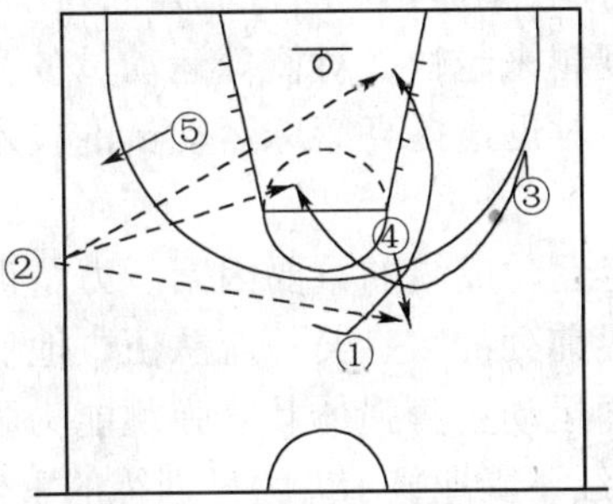

图 21－15

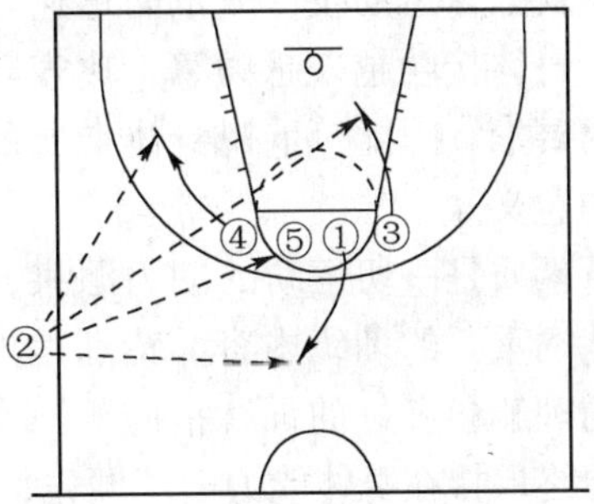

图 21－16

（八）队员在罚球线一字排开的战术

战术方法：如图 21－16 所示，②是后卫或前锋，①是后卫，③是前锋，⑤是高中锋，④是速度快、灵活性好的前锋。①③④⑤先在罚球线上一字排开，面向掷界外球队员。发球时，①③④同时移动，③空切篮下，④移向左侧内中锋位置，①向弧顶方向拉出，⑤原地高举手臂要球。②寻机将球传出。

战术特点：

①一字排开于罚球线，打乱了防守队的常规防守，给防守造成困难。

②根据本队特点和队员所打位置，同时出现 4 个机会，可上篮，可中、远距离投篮。

要求：掷界外球队员应靠近中线，其他同练习一。

第二十二章　篮球专项力量训练法

第一节　结合篮球技术动作力量训练的基本原则

随着现代篮球运动技、战术的迅速发展，时间、空间争夺日趋激烈，比赛攻守质量越来越高，身体接触越来越频繁，攻守转换速度越来越快，对篮球运动员的身体素质提出了更高的要求。因此，重视身体素质的训练，对迅速提高篮球运动员的技术水平具有十分重要的意义。

而力量素质是一切运动的动力源泉，是决定运动成绩的重要因素。力量训练现已成为各国强队的重要的训练内容，特别是处于世界前列的欧、美一流队伍，他们对力量训练有深刻的理解和良好的训练措施。原本比中国运动员身强体壮、弹跳能力强的欧、美运动员，始终保持在身体能力上的领先，仍在继续不断地显示着力量训练的重要性。

篮球专项力量训练应遵守的一般原则有：

（一）大负荷原则

大负荷原则是指发展最大肌力时，肌肉所克服的阻力要足够大，阻力应接近（至少超过肌肉最大负荷能力 2/3 以上）或达到甚至略超过肌肉所能承受的最大负荷。该原则的生理学机制在于，由于肌肉内各运动单位的兴奋性不同，当阻力负荷较小时，中枢只能调动兴奋性高的运动单位参加收缩，随着阻力的加大，参与收缩的运动单位逐渐增多。足够大的负荷对中枢神经系统的刺激大，能使运动中枢发出更强的信号，从而调动更多的运动单位参加同步收缩，肌肉表现出更大的肌张力。

（二）渐增负荷原则

该原则是指力量训练过程中，随着训练水平的提高，肌肉所克服的阻力也应随之增加，才能保证最大肌力的持续增长。福克斯（Fox）提出渐增负荷的适宜方法，以用 8RM（RM：表示能重复的最高次数）负荷进行训练为例，当随着力量的增大，8RM 的负荷逐渐可以重复 8 次以上，直至能够重复 12 次（12RM）时，就应该增加负荷，使增加负荷的重复次数又重新成为 8RM 。但对于训练水平低或力量较弱者，可采用负荷为 10RM ，训练到 15RM 的标准：若为发展绝对力量，可以采用负荷为 1RM ，训练到 5RM ；静力性练习可负荷为 5s ，训练到 10s 等方法。

（三）专门性原则

专门性原则是指所从事的专项所需的肌肉力量练习应与相应的专项技术特点相一致，即要使比赛动作的肌肉和肌肉群承受负担，得到发展；要考虑比赛动作的时空过程，要和比赛动作的整体结构和部分结构相一致；要注意克服比赛动作的阻力；训练练习的力量、速度过程要和比赛动作的要求一致；训练练习的神经肌肉工作方式应与比赛动作一致，既有克制性又有退让工作，还有静力性工作；训练练习的重复次数应与比赛动作的频率相适应；训练练习的内部条件应和比赛动作一致，篮球运动更多的是要求在疲劳的状态下坚持比赛的能力；还要考虑比赛时的心理要求；等等。

（四）负荷顺序原则

负荷顺序原则是指力量练习过程中应考虑前后练习动作的科学性和合理性。不同性质的力量练习同时进行时，首先安排发展肌肉爆发力的练习，然后是最大力量练习，最后是力量耐力练习；不同肌群同时训练时，大肌群在前，小肌群在后；上下肢同时训练时，下肢在前，上肢在后；同一部位的训练中，整体练习在前，孤立练习在后；专项肌和辅助肌同时训练时，专项肌群在前，辅助肌群在后；调整修补训练时，可安排薄弱肌群在前，强壮肌群在后；等等。

（五）有效运动负荷原则

此原则指要使肌肉力量获得稳定提高，应保证有足够大的运动强度和运动量，以引起肌纤维明显的结构和生理生化改变。在后面的训练方法里会更详细阐述不同类别的力量需要什么样的负荷强度和负荷量。

（六）合理训练间隔原则

合理训练间隔原则就是寻求两次训练课之间的适宜间隔时间，使下次力量训练在上次训练出现的超量恢复期内进行，从而使运动训练效果得以积累。

（七）均衡发展和重点突出原则

该原则是指全身各主要肌群都要全面均衡地发展，上肢与下肢、前群与后群、左侧与右侧、大肌群与小肌群、专项肌群和辅助肌群等都要考虑到，同时还要根据不同阶段的不同任务对重点要发展的肌群给予更多关注。

（八）系统不间断原则

根据运动生理学的研究，通过训练获得的力量素质衰退是很快的，一般两周不练就会有明显退步，而一周进行 2 ～ 3 次的刺激肌肉力量就会有明显提高。因此系统不间断的训练也就成为保持训练成果的唯一途径，这也给教练员提出一个要求，就是力量训练必须要有系统规划。全队多年的、阶段的、大周期的、小周期的力量训练计划都要有详细的部署，这样才能保证在实施时不出现间断过长、力量退步太快的现象。

（九）区别对待原则

该原则是指对不同的运动员、不同的训练任务、不同的训练状态都应有区别地组织安排各自相应的训练过程，选择相应的训练内容，给予相应训练负荷的训练原则。上述的三个因变因素中对于篮球队伍而言，更难处理的是在对人的区别对待方面。篮球队伍人数较多，尤其在 CBA 各俱乐部中由于一些场馆、设施等客观因素的影响，要做到每个人一个计划是相对较难的。实践中可以在测试诊断的基础上按运动员力量素质的主要特征，把相近的 2 ～ 4 人分成一组，训练中按小组去实施计划是相对理想可行的。

（十）多变原则

该原则是指以提高力量训练质量为目的，在力量训练过程中有计划或随机改变训练形式、训练方法和手段等，提高训练的趣味性，增加对机体刺激的新颖性的训练原则。多变的本质是万变不离其宗，主要强调形式的多变，而本质内容和目标是不变的。力量训练的艰苦性和枯燥性的确会影响到运动员训练的热情，长期不变的手段、方法也会引起机体对训练的惰性适应，而这种主变或应变地改变训练形式的做法，从一定程度上可以明显改善上述不利现象的发生，保证训练的质量不断提升。

（十一）重视核心肌群原则

核心肌群主要指连接上下肢躯干中间的肌群，包括腹部肌群、腰部肌群、臀部肌群。这些肌群是人体上下肢连接环，没有这些肌群作保障，再好的上肢力量或下肢力量也不能最终表现出良好的全身协调力量。实践中教练员常常会发现有些运动员腿部很粗壮，可是却拥有很差的弹跳力和灵敏性。这一方面有技术的合理性及神经类型的原因，另外一个重要的方面就是各部肌群发展不均衡，核心肌群力量不足，不能够把下肢力量有效地传递给身体重心，推动人体的加速运动。

第二节　结合篮球技术动作力量训练方法

力量训练方法的构成主要包含手段、负荷、间歇、组织和调控等多个方面。训练方法种类繁多，根据篮球运动员不同力量训练目标把训练方法主要分为最大力量训练法、快速力量训练法、力量耐力训练法和综合力量训练法，并在此基础上按实践操作顺序进一步分化出 2 级、3 级、4 级和 5 级训练方法，如表 22－1 所示。

表 22－1　篮球运动员力量训练方法分级表

1 级	2 级	3 级	4 级	5 级
最大力量训练法	内协调训练法 结构训练法	重复训练法 循环训练法	动力训练法 静力训练法 动静组合法	动力性克制收缩法 动力性退让收缩法 动力性克制退让收缩法 动力性等动收缩法
快速力量训练法	起动力量训练法 爆发力训练法 反应力量训练法	重复训练法 循环训练法	动力训练法	动力性克制收缩法 动力性克制退让收缩法 动力性超等长收缩法
力量耐力训练法	最大力量耐力训练法 快速力量耐力训练法 小力量耐力训练法	持续训练法 间歇训练法 循环训练法 重复训练法	动力训练法 静力训练法 动静组合法	动力性克制收缩法 动力性克制退让收缩法 动力性等动收缩法 动力性超等长收缩法
综合力量训练法	金字塔式训练法 混合训练法	间歇训练法 重复训练法 循环训练法	动力训练法 静力训练法	动力性克制收缩法 动力性克制退让收缩法 动力性等动收缩法 动力性超等长收缩法

表 22－1 中所显示的五个级别的训练方法，起决定作用的是第 2、3 级的各种方法。它们涵盖了训练方法里所有的基本结构和环节，特别是对训练的负荷强度、负荷量度、间歇等影响训练的主要因素都给出了比较明确的规定。例如，我们要发展最大力量，首先就会选择最大力量训练方法，然后我们进入 2、3 级里，比如选择重复训练法。重复训练法就十分具体地规定了练习负荷量度、组间歇时间等。在此基础上进一步再选择动力性的方法还是静力性和混合性的各种方法。

（一）最大力量训练方法

最大力量的提高主要取决于肌肉生理横断面和肌肉、肌内协调能力发展与改善，因此所采用的2级方法有结构训练法、内协调训练法（见表22－1）。我国职业篮球运动员的体重不足的现状启示我们在发展最大力量时可偏重采用增加肌肉体积的结构训练方法。当然这也要根据不同训练阶段的任务和个人情况而定，肌肉内协调性训练绝对不能忽视。如表22－2所示，一般情况下采用大于85%的负荷强度时，主要是以发展肌肉内协调能力、改善神经系统募集能力来发展最大力量。而采用70%～80%的负荷时主要是通过增加肌纤维的围度而最终达到发展最大力量的目的。

表22－2　不同类型力量训练方法的负荷特征

主要目标	动力性方法负荷强度	负荷次数	组数	间歇	静力性方法负荷强度	负荷时间	组数	间歇
最大力量	90%～120%	1～2	3～5	3′	100%	3″～6″	2	3′
	85%～89%	3～5	6～8	3′	80%～90%	8″～12″	3	3′
	70%～80%	8～12	4～6	3′	70%～80%	8″～12″	3	3′
快速力量	70%～85%	5～6	3～8	3′				
	30%～50%	5～10	3～8	3′				
最大力量耐力	60%～80%	10～12	3～5	1′～3′	90%～100%	6″～8″	3	3′
快速力量耐力	40%～60%	10～30	3～5	1′～3′				
小力量耐力	<40%	极限	3～5	1′～3′				

（二）快速力量训练方法

由于快速力量具有速度和力量的综合特征，一般都用提高肌肉用力的能力及提高肌肉收缩的速度来提高运动员的快速力量。其中，发展运动员肌肉用力的能力是发展快速力量的基础，而提高肌肉收缩的速度是发展快速力量的决定“力量”。篮球比赛中绝大多数动作是在快速节奏下或爆发用力的情况下完成的。各种情况下的起动速度、急停、起跳、投篮等都要肌肉的用力能力和肌肉的收缩速度，主要表现有起动力量、爆发力、反应力等。

在最短时间内（通常不到150毫秒）最快地发挥下肢力量，称为起动力。运动实践证明：最大力量水平是起动力的基本因素。许多力量型运动员，如投掷、举重运动员，尽管其体重大大超过了100公斤，也很少从事过专门的短跑训练，但他们的起动速度都非常出色。发展起动力的负荷特征是采用30%～50%的负荷强度，进行3～6组，每组5～10次，每组间歇1分钟至3分钟。

以最短的时间（在150毫秒内），以最大的加速度克服一定阻力的能力，称为爆发力。它对于多数的快速力量型项目（如跳远的起跳动作）是一个决定性因素。爆发力也同样依赖于最大力量水平。所以任何发展最大力量的方法也适应于发展爆发力练习。但发展爆发力练习的负荷特征是：负荷强度一般采用70%～85%，练习组数3～6组，每组做5～6次，每组间歇3分钟。传统观点认为，爆发力训练不宜采用大负荷训练，而应采用最大力量的40%～50%的负荷训练，负荷过大会导致肌肉收缩速度降低，但训练强化的是力量而不是爆发力，如果负荷过小则会降低肌肉收缩力量，同样也影响爆发力。训练实践发现，大负荷快速训练较中等负荷的训练更有利于提高爆发力。这是由于大负荷快速训练，更有利于兴奋大脑运动中枢，使之向运动单位发放刺激的频率和强度成倍增加，从而动员更多的快肌纤维参加工作，导致爆发力显著增长。小负荷训练可以完成快速收缩工作，同样也可以发展爆发力，但是由于负荷较小，向中枢神经系统输入的刺激还不足以诱发较高的冲动发放频率，不能激活较多数量的快肌纤维，而主要通过募集慢肌纤维完成动作过程。因此小负荷快速训练法对提高爆发力的幅度有限。从生理学角度讲，爆发力与神经支配，肌肉负荷和肌肉收缩速度有密切关系；从训练学角度讲，爆发力与练习方式、练习负荷、练习速度和练习技巧（完成动作的合理性和协调性）有密切关系；从动力学角度讲，把爆发力作为肌肉的瞬时爆发功率看，爆发力取决于肌肉力量、用力距离和用力时间。可见，影响爆发力的因素有神经系统的功能、肌肉负荷、动作速度和动作技术，为了取得爆发力训练的最好效果，必须尽可能地激活快肌纤维，而肌纤维的激活和募集的顺序是固定的，即低强度练习首先激活慢肌纤维，在强度增加需要较大力量输出时，快肌纤维才被募集，所以大负荷快速训练应该较中等负荷的练习更有利于提高爆发力。

当人体运动时，肌肉链牵制着人体运动的速度，引起牵张反应。由于来自迷路、眼、颈部本体感受器的刺激，牵张反射经常受到修正从而发生反射性的运动。这种反射性运动，能使运动着的人体获得很高的加速度，产生朝相反的方向运动的能力。在制动的离心阶段，活动的肌肉被拉长；在加速的向心阶段，肌肉迅速收缩。这种形式通过各种动作表现出来，一种是以跳跃为主的弹跳反应力，一种是以击打、鞭打、踢踹为主的击打反应力，篮球运动中跳跃动作居多，所以应以发展弹跳反应力为主。

（三）力量耐力训练方法

力量耐力是既有力量又有耐力的综合性素质。它是在静力性或动力性工作中长时间保持肌肉紧张而又不降低工作效果的运动能力。运动员的力量耐力水平取决于多种因素，其中最主要的是保证工作肌耗氧和供氧的血液循环和呼吸系统的机能能力，无氧代谢的机能能力和工作肌有效地利用氧的能力，以及运动员克服自身疲劳的意志品质。根据肌肉工作的方式，力量耐力可分为动力性力量耐力和静力性力量耐力。动力性力量耐力又可细分为最大力量耐力（重复发挥最大力量的能力）和快速力量耐力（重复发挥快速力量的能力）和小力量耐力三种。发展各种力量耐力时目标不同所选择的负荷特征也不同，如表22－2所示。

（四）综合力量训练法

力量训练在进入保持阶段或基本阶段时，为了节省时间并保持以前的训练成果，会常常选择一些综合训练方法来发展或保持不同类型力量的水平。如金字塔式训练法，金字塔训练法其负荷特征变化较大，所涉及的力量种类也就各不相同，开始阶段以中小力量耐力为主，进一步又以基础力量和快速力量为主，到最高峰是以最大力量为主。在整个训练过程中，每一种力量素质都得到了锻炼。

第三节 篮球运动核心力量训练方法

一、核心力量的概念

目前国外对核心力量训练的研究较多，但是对核心概念的界定尚有争议。从解剖学的角度，将人体的“核心”定义为脊柱、髋关节和骨盆，由于它们正好处于上下肢的结合部位，具有承上启下的枢纽作用。在这个意义上，“核心稳定性”是指在运动中控制骨盆和躯干部位肌肉的稳定状态，使力量的产生、传递和控制达到最佳化的一种能力。“核心力量”是指一种以稳定人体核心部位、控制重心运动、传递上下肢力量为主要目的的力量能力。“核心稳定性”与“核心力量”是两个不同的概念。核心稳定性强调人体在运动中通过核心部位的“稳定”为四肢肌肉的发力建立“支点”，不仅为上下肢力量的传递创造条件，而且为身体重心的稳定和移动提供力量的身体姿态，它是人体核心力量训练的一个结果。而核心力量是一种与上肢、下肢力量并列的，以人体解剖部位为分类标准的力量能力。“核心训练”是指针对身体核心肌群进行的稳定、力量、平衡等能力的训练，它既是动态的核心稳定肌的本体感受性训练，又是核心运动肌的力量训练，它摒弃了现有力量训练方法存在的弊端，有着与传统体能训练不可比拟的优势。

二、核心力量的作用

在既往的篮球运动实践中，我国篮球教练员对体能知识和体能训练的概念不够清晰，在思想上还不够重视，体能训练与专项体能需求脱节，体能训练没有系统性、计划性，而且方法与手段也相对匮乏。而篮球运动基本技术中的投篮、传球、起动、制动、变向、过人等都离不开核心力量，特别是急停跳投、空中变向、突破过人、身体对抗等这些篮球运动中的关键性技术动作，核心力量更是起到了举足轻重的作用。

（一）对正确完成技术动作具有关键性的稳定与支持作用

篮球运动属于技战能主导类同场对抗性项目，合理的动作方法与不断变化下的多样化技术动作是获取胜利的重要因素之一。这就需要运动员具备优异的体能储备，同时还需要在运动过程中担负着稳定重心、传导力量等作用，对上、下肢的协同工作及整合用力起着承上启下的枢纽作用的核心力量作为保障。在篮球竞赛过程中，运动员不间断的攻与守消耗着他们的体能，当体能消耗到达一定程度时，运动员的注意力下降，技术动作变形，攻守转换失衡，导致动作效率明显下降，甚至发生运动损伤。

篮球比赛时，运动员的很多动作都是在身体对抗或失去平衡的情况下完成的，篮球动作技术的运用过程，是人体平衡—失衡—再平衡的交替转化过程。运动员通过强有力的核心力量训练，可以更加稳定身体姿势，控制上下肢的协调，使身体各个环节有机地结合，在对抗或非对抗条件下，迅速转移重心并保持重心的平衡。核心力量的稳定性能够在各个平面上更好地控制躯干运动，核心肌群的兴奋性提高了人体中心区域的整体紧张度，形成一个坚实的圆柱体结构，肌肉收缩保持了圆柱体的稳定，为远端动作的灵活性提供了稳定的基础。具备坚实、强壮核心力量的运动员展示出良好的平衡能力、灵敏员躯干部深层肌肉参与运动，并在动作过程中控制躯体始终保持正确的运动姿态，从而摒弃了传统腰腹力量练习中借助外力来支撑躯体的弊端。

2. 动力性练习

运动员在非稳定的状态下克服自身阻力而进行的核心力量练习，虽然只是克服自身的阻力，如肢体或躯干，但由于支撑条件的不稳定，运动员必须首先稳定身体重心为肢体或躯干的运动创造支点，然后才能控制游离的肢体或躯干进行运动。此类练习的主要目的并不仅仅在于发展肢体或躯干的运动能力，而是通过肢体环节的位置变换来改变身体重心，加大核心肌群对身体稳定性的控制难度，由此使核心稳定局部稳定肌和核心整体运动肌均得到发展。

（三）稳态下的自由力量练习

通常结合无固定轨迹的运动器械如杠铃、弹力带、哑铃、壶铃、沙护腿等训练器材在支点相对稳定的状态下进行的近端固定的核心力量训练。这类练习也是目前我国体育界在体能训练中使用最多的核心力量练习方式，如负重仰卧起坐、负重俯卧背起、半仰卧屈髋抬腿拉弹力带等。

（四）非稳态下的自由力量练习

在不稳定的条件下使用无固定轨迹的运动器械进行的练习，诸如让运动员单、双足站立于平衡球上做各种持轻器械举、推、拉、下蹲、躯干旋转等多种形式的练习；仰俯卧或坐于瑞士球上做各种形式的练习等。这类练习增加了练习的难度，一般适用于核心肌群稳定和运动能力在中级以上水平的运动员，他们都经过了初期的稳态或非稳态下的核心力量训练，并在稳态下能够持单一运动器械完成正确的技术动作，在动作过程中能较好地控制身体，保持躯干处于正确的身体姿势。该类练习也是向核心功能性练习过渡与转换的关键阶段，在不稳定情况下进行多关节的整体力量练习，要求运动员的核心力量极高。

（五）功能性力量练习

功能性力量是根据篮球运动的技术特征和运动员的体能特点进行的专门性的力量训练。其特点是在神经系统控制下克服自身体重或额外负荷（主要是自由重量），在激活核心肌群参与工作的同时，还能提高运动员所训练的重点肌群力量和本体感受能力，使运动员所具备的环节力量得到有效的整合，从而为专项技术动作水平的提高和改进在神经肌肉系统的功能上提供最大化的支持。

参考文献

[1] 全国体育院校教材委员会．篮球运动高级教程［M］．北京：人民体育出版社，2000.
[2] 史国生，邹国忠．体育竞赛组织与管理［M］．南京：南京师范大学出版社，2008.
[3] 篮球大词典编辑委员会．中国辞书系列篮球大词典［M］．北京：人民体育出版社，1993.
[4] 全国体育院校教材委员会．运动训练学［M］．2 版．北京：人民体育出版社，2000.
[5] 孙民治．现代篮球运动教学与训练［M］．北京：人民体育出版社，2003.
[6] 李含文．软组织伤病学［M］．北京：人民体育出版社，1998.
[7] 杨锡让．实用运动生理学［M］．北京：北京体育大学出版社，1998.
[8] 杨铁黎．职业篮球市场论［M］．北京：北京体育大学出版社，2003.
[9] 白喜林．中国竞技篮球发展战略研究［D］．北京体育大学，2003.
[10] 张勇．现代篮球战术体系的系统研究［D］．北京体育大学，2005.
[11] 王建国．我国篮球运动员腰损伤诱因与对策研究［J］．山东体育学院学报，2001（17）：48－51.
[12] 李峰．专项运动员半月板损伤的生理学及生物力学分析与预防对策［J］．福建体育科技，2008（27）：41－44.
[13] 张军．青年篮球运动员体能的营养支持研究［D］．苏州大学，2006.
[14] 陈志新．篮球职业运动员运动创伤的防治研究［D］．中国人民解放军军医进修学院，2007.
[15] 李希水．篮球运动员竞赛心理特征及赛前心理训练研究［J］．武汉体育学院学报，2004（38）：145－147.
[16] 张林宝，等．运动训练中的“智能训练”之研究［J］．上海体育学院学报，2008（28）：97－100.
[17] 耿帅．NBA 主教练临场指挥的特征及效果研究［D］．郑州大学，2010.
[18] 吉承恕．竞技体育教练员胜任力问题研究［D］．天津大学，2010.
[19] 隗金水．运动员选材的选育结合理论与实证研究［D］．北京体育大学，2003.
[20] 舒刚民．中国竞技篮球教练员人才资源开发与管理研究［D］．北京体育大学，2012.
[21] 王卫星，蔡有志．体能—力量训练指南［M］．北京：北京体育大学出版社，2006.
[22] 彭延春．高水平职业篮球运动员力量训练理论及 CBA 力量训练模式的研究［D］．北京体育大学，2007.